财政部规划教材
全国高等院校财经类教材

计量经济学

——Stata 应用及中国经济案例分析

（第二版）

主　编　庄　赟　曾卫锋
副主编　黄纯灿　林　涛

中国财经出版传媒集团

经济科学出版社
Economic Science Press

·北 京·

图书在版编目（CIP）数据

计量经济学：Stata 应用及中国经济案例分析 / 庄赟，曾卫锋主编 . -- 2 版 . -- 北京：经济科学出版社，2025.1. --（财政部规划教材）（全国高等院校财经类教材）. -- ISBN 978 - 7 - 5218 - 6648 - 3

Ⅰ. F224.0

中国国家版本馆 CIP 数据核字第 20257L8T60 号

责任编辑：白留杰　凌　敏
责任校对：靳玉环
责任印制：张佳裕

计量经济学
——Stata 应用及中国经济案例分析（第二版）
JILIANG JINGJIXUE
——Stata YINGYONG JI ZHONGGUO JINGJI ANLI FENXI（DI-ER BAN）

主　编　庄　赟　曾卫锋
副主编　黄纯灿　林　涛
经济科学出版社出版、发行　新华书店经销
社址：北京市海淀区阜成路甲 28 号　邮编：100142
教材分社电话：010 - 88191309　发行部电话：010 - 88191522
网址：www. esp. com. cn
电子邮箱：bailiujie518@ 126. com
天猫网店：经济科学出版社旗舰店
网址：http：//jjkxcbs. tmall. com
北京密兴印刷有限公司印装
787 × 1092　16 开　22.5 印张　500000 字
2025 年 1 月第 2 版　2025 年 1 月第 1 次印刷
ISBN 978 - 7 - 5218 - 6648 - 3　定价：69.00 元
（图书出现印装问题，本社负责调换。电话：010 - 88191545）
（版权所有　侵权必究　打击盗版　举报热线：010 - 88191661
QQ：2242791300　营销中心电话：010 - 88191537
电子邮箱：dbts@ esp. com. cn）

第二版
前言

作为财政部规划教材，《计量经济学——Stata应用及中国经济案例分析》的出版，秉承着打造"培根铸魂、启智增慧"的中国特色高质量教材的精神，力求在内容的前沿性、课程思政的深度融合、实践教学的紧密结合以及数字化教学资源的完善等方面，全面响应高等教育本科教材建设的核心要求，为高质量人才自主培养体系贡献力量。

本教材涵盖了从经典线性回归模型到空间计量模型、双重差分模型等计量经济学的重要领域，特别强调了从统计推断向因果推断的转变，并采用了Stata等现代统计分析工具，充分反映了近年来经济学实证研究的重要趋势，这使学生能够掌握学科发展的前沿理论和技术。教材的内容安排不仅满足本科生教学的需要，也适用于研究生和利用计量经济方法从事经济问题研究的科研人员的学习需要，为经济学学术研究提供了有效的研究工具和丰富的中国经济案例，帮助读者深入理解计量经济学方法的同时，了解中国经济的特点和发展趋势，提升数据分析和解决经济问题的能力。

同时，教材深入贯彻立德树人的根本任务，以其独特的编写理念，将中国传统文化精髓、马克思主义哲学原理以及党的二十大精神等元素与计量经济学的专业知识紧密结合，将中国经验、中国方案与中国智慧体现在教材之中，实现了课程思政与专业知识的深度融合。主要表现在以下两方面：

首先，在各章导读中，通过引用古人名言和历史典故，告诉读者看似深奥的理论模型并不是遥不可及的抽象概念，枯燥的数字和公式背后，其实蕴含着深刻的哲学思想和历史智慧。以离散因变量模型为例，Logit模型用于预测特定事件发生的概率，通过引用荀子的名言"君子生非异也，善假于物也"，我们实际上是在告诉学生，君子之所以能做出明智的决策，是因为他们擅长利用周围的资源和信息。在Logit模型的应用中，我们正是通过"善假于物"，寻找影响事件发生的解释变量，通过数据和统计工具来预测和解释经济现象，这与古人借助自然规律来指导实践的行为有着异曲同工之妙，是古人智慧在现代科学中的实践。通过这样的导读设计，不仅揭开计量经济学的神秘面纱，体验知识的魅力，让学习变得生动而有趣，更是一种将中国传统智慧与现代科学相结合的探索之旅，增加了课程的深度和内涵。

其次，各章的应用案例紧密结合中国现实经济问题，帮助学生深刻领会习近平新时代中国特色社会主义思想和党的二十大精神实质，充分发挥教材的铸魂育人功能。如通过分析"三驾马车"与经济总量的关系，探究经济增长的驱动因素，让学生理解党的二十大报告中提出的"着力扩大内需，增加消费对经济发展的基础性作用"的政策背景，并进一步通过探究居民收入增长对消费的影响，关注国家经济政策的实际效果。又如通过分析我国粮食产量与粮食作物播种面积、农用化肥施用量的关系，阐释了为什么党的二十大报告指出要"全方位夯实粮食安全根基，牢牢守住十八亿亩耕地红线"，展示了农业政策对粮食安全的重要性。教材中案例选取将中国经济的实际问题作为分析对象，让学生在解决实际问题的过程中，不仅学习到如何运用计量经济学工具进行数据分析，还能感受到中国经济发展的成就和挑战，让学生深刻理解二十大报告中提出的高质量发展、共同富裕、农业现代化等战略目标，从而培养了学生的爱国情怀和社会责任感，增强了他们投身社会主义现代化建设的使命感。通过这种融合，教材不仅传授了专业知识，还塑造了学生的价值观，实现了知识传授与价值引领的统一。

此外，本教材强调提升实践操作技能。计量经济学是一门理论性和实践性并重的学科，而 Stata 软件作为计量经济学领域广泛应用的专业统计软件，其熟练运用对于提升学生的实践操作能力和专业技能至关重要，为他们未来的科研或工作打下坚实基础。教材通过蒙特卡洛模拟和实际经济数据案例分析等方法，培养学生理论与实践结合的实际操作能力。并积极探索新形态教材建设，充分利用新一代信息技术，加强数字化教学资源方面的建设，提供与教材案例分析相对应的 Stata 数据文件和程序代码 do 文件，使学生能够在线访问、下载这些资源，进行实际操作和模拟，加深对理论知识的理解和应用。这些在线资源的整合，不仅提高了教材的互动性和易用性，而且支持了学生的自主学习和在线学习，符合了数字化转型的发展趋势。

教材的首版在教学实践中取得了良好效果，深受师生好评。这是编写团队多年教学和科研经验的结晶，也是财政部教材编审委员会严格审定的成果。自第一版教材出版以来，我们收到了广大读者的宝贵反馈和建议，这为我们进行本次修订工作提供了极大的帮助。在此，我们向所有关心和支持本教材的读者表示衷心的感谢。

在第二版中，我们根据最新的学术研究和教学实践对教材内容进行了全面的更新和补充。我们仔细审阅了第一版内容，进行了细致的勘误，根据学术界的最新发展，对教材中的理论和实践内容进行了更新，确保教材内容的准确性和前沿性。特别是更新了与中国经济案例相关的分析，以便学生能够更好地理解应用计量经济学的理论和方法。数字化资源是现代教学的重要组成部分，我们在第二版中对所有数字化资源进行了更新，包括对教材中的 Stata 程序代码进行了全面的检查和修订，确保了代码的准确性和运行的稳定性。我们也对习题答案进行了更新，以反映最新的经济数据和分析方法。对于更新后的每一个 Stata 数据文件、程序代码 do 文件和习题答案均附上了单独的二维码可供扫描，方便读者快速访问相关资源。同时为了更好地适应教学需求，我们对全教材的课件进行了全面的修订。

我们深知，尽管我们付出了巨大的努力，但教材中仍可能存在不足之处。因此，我们诚挚地欢迎读者继续提出宝贵的意见和建议，以便我们不断改进和完善教材。我们的目标是为读者提供一部既具有理论深度又具有实践指导意义的计量经济学教材，帮助读者更好地理解和应用计量经济学方法，解决实际经济问题。

最后，我们要感谢所有参与教材审校和反馈的同仁和读者。没有你们的支持和帮助，这本教材的修订工作将无法完成。我们期待与您一起，继续在计量经济学的道路上探索和前进。

编写组
2024 年 11 月

第一版
前言

《计量经济学——Stata 应用及中国经济案例分析》是财政部规划教材，由财政部教材编审委员会组织编写并审定，作为财经类本科生与硕士研究生的《计量经济学》课程教材，同时，也可供经济学领域的科研人员参考。

本教材的编写旨在为读者提供一部实用的理论和实践指导相结合的计量经济学教材，帮助他们更好地理解和应用计量经济学方法，解决实际经济问题。教材编写团队总结长期的教学和科研经验，编写内容力求体现先进性、创新性、实用性，既适合初学者入门，又适合入门者提升水平，同时可以供不同应用领域的科研人员学习参考。教材编写既重视统计推断在计量经济分析中的重要性，同时也顺应了最近 20 多年来经济学实证研究经历的研究范式的"可信性革命"，强调从统计推断向因果推断的发展，在讲解清楚统计推断思想的基础上进一步讲解因果推断思想，提升实证研究的可信性。同时结合中国现实经济问题为读者提供一种结合实际经济案例的计量经济学学习方法，以提高学生分析解决实际经济问题的能力。本教材的具体特色包括以下几个方面：

1. 满足对初级和中级计量经济学的不同学习需要。教材内容编排上在介绍经典计量经济学内容的基础上设置了时间变量模型、面板数据模型、离散因变模型、空间计量模型、工具变量和双重差分等内容安排，同时增加了专门一章介绍计量经济分析主流统计软件 Stata 软件的应用，可根据不同教学目的和不同课时需要进行选择：（1）其中第一章绪论、第三章经典线性回归模型、第四章线性回归分析专题、第五章违背经典假设的线性回归模型为传统线性回归模型的基本内容，包括第二章 Stata 的功能及其应用基础，适合本科阶段最基础的教学和入门者学习；（2）如果时间充裕，可增加第六章时间序列模型的第一节自回归移动平均模型、第七章面板数据模型和第八章第一节二元选择 Logit 模型的介绍，为学有余力和继续深造的本科生提供知识储备；（3）对于研究生阶段，在回顾第一至第五章的基础上，完整的第六至第十章的内容可以满足硕士阶段对中级计量经济学的学习需要，内容包括时间序列模型、面板数据模型、离散因变模型、空间计量模型、工具变量和双重差分法等，也可为科研人员利用计量经济学模型方法进行实证研究提供参考。

2. 结合中国实际经济案例进行计量理论学习和方法应用。每章都设置了案例分析教学目标，结合 Stata 软件操作实训，坚持将现实世界的真实经济问题与实际数据运用贯穿于教材全过程，将计量经济学理论与中国经济发展的实际相结合，提升读者解决中国经济问题的能力。通过每一章实证案例介绍 Stata 统计软件在实证分析中的具体操作和软件输出结果的解读，可以帮助学生快速掌握计量经济分析方法的实际应用；中国经济案例的引入也有其特殊的意义，中国经济在全球范围内具有重要影响力，对许多学生来说也是熟悉和感兴趣的领域。通过分析中国经济案例，学生可以将计量经济学理论与实际的经济现象联系起来，更深入地理解计量经济学在现实世界中的应用。同时，通过实际案例进行实证分析，熟练掌握计量分析统计软件的使用，也为学生进一步进行科研论文写作与从事科学研究奠定扎实的基础。

3. 重视课程思政建设，落实立德树人根本任务。每一章的导读通过课程思政设计，将中国传统文化精髓与现代计量经济学相结合，通过引用古人名言，以经典作为思想指引融入现代学科的学习中，以专业知识作为经典思想的实践应用，体现了课程的综合性和实用性，赋予现代科学以中国历史和文化的背景。通过引人入胜的方式，以古人的智慧引导出计量经济学的概念和方法，增加了课程的深度和内涵，体现了马克思主义哲学思想，注重道德引导，牢固树立历史唯物主义和辩证唯物主义的世界观和方法论，旨在引导学生树立正确的价值观，提高他们的专业素养和道德水平，对于培育合格的经济类学科人才具有重要的现实意义。

4. 探索立体化开发，丰富教材形式。发挥现代信息技术优势，为每一章的案例分析和课后习题配置了二维码扫描的 Stata 数据文件、程序代码 do 文件和习题答案，为读者学习计量经济学提供尽可能丰富的资源；精心录制了每一章的课程思政导读微课视频，结合古代经典思想和计量经济学专业知识，介绍各章要学习的内容；同时制作了各章的配套课件，可供任课教师更好地开展教学工作。

本教材由集美大学财经学院接受财政部教材编审委员会委托进行编写，由庄赟教授和曾卫锋教授任主编，黄纯灿副教授和林涛副教授任副主编，集美大学财经学院专任教师参与编写，具体分工如下：庄赟教授执笔编写第八、第九章，曾卫锋教授执笔编写第一、第七章，周闽军副教授执笔编写第二章，黄纯灿副教授执笔编写第三章，王烨副教授执笔编写第四章，林涛副教授执笔编写第十章，赵昱焜博士执笔编写第五章，陈宇晟博士执笔编写第六章，苏建平讲师、马明申博士负责本书附录和部分习题的编写工作，并负责全书初稿的排版和立体化教材资源的建设工作。同时要感谢厦门大学袁加军高级工程师为本书教学资源立体化开发提供的技术指导。

本教材是基于编写组教师长期从事计量经济学、统计学、微观经济学、宏观经济学、国际经济学课程教学和研究经验的成果，也是我们优化计量经济学课程教学内容和教学方法的一次重要尝试。本书在编写过程中参考了国内外同类教材和一些重要参考文献，在案例分析中引用了一些著名案例和实证文献的数据，在此表示由衷感谢！由于我们的水平有限，书中难免存在疏漏不足之处，敬请读者批评指正，以便我们今后不断修改完善，为读者提供更好的服务。

编写组
2023 年 8 月

目 录

绪　　论

■　学习目标

1. 认识计量经济学的产生和发展过程；
2. 掌握经济变量、经济参数与经济数据的含义与类型；
3. 理解经济变量之间的函数关系、相关关系和因果关系三者的区别；
4. 认识理想实验、理想实验数据与观测数据的内涵；
5. 初步了解建立与应用计量经济模型的基本步骤；
6. 初步认识计量经济学的作用及其局限性。

■　课程思政与导读

为推进中华民族伟大复兴而学好计量经济学

从现在起，中国共产党的中心任务就是团结带领全国各族人民全面建成社会主义现代化强国、实现第二个百年奋斗目标，以中国式现代化全面推进中华民族伟大复兴。——党的二十大报告

目前，高质量发展是全面建设社会主义现代化国家的首要任务。——党的二十大报告

思政与导读

课件

请同学们谈谈哪些经济因素同我国经济高质量发展相关？其中哪些因素构成我国实现经济高质量发展的基础？那么，你的观点有何证据？

实践是检验真理的唯一标准。计量经济学使用过去的经济实践数据，再经过严谨的分析推断，能够为实现高质量发展的经济理论提供证据，为经济决策者提供科学的参考依据。

同学们，努力学好计量经济学，能够为经济理论提供科学证据，对政策效果做出科学评估，同时，也能够为未来经济发展做出科学预测，从而加快中华民族实现伟大复兴的进程。

▓ 应用案例

辩证唯物主义认为物质世界是普遍联系的，分析事物之间的相关关系及其变化是研究事物之间相互联系的基本方法。党的二十大报告明确指出，把实施扩大内需战略同深化供给侧结构性改革有机结合起来，增强国内大循环内生动力和可靠性，提升国际循环质量和水平。本章主要案例是分析我国自从提出建立社会主义市场经济体制以来"三驾马车"分别与经济总量之间的相互联系，其中相关分析是分析这种相互联系最基本的方法，是分析事物之间相互联系的基础。

从总需求角度来说，经济增长的"三驾马车"分别是最终消费、资本形成总额、货物和服务净出口，这三者之和构成了支出法生产总值。依据计算结果的数值来看，从我国提出建立社会主义市场经济体制到现在，这"三驾马车"当中哪个同经济总量的相关性最大？未来的情况将会发生什么变化？这种相关性的计算结果能说明多大的问题？这些问题是同学们今后分析中国经济增长时需要持续关心的问题。

　　计量经济学是经济学的一个重要分支学科，在经济学中占据非常重要的地位。计量经济学在经济理论的检验与发展、经济结构分析、经济政策评估和经济预测中都具有重要的应用价值；在诺贝尔经济学奖中，有关计量经济学理论与应用研究的获奖成果非常丰富；在当代世界各大学里计量经济学课程已经成为经济学课程中最为权威的一门课程。在我国当代经济发展中计量经济学的研究与应用也起到了重要的作用，更好地研究与应用计量经济学对于科学推动我国加快建成社会主义现代化强国具有重要的现实意义。

第一节　什么是计量经济学

　　计量经济学将经济理论、数学和统计学相结合，对经济现象进行数量分析，并随着计算机的发展而得到深入发展与越来越广泛的应用。

一、经济学、数学与统计学

　　经济学在微观层面上主要研究经济资源的配置效率问题；在宏观层面上主要研究经济资源的充分利用程度问题。经济学由一系列单个经济理论有机构成，每一个经济理论都是对经济现象的抽象。例如，微观经济学的需求理论认为，消费者对某种商品的消费量主要决定于消费者的收入、该商品自身的价格、该商品的替代品价格、消费者偏好等因素，更深入的分析还认为消费者对某种商品的消费量还取决于商品的质量。宏观经济学中的消费理论认为，国民的总消费支出水平主要取决于国民收入水平。

　　经济学与数学相结合便构成了数理经济学。数理经济学使用数学函数与方程等工具进行经济理论分析。例如，上述微观经济学的需求理论使用数学方法可以表达为：

$$Q_i = \alpha_0 + \alpha_1 Y_i + \alpha_2 P_{1i} + \alpha_3 P_{2i} + \alpha_4 R_i + \alpha_5 F_i \qquad (1-1)$$

其中，下标 i 为第 i 个消费者，Q_i 为消费者对商品的消费量，Y_i 为消费者的收入，P_{1i} 为消费者面对该商品自身的价格，P_{2i} 为消费者面对该商品的替代品价格，R_i 为消费者对商品质量的评价，F_i 为消费者对该商品的偏好程度。需求理论认为，参数 α_2 必定小于 0，而参数 α_1、α_3、α_4 和 α_5 大于 0。类似地，上述宏观经济学中消费理论可以使用数学方法表达为：

$$C_t = C_0 + mpc \times Y_t \qquad (1-2)$$

其中，下标 t 代表年份或其他时间变量，C_t 为某个国家或地区的消费总支出水平，C_0 为自主消费水平，Y_t 为该国家或地区的总国民收入水平。消费理论认为边际消费倾向 mpc 大于 0 小于 1。

　　经济学与统计学相结合产生经济统计学。经济统计学对经济现象的计量侧重于对经济现象的描述，经济统计提供的数据是进行计量经济分析的基础。

　　统计学与数学相结合便构成了数理统计学。数理统计学抽象研究一般随机变量的条件规律，主要分析在一定假设条件下一般随机变量的概率分布性质以及特征值的估计和推断。数理统计学的参数估计、假设检验、方差分析和回归分析为计量经济学研究提供了分析基础。

　　总的来说，经济学与数学相结合产生数理经济学，经济学与统计学相结合产生经济统计学，统计学与数学相结合产生数理统计学；数理经济学、经济统计学和数理统计学的产生与发展为计量经济学的产生、发展和应用提供了基础。

二、计量经济学及其发展简述

将经济学与数学、统计学这三者相结合对经济现象进行数量分析便构成了计量经济学，它是经济学的一个重要分支学科。虽然计量经济学、数理经济学、经济统计学和数理统计学这四者存在交叉或重叠的内容，但在研究目的、研究任务、研究方法与所能解决的实际问题上，这四者是不完全相同的。

计量经济学可以分为理论计量经济学和应用计量经济学两大类。理论计量经济学以研究计量经济学的理论与方法为主要内容，侧重于计量经济模型的数学理论基础、参数估计方法和模型检验方法，应用了广泛的数学和数理统计知识，为应用计量经济学提供了方法论。应用计量经济学是运用理论计量经济学提供的工具，研究经济学中经济因素或经济变量之间在数量上的联系以及变动规律。除了计量经济方法以外，应用计量经济学更多依据经济理论所确定的经济规律，以及依据经济统计提供的反映现实经济现象和经济关系的观测数据，运用计量经济模型检验和发展经济理论、分析经济结构、评估经济政策与进行经济预测。

从 1690 年英国古典政治经济学创始人威廉·配第（William Petty，1623 ~ 1687）的《政治算术》首次出版，到 1890 年英国新古典经济学创始人阿尔弗雷德·马歇尔（Alfred Marshall，1842 ~ 1924）的《经济学原理》出版，对经济现象进行数量描述与使用数学方法进行表达分析逐渐在经济学研究中得到不断的广泛应用。1926 年挪威籍经济学家拉格纳·弗里希（Ragnar Frisch，1895 ~ 1973）根据数学方法在经济学中的应用，仿照生物计量学（Biometrics）的含义提出了"Econometrics"（计量经济学）这一名称，为这门学科的建立奠定了基础。1930 年 12 月 29 日由美国耶鲁大学经济学家欧文·费雪（Irving Fisher，1867 ~ 1947 年）和挪威经济学家拉格纳·弗里希（Ragnar Frish）等发起并创立了"计量经济学会（Econometric Society）"，并于 1933 年开始定期出版 Econometrics 杂志，从此一门新兴的经济学独立学科——计量经济学便产生和形成了。

第二次世界大战后，随着世界经济发展与科学技术进步特别是计算机的广泛应用，计量经济学在世界各国的影响迅速扩大，发展成为经济学的重要分支。美国著名经济学家、诺贝尔经济学奖获得者保罗·萨缪尔森认为，第二次世界大战后的经济学是计量经济学的时代。在 20 世纪 40 ~ 60 年代，经典计量经济学逐步完善并得到广泛应用；20 世纪 70 年代以后，计量经济学的理论和应用又进入了一个新的阶段。随着电子计算机技术的广泛使用以及新的计量经济方法的提出，计量经济模型越来越科学，得到越来越广泛的应用。因对计量经济学发展作出杰出贡献而获得诺贝尔经济学奖的计量经济学家包括挪威的拉格纳·弗里希（Ragnar Frish）和荷兰的扬·廷贝亨（Jan Tinbergen），于 1969 年共享首届诺贝尔经济学奖；美国的劳伦斯·克莱因（Lawrence Robert Klein）和挪威的特里夫·哈维默（Trygve Haavelmo），分别获得 1980 年与 1989 年的诺贝尔经济学奖；美国的詹姆斯·赫克曼（James J. Heckman）和丹尼尔·麦克法登（Daniel L. McFadden），共享 2000 年诺贝尔经济学奖；美国的罗伯特·恩格尔（Robert F. Engle）和克莱夫·格兰杰（Clive W. J. Granger），共享 2003 年诺贝尔经济学奖；美国的两位计量经济学家乔舒亚·D. 安格里斯特（Joshua D. Angrist）和吉多·W. 因本斯（Guido W. Imbens）同美国的劳动经济学家戴维·卡德（David Card），共享2021年诺贝尔经济学奖。还有一些获得诺贝尔经济学奖的经济学家，他们的经济学研究也较多地应用到计量经济学的方法进行实证研究。

我国在1978年以前曾断断续续开展了一些数量经济方法的研究。1978年以后，计量经济学开始了新的起步。1979年3月"中国数量经济研究会"正式成立，标志着我国包括计量经济学在内的数量经济学研究开始走上了正轨。改革开放40多年来，我国的数量经济研究与应用出现了蓬勃发展的新局面。2010年世界第十届计量经济学大会在上海举行，本届大会是首次在发展中国家举办。随着我国计量经济学科发展的组织队伍不断壮大，我国计量经济学的发展对于推动我国经济实现科学发展作出了巨大贡献。

三、计量经济模型及其随机误差项

经济理论是舍弃非重要因素而进行的简化抽象研究，它主要从定性层面揭示主要经济变量之间的逻辑关系即主要的经济机制，而现实中的经济现象或经济机制是非常复杂的，实际经济中一个经济变量或分析对象除了会受到主要经济变量或经济因素的影响之外，可能还会受到其他一些不可观察或难以定量描述的经济变量以及其他各种随机因素的影响，即使利用数学方法进行定量描述分析经济现象的数量经济学也是如此的简化抽象研究，经济理论和数理经济学都是将复杂的经济现象进行简化而进行的抽象研究，面对实际问题它们都不能将研究对象的全部影响因素描述出来。现实经济中的研究对象往往因为受到较多随机因素的影响而具有随机性的特征，为了尽可能完整正确地描述和分析研究对象受到各种随机和非随机经济因素的影响，就需要建立计量经济模型。以前面微观经济学的需求理论（1-1）式为例，我们需要建立如（1-3）式的计量经济模型来分析实际经济中消费者具有随机性特征的商品消费量 Q_i：

$$Q_i = \alpha_0 + \alpha_1 Y_i + \alpha_2 P_{1i} + \alpha_3 P_{2i} + \alpha_4 R_i + \alpha_5 F_i + \varepsilon_i \qquad (1-3)$$

在（1-3）式中，除随机变量 ε_i 这一项之外，其他变量和参数的含义同（1-1）式。先假定 Y_i、P_{1i}、P_{2i}、R_i 和 F_i 等因素是非随机的（在实验中它们是可以非随机给定的）。随机变量 ε_i 这一项称为随机扰动项或者随机误差项（random error term），它代表（1-3）式中除 Y_i、P_{1i}、P_{2i}、R_i 和 F_i 等主要因素之外所有其他随机因素对 Q_i 的影响，ε_i 是不可观察的随机因素。在非简单化、非抽象化的实际经济问题研究（包括可以控制的实验研究）中，由于在一定时期的实际消费经济活动中消费者的行为特征即参数 α_k（$k=0,1,2,3,4,5$）是既定的常数，给定消费者 Y_i、P_{1i}、P_{2i}、R_i 和 F_i 等变量的数值，如果（1-3）式缺少随机扰动项 ε_i 这一项，则（1-3）式两边就不会正确相等；只有加上随机扰动项 ε_i 这一项，（1-3）式两边才能正确相等。研究随机扰动项 ε_i 的特征及其与模型中其他各变量之间的逻辑关系是计量经济分析的一个基本特征。

（1-3）式是依据微观经济学中的需求理论而建立起来的总体回归函数，其基本假设是要求给定 Y_i、P_{1i}、P_{2i}、R_i 和 F_i 等非随机变量的数值时随机扰动项 ε_i 的期望值为零，即 $E(\varepsilon_i \mid Y_i, P_{1i}, P_{2i}, R_i, F_i) = 0$，或者：

$$E(Q_i) = \alpha_0 + \alpha_1 Y_i + \alpha_2 P_{1i} + \alpha_3 P_{2i} + \alpha_4 R_i + \alpha_5 F_i \qquad (1-4)$$

（1-4）式称为总体回归直线。在（1-3）式中，对于每一位消费者来说，Y_i、P_{1i}、P_{2i}、R_i和F_i等变量的数值，我们也许都可以观测到。当然，像R_i和F_i这样的变量数值我们也许难以观测或难以定量描述，而（1-3）式中的参数α_k（$k=0，1，2，3，4，5$）一般是未知的常数。计量经济学的一项主要任务，就是要通过随机选择一组消费者i（$i=1，2，3，\cdots，N$）观察它们关于Y_i、P_{1i}、P_{2i}、R_i和F_i等变量的数据集或称为随机样本，然后利用这个随机样本和合适的模型估计方法去推断（1-3）式中参数α_k（$k=0,1,2,3,4,5$）的大小或取值范围（置信区间），为此需要建立以下样本回归函数：

$$q_i = \hat{\alpha}_0 + \hat{\alpha}_1 y_i + \hat{\alpha}_2 p_{1i} + \hat{\alpha}_3 p_{2i} + \hat{\alpha}_4 r_i + \hat{\alpha}_5 f_i + e_i \qquad (1-5)$$

或者得到以下样本回归直线：

$$\hat{q}_i = \hat{\alpha}_0 + \hat{\alpha}_1 y_i + \hat{\alpha}_2 p_{1i} + \hat{\alpha}_3 p_{2i} + \hat{\alpha}_4 r_i + \hat{\alpha}_5 f_i \qquad (1-6)$$

这里使用小写字母q_i、y_i、p_{1i}、p_{2i}、r_i、f_i分别表示总体回归函数中变量Q_i、Y_i、P_{1i}、P_{2i}、R_i、F_i的样本观测值，其中，$\hat{q}_i$是对随机变量Q_i的估计，$\hat{\alpha}_k$（$k=0,1,2,3,4,5$）分别为参数α_k（$k=0,1,2,3,4,5$）的估计，e_i称为残差。得到参数α_k的估计值$\hat{\alpha}_k$及其统计特征之后，就可以用来进行检验或发展经济理论，分析经济结构，评估经济政策的效果，或者进行经济预测。

以上（1-3）式~（1-6）式统称为计量经济模型，其中分析随机扰动项ε_i的特征及其与模型中其他各变量之间的逻辑关系是计量经济分析的基础。在后面的章节中，首先在随机扰动项ε_i满足一系列重要假设的基础上展开计量经济分析，然后讨论在随机扰动项ε_i不满足这些重要假设的情况下计量经济分析的各种方法。

第二节　经济变量、经济参数与经济数据

接下来介绍（1-3）式~（1-6）式中的经济变量、经济参数和经济数据。

一、经济变量及其分类

总体回归函数或总体回归方程（1-3）式由四个部分组成：一是函数等号左边的Q_i称为被解释变量（explained variable）或因变量（dependent variable）；二是函数等号右边的Y_i、P_{1i}、P_{2i}、R_i和F_i称为解释变量（explaining variable）或自变量（independent variable）；三是函数等号右边的α_k（$k=0，1，2，3，4，5$）是模型待估计的经济参数，简称参数（parameter）；四是随机扰动项ε_i。其中被解释变量和解释变量属于经济变量，这些经济变量具有不同的类型。

（一）内生变量和外生变量

计量经济模型可以是由单个方程构成的模型，也可以是由多个方程共同构成的模型。作为一个独立的计量经济模型，无论它多大或由多少个方程组成，经济变量都可以分为内生变

量（endogenous variable）和外生变量（exogenous variable）两大类，其中内生变量又称为联合决定变量，它是具有一定概率分布的随机变量，其数值是由模型自身决定的，也往往是经济模型系统定量分析的估计对象；内生变量不仅影响所研究的系统，而且也受系统的影响。模型中的被解释变量都是内生变量。外生变量针对模型而言被认为是非随机变量，它的数值是在模型之外决定的，或者是没有概率分布的确定变量，或者是具有临界概率分布的随机变量。外生变量对模型有影响，但不受模型中其他任何变量的影响，在模型中外生变量均为非随机变量。

以（1-3）式为例，该模型描述了第 i 个消费者的消费经济系统状况，其中被解释变量 Q_i 决定于方程右边的解释变量和随机扰动项，它是由模型内部决定的，因此，被解释变量 Q_i 是内生变量。如果单个消费者的需求量 Q_i 不足以影响方程右边消费者所面临的商品自身 P_{1i}、替代品价格 P_{2i}、消费者对商品的质量评价 R_i、消费偏好 F_i 等变量的形成，并且这些解释变量完全是由消费者自身的消费经济系统之外的因素决定的，那么这些解释变量都是外生变量。由于一方面消费者对商品的消费量 Q_i 会受到其收入 Y_i 的影响，另一方面商品需求量 Q_i 可能又会影响到消费者的收入 Y_i，因为较高的消费需求可能会使得消费者建立更有优势的朋友圈，从而带来更好的就业机会或创收机会，因此，消费者收入 Y_i 可能是由该模型系统内部决定的，所以作为解释变量的消费者收入 Y_i 也是内生变量。由于外生变量是由计量经济模型之外的因素决定的，因此，外生变量同随机干扰项是不相关的。理解这一点，对于今后理解高斯－马尔科夫定理从而得到解释变量系数的无偏估计量或一致估计量是很重要的。

哪些解释变量是模型的内生变量，哪些解释变量是外生变量，这需要运用经济理论或实践经验进行分析判断。

（二）滞后变量和前定变量

在很多情形下，被解释变量不仅受同期解释变量影响，而且还明显依赖于解释变量的滞后值。以凯恩斯主义收入决定模型中的投资为例，可以使用（1-7）式来描述国民收入决定中的投资总支出：

$$I_t = \beta_0 + \beta_1 Y_t + \beta_2 Y_{t-1} + u_t \tag{1-7}$$

其中，投资总支出 I_t 不仅与当前国民收入 Y_t 有关，还在一定程度上取决于过去的国民收入水平 Y_{t-1}。又如货币供应量的大幅增加与通货膨胀并不是同时发生的，而是滞后发生的，等等。在计量经济学中把 Y_{t-1} 这样的变量称为滞后变量（lagged variable）。显然，滞后变量是在求解模型之前就确定的变量。另外，通常把外生变量和滞后变量合称为前定变量（predetermined variable），即在求解模型之前已经确定或需要确定的变量。

二、经济参数及其分类

经济参数往往是模型中解释变量的系数，它们反映被解释变量与解释变量间的关系方向和大小，表征着模型的结构特征。

经济参数有常数参数和时变参数之分。常数参数不随时间变化，在模型的整个周期内是固定的常数。若一个模型中的参数全部是常数，说明该模型的结构形式比较稳定，不随时间而变化。时变参数随时间而变化，并非固定数值，它说明被解释变量与解释变量之间的关系程度（乃至方向）是随时间而变化的，因此可以写成时间函数的形式。对常数参数的估计是一次性的，估计出的参数值可以沿用于各时期。估计时变参数是需要估计出参数的时间函数式，再求得各时期的不同数值。参数确定了，模型的函数关系亦随之确定。

三、经济数据及其类型

建立计量经济模型之后，需要使用样本数据来估计模型的参数。

（一）数据类型

计量经济研究中使用的数据主要是各种经济统计数据，可以是通过专门调查取得的数据，也可以是人为制造的数据，如虚拟变量数据。用于计量经济分析的数据可以分为四种类型。

1. 横截面数据。横截面数据（cross-sectional data）是指同一个统计指标在同一时期或时点按不同统计单位（或个体，下同）记录形成的数据集。例如，同一年份不同家庭的收入和消费支出、某年各省（市）的国内生产总值、同一季度不同上市公司的资产总额和净利润、我国的人口普查数据等。

2. 时间序列数据。时间序列数据（time series data）是同一个统计指标同一个统计单位按时间顺序记录形成的数据列。时间序列数据也称为时序数据或动态序列数据，它描述的是同一个统计单位的某一指标水平在时间纵向上变化的情况。数据是按照一定的时间间隔收集的，如每日（股票）、每周（货币供给）、每月（失业率）、每季度（GNP）、每年（政府预算）等。数据可以是时点数据，也可以是时期数据。例如，某省在 1950 ~ 2003 年各年年末的人口数是由 54 个时点数组成的时间序列数据，而各年的粮食产量数据则是由各时期数组成的时间序列数据。时点数据中的每一个数必须是同一范围、同一时期长度上的统计数据。例如上例中人口数据必须是同一省范围内，行政区划不变动，在各年同一时刻（如每年 12 月 31 日 24：00）的人口数；粮食产量数据必须是同一省范围内，每年按相同的统计口径和计算方法得到的全年粮食产量数。如果行政区划、统计口径或计算方法变了，在使用时都必须经过调整处理。

3. 混合横截面数据。将两个或两个以上时期或时点的横截面数据混合在一起就构成了混合横截面数据（pooled cross-section data）。在这里，不同时期的横截面数据往往是对不同统计单位的数据记录。例如，将对 2016 年的 2 400 个住房价格横截面数据和 2018 年的 3 600 个住房价格横截面数据混合在一起就构成了混合横截面数据。混合横截面数据除能够扩大样本容量之外，对于分析新的政府政策影响效应特别有效。

4. 面板数据。面板数据（panel data）又称纵列数据，它由每个横截面单位（个体）的一个时间序列组成。例如，对 1 588 家上市公司的资产总额、负债总额和净利润数据收集了 6 年的数据；对 60 个国家的国内生产总值、出口额、进口额、财政收入数据收集了 15 年的数据；对中国 250 个地级市收集了 8 年的城市常住人口、年人均可支配收入和高校毕业生数量的数据；等等。在面板数据中，同一横截面的单位（例如这里的各上市公司、各国家、中国各地级市）都被跟踪了一段时期，这是面板数据区别于混合横截面数据的关键特征。

（二）样本数据的质量

样本数据的质量问题大体可以概括为完整性、准确性、可比性和一致性。

1. 在计量经济模型中，样本数据的完整性是系统对数据的要求。人们所研究的经济现象，无论是国家经济、地区经济还是部门经济，都是作为一个系统而存在的。经济数据，作为系统状态及其内部机制以及外部环境的数量描述，必须是完整的，否则，模型就无法运行。百分之百的完整虽难以达到，但对于少数"遗失数据"，应采用科学的方法人为地补充以达到完整。

2. 准确性包括两个方面含义，一是它必须准确反映它所代表的经济主体的状态；二是它必须是模型研究中所要求的数据。前一方面是显而易见的，它要求统计数据或调查数据本身是准确的。而后一方面则容易为人们所忽视，它要求研究人员准确地选择、应用数据。例如，应用生产函数描述某一生产过程中投入要素与产出量之间的定量关系，那么作为投入要素之一的资本数据必须是真正反映投入到生产过程的资本数量，而不是所拥有的资本数量，如果用固定资产原值作为投入的固定资本要素数据，就不能算是准确的，因为固定资产原值中可能有一部分是闲置的，没有真正投入，尽管它本身的统计是准确的。

3. 可比性就是通常所说的数据口径问题。常常人们可以得到的经济统计数据，却具有比较差的可比性，其原因在于统计范围口径的变化和价格口径的变化，必须进行处理后才能为研究所用。计量经济方法，是从历史的时序数据或同一时间截面的不同时点数据中寻找经济现象的内在规律性，如果数据是不可比的，那么依据观测数据得到的规律是不能反映经济活动的固有规律的。可比性包括五个方面：一是指标统计的地域范围可比（针对时间序列数据）；二是指标统计的时间可比（同一时点或同一时期）；三是指标统计的口径可比；四是指标统计的方法可比；五是指标统计的内容可比。

4. 为了解一致性，我们设想如果试图用回归分析方法建立某行业的生产函数模型，来对该行业的生产作出预测。但该行业的时序数据不完整或受非经济因素影响，许多数据不能作为样本数据，于是我们以该行业在同一时间截面上不同企业的数据为样本，估计行业生产函数模型的参数，这就违反了数据的一致性。回归分析是通过样本数据估计母体参数，所以样本与母体必须是一致的，而企业截面数据与行业时序数据不属于同一母体，它只能用于企业生产函数模型的估计，不能作为行业模型的样本数据。

（三）数据来源

成功的计量经济研究需要大量高质量的数据。对于一些宏观数据可以从国家统计局每年出版的《中国统计年鉴》以及各省市统计局出版的统计年鉴中获得；对于一些微观数据可以通过各公司内部收集，也可以通过抽样调查获得。计量经济研究中使用的数据，要力求真实、可靠、完整，数据的质量直接关系到经济模型的有效性。对于明显失真的数据，应予以剔除。收集数据有时是一件非常困难的事情，幸运的是我们的数据来源极为广泛，有官方的、民间的机构，还有专门的统计单位或调查中介机构。随着信息化水平的提高，现在有各类宏观和微观经济数据的网站，例如，我们可以很方便地通过访问国家统计局网站（www.stats.gov.cn）获得我国各类宏观经济数据、主要行业数据和分省市地区经济的主要数据。

第三节　函数关系、相关分析与因果推断

本节介绍不同经济变量之间的函数关系、相关分析和因果推断的基本概念以及这三者间的主要区别。

一、函数关系

当一个或若干个变量取一定的值时，另一个变量只有唯一确定的值与之相对应，这种关系就是函数关系。例如，在商品销售价格为 P 与商品销售量为 Q 的情况下，商品的销售额 $R = P \times Q$，R 分别与 P、Q 之间的这种唯一确定关系就是函数关系，其中 P、Q 称为自变量，R 称为因变量。在函数关系中，自变量与因变量之间是唯一确定的对应关系。确定性函数关系一般表示为 $R = f(P,Q)$。

二、相关分析

相关关系一般是不确定的，当一个现象发生变化时，另一个现象也发生变化，但变化的数值是不固定的，往往会出现几个不同的数值与其对应，这些数值一般出现在它们的平均数周围。即当一个或若干个变量取一定的数值时，另一个变量不是具有唯一确定值与之相对应，而是按某种规律在一定的范围内取值，这种关系就是相关关系，一般可表示为 $Y = f(X,u)$，其中 u 为随机变量。例如人体身高与体重之间的关系、劳动生产率与工资水平之间的关系、投资额与国民收入之间的关系等，都属于相关关系。这些变量间关系的一个共同特征，就是它们之间都有密切关系，但从对应的数值上说又是一种非确定性的关系。这是因为经济问题的复杂性，许多因素由于我们的认识及其他客观原因的限制，没有被包含在本书的分析研究中，因而当影响因素取一个确定值后，被影响因素不能以一个确定值与之对应。从数量上研究现象之间相关关系的理论和方法称为相关分析。

相关关系具有不同的类型：（1）按相关的形式不同分为线性相关和非线性相关。如果将各对观测值画成散点图，当各个观测点的分布近似地表现为直线形式时，这种相关关系就称为线性相关；当各个观测点的分布近似地表现为各种不同的曲线形式时，这种相关关系就称为非线性相关。（2）按相关的程度不同分为不相关、不完全相关和完全相关。如果两个现象互不影响，彼此的数量变化互相独立，这种关系称为不相关。如果一个现象的数量变化由另一个现象的数量变化所唯一确定，这时两个现象之间的关系称为完全相关，在这种情况下相关关系实际上是函数关系。所以，函数关系是相关关系的一种特殊情况。如果两个现象之间的关系介于不相关和完全相关之间，就称为不完全相关。（3）按相关的方向不同分为正相关和负相关。当两个现象之间的数值变化呈现反方向变化时，则称这种相关关系为负相关；反之，则为正相关。（4）按相关因素的多少不同分为单相关和复相关。单相关是指两个变量之间的相关关系；复相关是指一个变量和两个或两个以上变量之间的相关关系。

由于线性相关普遍存在，这里重点介绍线性相关系数的计算方法及其检验方法。两个变

量之间线性相关的密切程度可以用简单线性相关系数（correlation）去度量，简称为相关系数。对于我们所研究的总体，X 和 Y 两个相互联系的变量的相关系数称为总体相关系数，通常用 ρ 表示，总体相关系数 ρ 可用下式表示：

$$\rho = \frac{\text{Cov}(X,Y)}{\sqrt{\text{Var}(X)\text{Var}(Y)}} \tag{1-8}$$

其中，$\text{Var}(X)$ 是变量 X 的方差；$\text{Var}(Y)$ 是变量 Y 的方差；$\text{Cov}(X,Y)$ 是变量 X 和 Y 的协方差。

总体相关系数 ρ 反映了总体两个变量 X 和 Y 的线性相关程度，对于特定的总体来说，X 和 Y 的数值是既定的，总体相关系数 ρ 是客观存在的特定数值。但是，在总体较大时变量 X 和 Y 的全部数值一般不可能都能够获得，因此，总体相关系数一般是不能直接计算的未知量。我们通常能够做到的是从总体中随机抽取一定数量的样本，通过样本观测值 x_i 和 y_i（$i=1$，2，3，$\cdots$，n）去计算样本相关系数 r_{XY}，简记为 r。样本相关系数 r 的定义公式是：

$$r = \frac{\sum(x_i - \bar{x})(y_i - \bar{y})}{\sqrt{\sum(x_i - \bar{x})^2 \sum(y_i - \bar{y})^2}} \tag{1-9}$$

其中，x_i 和 y_i 分别是变量 X 和 Y 的样本观测值；$\bar{x}$ 与 $\bar{y}$ 分别是变量 X 和 Y 的样本观测值的平均数；n 是样本的个数，即样本容量。

样本相关系数 r 是根据样本观测值计算的，抽取的样本不同，其具体的数值也会有所差异。因此，样本相关系数 r 不是确定的值，而是随抽样而变动的随机变量，对相关系数的统计显著性还有待进行检验。但是，可以证明，从总体中随机抽取样本观测值 x_i 和 y_i 计算出来的样本相关系数 r 是总体相关系数 ρ 的一致估计，即 $\plim\limits_{n \to \infty} r = \rho$。

样本相关系数 r 具有这些性质：（1）r 的取值介于 $-1 \sim +1$ 之间，是可正可负的数。（2）在大多数情况下，$0 < |r| < 1$，即 X 和 Y 的样本观测值之间存在着一定的线性关系；当 $r > 0$ 时，Y 值随着 X 值的增加而增加，此时称两变量为正相关；当 $r < 0$ 时，Y 值随着 X 值的增加而减少，此时称两变量为负相关。（3）如果 $|r| = 1$，则表明 X 和 Y 完全线性相关；当 $r = +1$ 时，两变量完全正相关；当 $r = -1$ 时，两变量完全负相关。（4）如果 X 和 Y 在统计上相互独立，即两变量不存在线性相关关系，则 $r = 0$。但若 $r = 0$，并不一定说明两变量之间一定独立，这是因为相关系数 r 只适用于变量之间的线性关系，而变量之间可能存在非线性关系。（5）相关系数 r 具有对称性，即 X 和 Y 之间的相关系数和 Y 与 X 之间的相关系数相同。若设 Y 与 X 之间和 X 与 Y 之间的样本回归方程分别为：

$$y_i = \hat{\alpha}_0 + \hat{\alpha}_1 x_i + e_{1i} \tag{1-10}$$

$$x_i = \hat{\beta}_0 + \hat{\beta}_1 y_i + e_{2i} \tag{1-11}$$

容易证明相关系数 r 就是两个样本回归系数乘积的开方，即：

$$r = \pm\sqrt{\hat{\alpha}_1 \hat{\beta}_1} \tag{1-12}$$

由此计算的相关系数 r，其符号应与回归系数的符号一致。

在对客观现象的实际分析中，相关系数一般都是利用样本数据计算的，因而带有一定的随机性，样本容量越小其随机性越大，可信程度就越差，因此也需要进行检验。利用样本相关系数 r 对总体相关系数 ρ 进行检验，采用 t 检验。检验步骤如下：

原假设与备择假设分别为：

$$H_0: \rho = 0$$
$$H_1: \rho \neq 0$$

构造 t 统计量：

$$t = \frac{r\sqrt{n-2}}{\sqrt{1-r^2}} \qquad (1-13)$$

（1-13）式服从自由度为（$n-2$）的 t 分布。根据给定的显著性水平 α 和自由度，查 t 分布表可取得相应的临界值 $t_{\alpha/2}$。如果 $|t| \geqslant t_{\alpha/2}$ 则拒绝原假设，表明总体相关系数 ρ 不为零，X 和 Y 两变量之间存在显著的线性相关关系。反之，如果 $|t| < t_{\alpha/2}$ 则接受原假设，可认为 X 和 Y 两变量之间不存在显著的线性相关关系。

【例题 1.1】党的十四大报告明确提出，中国经济体制改革的目标是建立社会主义市场经济体制，由此中国加快了改革开放的步伐。表 1-1 展示了 1992~2022 年这 31 年中国的支出法生产总值（gdp）、最终消费（con）、资本形成总额（cap）以及货物和服务净出口（nex），其中 $gdp \equiv con + cap + nex$。请计算支出法生产总值分别同最终消费、资本形成总额、货物和服务净出口之间的线性相关系数，并在 5% 的显著性水平下检验相关系数的显著性。

liti1.1 数据下载

表 1-1	中国支出法生产总值及其构成数据		单位：亿元
年份 （$year$）	支出法生产总值 （gdp）	最终消费 （con）	资本形成总额 （cap）	货物和服务净出口 （nex）
1992	27 140.3	16 239.3	10 625.4	275.6
1993	35 576	20 814.9	15 440.5	-679.5
1994	48 410.3	28 296.8	19 479.4	634.1
1995	61 050.4	36 228.7	23 823	998.6
1996	71 541.5	43 122.3	26 960.1	1 459.1
1997	79 415.8	47 548.7	28 317.1	3 550
1998	84 790.8	51 501.8	29 659.7	3 629.3
1999	90 095.1	56 667.3	30 891.2	2 536.6
2000	99 799	63 748.9	33 667.1	2 383
2001	110 388.4	68 661.1	39 402.5	2 324.7
2002	121 326.7	74 227.5	44 005	3 094.2

年份 （year）	支出法生产总值 （gdp）	最终消费 （con）	资本形成总额 （cap）	货物和服务净出口 （nex）
2003	137 146.7	79 735	54 446.8	2 964.9
2004	161 355.6	89 394.4	67 725.6	4 235.6
2005	187 657.5	101 872.5	75 576	10 209.1
2006	219 597.5	115 364.3	87 578.6	16 654.6
2007	270 499.4	137 737.1	109 339.3	23 423.1
2008	318 067.6	158 899.2	134 941.6	24 226.8
2009	347 650.3	174 538.6	158 074.5	15 037.1
2010	408 505.4	201 581.4	191 866.9	15 057.1
2011	484 109.3	244 747.3	227 673.5	11 688.5
2012	539 039.9	275 443.9	248 960	14 636
2013	596 344.5	306 663.7	275 128.7	14 552.1
2014	646 548	338 031.2	294 906.1	13 610.8
2015	692 093.7	371 920.7	297 826.5	22 346.5
2016	745 980.5	410 806.4	318 198.5	16 975.6
2017	828 982.8	456 518.2	357 886.1	14 578.4
2018	915 774.3	506 134.9	402 585.2	7 054.2
2019	990 708.4	552 631.7	426 678.7	11 397.9
2020	1 025 628.4	560 811.1	439 550.3	25 266.9
2021	1 140 340.1	620 921	489 897.2	29 521.9
2022	1 205 017	641 633	523 890.4	39 493.7

资料来源：根据国家统计局官方网站（https：//data. stats. gov. cn）提供的数据整理。

根据（1-9）式可以计算出支出法生产总值（gdp）同最终消费（con）之间的相关系数以及支出法生产总值（gdp）同资本形成总额（cap）之间的相关系数分别为0.9988，支出法生产总值（gdp）同货物和服务净出口（nex）之间的相关系数为0.7666。根据（1-13）式可以计算出 gdp 同 con 之间相关系数的 t 值以及 gdp 同 cap 之间相关系数的 t 值都为109.83，gdp 同 nex 之间相关系数的 t 值为6.43。查自由度为29的 t 分布临界值得到相应的 $t_{0.05/2}=$ 2.045，由于这三个相关系数的 t 值均大于临界值 $t_{0.05/2}=2.045$，因此，这三个相关系数都通过了5%显著性水平的 t 检验，表明 gdp 分别同 con、cap 和 nex 之间存在显著的正的线性相关关系。

以上例题表明，即使等式 $gdp \equiv con + cap + nex$ 是一个恒等式，但并不意味着恒等式右边的每一个变量都同左边的变量完全相关，也不意味着等式右边的每一个变量同等式左边的变量具有同样大小的相关系数。

相关分析要以经济理论分析或实践经验为基础。只有当经济理论分析或实践经验表明两个经济变量之间存在相关关系时，计算两者的相关系数并进行显著性检验才有意义。在市场经济发展过程中，国民经济的总需求由最终消费、资本形成总额、货物和服务净出口这三部分构成，从这个理论上来说，国民经济的总需求自然分别同最终消费、资本形成总额、货物和服务净出口三者之间存在相关关系。但是，由于不同国家的经济结构不同，不同国家的总需求分别同最终消费、资本形成总额、货物和服务净出口三者之间的相关系数可能存在一定的差异。

以上例题计算结果表明，我国支出法生产总值分别同最终消费和资本形成总额之间的相关系数较大，而同货物和服务净出口之间的相关系数相对较小。值得注意的是，这个结论是从总需求的形成角度进行分析而得到的。我国支出法生产总值与货物和服务净出口之间的相关系数相对较小，但这并不意味着我国货物和服务的进出口贸易在国民经济发展中不重要。实际上，从供给侧来看，我国货物和服务的进出口贸易发展对于促进我国优化资源配置、增加就业、优化产业结构、积累人力资本和提升科技创新能力等经济发展的各方面都起到了非常重要的作用。

三、因果推断

上面讲述了两个变量 X 与 Y 之间的相关分析。然而，在处理实际经济问题时只考察相关关系是不够的，更重要的是要探索变量 X 是不是引起变量 Y 变化的原因，即探讨两个变量 X 与 Y 之间的因果关系。

假如在实际经济问题中被解释变量 Y 只受到两个因素影响：一个是解释变量 X；另一个是与解释变量 X 不相关的随机因素 u（见图 1-1），那问题就简单了，可以建立以下计量经济模型（1-14）式来推断变量 X 是不是引起变量 Y 变化的原因：

$$Y = \alpha_0 + \alpha_1 X + u \qquad (1-14)$$

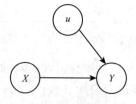

图 1-1　X 单独影响 Y

如果能够使用变量 X 的系数 α_1 的估计值 $\hat{\alpha}_1$ 推断出 α_1 显著地不等于零，那么就表明变量 X 的变化是引起变量 Y 变化的原因。

然而，实际经济问题往往并没有这么简单，解释变量 X 往往与随机因素 u 是相关的（见图 1-2）。在这种情况下，一方面 X 变化引起 Y 变化的时候会同时导致 u 引起 Y 变化，另一方面 u 本身也在变化，此时无法分辨到底是 X 引起 Y 变化还是 u 引起 Y 变化，因此，我们就无法直接依靠模型（1-14）式来推断变量 X 变化是不是引起变量 Y 变化的原因。

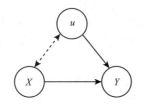

图 1 - 2 X 对 Y 的影响不是单独的

实际经济问题往往更为复杂，影响被解释变量 Y 变化的因素除以上 X 和 u 之外，可能还有 Z_j（$j=1$，2，3，…，k）等其他 k 个因素。如果 X 分别与 Z_j、u 不相关（见图 1 - 3），那问题也简单，可以直接使用模型（1 - 14）式来推断变量 X 变化是不是引起变量 Y 变化的原因。但是，如果 X 与 Z_j 相关而与 u 不相关（这时 Z_j 与 u 自然也不相关，见图 1 - 4），在这种情况下，必须控制住所有 Z_j 保持不变，单独让 X 变化，这样才能推断出变量 X 变化是不是引起变量 Y 变化的原因，可以通过（1 - 15）式来实现这样的因果推断。

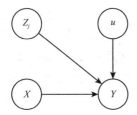

图 1 - 3 X 与 Z_j 不相关

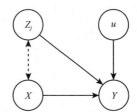

图 1 - 4 X 与 Z_j 相关

$$Y = \alpha_0 + \alpha_1 X + \sum_{j=1}^{k} (\beta_j Z_j) + u \qquad (1 - 15)$$

类似于（1 - 14）式的因果推断，在（1 - 15）式中如果能够使用变量 X 的系数 α_1 的估计值 $\hat{\alpha}_1$ 推断出 α_1 显著地不等于零，那么就表明变量 X 的变化是引起变量 Y 变化的原因。所谓控制住其他条件不变（ceteris paribus）考察 X 单独变化时它对 Y 的因果影响，就是在（1 - 15）式中加入所有与 X 相关的解释变量 Z_j，这些解释变量又称为控制变量。如果所有的其他因素 Z_j 都可以度量并能够实际观察到，那么利用（1 - 15）式，就能像自然科学家和工程技术人员通过控制实验探索因果关系那样，通过控制住其他条件不变考察 X 单独变化对 Y 的因果影响。

无论是图 1 - 2 还是图 1 - 4 的情况，只要解释变量 X 与随机因素 u 是相关的（例如 X 会影响 Y，反过来 Y 也会影响 X），我们就无法直接依靠（1 - 14）式或（1 - 15）式来推断 X 变化是不是引起 Y 变化的原因。

在解释变量 X 与随机因素 u 不相关（X 会影响 Y，但反过来 Y 不会影响 X）的情况下，模型（1 - 15）式看起来似乎解决了 X 变化引起 Y 变化的因果推断问题，但实际经济情况比我们想象的要复杂得多，因为实际经济的 Z_j 中可能存在某个或某些 Z_j 难以实际观测到，而这个或这些 Z_j 又是与 X 密切相关的影响 Y 的重要变量，在这种情况下我们也就无法依靠（1 - 15）式来推断变量 X 变化是不是引起变量 Y 变化的原因。经济科学不同于自然科学与工程技术学科，很难像自然科学与工程技术学科那样通过控制住那些难以观察到或难以度量的因素，运用这样的实验来观察 X 单独变化是否会引起 Y 变化；经济科学中这样的控制实验其成本可能会非常高，也可能会违反伦理道德。为解决这样的难题，计量经济学家想出了一些进行因果推断的其他有效方法。

如果两个变量之间存在某种因果关系的话，那么它们之间必然是相关的；反之，两个变量之间如果存在相关关系就不等于它们之间一定会存在因果关系。处于同一个环境系统中的两个变量 X 和 Y 可能同时受到某种共同因素 Z 的影响，它们之间就可能会表现出较强的相关关系，但它们之间未必存在因果关系。例如，种植在同一个地方的两棵不同种类的树苗由于受到阳光照射和土地营养供给等相同自然气候环境的影响，它们的成长高度可能就具有较强的相关关系，但它们之间肯定不会存在因果关系，因为如果将其中一棵树砍掉，另一棵树照样会成长。又如，在同一个家庭里成长的两个兄弟由于受到同样的家庭学习环境的影响，他们的学习成绩也可能具有较强的正相关关系，但他们的学习成绩未必存在因果关系，因为如果其中一位兄弟放弃学习，另一位坚持学习的兄弟也可能保持与以前同样优秀的学习成绩。

综上所述，无论是相关分析还是因果推断都要以经济理论分析或实践经验为前提，但相关分析与因果推断之间存在显著的区别，其中的主要区别包括：（1）在相关分析中经济因素 X 与 Y 之间是对等的，它们之间不存在原因变量和结果变量之分；而在因果推断中，存在原因变量和结果变量之分，即如果要推断经济因素 X 变化是导致经济因素 Y 变化的原因，那么经济因素 X 就是原因变量，而经济因素 Y 就是结果变量；（2）在相关分析中经济因素 X 与 Y 都是随机变量，而在因果推断中结果变量 Y 一定是随机变量，而原因变量 X 可以不是随机变量，也可以是随机变量；（3）在相关分析中可以在不控制"其他条件不变"的情况下测度经济因素 X 与 Y 之间的相关程度和相关方向，而在因果推断中只有在控制"其他条件不变"的情况下才能准确作出因果关系的推断。

第四节 理想实验、理想实验数据与观测数据

本节主要介绍什么是理想实验以及理想实验数据与观测数据之间的区别，并简单说明计量经济学的局限性。

一、理想实验

我们有必要通过举一个例子阐明相关分析与因果推断的区别，以及如何设计一个理想的实验来达到因果推断的目的。

在日常生活中，经常会遇到这样的问题：第一个问题是"拥有抽烟习惯的人身体健康状况好还是没有抽烟习惯的人身体健康状况好？"第二个问题是"吸烟是否会损害身体健康？"这两个问题初看起来似乎是一个相同的问题，但从本质上来说这两个问题是完全不同的问题，第一个问题是相关关系的问题；第二个问题是因果关系的问题。

要回答第一个问题是比较容易的，我们通过设计以下模型就可以解决这个问题：

$$HI_i = \alpha_0 + \alpha_1 D_i + \sum (\beta_k X_{ki}) + \varepsilon_i \qquad (1-16)$$

其中，HI_i 表示第 i 个人的身体健康指数，该指数越高其身体健康状况越好；D_i 代表第 i 个人是否拥有抽烟习惯，对于拥有抽烟习惯的人来说 $D_i = 1$，否则 $D_i = 0$；控制变量 X_{ki}（$k = 1$，2，3，…）代表第 i 个人的收入状况、职业状况、婚姻状况、年龄、性别等同是否抽烟相关的影响因素，ε_i 为模型的随机扰动项。我们可以抽取一个随机样本（$i = 1$，2，3，…，N），然后估计出模型中参数 α_1 的估计值 $\hat{\alpha}_1$，如果能从 $\hat{\alpha}_1$ 中推断出 α_1 显著小于零，我们就能得出"没有抽烟习惯的人其身体健康状况要比拥有抽烟习惯的人身体健康状况更好"的结论。然而，即使能得出这样的结论，这也只是说明抽烟习惯同身体健康状况之间存在相关关系，但我们不能做出"吸烟有害身体健康"这样的因果推断（顺便提一句，我国的香烟包装盒上都印刷了"吸烟有害身体健康"的字样），因为很有可能越是身体健康存在问题的人（例如，工作过度疲劳引起身体健康存在问题，感情挫折引起身体健康状况恶化，等等）越容易形成抽烟的习惯，拥有抽烟习惯的人其身体本身的健康状况就比没有抽烟习惯的人差，因此，关于（1-16）式的分析只能说是一种相关分析而不是因果推断。

如果真的要作出"吸烟有害身体健康"这样的因果推断，我们可能需要设计一个理想实验来完成这项工作。所谓进行理想实验就是要创造一种"其他条件不变或相同"的环境状态。设想进行这样一项理想实验：随机抽取 10 000 个没有抽烟习惯的身体健康状况良好的被实验者，他们年龄在 18 ~ 60 岁，可以是男性也可以是女性，可以是已婚者也可以是未婚者或离婚者。将这 10 000 个被实验者随机分为"抽烟组"（或称为"实验组"）与"非抽烟组"（或称为"对照组"）两组，每组 5 000 人，其中一组让他们形成抽烟习惯，另一组不让他们抽烟，这样进行为期 10 年的试验。为了保持"其他条件不变或相同"的理想状态，例如为了排除工作对身体健康状况的影响，他们除了从事这项实验之外，都不从事其他任何工作；又如为了排除生活质量对身体健康状况的影响，除了是否抽烟之外，让他们过着其他方面拥有同样质量的正常生活，等等。10 年之后，我们再考察两组被实验者之间的平均身体健康状况是否存在显著的差别。如果 10 年之后发现"抽烟组"的平均健康状况显著地不如"非抽烟组"的平均健康状况，则我们就可以作出"抽烟有害身体健康"这样的因果推断。由此可见，因果推断只能在"其他条件不变或相同"的理想实验中才能实现。

二、理想实验数据与观测数据

我们在前面讲过横截面数据、时间序列数据、混合横截面数据和面板数据，这些数据实际上分别都可以划分为两种类型：理想实验数据与观测数据。所谓理想实验数据就是在理想实验条件下取得的数据；所谓观测数据就是在非理想实验下观测到的数据。如果有了理想实验数据，我们就容易进行因果推断；而观测数据可以用于作相关性分析但不容易用来进行因果推断。在经济学研究中，遗憾的是，进行理想实验往往需要巨大的成本，或者可能违反伦理道德。有幸的是，现实经济活动中经常会发生一些比较接近于理想实验的随机自然实验（即实验是自然发生的并且实验组与对照组是随机分配的），这类随机自然实验数据经常被用来作因果推断分析。

观测数据与理想实验数据之间的主要区别在于数据生成过程和生成机制不同。理想实验数据是在控制住"其他条件不变"的情况下得到的数据，即在控制住"其他条件不变"的情况下让自变量单独变化而引起因变量变化时所观测到的数据；而观测数据是在没有控制住任何经济因素变化的情况下市场经济运行过程中所产生的数据，在这种情况下，自变量、因变量和其他随机因素等之间经过相互作用而生成数据，这种数据无法体现或反映自变量单独变化所引起的因变量变化。

三、计量经济学的局限性

即使上面的理想实验能够证实"吸烟有害身体健康"这个命题，这也只是为证实这个命题提供了一个统计上的证据，至于吸烟在生理上通过什么样的途径和什么样的机制影响人的身体健康，这还需要生理学家从人体生理变化上去解释"吸烟有害身体健康"的真实机制和原因；如果生理学家已经从人体生理变化上揭示了"吸烟有害身体健康"的真实机制，也就没有必要去做上面关于"吸烟有害身体健康"的理想实验了。由此可以看出，计量经济学能够得到或能够提供的只是统计学上的证据，而不能从生理机制或经济机制上去揭示因果关系的内在机理，我们有必要充分认识到计量经济学的这种局限性。

最后还有必要特别指出，这里使用"吸烟"的例子只是用来说明相关关系与因果关系以及相关分析与因果推断之间的区别，我们在这里明确表态，不赞成因为阅读了这个例子而形成吸烟的习惯，我们明确表示吸烟是不讲卫生的行为。

第五节 建立与应用计量经济模型的步骤

应用计量经济学方法解决实际经济问题时，主要的步骤包括计量经济模型的建立、参数估计、模型检验与参数检验、模型应用等步骤，但是不同的应用目标其具体做法是不同的。这里介绍一般性问题，在后面各章节中会针对解决实际经济问题的不同分别讲述建立与应用计量经济模型的不同步骤。

一、建立计量经济模型

计量经济模型是对具有随机性特征的实际经济问题的数学描述。要在明确研究目标和研究对象的基础上，根据经济学理论或实际经验划定研究对象所在经济系统的范围边界，对研究对象所在的经济系统进行全面深入的分析，充分认识该经济系统的构成要素和环境条件，至少要明确三方面问题：第一，哪些研究对象是受随机因素影响而具有随机特征的被解释变量？第二，哪些因素是影响被解释变量的解释变量？解释变量之间是否相关？它们是随机的还是非随机的？第三，哪些因素是影响被解释变量的随机因素？这些随机因素是否与解释变量相关？明确这些问题之后将被解释变量、解释变量与随机因素三者使用数学方程联系起来，正确描述出各变量间的逻辑关系即经济系统的运行机制，这样就建立了计量经济模型。前面的（1-3）式和（1-5）式分别是个人（或家庭）消费支出的总体回归函数和样本回归函数，它们就是分析个人（或家庭）消费支出的相关影响因素时所要建立的计量经济模型。

在建立计量经济模型时主要涉及这些问题需要特别注意：（1）任何计量经济模型至少有一个方程具有随机扰动项；（2）模型能够得到足够的数据支持；（3）模型的函数形式要正确；（4）模型是可以识别的。总的来说，所建立的计量经济模型必须能够达到实现研究目标的要求。

二、参数估计

在（1-3）式的消费支出模型中，参数 α_k 是既定的未知常数。所谓参数估计，就是要依据样本数据资料以及运用一定的数学方法求解出（1-3）式中参数 α_k 的估计值及其特征，即求解出（1-5）式中的 $\hat{\alpha}_k$ 作为（1-3）式中参数 α_k 的估计值，为进一步推断 α_k 是否显著为零或其数值大小提供基础。

参数估计的数学方法有很多，其中最常用的是普通最小二乘法，后面会详细讲述该方法。正是因为参数估计的数学方法很多，对于同一个计量经济模型在同样的样本数据下，不同数学方法求解出来的参数估计量及其特征可能都不同，哪种数学估计方法所得到的参数估计量具有"良好的"特征？哪种数学方法所得到的参数估计量不具有"良好的"特征？衡量"良好的"标准是什么？计量经济学衡量"良好的"估计量标准有：（1）估计量的线性特征；（2）估计量的无偏性；（3）估计量的一致性；（4）估计量的有效性。正是由于在一定的假设条件下普通最小二乘法这种数学求解方法所得到的参数估计量具有线性、无偏、一致和有效的特征，所以该方法能够得到非常广泛的应用。

探索能够获得"良好的"特征的估计量，是计量经济学在参数估计方面的主要努力方向。

三、模型检验与参数检验

我们知道，计量经济模型参数估计所选择的数学方法是建立在一定的数学思想上的，参数估计所使用的数学方法与参数估计的数学推理过程本身一般不需要假设前提，但是，应用某种数学方法估计模型所得到的参数估计量是否具有"良好的"性质，则往往需要一定的甚至较多的假设前提。计量经济学的模型检验主要是检验模型是否符合这些假定，通常包括随机扰动项的异方差检验与自相关检验、多重共线性检验、变量的平稳性检验、模型识别检验、模型预测检验等。如果违反这些假设前提，那么所得到的参数估计量就不具有"良好的"特征（或者说参数的估计结果是不正确的或错误的）。此时，必须想办法对原来的计量经济模型进行变换或修正，探索一种估计参数的新方法，最终达到获得"良好的"估计量的目的。

参数检验是指在获得"良好的"统计量和估计值之后，对这些统计量与估计值以及它们的统计性质加以评定，以确定所得到的估计结果是否可靠，是否正确，主要包括经济显著性检验与统计显著性检验。

1. 经济显著性检验，依据经济先验准则的要求，检查参数的符号和大小是否符合经济理论或实践经验对这些参数的符号和大小的约束；如果违背或较大程度上偏离了经济理论或实践经验的先验准则，那么参数的估计值可能是不可靠的。例如，从理论上来说，对于大部分中等收入水平的消费者来说，边际消费倾向不可能大于1或非常接近于1，也不可能小于零或非常接近于零。

2. 统计显著性检验基于统计理论确定，依据统计准则其目的在于判断参数估计值的可靠性。常用的统计显著性检验包括 z 检验、t 检验、F 检验等。值得注意的是，统计显著性检验是建立在经济显著性检验符合要求的基础上进行的，如果经济显著性检验不符合要求，那么进行统计显著性检验就失去了意义。

四、模型的应用

当模型的参数估计结果在模型检验和参数检验方面获得满意的结果之后，就可以将模型的参数估计结果应用于检验或发展经济理论、经济结构分析、经济政策评估和经济预测等经济问题分析之中；如果参数估计结果在模型检验和参数检验方面不符合要求，则需要重新检查所建立的模型、样本数据、参数估计方法等方面是否存在问题，发现和纠正了所存在的问题之后，重新估计模型参数得到新的估计结果，然后再重新进行模型检验和参数检验，直至获得满意的结果之后才能将参数估计结果应用于解决经济问题。计量经济学主要有以下应用：

1. 检验或发展经济理论。在检验经济理论方面，依据已经建立的经济理论去建立模型，然后用实际的样本数据去估计模型，如果得到的结果能够验证建模所依据的经济理论，就表明这种理论是正确的；如果不能得到验证，就表明这种理论是错误的，这就是检验理论。在发展经济理论方面，用实际已经发生的经济活动的样本数据去拟合各种模型，拟合最好的模型所表现出来的数量关系，则是经济活动所遵循的经济规律即经济理论，这是发展经济理论。

2. 经济结构分析。所谓经济结构分析，是指运用已经估计出参数的模型，对所研究的经济关系进行定量分析，以说明经济变量之间的因果关系或数量比例关系。具体来说就是，分析当其他条件不变时，模型体系中的某个解释变量发生一定的变动对被解释变量的影响程度。常用的经济结构分析有边际分析、弹性分析、乘数分析、比较静力学分析等。经济结构分析可能同时也是检验或发展经济理论，其中进行因果推断的情况比较常见。

3. 经济政策评估。经济政策评价就是利用计量经济模型对各种可供选择的政策方案可能产生的后果进行模拟测算，从而对各种政策方案作出评价。计量经济模型揭示了经济系统中变量之间的相互联系，将研究对象或研究目标作为被解释变量，经济政策作为解释变量，可以很方便地评价经济政策对研究对象或研究目标的影响。将计量经济模型和计算机技术结合起来，可以建成名副其实的"经济政策实验室"。计量经济模型用于政策评价主要有两个目的：一是检验某些经济政策对于研究对象或研究目标是否存在显著性的影响以及影响的方向与程度；二是模拟政策效果，例如，给定目标变量的预期值，结合最优控制方法，通过求解模型，可以得到政策变量值，或者将各种不同的政策变量数值代入模型，计算各个目标值，然后比较其优劣，进行政策取舍的政策模拟。

4. 经济预测。所谓经济预测，是指利用估计了参数的计量经济模型，由已知的或预先测定的解释变量，去预测被解释变量在所观测的样本数据以外的数值。这种预测可以是提供被解释变量未来的一个可能取值，即点预测；也可以是提供被解释变量未来取值的一个可能范围，即区间预测；可以是对被解释变量未来时期的动态预测；也可以是对被解释变量在不同空间状况的空间预测。

本章习题

1. 解释基本概念：计量经济学、随机误差项、外生变量、内生变量。

2. 混合横截面数据与面板数据有什么不同之处？

3. 什么是参数估计？计量经济学衡量"良好的"参数估计量的标准有哪些？参数估计量为什么必须满足这些"良好的"标准？

4. 什么是模型检验？什么是参数检验？

5. 什么是经济显著性？什么是统计显著性？

6. 相关分析与因果推断有什么区别？

7. 观测数据与理想实验数据有什么区别？

8. 计量经济学有哪些主要应用？

9. 请举例说明计量经济学的局限性。

第一章习题参考答案下载

Stata 的功能及其应用基础

■ 学习目标

1. 认识引进计算机辅助计算在计量经济学习中的重要性，由此理解计量经济是一门理论与实践于一体的学科；

2. 熟悉 Stata 软件功能，并了解该软件与其他软件相比具有的优势；

3. 能应用 Stata 软件初步操作数据导入、数据管理、绘图与变量间相关分析；

4. 能应用 Stata 软件帮助功能理解与操作软件命令。

■ 课程思政与导读

工欲善其事，必先利其器

假舆马者，非利足也，而至千里；假舟楫者，非能水也，而绝江河。——荀子《荀子·劝学》

这句话表明在工具的帮助下，人类可以触及自身难以涉足的领域，并且更加快速便捷地达成既定目标。时移世易，工具的发明创造推动人类进步，人类在使用工具的同时，不能一成不变照本宣科，而应当总结经验，辅以改造，加以发明。这句话同样适用于理解 Stata 软件与学习计量

思政与导读

课件

经济学之间的关系。Stata 软件的产生将会加速计量经济学应用的普及程度，同样地，计量经济学的学科进步也造就新思路，催生软件新功能，两者相辅相成，互为依存。

同学们，让我们学好 Stata 软件这件利器，做好计量经济学的理论学习与实践工作！

■ 应用案例

本章案例主要探讨 1979 年以来中国宏观经济领域中的主要经济指标之间相关的问题。

以 GDP 作为衡量经济增长的指标，研究 GDP 与最终消费、资本形成总额与货物和服务净出口作经济变量之间相关程度测算及其统计显著性检验。

本案例将学生所学宏观经济学理论与中国经济运行的实际相结合，一方面利用中国的经济数据检验理论的真伪；另一方面也为探索保持中国经济平稳增长路径提供了启示。

经济研究总会遇到许多数据管理任务，例如数据输入、核查和转换，这对于数据的统计分析中得到正确结论是至关重要的。这些任务经常会比统计分析本身占用更多时间，因此学会有效利用 Stata 将帮助你完成这些任务，并且产生一个含有充足信息的 Stata 数据集支持你的研究项目。

本章首先介绍 Stata 的基本功能，然后结合数据文件 liti2.1.dta 讲解使用 Stata 进行数据导入、数据管理、绘图和进行相关分析的基本操作方法。

第一节　Stata 软件功能简介

一、从手工计算到计算机辅助计算

从【例题 1.1】来看，使用表 1-1 的样本数据依据（1-9）式与（1-13）式就可以计算出各变量间的样本相关系数及其相应的 t 统计量的数值。同样地，建立计量经济模型之后，使用一定的数学方法就可以推导出模型参数的相关统计量与模型检验的相关统计量，依据样本数据就可以计算出这些统计量的数值。例如，对于前面的总体回归函数（1-14）式，可以得到它的样本回归函数：

$$y_i = \hat{\alpha}_0 + \hat{\alpha}_1 x_i + e_i \tag{2-1}$$

根据以上样本回归函数，应用后面所讲的普通最小二乘法可以得到统计量 $\hat{\alpha}_1$ 及其标准差 $\widehat{SE}(\hat{\alpha}_1)$ 的数学表达式：

$$\hat{\alpha}_1 = \frac{\sum (x_i - \bar{x})(y_i - \bar{y})}{\sum (x_i - \bar{x})^2} \tag{2-2}$$

$$\widehat{SE}(\hat{\alpha}_1) = \sqrt{\frac{\hat{\sigma}^2}{\sum (x_i - \bar{x})^2}} \tag{2-3}$$

其中，$\bar{x} = \left(\sum x_i\right)/N$，$\bar{y} = \left(\sum y_i\right)/N$，$i = 1, 2, 3, \cdots, N$，$N$ 为样本容量；$\hat{\sigma}^2$ 也是样本数据 (x_i, y_i) 的函数。如果有了样本数据 (x_i, y_i)，就可以计算出统计量 $\hat{\alpha}_1$ 及其标准差 $\widehat{SE}(\hat{\alpha}_1)$ 的数值。

随着计算机及其应用软件的发展与广泛应用，我们现在基本上不会使用手工方法计算前面（1-9）式、（1-13）式、（2-2）式和（2-3）式等统计量的具体数值，而是应用计算机软件计算它们的数值。软件开发人员将类似（1-9）式、（1-13）式、（2-2）式和（2-3）式的数学公式编写成计算机程序构成计算机软件，将软件安装在计算机上，我们使用计算机就可以方便快速地计算这些统计量的具体数值。由于目前 Stata 是计量经济学中应用非常广泛的软件，这里先介绍该软件的基本特点与基本功能，接下来介绍基本操作方法。

二、Stata 的基本功能简介

目前全世界将 Stata、SAS 与 R 语言并称为三大权威统计分析软件。Stata 是由 Stata 公司（Stata Corp）研制开发的一种功能完备并不断升级的统计软件包，可以用于 Windows、Mac、Unix 等操作系统。Stata 公司从 1985 年开始先后开发了多个 Stata 版本，目前的最新版本为 Stata 18。Stata 同时具有数据管理、绘图、统计分析、矩阵计算和程序语言等多方面功能，几乎可以完成全部复杂的统计分析工作，具有操作简单而功能强大的特点。

Stata 的一大特点是它的许多高级统计模块均是编程人员用宏语言写成的程序文件（ADO 文件），这些文件可以自行修改、添加和下载。用户可随时到 Stata 网站寻找并下载最新的升级文件。这一特点使得 Stata 始终处于统计分析方法发展的最前沿，用户几乎总是能很快找到最新统计算法的 Stata 程序版本，而这也使得 Stata 自身成了几大统计软件中升级最多、最频繁的一个。由于使用 Stata 的用户很多，对于最新的计量方法，常常可以下载由用户编写的 Stata 命令程序，十分方便；官方的 Stata 版本也经常更新，以适应统计学和计量经济学迅猛发展的需要。Stata 具有丰富的网络资源：

http：//www. stata. com

http：//www. stata-press. com

http：//www. stata-journal. com

读者可以从以上资源中学习到 Stata 的很多知识和操作方法。

第二节　Stata 基本操作方法

一、Stata 的界面、数据导入与命令执行方式

（一）Stata 的安装界面

Stata 包括四种版本：Small（小型版）、IC（标准版）、SE（特别版）和 MP（多处理器版），其中属 MP 版本最为强大。MP 版与 SE 版的功能完全相同，但 MP 版的运算速度比 SE 版的要快很多。安装好 Stata 软件之后，用户可以在命令栏输入 about 命令查看所安装的 Stata 所属的版本。

安装好 Stata 后，单击电脑桌面上的 Stata 图标即可打开 Stata，出现 Stata 的窗口界面。图 2 – 1 是打开 Stata/SE 16.1 中文版出现的窗口界面，可以看到，上方第 1 排是菜单，包括文件（F）、编辑（E）、数据（D）、图形（G）、统计（S）、用户（U）、窗口（W）、帮助（H）；上方第 2 排是快捷键图标，包括打开、保存、打印结果、日志、新 Do-file 编辑器、数据编辑器（编辑）、数据编辑器（浏览）、变量管理器等快捷键的图标；第 2 排下方有四个窗口，分别为：左上历史窗口（review）记录自启动 Stata 以来所有执行过的命令，选中某一行单击后命令即被自动拷贝到命令窗口中，如果需要重复执行，用鼠标双击相应的命令行即可；右上变量窗口（variables）记录着目前 Stata 内存中的所有变量；中间上方结果窗

口（results）显示执行 Stata 命令后的输出结果，软件运行中的所有信息，如所执行的命令、执行结果和出错信息等，均在这里列出，窗口中会使用不同的颜色区分不同的文本，如白色表示命令，红色表示错误信息；中间下方命令窗口（command）输入想要执行的 Stata 命令，回车后即开始执行，相应的结果会在结果窗口中显示出来。

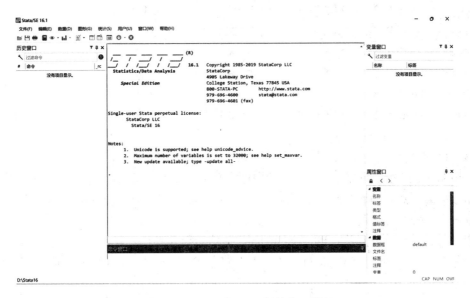

图 2 - 1　Stata/SE 16.1 版的窗口界面

下面以 Excel 数据文件"liti2. 1. xlsx"为基础说明 **Stata** 的一些基本简单操作，具体操作见操作文件 liti2. 1. do。

liti2. 1 数据下载

liti2. 1. do 下载

（二）**Stata** 的数据导入

数据导入是使用 Stata 进行各种工作的基础，没有导入数据，Stata 就无法进行工作。数据导入有四种方法：

第一种方法是直接输入。打开 Stata 软件出现窗口界面，点击"数据编辑器（编辑）"快捷键图标，出现数据编辑器（编辑）窗口即一个类似 Excel 的空白表格，在该表格中输入数据并保存即可。也可在 do 文档中输入以下代码（纯属演练），输入完毕后全部选中，单击执行按钮，则成功将数据输入 Stata。这种方法仅适用于简单的数据输入，一般较少使用。

```
clear
input       year        gdp con cap nex
1992        27 140.3    16 239.3    10 625.4    275.6
1993        35 576      20 814.9    15 440.5    -679.5
1994        48 410.3    28 296.8    19 479.4    634.1
1995        61 050.4    36 228.7    23 823      998.6
1996        71 541.5    43 122.3    26 960.1    1 459.1
1997        79 415.8    47 548.7    28 317.1    3 550
1998        84 790.8    51 501.8    29 659.7    3 629.3
1999        90 095.1    56 667.3    30 891.2    2 536.6
end
```

第二种方法是复制粘贴。当打开数据编辑器（编辑）窗口出现一个类似 Excel 的空白表格后，用 Excel 打开数据文件，例如本例中的"liti2.1.xlsx"，复制 Excel 文件中的相关数据粘贴到数据编辑器（编辑）的空白表格中去，保存文件即可。这种方法适合数据量不大的数据输入，比较经常使用。

第三种方法是单击菜单"File"→"Import"，然后导入各种格式的数据。这种方法有时不如第二种方法来得方便直观（最好将 Excel 文件存成 csv 格式）。这种方法适合用于大样本的数据输入。

第四种方法是使用 import 命令输入数据。这种方法也适合大样本数据的输入，本书推荐一定要学会使用这种方法。这里以数据文件 liti2.1.dta 的构建为例详细讲述该方法。先建立好 Excel 数据文件，如图 2 - 2 所示，然后通过输入如下命令来导入数据：

liti2.1.dta 下载

```
clear
cd F:\Excel 数据文件所在的文件夹路径
import excel "liti2.1.xlsx"
save "liti2.1.dta"
```

	A	B	C	D	E	F	G	H	I	J	K	L	M	N	O
1	year	gdp	con	cap	nex										
2	1992	27 140.3	16 239.3	10 625.4	275.6										
3	1993	35 576	20 814.9	15 440.5	-679.5										
4	1994	48 410.3	28 296.8	19 479.4	634.1										
5	1995	61 050.4	36 228.7	23 823	998.6										
6	1996	71 541.5	43 122.3	26 960.1	1 459.1										
7	1997	79 415.8	47 548.7	28 317.1	3 550										
8	1998	84 790.8	51 501.8	29 659.7	3 629.3										
9	1999	90 095.1	56 667.3	30 891.2	2 536.6										
10	2000	99 799	63 748.9	33 667.1	2 383										
11	2001	110 388.4	68 661.1	39 402.5	2 324.7										
12	2002	121 326.7	74 227.5	44 005	3 094.2										

图 2 - 2　文件 liti2.1.xlsx 的 Excel 数据截图

执行以上命令就将 Excel 数据输入 Stata 并存储为 Stata 的数据文件，其中，命令"clear"表示清除内存，建议进行新的工作之前都清除内存；命令"cd F:\Excel 数据文件所在的文件夹路径"表示进入 Excel 数据文件所在的文件夹；命令"import excel "liti2. 1. xlsx""请求 Stata 将文件名为 liti2. 1. xlsx 的 Excel 数据读入其内存；命令"save "liti2. 1. dta""请求 Stata 将当前读入内存的数据存储为文件名为 liti2. 1. dta 的 Stata 数据文件，该文件存放在 Excel 数据所在的文件夹中。

（三）命令输入与执行的方式

Stata 命令的输入与执行有两种方式。第一种方式是在窗口界面的"命令窗口"中逐条输入和执行命令，例如将上面 4 条命令在命令窗口中逐条输入逐条执行；第二种方式是通过编辑 do 文件来输入和执行命令。第一种方式适用于简单的、今后不需要重复的命令输入和执行；第二种方式适用于比较复杂的命令输入和执行，特别是今后需要保存和重复查看（包括给其他读者查看）的命令，必须使用这种方式。

command 窗口输入命令很不方便，而且也不利于保存对数据文件处理和分析的过程。替代的做法是使用工具栏中的"Do-file-editor"在 do-file 中编程。在 Stata 窗口界面点击"新do-file 编辑器"快捷键图标，会出现一个空白文档，在这个空白文档中就可以编辑和执行Stata 命令，点击该空白文档上面的"保存"快捷键图标，可以保存所编辑的 do 文档。例如，将上面 4 条命令写入该空白文档后，点击该空白文档上面的"保存"快捷键图标，可以保存为文件名为"liti2. 1. do"的 do 文档，如图 2 - 3 所示。

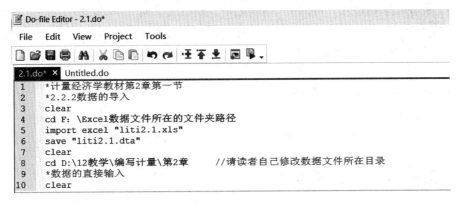

图 2 - 3　do 文档的建立与保存

在图 2 - 3 的 do 文件中，星号"＊"表示它与它后面的命令或文字是不执行的命令，主要是供读者参考的文件说明，例如图 2 - 3 的 do 文件第 1 ~ 3 行使用星号"＊"建立了一个文件标题"计量经济学教材第 2 章第一节"。图 2 - 3 各命令后面的两根斜杠"//"也表示其后面是不执行的命令，主要是对该命令的说明，例如第 8 条命令"//"后面提示读者根据自己文件存放的位置修改命令中的文件存放路径。do 文件里面的命令执行有两种方法：第一种是一次性执行全部命令，双击"执行（do）"快捷键图标就会执行全部命令；第二种是选定所要执行的命令，单击"执行（do）"快捷键图标就会执行所选定的命令。可以保存当前使用的 do-file 文件。Review 窗口中的命令也可以保存为 do-file。方法是用鼠标右键单击Review 窗口，选择 Save all。

（四）设置文件存取路径

在打开数据之前，先要定位数据的位置，其命令为：

cd d:/stata16

如果想知道当前路径下有哪些文件，可以用 dir 命令来列示：

dir

假设你想在 D 盘的根目录下创建一个新的文件夹 mydata 来存放数据文件，命令为：

mkdir d:/mydata

然后，进入该目录，命令为：

cd d:/mydata

（五）**Stata** 的结果文件

Stata 在屏幕上显示的运行结果有两种，一种是纯字符型的（如方差分析结果，回归分析结果等）；另一种是图形。若要将操作过程和纯字符型结果记录下来，需事先打开一个 log 文件：

log using 文件名

设结果文件名为 result1，则 Stata 自动加上后缀 ".log"，也可由用户自己加上其他后缀。执行该指令后的所有操作指令和文字结果（除 help 下显示的结果）将记录在结果文件 "result1.log" 中。若执行某一指令后的结果没有必要记录下来，则可事先用指令 "log off" 暂停记录，需要记录时再用 "log on" 继续记录，最后用 "log close" 关闭文件。

如果结果文件 "result1.log" 已经存在，用 "log using result1" 不能打开已有文件 result1.log。如要覆盖文件 result1.log，则加选择项 replace。即键入：

log using result1,replace

如要在其后进行添加，则键入：

log using result1,append

文件 "result1.log" 可在 WPS 或 Word 等文字处理软件下进行编辑、打印。

二、应用 Stata 进行数据管理

前面建立 Stata 的数据文件和 do 文件之后，接下来就要对数据进行管理。

从 Stata 窗口界面点击 "打开" 快捷键图标，可以根据文件所存放的路径打开 do 文件和数据文件。例如，在本例中，可以从计算机的目录路径打开 "liti2.1.dta" 和 "liti2.2.do" 这两个文件。但是，对于数据文件，我们通常不使用快捷键的方式打开，而是使用命令打开数据文件，接下来就可以进行数据管理。

liti2.2.do 下载

（一）rename 命令

从 Stata 窗口界面点击"数据编辑器（浏览）"快捷键图标（有放大镜的图标），可以看到当前的变量名分别为 var1、var2、var3、var4、var5，现在要根据表 1 - 1 将变量名分别修改为 year、gdp、con、cap、nex，通过使用 Stata 当中的 rename 命令来修改变量名：

```
clear        //清空内存
cd F:\        //进入数据文件所在文件夹
use liti2.1.dta,clear        //打开数据文件
rename var1 year        //将原来的变量名 A 修改为 year,注意 Stata 区别大小写字母。
rename var2 gdp        //将原来的变量名 B 修改为 gdp,依次类推。
rename var3 con
rename var4 cap
rename var5 nex
```

通过执行以上命令，就将原来的变量名 A、B、C、D、E 分别修改为新的变量名 year、gdp、con、cap、nex，从"变量窗口"或者"数据编辑器（浏览）"页面中可以看到变量名的修改结果。

（二）label 命令

接下来我们要用 label 命令给数据文件（或称为数据集）、变量和变量值贴标签，其目的是分别对数据文件、各变量和变量值进行说明。

执行以下命令就给这个数据文件贴上了标签：

```
label data "中国支出法生产总值及其构成数据"
```

执行以上命令之后，可以从窗口界面中的"变量窗口"下面的"属性窗口"看到，文件名为 liti2.1.dta 的数据集已经贴上了"中国支出法生产总值及其构成数据"的数据集标签。

执行以下命令可以给各变量贴上标签：

```
label variable year "1992～2022 年的年份"
label variable gdp "支出法生产总值,单位人民币亿元"
label variable con "最终消费,单位人民币亿元"
label variable cap "资本形成总额,单位人民币亿元"
label variable nex "货物与服务净出口,单位人民币亿元"
```

（三）gen 与 egen 命令

执行以上命令之后，可以从窗口界面的"变量窗口"看到，各变量都贴上了标签，标签说明了各变量的含义和度量单位。

对于数据文件 liti2.1.dta，我们可能需要建立一些新的变量或计算某个变量的相关统计量。例如，我们想计算每年最终消费 con 占 gdp 的比重，或者想计算 1992～2022 年最终消费 con 的平均值，可以使用命令 gen（计算普通函数）和 egen（计算统计量）来建立新的变量：

gen conzb = 100 * con/gdp　　//计算每年最终消费 con 占 gdp 的比重

执行以上命令之后，就计算出 1992～2022 年每年最终消费 con 占 gdp 的比重，从具体计算结果来看，这 31 年最终消费 con 占 gdp 的比重具有较大的波动。

egen pcon = mean(con)　　//计算 1992～2022 年最终消费 con 的平均值

执行以上命令之后，就计算出 1992～2022 年最终消费 con 的算术平均值为 207 027 亿元人民币。

使用 gen 生成的新变量，其变量值是由给定的表达式（exp）计算所得，表达式中可以使用 Stata 中的任意运算符（如代数运算符"+""-""*""\"、逻辑运算符">""<""|""&""!"等）和九大类函数。egen 只能使用专属的 egen 函数来为新变量计算变量值，如 mean()、rank() 等。值得注意的是，egen 函数只能在 egen 命令下使用，不能用在 gen 的表达式中，egen 命令也无法使用任何运算符或九大类函数来计算生成变量值。

读者可以使用 help 命令查看 gen、egen 和其他更多命令的使用方法。

（四）生成虚拟变量命令

在很多场合，需要对类别变量（categorical variables）生成虚拟变量。Stata 提供的 xi 命令能很方便地实现这一点。以 Stata 自带的系统数据文件——nlsw88.dta 为例，介绍三种生成虚拟变量的方法：

1. 使用 -generate- 和 -replace- 产生虚拟变量。

sysuse nlsw88.dta,clear　　//打开系统数据文件

gen dum_race2 = 0

replace dum_race2 = 1 if race == 2

gen dum_race3 = 0

replace dum_race3 = 1 if race == 3

2. 基于类别变量生成虚拟变量：-tab- 命令。

sysuse nlsw88.dta,clear

tab race,gen(dum_r)

list race dum_r1 - dum_r3 in 1/100,sepby(race)

Browse

3. 基于类别变量生成虚拟变量：-xi- 命令。xi-命令的一般形式如下：

xi [,prefix(string)] i. varname

varname 是某一分类变量，设其共有 m 个可能的取值；string 是 prefix() 指定的前缀。上述指令生成了 $K-1$ 个虚拟变量：stringvarname_2，stringvarname_3，…，stringvarname_K。其中，stringvarname 表示字符串 string 和 varname 的联合。如果不使用 [,prefix (string)] 选项，则默认的前缀是_I。

以系统数据文件为例，应用 xi-命令生成虚拟变量。

sysuse nlsw88,clear

xi i. race,prefix(dr_)　　//前缀不能超过四个字符

xi i. occu,prefix(do_)　　//不同的类别变量采用不同的前缀

（五）summarize 命令

summarize[varlist][weight][if exp][in range][,detail]

summarize 可以提供 varlist 指定变量（可以不止一个）的如下统计量：Percentiles（分位数），四个最大的数和四个最小的数，Variance（方差），Std. Dev（标准差），Skewness（偏度），Kurtosis（斜度）。

use liti2. 1. dta,clear　　//打开数据文件，sum 命令结果如图 2 –4 所示。

sum gdp con

sum gdp con					
Variable	Obs	Mean	Std. Dev.	Min	Max
gdp	31	409 533	370 578.8	27 140.3	1 205 017
con	31	221 006.8	199 803	16 239.3	641 633

图 2 –4　sum 命令结果

（六）对现有变量重新赋值

replace oldvar = exp[if exp][in range]

oldvar 为现有的变量。对满足［if exp］和［in range］的样本，oldvar 将根据表达式 exp 重新赋值。

例如，replace con = 100 000 if（con > 100 000）　　//将 con 大于 100 000 的值都换成 100 000

（七）删除变量或观测

drop varlist（去掉 varlist 指定的变量）

drop _all（去掉全部变量）

drop if exp（去掉符合表达式 exp 的观测）

drop in range（去掉处在 range 指定范围内的观测）

例如，在我们的例子中：

drop year　　//删除一个变量

list con in 1/5

drop in 1/3　　//删除指定区间的观察值

drop _all　　//删除内存中的所有变量

（八）保留变量或观测

keep varlist（保留 varlist 指定的变量,其余变量去掉）

keep if exp（保留符合表达式 exp 的观测,其余观测去掉）

keep in range（保留处在 range 指定范围内的观测）

Stata 的常用命令很多，例如 sysuse、save、help、findit、dir、list、tabulate 等，也可以使用 help 或者 findit 命令查看相关命令的使用方法。例如，可以输入 help label 命令查看使用 label 命令给变量值贴标签的方法。

对数据进行管理之后，如果对数据集进行了改动，别忘了先存盘 save 再关闭数据集。如果要关闭一个数据集以便使用另外一个数据集，关闭数据集后要输入 clear 使得内存中当前所有的数据都被清空，然后再打开另外一个数据集使用。如果对 do 文件进行了修改，也要先保存修改过的 do 文件，然后再关闭该文件。

三、应用 Stata 绘图

Stata 可以用来画出曲线图、散点图、直方图等多种图形。使用 line 命令分别得到 *gdp*、*con*、*cap* 和 *nex* 的曲线图，如图 2 – 5 和图 2 – 6 所示，其中横坐标为年份；纵坐标为各变量的值。

（一）单个变量作图

对单个变量，Stata 能画如下图案：

直方图 histogram y（y 是变量名，下同）

箱形图 graph box y

饼形图 graph pie y

核估计方法得到的概率密度函数 kdensity y

（二）多个变量作图

对多个变量，Stata 能画如下图案：

两个变量的散点图

graph twoway scatter y x（y 对 x 的散点图）

graph twoway line y x（以 x 为横坐标，y 为纵坐标的点连成的折线）

graph twoway connected y x（以 x 为横坐标，y 为纵坐标的点连成的折线，但转角处特别标出）

graph twoway lfit y x（y 对 x 回归的回归直线）

有一些通用的选项可以给图形"润色"：

标题 title（"string"）（string 可为任意的字符串，下同）

脚注 note（"string"）

横坐标标题 xtitle（"string"）

纵坐标标题 ytitle（"sting"）

横坐标范围 xaxis（a，b）（a < b 为两个数字，下同）

纵坐标范围 yaxis（a，b）

插入文字 text（该命令既要指定插入文字的内容，也要指定插入的位置）

插入图例 legend（该命令既要指定图例的内容，也要指定其位置）

对 Stata 画出的图像，可以使用 Edit-Copy Graph 菜单将其直接粘贴到 Word 文档中，也可以使用 File-Save Graph 菜单将其存为图形文件以备后用。

下面以表 1-1 数据为例，做多变量的曲线图。

line gdp con cap year   //画出 gdp con cap 的曲线图（见图 2-5）

line nex year   //画出 nex 的曲线图（见图 2-6）

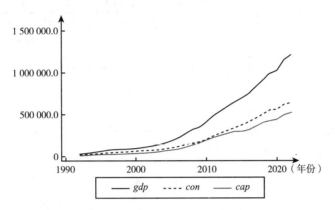

图 2-5   *gdp*、*con* 和 *cap* 的曲线图

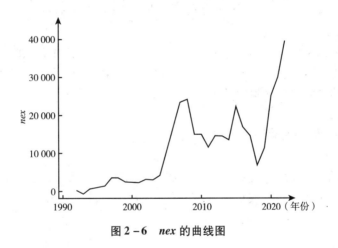

图 2-6   *nex* 的曲线图

四、案例与 data 应用

【例题 2.1】党的十四大报告明确提出，中国经济体制改革的目标是建立社会主义市场经济体制，由此中国加快了改革开放的步伐。表 1-1 展示了 1992~2022 年中国的支出法生产总值 *gdp*、最终消费 *con*、资本形成总额 *cap* 以及货物和服务净出口 *nex*，其中 $gdp \equiv con + cap + nex$。请计算 *gdp* 分别同 *con*、*cap* 和 *nex* 之间的线性相关系数，并在 5% 的显著性水平下检验相关系数的显著性。

表 1-1 的数据已保存在 liti2.1.xlsx 文件和 liti2.1.dta 文件中。找到并打开数据文件 liti2.1.dta，具体操作详见操作文件 liti2.3.do。

liti2.3.do 下载

Stata 具有强大的统计分析功能。执行以下命令可以得到 *gdp*、*con*、*cap* 和 *nex* 两两之间的线性相关系数及其 t 检验的伴随概率，如表 2 – 1 所示。

pwcorr gdp con cap nex,sig　　//求变量间的线性相关系数及其 t 检验的伴随概率。

表 2 – 1　　　　　　*gdp*、*con*、*cap* 和 *nex* 两两之间的线性相关系数及伴随概率

变量	(1)	(2)	(3)	(4)
(1) *gdp*	1.000			
(2) *con*	0.999 (0.000)	1.000		
(3) *cap*	0.999 (0.000)	0.996 (0.000)	1.000	
(4) *nex*	0.767 (0.000)	0.748 (0.000)	0.764 (0.000)	1.000

从表 2 – 1 可见，所有括号内的伴随概率都小于 0.01，表明这些相关系数都通过了 1% 显著性水平的 t 检验。

本节主要以数据文件 liti2.1.dta 为例，介绍了 Stata 的基本简单操作方法。Stata 的统计分析功能非常强大，其命令非常丰富，对于各种命令的语法格式和使用方法，今后将结合各章计量经济分析的具体内容逐步展开讲解。

五、Stata 的菜单操作

在 Stata 软件的菜单栏中主要有文件、编辑、数据、图形、统计、窗口这些选项。在 Stata 进行数据的处理过程中，我们一般都是使用命令，直接点击窗口进行数据处理的机会非常少，所以这部分稍微熟悉一下即可。

(一) 数据处理

当利用窗口菜单进行数据的分析处理时，见到的是一个对话框。所有命令的对话框都大同小异，但不同的统计内容各有一些独特的对话选项（例如制图的对话窗口有数轴的定义选项）。下面以获得统计量（sum）的对话框为例，分析其构成。

进入菜单路径为 statistics—summaries, tables, and tests—Summarize statistics—Summary statistics，弹出窗口如图 2 – 7 所示。

1. 标题。标题栏显示对话框的内容。

2. 内容区。标题下是对话框的内容区，包括 Main（主要对话窗口）、by/if/in（次对话窗口，限定数据，是命令参数的一部分）、Weights（权重）。在一些简单的命令中，选项 Options 就在主对话窗口中，如同本例一样；在一些复杂的命令中，Options 可能是一个独立的次对话窗口。除选项部分外，主窗口要求提供的内容必须满足。在这个对话框中，在 Variables 复选框内输入需要分析的变量；若不输入变量，则 Stata 输出数据中每个变量的均值等

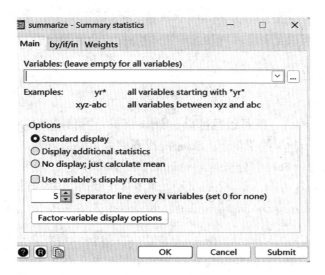

图 2-7 **Summary 命令主窗口**

统计量。其下面的 Options 则属于选项，可定义，可不定义。分析的内容不同，Options 的内容也不相同。

单击 by/if/in，即进入 by/if/in 的次对话窗口，如图 2-8 所示。

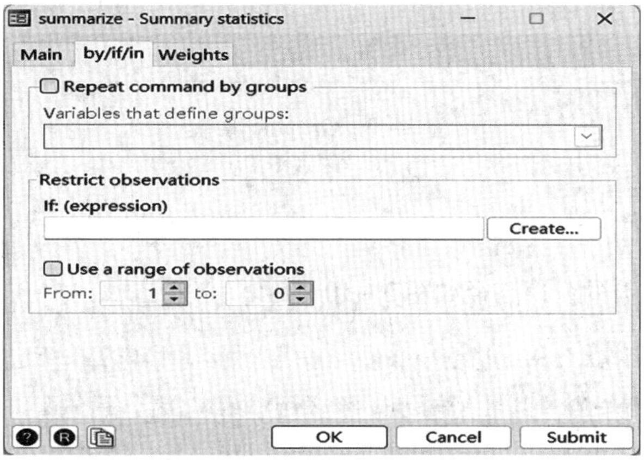

图 2-8 **by/if/in 的次对话窗口**

如图 2-8 所示，该次对话窗口的上部分为 Repeat command by groups，由 by 表示；选项 by 是用来区分组群的（如 by urban——按变量 urban 的分类进行分群）；下部分（Restrict to observations）由两个内容组成：一是由 If：（expression）引起的条件句，用来限定条件，即数据的分析必须满足 if 后面的条件（如 if sex ==1——只分析 sex 的取值为 1 的观察值）；下面的 Use a range of observations 即是 in 的意思，直接限定观察值（例如，in 51/100，50 个观察值进行分析）。

Weights：定义权重；属于选项，可定义，可不定义。

3. 尾注区。对话框内容区的下面是 ？、 R 和 复制图标。其他所有的对话框左下角

37

也有这三个小图标。单击 ![?] 图标，就会出现后面介绍的帮助窗口。单击 ![R] 图标，复选框输入的内容会被清除，可以重新输入内容。单击 ![复制] 图标，会复制命令到剪贴板，把它粘贴到命令窗口就可执行命令了。

（二）绘图

Stata 的制图能力很强，既可以通过命令制作图形，也可以直接使用 Graphics 窗口的菜单功能来实现。在 Graphics 的菜单下，Stata 的作图模块主要提供以下基本图形的制作：散点图（twoway）、线图（line）、分布图（distributional graphs）、柱形图（bar）、点图（dot）、圆形图/饼图（pie）、直方图（histogram）、盒形图（box-plot）、矩阵图（scatterplot matrix）和回归分析拟合图（regression diagnosis plots）等（见图 2 – 9）。

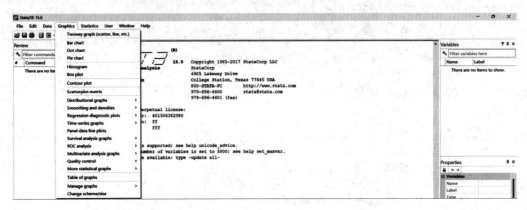

图 2 – 9　Graphic 菜单

（三）相关分析

Stata 获得相关系数的窗口路径如图 2 – 10 所示。

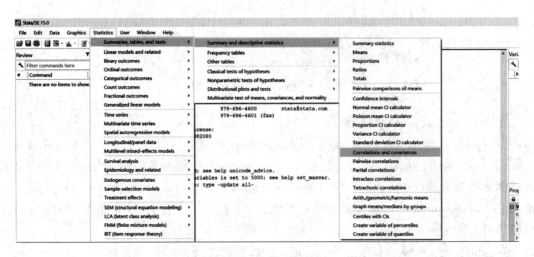

图 2 – 10　相关分析菜单

Correlations and covariances 类型相关系数的计算以个案为基础，展示一组变量的相关矩阵图或协方矩阵图，也可以为最近的回归估计系数提供相关矩阵。若不指定具体变量，则 Stata 展示数据中所有变量的相关矩阵。由于相关系数的计算是以个案为基础的，只要参与计算的任何一个变量有缺失数据，该个案就被排除在计算之外。

在弹出的窗口中，Variables：（leave empty for all）意思是 Variables 复选框不填表示数据文件中的所有变量都选上，以数据文件 liti2.1.dta 为例，Variables 复选框不填，按 OK 键，将得到与前文用命令方式完成相关分析同样的结果（见图 2 - 11）。

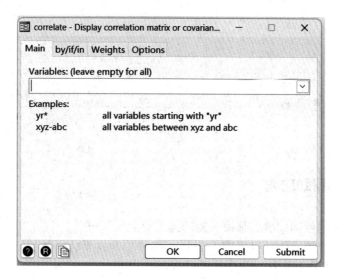

图 2 - 11　相关分析窗口

（四）回归分析

Stata 提供多种回归程序。线性回归的窗口菜单如图 2 - 12 所示。

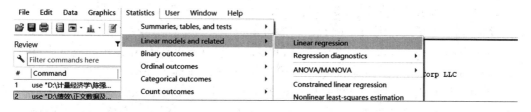

图 2 - 12　线性回归菜单

回归的路径如下：

Statistics-Linear models and related-Linear regression

该路径将我们带入下面的对话框（见图 2 - 13）。在 Dependent variable 的复选框下，输入被解释变量；在 Independent variables 的复选框下，输入解释变量。下一章将通过案例利用 Stata 软件完成一元线性回归并阐述分析结果，用菜单完成回归分析与用命令完成得到的结果是相同的。

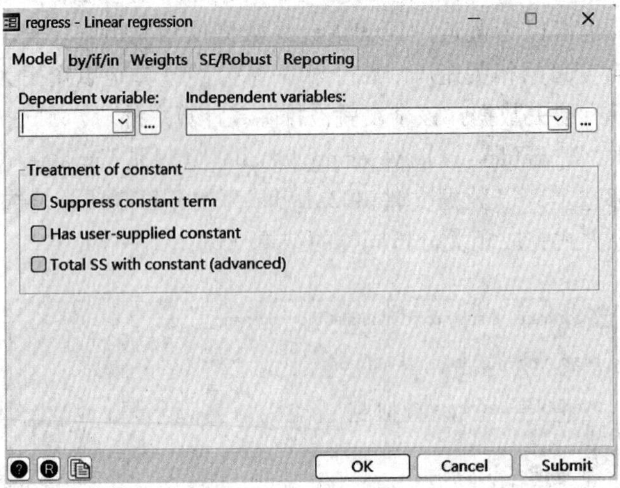

图 2 - 13　回归分析窗口

六、Stata 的帮助功能

Stata 具有很强的帮助功能。帮助功能的使用有两种方式。一是在 Stata 状态，需要了解某个指令的格式和功能，这时只需键入 help（或按功能键 F1），然后空一格键入该指令即可。例如，若需了解回归分析的指令格式，则：

help regress

则可得到帮助。二是利用菜单，在 Stata 的菜单上单击 help，出现帮助窗口。如需了解 Stata 的全部命令，可键入 help contents，可得到 Stata 的全部命令及其简单解释；或在帮助窗口单击 Contents，则出现如下的帮助内容窗口。在知道所要帮助的命令时，在命令窗口键入 help 加命令，即可获得帮助；在不知道所要帮助的命令时，用菜单操作更好。Stata 的常用命令见附录。下面以多元线性回归命令为例，介绍 Stata 命令的格式。多元线性回归命令为 regress，欲得到命令格式，键入 help regress 即可得到：

[by varlist:] regress[depvar[varlist1[(varlist2)]]][weight][if exp][in range][,level(#)
beta hascons noconstant noheader eform(string) depname(varname) mse1]

命令中，[ ] 内为选择项，括号外为必选项。这里介绍命令的公共选择部分，该命令的专用选择项将在相应章节作介绍。by varlist，是指定按变量 varlist 的取值逐一作多元线性回归。如变量名为 group，且取值为 1，2，3，4，则 "by group:" 是指定 Stata 分别按 group = 1，group = 2，group = 3 和 group = 4 的观察值分别作 4 个回归方程。在选用该选择项前，要对变量排序，即先执行 sort，如：

sort group

weight，是指本命令允许使用加权或频数，有 [fw = 频数变量] 和 [aw = 加权变量] 两种形式。

if exp，用条件语句指定条件。如，下列条件是合法的：

if group == 1　　// * 对满足 group = 1 条件的观察值进行分析

if group > 2　　// * 对满足 group > 2 条件的观察值进行分析

if group == 1 │ group == 2　　// * 对满足 group = 1 或 group = 2 条件的观察值进行分析

if group == 3　　// * 对满足 group 不等于 3 条件的观察值进行分析

if group == 1 & sex == 0　　// * 对满足 group = 1,同时 sex = 0 条件的观察值进行分析

in range,指定观察值的范围,对在范围内的观察值作分析。下列语句是合法的:

in 1/25　　// * 对观察值范围为第 1 到第 25 个观察值作分析

in 26/44　　// * 对观察值范围为第 26 到第 44 个观察值作分析

in 26/l　　// * 对观察值范围为第 26 个到最后(last)的观察值作分析

in −5/l　　// * 对最后 5 个观察值进行分析

使用帮助的小窍门:先看命令描述(Description)部分,然后直接看帮助文件后面的命令示例(Examples),将命令示例复制到命令窗口,执行,看看执行结果,体会命令的用法。

网络帮助可以采用如下命令获得:

findit asdoc

search asdoc

这两条命令等价,均为寻找生成各种类型的表格的命令 asdoc。由于 asdoc 不是 Stata 内置命令,所以需要通过这两个命令搜索并下载安装后才能使用。

本章习题

1. Stata 软件有哪些主要功能?

2. 表 2 – 2 给出了 1992~2022 年中国的货物出口额(*export*)、货物进口额(*import*)与货物进出口差额(*balance*)的数据:

表 2 – 2	1992~2022 年中国货物进出口额		单位:亿元
年份(*year*)	出口额(*export*)	进口额(*import*)	进出口差额(*balance*)
1992	4 676.29	4 443.33	232.96
1993	5 284.81	5 986.21	− 701.4
1994	10 421.84	9 960.06	461.78
1995	12 451.81	11 048.13	1 403.68
1996	12 576.43	11 557.43	1 019
1997	15 160.68	11 806.56	3 354.12
1998	15 223.54	11 626.14	3 597.4
1999	16 159.77	13 736.46	2 423.31
2000	20 634.44	18 638.81	1 995.63
2001	22 024.44	20 159.18	1 865.26

续表

年份（year）	出口额（export）	进口额（import）	进出口差额（balance）
2002	26 947. 87	24 430. 27	2 517. 6
2003	36 287. 89	34 195. 56	2 092. 32
2004	49 103. 33	46 435. 76	2 667. 57
2005	62 648. 09	54 273. 68	8 374. 41
2006	77 597. 89	63 376. 86	14 221. 03
2007	93 627. 14	73 296. 93	20 330. 2
2008	100 394. 94	79 526. 53	20 868. 41
2009	82 029. 69	68 618. 37	13 411. 32
2010	107 022. 84	94 699. 5	12 323. 34
2011	123 240. 56	113 161. 39	10 079. 16
2012	129 359. 25	114 800. 96	14 558. 29
2013	137 131. 43	121 037. 46	16 093. 98
2014	143 883. 75	120 358. 03	23 525. 72
2015	141 166. 83	104 336. 1	36 830. 73
2016	138 419. 29	104 967. 17	33 452. 12
2017	153 309. 4	124 789. 8	28 519. 6
2018	164 128. 8	140 881. 3	23 247. 5
2019	172 373. 6	143 253. 7	29 119. 9
2020	179 278. 8	142 936. 4	36 342. 4
2021	217 287. 38	173 634. 29	43 653. 1
2022	239 654	181 024. 16	58 630

资料来源：国家统计局官方网站，https：//data. stats. gov. cn/easyquery. htm? cn = C01。

请运用 Stata 软件编写并执行 do 文件完成如下任务：

（1）将数据从 Excel 文件导入 Stata 并保存为 Stata 的数据文件；

（2）将 Stata 数据文件中的货物出口额变量名设定为 export，将货物进口额的变量名设定为 import，将货物进出口差额的变量名设定为 balance；

（3）将以上数据集和各变量贴上标签，数据集标签名为"1992～2022年中国货物贸易额"，变量标签要说明各变量的含义和度量单位；

（4）以年份为横坐标，画出货物出口额（export）、货物进口额（import）与货物进出口差额（balance）的曲线图；

（5）求货物出口额（export）与货物进口额（import）的自然对数值；

（6）求中国货物出口额（export）与货物进口额（import）在1992～2022年期间的算术平均值；

（7）计算货物出口额（export）、货物进口额（import）与货物进出口差额（balance）这三者两两间的线性相关系数，在5%显著性水平下进行相关系数的 t 检验。

第二章习题参考答案下载

经典线性回归模型

■ 学习目标

1. 了解线性回归模型的基本概念及其应用，理解估计量与参数的关系，理解总体回归函数与样本回归函数的异同；

2. 掌握线性回归模型的 OLS 估计方法，并能应用 Stata 软件进行操作；

3. 理解高斯－马尔科夫定理，了解 OLS 估计量优良性质的证明过程；

4. 掌握线性回归模型检验与区间估计及预测的原理，并能应用 Stata 软件进行操作；

5. 理解最大似然法的原理及其和 OLS 估计法的区别与联系；

6. 理解蒙特卡罗模拟的原理，掌握在 Stata 软件中运用蒙特卡罗模拟验证总体回归函数与样本回归函数异同及验证 OLS 估计量优良性质的方法；

7. 掌握根据 Stata 输出结果对所研究的中国经济案例进行分析的方法。

■ 课程思政与导读

积跬步以至千里

合抱之木，生于毫末；九层之台，起于累土；千里之行，始于足下。——老子《道德经》。

本章是经典计量经济学理论内容中的第一章。经典的内容，或许不再如刚面世时那么流行，但永远不会过时。线性回归也是计量经济学的基础。"基础不牢，地动山摇"，只有打好了基础，知识的大厦才能永远巍然耸立。学习计量经济学理论的征程，就要从迈出学习线性回归模型这一步开始。良好的开端是成功的一半，学好了线性回归模型，能培养起对计量经济学的兴趣，而兴趣是最好的老师。纵使学习过程中一时并非甚解，但每有会意，便足以令人欣然忘食。孔子说，知之者不如好之者，好之者不如乐之者，便是这个道理。

同学们，"道阻且长，行则将至，行而不辍，未来可期"！愿你们能从这章开始，以乘长风破万里浪之志，在计量经济学知识的海洋中挂帆远航，不负韶华！

思政与导读

课件

■ 应用案例

本章有 4 个应用案例。前 2 个应用案例主要演示如何应用蒙特卡罗模拟进行随机性实验来验证命题。"实践是检验真理的唯一标准"，在经济学理论的学习中，也应该坚持用实验和实践来检验理论。这不仅是科学素养的一种培养，也能加深对理论的理解。第 3 个应用案例研究了我国国内生产总值与实际消费支出的关系。从该案例可以看出，改革开放以来我国 GDP 节节攀升，实际消费支出也随 GDP 一起飞速增长。人民充分享受了改革开放带来的经济红利。第 4 个应用案例研究了我国粮食产量同粮食作物播种面积、农用化肥施用量的关系。党的二十大报告指出，我国"谷物总产量稳居世界首位，十四亿多人的粮食安全得到有效保障"，但也指出"确保粮食可靠安全还须解决许多重大问题"。从应用案例可以得出我国粮食作物播种面积对我国粮食产量有显著影响，这也阐释了为什么党的二十大报告指出要"全方位夯实粮食安全根基，全面落实粮食安全党政同责，牢牢守住十八亿亩耕地红线"。从应用案例还可以得出我国农用化肥施用量对我国粮食产量有显著影响。党的二十大报告提出要"基本实现农业现代化"。农用化肥科学合理施用是现代农业和我国传统农业的区别之一，我国化肥工业的发展也促进了我国农业的跨越式发展，随着研究的深入，定将发现更多促进我国农业跨越式发展的现代化因素。

第一节 一元线性回归模型的参数估计

一、一元线性回归模型相关概念

线性回归模型（linear regression model）是计量经济学模型的主要形式。线性关系比较简单，且可应用于解决实际经济中的诸多问题。另外许多实际经济活动中经济变量间的复杂关系也可以通过一些简单的数学处理，转化为数学上的线性关系。回归（regression）一词起源于英国科学家高尔顿对身高遗传问题的研究。高尔顿是进化论的奠基人达尔文的表弟。高尔顿最初因读《物种起源》而深受震动，遂研究起人的特质遗传问题。高尔顿通过收集数据建立模型发现：子女身高有向平均值"回归"的倾向。1886 年，高尔顿在他的论文《遗传身高向平均身高的回归》中正式引入了"回归"这个概念。高尔顿提出的回归思想是开创性的，后来的学者发展和完善了回归分析理论，"回归"一词的内涵已大为拓展。

回归分析（regression analysis）是研究一个变量关于另一个（些）变量的具体依赖关系的计算方法和理论。其中，前一个变量被称为被解释变量（explained variable）或因变量（dependent variable）或回归子（regressand）；后一个（些）变量被称为解释变量（explanatory variable）或自变量（independent variable）或回归元（regressor）。

一元，是指只有一个回归元，即只有一个解释变量。多元，是指有两个或两个以上的回归元，即有两个或两个以上的解释变量。本节先研究一元线性回归模型，因为一元线性回归模型相对比较简单。多元线性回归模型是一元线性回归模型的自然推广。

由于变量间关系的随机性，回归分析关心的是根据解释变量的已知或给定值，考察被解释变量的总体均值，即当解释变量取某个确定值时，与之统计相关的被解释变量所有可能出现的对应值的平均值。用数学语言表示就是：给定解释变量 X 的某个确定值 X_i，与之统计相关的被解释变量 Y 的总体均值（期望值）可以表示为：$E(Y \mid X_i) = f(X_i)$。上式说明了被解释变量平均而言随解释变量变化的规律，一般称为总体回归函数或总体回归方程（population regression function，PRF）；对应的曲线称为总体回归曲线（population regression curve），它可以是线性的或非线性的。

给定解释变量 X 的某个确定值 X_i，与之统计相关的被解释变量 Y 的实际观测值为 Y_i。记 $u_i = Y_i - E(Y \mid X_i)$，则 u_i 为 Y 的观测值 Y_i 与它的期望值 $E(Y \mid X_i)$ 的离差，它是一个不可观测的随机变量，一般称之为随机扰动项（stochastic disturbance）或随机误差项（stochastic error）。

若总体回归函数（方程）为 $E(Y \mid X_i) = f(X_i)$，则 $u_i = Y_i - E(Y \mid X_i)$ 可以变形为 $Y_i = E(Y \mid X_i) + u_i$。后者在总体回归函数（方程）的基础上引入了随机误差项，称为总体回归模型。

总体回归模型中的随机误差项包括许多因素的影响。这些因素中主要的有：在解释变量中被忽略的因素的影响；变量观测值的观测误差的影响；模型关系的设定误差的影响以及其他随机因素的影响。由于理论的含糊性和数据的欠缺，这些因素没法以解释变量的形式出现在模型中，便以随机误差项的形式出现，以表示这些因素也会对被解释变量产生影响。另外，即使不存在理论的含糊性和数据欠缺的问题，也有必要在模型中引入随机误差项。因为一个好的模型应该尽量追求简洁。设计一个跟现实一样复杂的模型并无意义。所以一些不是模型设计者所关注的，对被解释变量只能起微不足道影响的因素，往往被归入随机误差项中。

由于总体的信息往往无法掌握，总体回归函数是未知的。回归分析的任务就在于，利用对总体的 n 次观测所得到的一组样本数据，去近似地估计总体回归函数。这种利用样本数据，采用适当的方法估计得到的总体回归函数的近似形式，就叫作样本回归函数或样本回归方程（sample regression function，SRF）。对应的曲线称为样本回归线（sample regression curve）。

若总体回归函数为线性形式：

$$E(Y \mid X_i) = \beta_0 + \beta_1 X_i \tag{3-1}$$

即总体回归模型为：

$$Y_i = \beta_0 + \beta_1 X_i + u_i \tag{3-2}$$

则对应的样本回归函数一般表示为：

$$\hat{y}_i = \hat{\beta}_0 + \hat{\beta}_1 x_i \tag{3-3}$$

回归分析的主要目的就是，根据样本回归函数 SRF，估计总体回归函数 PRF。以上面的例子而言，就是以 $\hat{y}_i = \hat{\beta}_0 + \hat{\beta}_1 x_i$ 来估计 $E(Y \mid X_i) = \beta_0 + \beta_1 X_i$。或者说，先采用样本数据估计出 $\hat{\beta}_0$ 和 $\hat{\beta}_1$，再估计 β_0 和 β_1。β_0 和 β_1 的值一旦明确，解释变量和被解释变量的线性关系便也明确。

$\hat{\beta}_0$ 和 $\hat{\beta}_1$ 上面加了个帽子，是为了同 β_0 和 β_1 作区分。β_0 和 β_1 是参数，是确定值，只不过没法确切知道这两个参数的真实值。$\hat{\beta}_0$ 和 $\hat{\beta}_1$ 是随机变量，其随机性来源于抽样的随机性。每次抽到的样本不同，估计得到的 $\hat{\beta}_0$ 和 $\hat{\beta}_1$ 一般来说是不同的。由于 $\hat{\beta}_0$ 和 $\hat{\beta}_1$ 存在的意义在于估计参数 β_0 和 β_1，所以一般把 $\hat{\beta}_0$ 和 $\hat{\beta}_1$ 这样的变量称为估计量。$\hat{y}_i$ 上面加了个帽子，是为了和 y_i 作区分。y_i 表示被解释变量的第 i 次观测值，$\hat{y}_i$ 是根据 $\hat{y}_i = \hat{\beta}_0 + \hat{\beta}_1 x_i$ 这个表达式计算出来的估计值。

$\hat{\beta}_0$ 和 β_0 相对应，$\hat{\beta}_1$ 和 β_1 相对应。总体回归模型中的随机误差项 u_i 也有个随机变量 e_i 与之相对应。给定解释变量的某个确定值 X_i，根据样本回归函数可以计算出被解释变量 Y 的估计值 $\hat{y}_i$，记 $e_i = y_i - \hat{y}_i$，则 e_i 被称为残差或剩余项（residual）。

在上例中，样本回归函数为 $\hat{y}_i = \hat{\beta}_0 + \hat{\beta}_1 x_i$，在样本回归函数的基础上引入残差项 e_i 后，则可以得到样本回归模型：

$$y_i = \hat{\beta}_0 + \hat{\beta}_1 x_i + e_i \tag{3-4}$$

残差项 e_i 代表了在样本回归模型中除解释变量外的其他所有因素对被解释变量的影响。残差项和随机误差项既有联系又有区别。随机误差项 u_i 不可观测，但是残差项 e_i 可由样本数据计算得到。这一重要的区别使得残差项在计量经济学中发挥了重要的作用。

残差项 e_i 一般来说不等于随机误差项 u_i。图 3 - 1 是一个为了方便理解假想出来的图形。假设我们知道总体回归线的位置，也有一个样本回归线的位置，从图 3 - 1 可以看出，样本回归线和总体回归线并不重合，随机误差项 u_i 等于观测点和总体回归线上的对应点在纵轴上的距离，残差项 e_i 等于观测点和样本回归线上的对应点在纵轴上的距离，两者并不相等。

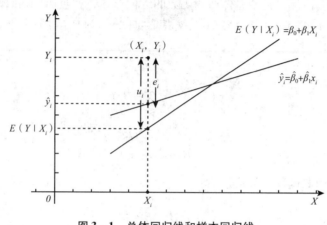

图 3 - 1　总体回归线和样本回归线

二、参数的普通最小二乘估计

估计样本回归模型 $y_i = \hat{\beta}_0 + \hat{\beta}_1 x_i + e_i$ 中估计量 $\hat{\beta}_0$ 和 $\hat{\beta}_1$ 的估计值，可以采用不同的估计方法。本节介绍的是计量经济学中常用的一种估计方法——普通最小二乘法（ordinary least squares）。1801 年，"数学王子"高斯使用最小二乘法对谷神星运行轨迹进行研究。根据前人观测数据，高斯给出了这颗之前隐身到太阳后面而"消失"不见的谷神星的运行轨迹。这一研究成果指导了观星者在 1801 年 12 月 31 日夜晚重新观测到谷神星。预测的精准性使最小二乘法声名鹊起，而在计量经济学中占据非常重要地位的高斯 - 马尔科夫定理（Gauss-Markov theorem）更是赋予了研究者足够的信心去使用最小二乘法。如今，最小二乘法在许多领域被广泛采用。

最小二乘法的二乘也可翻译成平方，最小二乘法是一种使误差平方和达到最小以寻求估计值的方法。以上面的一元线性回归模型 $Y_i = \beta_0 + \beta_1 X_i + u_i$ 为例，样本回归模型 $y_i = \hat{\beta}_0 + \hat{\beta}_1 x_i + e_i$ 中 $\hat{\beta}_0$ 和 $\hat{\beta}_1$ 的估计值不同，样本回归线 $\hat{y}_i = \hat{\beta}_0 + \hat{\beta}_1 x_i$ 就不同。普通最小二乘法对这些样本回归线的选择标准就是被选中的样本回归线应该和已有的 n 对样本观测点最靠近，即 $Q = \sum_{i=1}^{n}(y_i - \hat{y}_i)^2 = \sum_{i=1}^{n}[y_i - (\hat{\beta}_0 + \hat{\beta}_1 x_i)]^2 = \sum_{i=1}^{n} e_i^2$ 最小。为了获得直观的理解，可以看图 3 - 2。

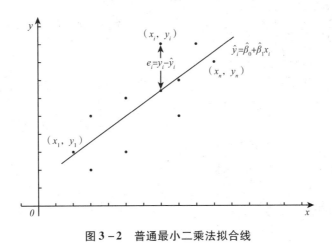

图 3 - 2 普通最小二乘法拟合线

每个样本观测点和样本回归线的对应点之间的距离为 $|e_i|$，把所有的样本观测点的 $|e_i|$ 加总就是所有样本点与样本回归线的距离之和，这个距离之和 $\sum\limits_{i=1}^{n} |e_i|$ 越小，就说明这条样本回归线与样本观测点越靠近。所以寻找最佳的样本回归线，就转变成求使得 $\sum\limits_{i=1}^{n} |e_i|$ 最小的 $\hat{\beta}_0$ 和 $\hat{\beta}_1$。因为一个二元函数取得极值时偏导数为 0，所以这一寻找最佳样本回归线的过程就转变成了求两个偏导数并使之都为 0 的过程。但是绝对值函数求导存在的一个问题是 $y = |x|$ 并非处处可导，所以很自然地想到把 $\sum\limits_{i=1}^{n} |e_i|$ 替换成 $\sum\limits_{i=1}^{n} e_i^2$。同样地，$\sum\limits_{i=1}^{n} e_i^2$ 越小，样本回归线与样本观测点越靠近，$\sum\limits_{i=1}^{n} e_i^2$ 达到最小值时，样本回归线与样本观测点最靠近。而函数 $y = x^2$ 处处可导。所以可以很方便地对 $\sum\limits_{i=1}^{n} e_i^2$ 求偏导数，并使偏导数为 0，来求得 $\hat{\beta}_0$ 和 $\hat{\beta}_1$。

令 $\sum\limits_{i=1}^{n} e_i^2 = \sum\limits_{i=1}^{n} \left[y_i - (\hat{\beta}_0 + \hat{\beta}_1 x_i) \right]^2$ 对 $\hat{\beta}_0$ 和 $\hat{\beta}_1$ 的偏导数都为 0 时，可得：

$$\begin{cases} \sum\limits_{i=1}^{n} (\hat{\beta}_0 + \hat{\beta}_1 x_i - y_i) = 0 \\ \sum\limits_{i=1}^{n} (\hat{\beta}_0 + \hat{\beta}_1 x_i - y_i) x_i = 0 \end{cases} \Rightarrow \begin{cases} \sum\limits_{i=1}^{n} y_i = n\hat{\beta}_0 + \hat{\beta}_1 \sum\limits_{i=1}^{n} x_i \\ \sum\limits_{i=1}^{n} x_1 y_i = \hat{\beta}_0 \sum\limits_{i=1}^{n} x_i + \hat{\beta}_1 \sum\limits_{i=1}^{n} x_i^2 \end{cases}$$

解得：

$$\hat{\beta}_0 = \bar{y} - \hat{\beta}_1 \bar{x} \tag{3-5}$$

$$\hat{\beta}_1 = \frac{n \sum x_i y_i - \sum x_i \sum y_i}{n \sum x_i^2 - \sum x_i \sum x_i} = \frac{\sum (x_i - \bar{x})(y_i - \bar{y})}{\sum (x_i - \bar{x})^2} \tag{3-6}$$

其中，$\sum x_i$ 表示 $\sum_{i=1}^{n} x_i$，$\bar{x} = \dfrac{\sum x_i}{n}$，$\bar{y} = \dfrac{\sum y_i}{n}$，本章余下部分为了表示的简洁，统一把 $\sum_{i=1}^{n}$ 简写为 $\sum$。

由于上式 $\hat{\beta}_0$ 和 $\hat{\beta}_1$ 的估计结果是由普通最小二乘法得到，所以称为普通最小二乘估计量（ordinary least squares estimators），经常简写成 OLS 估计量。

在形如 $Y_i = \beta_0 + \beta_1 X_i + u_i$ 的一元线性回归模型中，回归系数 β_1 一般称为斜率项，表示解释变量增加 1 单位，被解释变量平均增加 β_1 单位。β_0 一般称为截距项或常数项，表示当解释变量为 0 时，被解释变量的平均取值。

三、无截距项的一元线性回归模型

但不是所有的一元线性回归模型都包含有截距项。有时是因为根据经济理论构建模型时就不应该设计截距项，有时是因为模型进行了变换之后，截距项被消去。这些情况下就应该研究形如 $Y_i = \beta_1 X_i + u_i$ 的一元线性回归模型的参数估计。无截距项的一元线性回归模型的总体回归函数 $E(Y \mid X_i) = \beta_1 X_i$ 必过原点，所以 $Y_i = \beta_1 X_i + u_i$ 属于"过原点回归"。

使用普通最小二乘法对 $Y_i = \beta_1 X_i + u_i$ 进行参数估计，同样需要满足残差平方和最小，只不过此时不再需要求两个偏导数，而只需要求一个导数，即令 $\sum e_i^2 = \sum (y_i - \hat{\beta}_1 x_i)^2$ 对 $\hat{\beta}_1$ 的导数等于 0，即 $\sum (y_i - \hat{\beta}_1 x_i) x_i = 0$，解得：

$$\hat{\beta}_1 = \frac{\sum x_i y_i}{\sum x_i^2} \tag{3-7}$$

第二节　OLS 估计量的优良性质

一、经典线性回归模型假定与高斯 – 马尔科夫定理

第一节主要介绍了如何使用普通最小二乘法估计一元线性回归模型的参数。估计模型参数可以使用不同的方法。为什么普通最小二乘法能在众多方法中脱颖而出？这是因为计量经济学中有一个基石性的定理——高斯 – 马尔科夫定理。这一定理明确了 OLS 估计量具有统计学意义上的优良性质。但是同其他学科一样，计量经济学的很多结论也需要依赖于一些假定。所以在介绍高斯 – 马尔科夫定理之前，先要给出一些假定。

在计量经济学的发展史上，曾经出现过十个针对线性回归模型的经典假定。满足这十个经典假定的线性回归模型称为经典线性回归模型（classical linear regression model，CLRM）。这十个假定是：（1）回归模型对参数而言是线性的。（2）在重复抽样中解释变量值是固定的。（3）随机误差项均值为 0。（4）随机误差项的方差相等。（5）各个随机误差项之间无自相关。（6）随机误差项和解释变量之间的协方差为 0。（7）观测次数大于待估计参数个数。（8）解释变量值具有变异性。（9）正确地设定了回归模型。（10）没有完全多重共线性。

这十个假定是否都完全符合现实？很可惜，答案是否定的。实际上，后面的章节中，有专门讨论在一些假定不被满足的情况下，计量经济学应该如何处理。但是本节的重点不在于讨论假定不真实的情况，而是研究在这些假定成立的情况下，OLS 估计量所具有的优良性质。对此，高斯－马尔科夫定理给出了一个令人心旷神怡的结论。

高斯－马尔科夫定理：给定经典线性回归模型假定，普通最小二乘估计量是方差最小的线性无偏估计量，即是最佳线性无偏估计量（best linear unbiased estimator）。

最佳线性无偏估计量一般简记为 BLUE。OLS 估计量是 BLUE，所以 OLS 估计量同时具有线性性、无偏性两个优良性质。由于一般把有效性定义为有效估计量在所有无偏估计量中方差最小，而 BLUE 估计量是在所有线性无偏估计量中方差最小，所以严格来说，OLS 估计量不具有一般意义上的有效性。但是为了和线性性、无偏性合在一起便于记忆，可把 OLS 估计量具有的"所有线性无偏估计量中方差最小"这一性质称为弱有效性。

二、一元线性回归模型 OLS 估计量是 BLUE 的证明

下面给出 $Y_i = \beta_0 + \beta_1 X_i + u_i$ 的 OLS 估计量是 BLUE 的证明过程。

命题一：$Y_i = \beta_0 + \beta_1 X_i + u_i$ 满足经典线性回归模型假定，则 β_0 和 β_1 的 OLS 估计量具有线性性。

证明：令 $\tilde{x}_i = x_i - \bar{x}$，$\tilde{y}_i = y_i - \bar{y}$

$$\hat{\beta}_1 = \frac{\sum \tilde{x}_i \tilde{y}_i}{\sum \tilde{x}_i^2} = \frac{\sum \tilde{x}_i (y_i - \bar{y})}{\sum \tilde{x}_i^2} = \frac{\sum \tilde{x}_i y_i}{\sum \tilde{x}_i^2} - \frac{\bar{y} \sum \tilde{x}_i}{\sum \tilde{x}_i^2}$$

令 $k_i = \dfrac{\tilde{x}_i}{\sum \tilde{x}_i^2}$，因为 $\sum \tilde{x}_i = \sum (x_i - \bar{x}) = 0$，故有：

$$\hat{\beta}_1 = \sum \frac{\tilde{x}_i}{\sum \tilde{x}_i^2} y_i = \sum k_i y_i$$

又因为 $\hat{\beta}_0 = \bar{y} - \hat{\beta}_1 \bar{x}$，所以可得：

$$\hat{\beta}_0 = \frac{1}{n} \sum y_i - \sum k_i y_i \bar{x} = \sum \left(\frac{1}{n} - \bar{x} k_i \right) y_i = \sum w_i y_i \left(令 w_i = \frac{1}{n} - \bar{x} k_i \right)$$

命题二：$Y_i = \beta_0 + \beta_1 X_i + u_i$ 满足经典线性回归模型假定，则 β_0 和 β_1 的 OLS 估计量具有无偏性。

证明：$\hat{\beta}_1 = \sum k_i y_i = \sum k_i (\beta_0 + \beta_1 x_i + u_i) = \beta_0 \sum k_i + \beta_1 \sum k_i x_i + \sum k_i u_i$

因为 $\sum k_i = \dfrac{\sum \tilde{x}_i}{\sum \tilde{x}_i^2} = 0$，且：

$$\sum k_i x_i = \frac{\sum \tilde{x}_i x_i}{\sum \tilde{x}_i^2} = \frac{\sum \tilde{x}_i (x_i - \bar{x} + \bar{x})}{\sum \tilde{x}_i^2} = \frac{\sum \tilde{x}_i (\tilde{x}_i + \bar{x})}{\sum \tilde{x}_i^2} = \frac{\sum \tilde{x}_i^2}{\sum \tilde{x}_i^2} + \bar{x} \frac{\sum \tilde{x}_i}{\sum \tilde{x}_i^2} = 1$$

所以：

$$\hat{\beta}_1 = \beta_1 + \sum k_i u_i$$

对 $\hat{\beta}_1$ 求期望可得：

$$E(\hat{\beta}_1) = E\left(\beta_1 + \sum k_i u_i\right) = \beta_1 + \sum k_i E(u_i) = \beta_1$$

同理，$\hat{\beta}_0 = \sum w_i y_i = \sum w_i(\beta_0 + \beta_1 x_i + u_i) = \beta_0 \sum w_i + \beta_1 \sum w_i x_i + \sum w_i u_i$

因为 $\sum w_i = \sum (1/n - \bar{x} k_i) = 1 - \bar{x} \sum k_i = 1$，且：

$$\sum w_i x_i = \sum (1/n - \bar{x} k_i) x_i = \frac{1}{n} \sum x_i - \bar{x} \sum k_i x_i = \bar{x} - \bar{x} = 0$$

所以：

$$\hat{\beta}_0 = \beta_0 + \sum w_i u_i$$

对 $\hat{\beta}_0$ 求期望可得：

$$E(\hat{\beta}_0) = E\left(\beta_0 + \sum w_i u_i\right) = E(\beta_0) + \sum w_i E(u_i) = \beta_0$$

命题三：$Y_i = \beta_0 + \beta_1 X_i + u_i$ 满足经典线性回归模型假定，则 β_0 和 β_1 的 OLS 估计量在所有线性无偏估计量中方差最小。

证明：令 σ^2 表示随机误差项的方差，则有：

$$\mathrm{Var}(\hat{\beta}_1) = \mathrm{Var}\left(\sum k_i y_i\right) = \sum k_i^2 \mathrm{Var}(\beta_0 + \beta_1 x_i + u_i) = \sum \left(\frac{\tilde{x}_i}{\sum \tilde{x}_i^2}\right)^2 \sigma^2 = \frac{\sigma^2}{\sum \tilde{x}_i^2}$$

$$\mathrm{Var}(\hat{\beta}_0) = \mathrm{Var}\left(\sum w_i y_i\right) = \sum w_i^2 \mathrm{Var}(\beta_0 + \beta_1 x_i + u_i) = \sum \left(\frac{1}{n} - \bar{x} k_i\right)^2 \sigma^2$$

$$= \sum \left[\left(\frac{1}{n}\right)^2 - 2 \frac{1}{n} \bar{x} k_i + \bar{x}^2 k_i^2\right] \sigma^2 = \left[\frac{1}{n} - \frac{2}{n} \bar{x} \sum k_i + \bar{x}^2 \sum \left(\frac{\tilde{x}_i}{\sum \tilde{x}_i^2}\right)^2\right] \sigma^2$$

$$= \left[\frac{1}{n} + \frac{\bar{x}^2}{\sum \tilde{x}_i^2}\right] \sigma^2 = \frac{\sum \tilde{x}_i^2 + n \bar{x}^2}{n \sum \tilde{x}_i^2} \sigma^2 = \frac{\sum x_i^2}{n \sum \tilde{x}_i^2} \sigma^2$$

假设 $\hat{\beta}_1^*$ 是其他方法得到的关于 β_1 的线性无偏估计量：

$$\hat{\beta}_1^* = \sum c_i y_i$$

其中，$c_i = k_i + d_i$，d_i 为不全为零的常数。有：

$$E(\hat{\beta}_1^*) = E\left(\sum c_i y_i\right) = \sum c_i E(y_i) = \sum c_i(\beta_0 + \beta_1 x_i) = \beta_0 \sum c_i + \beta_1 \sum c_i x_i$$

由 $\hat{\beta}_1^*$ 的无偏性，即 $E(\hat{\beta}_1^*) = \beta_1$，可知：$\beta_0 \sum c_i + \beta_1 \sum c_i x_i = \beta_1$

从而有：$\sum c_i = 0$，$\sum c_i x_i = 1$

估计量 $\hat{\beta}_1^*$ 的方差 $\mathrm{Var}(\hat{\beta}_1^*) = \mathrm{Var}\left(\sum c_i y_i\right) = \sum c_i^2 \mathrm{Var}(u_i) = \sum c_i^2 \sigma^2$

$$= \sum(k_i + d_i)^2 \sigma^2 = \sum k_i^2 \sigma^2 + \sum d_i^2 \sigma^2 + 2\sigma^2 \sum k_i d_i$$

由于 $\sum k_i d_i = \sum k_i(c_i - k_i) = \sum k_i c_i - \sum k_i^2$

$$= \sum \frac{\tilde{x}_i}{\sum \tilde{x}_i^2} c_i - \sum k_i^2 = \frac{\sum x_i c_i - \bar{x} \sum c_i}{\sum \tilde{x}_i^2} - \sum k_i^2$$

$$= \frac{1}{\sum \tilde{x}_i^2} - \frac{1}{\sum \tilde{x}_i^2} = 0$$

故 $\mathrm{Var}(\hat{\beta}_1^*) = \sum k_i^2 \sigma^2 + \sum d_i^2 \sigma^2 = \frac{1}{\sum \tilde{x}_i^2}\sigma^2 + \sigma^2 \sum d_i^2 = \mathrm{Var}(\hat{\beta}_1) + \sigma^2 \sum d_i^2$

因为 $\sum d_i^2 \geqslant 0$，所以 $\mathrm{Var}(\hat{\beta}_1^*) \geqslant \mathrm{Var}(\hat{\beta}_1)$

当 $d_i = 0$，$(i = 1, 2, \cdots, n)$ 等号成立，此时：

$c_i = k_i$，$\hat{\beta}_1^*$ 就是 OLS 估计量 $\hat{\beta}_1$

同理可证 $\mathrm{Var}(\hat{\beta}_0^*) \geqslant \mathrm{Var}(\hat{\beta}_0)$

上面花了比较长的篇幅证明了 OLS 估计量是 BLUE。为什么要在意 OLS 估计量是否具有线性性、无偏性、弱有效性呢？OLS 估计量具有线性性的有益之处在于线性比较简单且保持原随机变量的重要性质不变，例如服从正态分布的随机变量的线性组合依然服从正态分布。无偏性是判断估计量优良与否的重要标准之一。$\hat{\beta}_1$ 是 β_1 的无偏估计量，记为 $E(\hat{\beta}_1) = \beta_1$。直观地理解，就是作为估计量的随机变量 $\hat{\beta}_1$ 的取值围绕在 β_1 左右，而 $\hat{\beta}_1$ 所有取值的均值就等于 β_1。要认识到无偏性的重要性要有另外一个不具有无偏性的估计量来与之相比较。如果 $E(\tilde{\beta}_1) \neq \beta_1$，则称估计量 $\tilde{\beta}_1$ 是 β_1 的有偏估计量。可以直观地理解成 $\tilde{\beta}_1$ 并不围绕着 β_1 取值。如果 $E(\tilde{\beta}_1) < \beta_1$，采用 $\tilde{\beta}_1$ 来估计 β_1 更倾向于低估 β_1 的真实值；反之，更倾向于高估 β_1 的真实值。所以，无偏估计量 $\hat{\beta}_1$ 显然比有偏估计量 $\tilde{\beta}_1$ 更优。

但是估计量具有无偏性并不意味着某次观测就能得到参数值的准确估计。为了说明这一点不妨举个通俗的例子。学生甲的真实身高是 170 厘米，学生乙对学生甲的身高进行了两次估计，一次估计是 100 厘米；一次估计是 240 厘米。这两次估计的均值等于身高的真实值。但是单看这两次估计中的任何一次，都会觉得估计得很不靠谱。其中原因在于均值等于参数值并不能保证每次估计量都能取到接近参数值的估计值。实际上，无偏估计量的方差越大，无偏估计量就会在不巧的情形下取到一个远离均值的估计值，此时估计值和参数真实值就会偏差较大。反之，无偏估计量的方差越小，同样不巧的情形下，估计值与参数真实值的偏差也会较小些。所以，OLS 估计量具有弱有效性，是一个和无偏性相得益彰的优良性质。

为了获得更直观的印象，可以看图 3-3，若 $\hat{\beta}_1$ 和 $\tilde{\beta}_1$ 都是参数 β_1 的线性无偏估计量，从图形中可以看出 $\hat{\beta}_1$ 的方差更小，所以更容易得到参数 β_1 的更优估计。

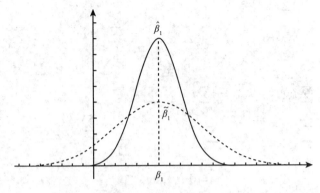

图 3 – 3　两个线性无偏估计量的方差比较

三、一元线性回归模型 OLS 估计量具有一致性的证明

OLS 估计量具有的线性性、无偏性、弱有效性都属于小样本性质或称有限样本性质。即不管样本是大样本还是小样本，OLS 估计量都具有这三个优良性质。但是 OLS 估计量还有一个大样本性质，即随着样本容量 n 趋于无穷大，OLS 估计量所呈现出的优良性质。下面给出 $Y_i = \beta_0 + \beta_1 X_i + u_i$ 的 OLS 估计量具有一致性的证明。

命题四：若 $Y_i = \beta_0 + \beta_1 X_i + u_i$ 满足 $E(u_i) = 0$，$\mathrm{Cov}(X, u) = 0$，则 β_0 和 β_1 的 OLS 估计量 $\hat{\beta}_0$ 和 $\hat{\beta}_1$ 依概率收敛于 β_0 和 β_1。

证明：先证 $\hat{\beta}_1$ 具有一致性：

$$
\begin{aligned}
P\lim_{n\to\infty}(\hat{\beta}_1) &= P\lim_{n\to\infty}\left(\beta_1 + \sum k_i u_i\right) \\
&= P\lim_{n\to\infty}(\beta_1) + P\lim_{n\to\infty}\left(\frac{\sum \tilde{x}_i u_i}{\sum \tilde{x}_i^2}\right) \\
&= \beta_1 + \frac{P\lim_{n\to\infty}\left(\sum \tilde{x}_i u_i/n\right)}{P\lim_{n\to\infty}\left(\sum \tilde{x}_i^2/n\right)} \\
&= \beta_1 + \frac{\mathrm{Cov}(X, u)}{\mathrm{Var}(X)} = \beta_1 + \frac{0}{\mathrm{Var}(X)} = \beta_1
\end{aligned}
$$

同理可证：

$$
P\lim_{n\to\infty}(\hat{\beta}_0) = \beta_0
$$

$\hat{\beta}_1$ 具有一致性说明样本容量趋于无穷大时，$\hat{\beta}_1$ 依概率收敛于 β_1。一致性可以通俗地理解成当样本容量趋于无穷大时，估计量无限接近于参数真实值的概率无限趋近于 1。为什么高斯 – 马尔科夫定理已经证明 OLS 估计量是最佳线性无偏估计量，却还需要研究 OLS 估计量是否具有一致性？原因之一在于 OLS 估计量是 BLUE 依赖于严苛的假定，而 OLS 估计量具有一致性只需要相对宽松的假定。也就是说，可能存在 OLS 估计量不是 BLUE，却仍然是一致估计量这种情况。所以即使 OLS 估计量不是 BLUE，只要 OLS 估计量具有一致性，仍可以通过增加样本容量来得到参数值比较准确的估计。另外，在高斯使用最小二乘法的时代，研究者经常面临一个问题，就是样本容量不是非常大，而一致性需要样本容量足够大。一致性对样本容量的严苛要求在现在的实证研究中已不成为一个大问题，因为现在的实证研究所收集到的样本数据经常非常大。可以说，在现在的实证研究中，越来越关注估计量是否具有一致性。

第三节 一元线性回归模型的检验与区间估计

一、经济意义检验

纵使 OLS 估计量是 BLUE，并具有一致性，也不能在根据一次抽样得到的样本数据计算出估计值后便说明模型已准确解释了解释变量与被解释变量之间的数量关系。实际上，需要对模型进行各种计量经济学检验。

第一个针对所构建计量经济模型的检验便是经济意义检验。计量经济学是经济学的分支学科之一。构建的计量经济学模型也就不该是海市蜃楼，而是应该揭示变量之间现实的数量关系。所以，估计得到的估计值，也应该符合经济理论或常识。例如研究普通商品需求量与该商品价格之间的数量关系，如果估计得到的回归系数是正的，即该普通商品价格越高需求量越大，显然应该检查一下模型在建模过程中可能存在什么错漏之处才导致这样一个违反需求定律的结论。

二、拟合优度检验

模型通过了经济意义检验，还需要对模型进行拟合优度检验。拟合优度（goodness of fit）检验就是检验模型对样本观测值的拟合程度，即样本回归线同样本观测点有多靠近。这里可能会产生一个疑惑：既然 OLS 法所得到的样本回归线已经是同样本观测点最靠近的样本回归线，何必再进行拟合优度检验？为回答这个问题，可以先看图 3 - 4、图 3 - 5。

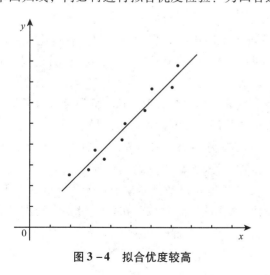

图 3 - 4 拟合优度较高

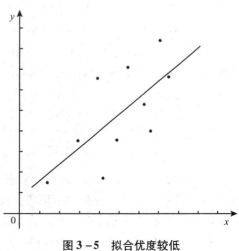

图 3 - 5 拟合优度较低

图 3 – 4 和图 3 – 5 都是使用 OLS 法拟合得到各自的样本回归线，但是通过观察可以判断图 3 – 4 拟合优度更高。为什么都是使残差平方和最小，但是拟合优度却不一样？原因在于两张图收集得到的样本数据并不一样。图 3 – 4 的样本观测点本来就比图 3 – 5 线性趋势更强。所以即使总体上两个随机变量呈线性关系，都是使用 OLS 法拟合得到样本回归线，但由于每次样本数据不同，得到的拟合优度就有差异。而在实证研究中，需要获得此次回归的拟合优度来帮助判断此次回归结果的质量。

使用图形法判断模型拟合优度存在的问题之一便是图形判断的主观性。对同一张图不同的人感受得到的拟合优度可能并不一样，即使同一个人在不同时间对同一张图感受得到的拟合优度可能也不一样，所以需要构造一个统计量来客观且精确地描述回归结果的拟合优度。由于这个统计量是要用来描述程度的高低，所以这个统计量应该是一个相对量，取值在 0 ~ 1，越靠近 1 表示程度越高；越靠近 0 表示程度越低。经过一番构造与筛选，很自然地得到下面这样一个拟合优度统计量：

$$R^2 = \frac{ESS}{TSS} = \frac{\sum (\hat{y}_i - \bar{y})^2}{\sum (y_i - \bar{y})^2} = 1 - \frac{RSS}{TSS} = 1 - \frac{\sum (y_i - \hat{y}_i)^2}{\sum (y_i - \bar{y})^2} \tag{3 – 8}$$

R^2 称为可决系数或判定系数。其中 $TSS = \sum (y_i - \bar{y})^2$ 称为总变差（total sum of squares），反映样本观测值总体离差的大小；$ESS = \sum (\hat{y}_i - \bar{y})^2$ 称为可解释变差（explained sum of squares），反映由模型中解释变量所解释的那部分离差的大小；$RSS = \sum (y_i - \hat{y}_i)^2 = \sum e_i^2$ 称为不可解释变差（residual sum of squares），反映样本观测值与估计值偏离的大小，也是模型中解释变量未解释的那部分离差的大小。R^2 取值在 0 ~ 1，原因在于可以证明 $TSS = ESS + RSS$，而且显然 ESS、RSS 和 TSS 都非负。显然，如果模型与样本观测值完全拟合，即 $y_i - \hat{y}_i = 0$，此时 $R^2 = 1$。当然，模型与样本观测值完全拟合的情况在实证中是不可能发生的。但毫无疑问的是，该统计量越接近 1，模型的拟合优度越高。实际上，R^2 越大，可解释变差 ESS 占总变差 TSS 的比重越大，说明模型中被解释变量的变动中可以由解释变量来解释的部分越大，即模型的拟合优度越高。

在实证研究中，是否存在一个标准，R^2 大于这个标准，模型才通过拟合优度检验。答案是否定的。R^2 并不是决定模型去留的唯一标准。实际上，数据的质量很大程度上决定了 R^2 值的高低。但在实证研究中，经常面临的问题是研究中只有这唯一的一组观测数据，同时模型在总体上是成立的，只不过数据的问题造成了低拟合优度。特别地，有些模型呈低拟合优度的研究是有开创性的，前人受限于缺乏数据等原因并没有做过这方面研究。这种情况下，显然不能因为拟合优度低而放弃一个有着重要经济意义的计量经济学模型。

可决系数高低并不是决定模型去留的唯一标准的另一个原因是 R^2 并不服从已知的理论分布，所以没法在假设检验中使用 R^2 作为检验统计量来作出拒绝或接受模型的假定。正如前文所述，R^2 之所以被广泛采用在于可以根据 R^2 值迅速快捷地判断模型拟合程度。事实上，Stata 等计量或统计软件都会在输出结果中给出可决系数值。所以，在实证研究中给出样本回归方程后附带地写上可决系数值总是有益无害的。至于更精确地判断解释变量对被解释变量是否有显著的影响，则要构建其他服从理论分布的统计量进行假设检验。

三、变量显著性检验

本节所涉及的假设检验主要是检验一元线性回归模型 $Y_i = \beta_0 + \beta_1 X_i + u_i$ 中解释变量 X 对被解释变量 Y 是否有显著影响。这一命题在假设检验中可以用 $H_0 : \beta_1 = 0$ 来表示。如果 $\beta_1 = 0$，则 $Y_i = \beta_0 + 0X_i + u_i = \beta_0 + u_i$，即无论解释变量如何变化，被解释变量都不会变化。此时解释变量对被解释变量没有显著影响。H_0 在假设检验中称为原假设，相应的备择假设为 $H_1 : \beta_1 \neq 0$。如若不能拒绝原假设，则可接受备择假设，即解释变量对被解释变量有显著影响。

拒绝还是接受原假设的依据是小概率原理。小概率原理认为"小概率事件在一次试验中几乎是不可能发生的"。值得特别指出的是，小概率原理并不是认为小概率事件不会发生。实际上，如果一个事件发生的概率是 5%，经常认为这个事件是小概率事件。但是概率是 5% 就意味着如果重复相同的 100 次试验，平均而言会发生 5 次该事件。小概率原理的逻辑是如果有个事件号称是小概率事件，也就是做一次试验就发生该事件的概率很小，但是如果只做了一次试验该事件就发生了，则怀疑该事件并不是小概率事件，而是大概率事件。

关键是怎么把小概率原理和原假设结合起来，才能用小概率原理来拒绝或接受原假设。这两者的结合点就是小概率事件。如果原假设成立的情况下某个事件是小概率事件，则可以利用小概率原理来检验该事件是不是真的是小概率事件。不是，则拒绝原假设。

如果一个随机变量落在一个区域的概率是小概率，则可称这一区域为小概率区域。为了在原假设成立的情况下得到小概率区域，还需要在经典线性回归模型假定的基础上再增加一个假定：$u_i \sim N(0, \sigma^2)$，即随机误差项服从均值为 0、方差为 σ^2 的正态分布。因为 $Y_i = \beta_0 + \beta_1 X_i + u_i$，所以 Y_i 也服从正态分布。又因为 $\hat{\beta}_1$ 具有线性性，即 $\hat{\beta}_1 = \sum k_i y_i$，而正态分布的线性组合依然是正态分布，可得 $\hat{\beta}_1$ 也服从正态分布。实际上，可以证明，$\hat{\beta}_1$ 服从均值为 β_1、方差为 $\dfrac{\sigma^2}{\sum \tilde{x}_i^2}$ 的正态分布，即 $\hat{\beta}_1 \sim N\left(\beta_1, \dfrac{\sigma^2}{\sum \tilde{x}_i^2}\right)$。正态分布是个分布族，有无穷多个正态分布，正态分布可以两两不同。但是正态分布有个特点就是一个正态分布唯一地由它的均值和方差共同决定。一个正态分布的均值和方差确定后，这个正态分布在某个区域内取值的概率也就确定了。如果原假设 $H_0 : \beta_1 = 0$ 成立，则相当于 $\hat{\beta}_1$ 的均值确定了；如果 $\hat{\beta}_1$ 的方差 $\dfrac{\sigma^2}{\sum \tilde{x}_i^2}$ 也是已知的话，相当于 $\hat{\beta}_1$ 的分布也就确定了，$\hat{\beta}_1$ 落在某个区域的概率也就确定了。

正态分布是对称的钟型分布，中间大，两头小，即 $\hat{\beta}_1$ 取值在均值附近的概率大，取值在远离均值的两侧概率小。也就是说，可以在正态分布两侧定一个小概率（一般称之为显著性水平，用 α 表示），例如 0.05，再据此求出 $\hat{\beta}_1$ 的小概率区域（一般称之为拒绝域）。为获得更直观的印象，可参考图 3-6。图 3-6 曲线所对应的正态分布均值为 5，方差为 9。若 $\hat{\beta}_1$ 服从该分布，则 $\hat{\beta}_1$ 落在两侧阴影部分区域（拒绝域）的概率为 α（该图以 $\alpha = 0.05$ 绘制阴影部分面积），是小概率。落在中间非阴影部分区域（接受域）的概率为 $1 - \alpha$，是大概率。

　　由于正态分布有无穷多个，在计算机普及之前由显著性水平求拒绝域的做法更多的是对$\hat{\beta}_1$做标准化变换，把一个非标准正态分布转换成一个标准正态分布。这样只要查标准正态分布表，就可以由显著性水平查出拒绝域。如图3-7所示，把服从图3-6所示的正态分布的随机变量标准化之后的标准正态分布均值为0，方差为1。如果显著性水平定为0.05，则可以查标准正态分布表得到相应的临界值为1.96。即若一个随机变量服从标准正态分布，其落在图3-7所示的两侧阴影部分（拒绝域）的概率是小概率0.05，落在中间非阴影部分的概率是大概率0.95。

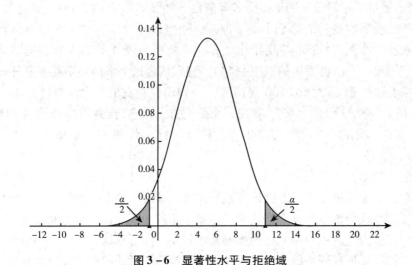

图3-6　显著性水平与拒绝域

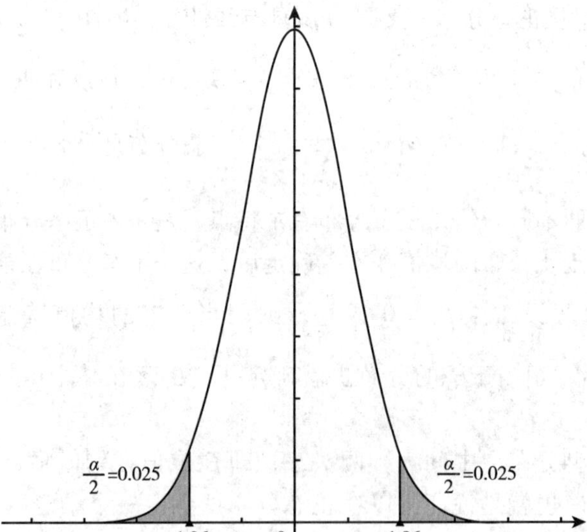

图3-7　标准正态分布的显著性水平与临界值

如果 $\dfrac{\sigma^2}{\sum \tilde{x}_i^2}$ 已知，则在 $H_0: \beta_1 = 0$ 成立下，$\hat{\beta}_1$ 标准化 $\dfrac{\hat{\beta}_1 - \beta_1}{\sqrt{\dfrac{\sigma^2}{\sum \tilde{x}_i^2}}}$ 后的统计量 $z = \dfrac{\hat{\beta}_1}{\sqrt{\dfrac{\sigma^2}{\sum \tilde{x}_i^2}}}$

服从标准正态分布。若 $\alpha = 0.05$，则临界值 $z_{\frac{0.05}{2}} = 1.96$，拒绝域为 $(-\infty, -1.96) \cup$

$(1.96, +\infty)$。若抽样一次，根据样本数据计算出 $z = \dfrac{\hat{\beta}_1}{\sqrt{\dfrac{\sigma^2}{\sum \tilde{x}_i^2}}}$ 的值。若 z 的值落入

$(-\infty, -1.96) \cup (1.96, +\infty)$，说明小概率事件在一次试验中发生了，则根据小概率原理拒绝 $H_0: \beta_1 = 0$，接受 $H_1: \beta_1 \neq 0$。若 z 的值落入 $[-1.96, 1.96]$，则接受 H_0。

但是上述假设检验操作遇到的现实问题是随机误差项 u_i 不可观测，所以 σ^2 是未知的，

进而 $\dfrac{\sigma^2}{\sum \tilde{x}_i^2}$ 也是未知的。所以先要解决的一个问题是估计 σ^2。若随机误差项 u_i 已知，则可

根据 $\sigma^2 = \dfrac{\sum [u_i - E(u_i)]^2}{n} = \dfrac{\sum u_i^2}{n}$ 求得 σ^2。因为 u_i 不可观测，所以很自然地想到用残差

e_i 来代替 u_i。如此则 σ^2 的估计量似乎应该是 $\dfrac{\sum e_i^2}{n}$。但是可以证明 $\dfrac{\sum e_i^2}{n}$ 是 σ^2 的有偏估计

量，而 $\dfrac{\sum e_i^2}{n-2}$ 是 σ^2 的无偏估计量。所以很自然地在估计 σ^2 时选择了 $\dfrac{\sum e_i^2}{n-2}$，即 $\hat{\sigma}^2 = \dfrac{\sum e_i^2}{n-2}$。

在用 $\hat{\sigma}^2 = \dfrac{\sum e_i^2}{n-2}$ 代替 σ^2 后，$\dfrac{\hat{\beta}_1}{\sqrt{\dfrac{\hat{\sigma}^2}{\sum \tilde{x}_i^2}}}$ 还会服从标准正态分布吗？答案是否定的。幸运

的是，虽然 $\dfrac{\hat{\beta}_1}{\sqrt{\dfrac{\hat{\sigma}^2}{\sum \tilde{x}_i^2}}}$ 不服从标准正态分布，却服从自由度为 $n-2$ 的 t 分布。$\dfrac{\hat{\beta}_1}{\sqrt{\dfrac{\hat{\sigma}^2}{\sum \tilde{x}_i^2}}}$ 服从

自由度为 $n-2$ 的 t 分布的严格数学证明可以参考：北京师范大学出版社出版的、王梓坤院士主编的《概率论基础及其应用》（第三版）。这里尝试以相对比较通俗易懂的语言厘清证明的思路，理解这一证明的过程对后面章节的学习也是非常重要的。

首先要清楚的一点是，常见的标准正态分布、χ^2（卡方）分布、t 分布之间是有内在联系的：（1）若随机变量 $z_1, z_2, \cdots, z_k$ 都服从标准正态分布且相互独立，则 $c = \sum\limits_{i=1}^{k} z_i^2$ 服从自由度（degree of freedom，DF）为 k 的 χ^2 分布。（2）若随机变量 z 服从标准正态分布，另一随机变量 c 服从自由度为 k 的 χ^2 分布，且 z 和 c 相互独立，则 $t = \dfrac{Z}{\sqrt{\dfrac{c}{k}}} = \dfrac{Z\sqrt{k}}{\sqrt{c}}$ 服从自由度

为 k 的 t 分布。所以一个 t 分布其实可以由一个标准正态分布和一个 χ^2 分布构造而得，而且这个 t 分布的自由度等于其中的 χ^2 分布的自由度。另外，注意到在 $H_0: \beta_1 = 0$ 成立的条件

下，$\dfrac{\hat{\beta}_1}{\sqrt{\dfrac{\hat{\sigma}^2}{\sum \tilde{x}_i^2}}} = \dfrac{\dfrac{\hat{\beta}_1 - \beta_1}{\sqrt{\dfrac{\sigma^2}{\sum \tilde{x}_i^2}}}}{\sqrt{\dfrac{\hat{\sigma}^2}{\sigma^2}}} = \dfrac{\dfrac{\hat{\beta}_1 - \beta_1}{\sqrt{\dfrac{\sigma^2}{\sum \tilde{x}_i^2}}}\sqrt{n-2}}{\sqrt{(n-2)\dfrac{\hat{\sigma}^2}{\sigma^2}}}$，显然 $z = \dfrac{\hat{\beta}_1 - \beta_1}{\sqrt{\dfrac{\sigma^2}{\sum \tilde{x}_i^2}}}$ 服从标准正态分

布，可以证明 $c = (n-2)\dfrac{\hat{\sigma}^2}{\sigma^2}$ 服从自由度为 $n-2$ 的 χ^2 分布。所以 $t = \dfrac{\hat{\beta}_1}{\sqrt{\dfrac{\hat{\sigma}^2}{\sum \tilde{x}_i^2}}} = \dfrac{z\sqrt{n-2}}{\sqrt{c}}$

服从自由度为 $n-2$ 的 t 分布。

上述论述里有个令初学者困惑的地方在于，$c = (n-2)\dfrac{\hat{\sigma}^2}{\sigma^2} = \dfrac{\sum e_i^2}{\sigma^2}$ 里的 $\sum e_i^2$ 完整的

表达式是 $\sum\limits_{i=1}^{n} e_i^2$，一共有 n 个 e_i^2 相加，为什么 c 的自由度是 $n-2$ 而不是 n？对于这个问题，要注意到 χ^2 分布的自由度取决于有多少个能独立取值的 z_i^2 相加。独立取值和自由取值在这里是同一个意思。所以自由度其实就是能自由取值（独立取值）的 z_i 的个数。OLS 法得到 n 个 e_i，但是这 n 个 e_i 并不能全都自由取值。因为这 n 个 e_i 受到 $\begin{cases} \sum e_i = 0 \\ \sum e_i x_i = 0 \end{cases}$ 这两个条件的约束，

而这两个条件又是由 $\begin{cases} \dfrac{\partial Q}{\partial \hat{\beta}_0} = \sum (\hat{\beta}_0 + \hat{\beta}_1 x_i - y_i) = 0 \\ \dfrac{\partial Q}{\partial \hat{\beta}_1} = \sum (\hat{\beta}_0 + \hat{\beta}_1 x_i - y_i) x_i = 0 \end{cases}$ 变形而来。为什么受到两个条件

的约束，能自由取值的随机变量个数就少 2 个呢？举个简单的例子，若是有两个随机变量 x_1 和 x_2，且这两个随机变量要满足约束条件 $x_1 + x_2 = 2$，则这两个随机变量只有一个可以自由取值。例如当 $x_1 = 1.5$ 时，x_2 的值一定为 0.5，即 x_2 不能再自由取值。所以 $c = \dfrac{\sum e_i^2}{\sigma^2}$ 的自

由度是 $n-2$ 而不是 n。当然，要严格地证明 $c = (n-2)\dfrac{\hat{\sigma}^2}{\sigma^2} = \dfrac{\sum e_i^2}{\sigma^2}$ 的自由度为 $n-2$ 需要进行正交变换，技术性比较强。

比知道自由度为多少更关键的问题是，为什么要知道自由度为多少？自由度为 $n-2$ 和自由度为 n 有什么区别？这个问题涉及 χ^2 分布、t 分布与正态分布的不同之处。一个正态分布唯一地由它的均值和方差所共同决定。χ^2 分布、t 分布则唯一地由其自由度决定。也就是说，χ^2 分布、t 分布都是分布族，有无穷多个 χ^2 分布、t 分布。χ^2 分布和另一个 χ^2 分布的本质区别在于自由度不同，自由度决定了相应的 χ^2 分布的分布情况。给定自由度之后，χ^2 分布在某个区域取值的概率也就确定了。为了获得直观的印象，图 3-8 画出了自由度为 5 和自由度为 12 的 χ^2 分布的曲线。从图中可以看出，自由度不同，χ^2 分布曲线也就不同，落在同一个区域的概率也不同。t 分布同样如此。图 3-9 画出了自由度为 5 和自由度为 12 的 t 分布

的曲线，从图形可以看出，t 分布的自由度越高，分布越集中。

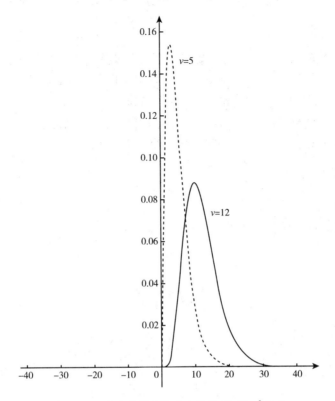

图 3-8　自由度为 5 和自由度为 12 的 χ^2 分布

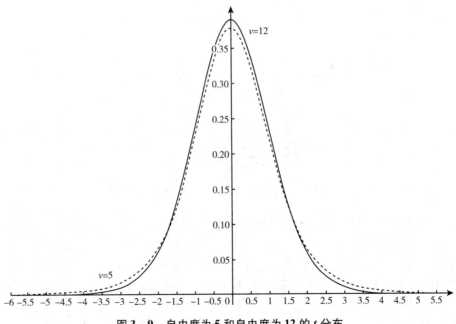

图 3-9　自由度为 5 和自由度为 12 的 t 分布

所以，如果 $\dfrac{\hat{\beta}_1}{\sqrt{\dfrac{\hat{\sigma}^2}{\sum \tilde{x}_i^2}}}$ 服从自由度为 $n-2$ 的 t 分布，给定显著性水平后，就可以查 t 分

布表得到临界值，也就知道了拒绝域。就可以根据小概率原理来拒绝或接受原假设。例如为
检验 H_0：$\beta_1 = 0$，若显著性水平为 0.05，t 统计量服从自由度为 20 的 t 分布，查表得临界值
$t_{\frac{0.05}{2}}(20) = 2.086$，若抽样一次计算得到的 t 统计量值的绝对值 $|t| > 2.086$，说明一次试验就
发生了小概率事件，则可拒绝 H_0，接受 H_1：$\beta_1 \neq 0$。否则，则在 0.05 的显著性水平下接受
H_0，即解释变量对被解释变量没有显著影响。图 3 – 10 画出了自由度为 20 的 t 分布的拒绝
域。作为比较，图 3 – 10 还用虚线画出了标准正态分布的曲线。从图形可以看出，当自由度
比较大时，t 分布曲线与标准正态分布曲线相当靠近。实际上，自由度越高的 t 分布越接近
标准正态分布。所以，如果在做变量显著性检验时，自由度很大，可以直接使用标准正态分
布表来替代 t 分布表查询显著性水平 α 所对应的临界值。

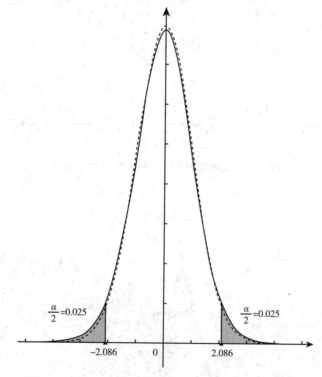

图 3 – 10　自由度为 20 的 t 分布和标准正态分布

在计算机尚未普及的时代，查表得到临界值，再根据统计量值是否落在拒绝域来决定拒
绝还是接受原假设，显然是个切合实际的办法。但得益于计算机的普及和统计软件的发展，
目前在实证研究中，更多的是使用伴随概率或称 P 值来进行假设检验。根据样本数据算出 t
统计量的值 $t1$ 后，可以计算出伴随概率 $P(|t| > |t1|)$，即 $|t| > |t1|$ 的概率。如果伴随概
率小于显著性水平，显然 t 统计量落在拒绝域里，则可以拒绝 H_0：$\beta_1 = 0$，接受 H_1：$\beta_1 \neq 0$。
否则，则接受原假设。每得到一个统计量的值 $t1$ 便人工计算出统计量的绝对值大于 $|t1|$ 的
概率，在假设检验刚出现时的 20 世纪初显然并不现实，不过现在 Stata 等软件在输出样本回

归结果时都会一起给出回归系数的伴随概率，这使得假设检验的过程有所简化。

$H_0: \beta_0 = 0$ 和 $H_0: \beta_1 = 0$ 的假设检验步骤相同，只不过 t 统计量的计算公式略有不同。但是 Stata 软件都会直接给出相应的 t 统计量值和伴随概率。假设显著性水平定为 0.05，如果伴随概率小于 0.05，就可以拒绝 $H_0: \beta_0 = 0$，接受 $H_1: \beta_0 \neq 0$。否则，可以在 0.05 的显著性水平下接受 H_0。

四、参数的区间估计

如果拒绝了原假设 $H_0: \beta_1 = 0$，认为解释变量对被解释变量有显著影响，即认为 $\beta_1 \neq 0$，但是 β_1 应该是多少？一种对 β_1 的简单估计方法是点估计，即 $\hat{\beta}_1$ 等于多少就认为 β_1 为多少。点估计虽然简单易行，但是正确的概率是 0。通俗地说，如果 $\hat{\beta}_1$ 等于 0.1，就判断 β_1 等于 0.1，则这样的判断可靠性太低，或者说，信度太低。

对参数的估计有两个要求：精度和信度。为了理解精度和信度，可以举个通俗的例子。学生甲看了一眼学生乙，对学生甲的身高进行了估计。第一次估计学生乙的身高是 169 厘米。这样的估计精度无限高，因为 169 这个具体的数字能提供给未见过学生乙的人以很精确的信息。但是这个估计信度无限低，就算学生乙的真实身高是 169.01 厘米，也并不是 169 厘米，所以这个估计严格来讲，正确的概率是 0。学生甲作第二次估计时为了提高估计的信度，或者说让自己的估计可靠性更高，就估计学生乙的身高在 0 ~ 4 米。这次学生甲的估计虽然信度无限高，也就是说学生甲这次的估计无限地可靠，因为几乎所有人身高都在学生甲估计的范围内，但是也因此并不能提供给别人有用的信息，因为这个估计精度无限低。一个未见过学生乙的人不能从学生甲的估计中获得对学生乙身高的印象。

权衡利弊之后的取舍便是牺牲参数估计一定程度的精度，而保证了参数估计一定程度的信度，即保证了参数估计一定程度的可靠性。这便是区间估计。若待估计的总体参数是 θ，用以估计该参数的估计量是 $\hat{\theta}$，抽样估计的极限误差是 Δ，即：$|\theta - \hat{\theta}| \leq \Delta$，则使用 $\hat{\theta}$ 对 θ 的区间估计就是判断置信区间 $[\hat{\theta} - \Delta, \hat{\theta} + \Delta]$ 包含了 θ。这个区间估计的精度就体现在 Δ，Δ 越大，置信区间就越大，估计的精度也就越低，反之越高。$[\hat{\theta} - \Delta, \hat{\theta} + \Delta]$ 包含 θ 这一判断可能是正确的，也可能是错误的，这一判断的信度，或者说可靠性，称为置信水平，一般用 $1 - \alpha$ 表示。一般在作参数估计时很关注估计的可靠性，所以置信水平一般取 95% 等比较大的数值。

置信水平和极限误差之间是有关系的。在使用 $\hat{\beta}_1$ 对 β_j $(j = 0, 1)$ 进行区间估计时，给定置信水平后，可以得到相应的置信区间。公式推导如下：

$$t = \frac{\hat{\beta}_j - \beta_j}{\hat{S}e(\hat{\beta}_j)} \sim t(n-2)$$

$$\Rightarrow P\left[0 - t_{\frac{\alpha}{2}}(n-2) < t < t_{\frac{\alpha}{2}}(n-2)\right] = 1 - \alpha$$

$$\Rightarrow P\left[-t_{\frac{\alpha}{2}}(n-2) < \frac{\hat{\beta}_j - \beta_j}{\hat{S}e(\hat{\beta}_j)} < t_{\frac{\alpha}{2}}(n-2)\right] = 1 - \alpha$$

$$\Rightarrow P\left[\hat{\beta}_j - t_{\frac{\alpha}{2}}(n-2)\hat{S}e(\hat{\beta}_j) < \beta_j < \hat{\beta}_j + t_{\frac{\alpha}{2}}(n-2)\hat{S}e(\hat{\beta}_j)\right] = 1 - \alpha$$

在 $1 - \alpha$ 的置信水平下 β_j 的置信区间为:

$$[\hat{\beta}_j - t_{\frac{\alpha}{2}}(n-2)\hat{S}e(\hat{\beta}_j), \hat{\beta}_j + t_{\frac{\alpha}{2}}(n-2)\hat{S}e(\hat{\beta}_j)] \tag{3-9}$$

上述推导中的 $\hat{S}e(\hat{\beta}_j)$ 表示 $\hat{\beta}_j$ 的标准差的估计量。使用 Stata 软件进行回归后,在 Stata 软件的输出结果中可以发现 $\hat{\beta}_j$ 和 $\hat{S}e(\hat{\beta}_j)$ 的值。临界值 $t_{\frac{\alpha}{2}}(n-2)$ 则是在置信水平 $1 - \alpha$ 确定后,可以查表或使用 Stata 软件得到。当然,也可以在 Stata 软件里输入命令直接得到置信区间。但是,通过上述置信区间的推导和计算,能获得对置信区间更深刻的理解。

第四节 一元线性回归模型的预测

一、应用线性回归模型作预测的原理

理论的魅力经常来自基于理论的预测所带来的重大发现。海王星的发现离不开牛顿万有引力定律的指导。达尔文通过对马达加斯加岛的"大彗星风兰"的研究预言了一种"舌头长达 35 厘米"的飞蛾的存在,而这种后来被命名为"预言"的飞蛾直到达尔文去世 20 年后才被发现。计量经济学的魅力之一也在于可以根据计量经济学模型进行科学的预测,而且一些计量经济学模型的预测结果经常关系国计民生,也可以导致一些影响人民生活的政策的出台或废止。

典型的一元线性回归模型预测便是对于一元线性回归模型 $Y_i = \beta_0 + \beta_1 X_i + u_i$,根据样本数据采用 OLS 法得到样本回归方程 $\hat{y}_i = \hat{\beta}_0 + \hat{\beta}_1 x_i$,若有样本之外的解释变量值 X_0,欲根据已得的样本回归结果预测对应的总体均值 $E(Y|X_0)$,或个值 Y_0。当然,能使用样本数据来预测样本外数据的假设之一是样本外的变量关系和样本内的变量关系保持一致。X_0 如果是未来的数据,则能使用样本回归线外推的方式来作预测的假设之一就是未来的变量关系和历史的变量关系保持一致。如果已是世殊事异,则欲以历史回归预测未来无异于刻舟求剑。所以若有一个预测是根据最近 30 年数据来预测 100 年后的被解释变量,则这一预测未免令人难以置信。

二、$\hat{y}_0$ 是无偏估计量的证明

把 X_0 代入样本回归方程 $\hat{y}_i = \hat{\beta}_0 + \hat{\beta}_1 x_i$ 可以求得对应的 $\hat{y}_0$ 值,而把 $\hat{y}_0$ 作为条件均值 $E(Y|X_0)$ 和个值 Y_0 的估计量是一个自然而然想到的预测方法。而且,这一方法是有其合理性的。原因是可以证明,$\hat{y}_0$ 是 $E(Y|X_0)$ 的无偏估计量,而 $\hat{y}_0$ 和 Y_0 的离差的期望值为 0。

命题五: $\hat{y}_0$ 是条件均值 $E(Y|X_0)$ 的无偏估计量

证明: 对于总体回归函数 $E(Y|X) = \beta_0 + \beta_1 X$,当 $X = X_0$ 时:

$$E(Y|X_0) = \beta_0 + \beta_1 X_0$$

通过样本回归函数，求得的拟合值为：

$$\hat{y}_0 = \hat{\beta}_0 + \hat{\beta}_1 X_0$$

$$E(\hat{y}_0) = E(\hat{\beta}_0 + \hat{\beta}_1 X_0) = E(\hat{\beta}_0) + X_0 E(\hat{\beta}_1) = \beta_0 + \beta_1 X_0$$

可见，$\hat{y}_0$是条件均值$E(Y|X_0)$的无偏估计量。

命题六：$\hat{y}_0$和Y_0的离差的期望值为0

证明：对总体回归模型$Y_i = \beta_0 + \beta_1 X_i + u_i$，当$X = X_0$时：

$$Y_0 = \beta_0 + \beta_1 X_0 + u_0$$

通过样本回归函数$\hat{y}_i = \hat{\beta}_0 + \hat{\beta}_1 x_i$，求得的拟合值为：

$$\hat{y}_0 = \hat{\beta}_0 + \hat{\beta}_1 X_0$$

$$E(\hat{y}_0 - Y_0) = E(\hat{\beta}_0 + \hat{\beta}_1 X_0 - \beta_0 - \beta_1 X_0 - u_0) = E(\hat{\beta}_0) + X_0 E(\hat{\beta}_1) - \beta_0 - \beta_1 X_0 = 0$$

可见，$\hat{y}_0$和Y_0的离差的期望值为0。

三、区间预测

和参数β_1的点估计一样，$\hat{y}_0$值等于多少就认为$E(Y|X_0)$和Y_0为多少属于点预测。如前所述，点预测刚好正确的概率是0。所以为得到估计的可靠性，对$E(Y|X_0)$和Y_0的估计宜采用区间预测的方式。本节先讨论$E(Y|X_0)$的置信区间，然后再讨论Y_0的置信区间。

若随机误差项的方差σ^2已知，可以证明$\hat{y}_0$服从正态分布，即$\hat{y}_0 \sim N[E(Y|X_0), \mathrm{Var}(\hat{y}_0)]$，其中，$\hat{y}_0$的均值$E(\hat{y}_0) = E(Y|X_0) = \beta_0 + \beta_1 X_0$，$\hat{y}_0$的方差$\mathrm{Var}(\hat{y}_0) = \left[\dfrac{1}{n} + \dfrac{(X_0 - \bar{x})^2}{\sum(x_i - \bar{x})^2}\right]\sigma^2$。$\hat{y}_0$的标准差是方差的平方根，即$Se(\hat{y}_0) = \sqrt{\left[\dfrac{1}{n} + \dfrac{(X_0 - \bar{x})^2}{\sum(x_i - \bar{x})^2}\right]\sigma^2}$。对$\hat{y}_0$做标准化变换就应该得到一个服从于标准正态分布的统计量。但是由于σ^2未知，使用σ^2的无偏估计量$\hat{\sigma}^2$来代替σ^2。则正如前文对$\hat{\beta}_1$标准化变换后的统计量在此情形下服从于t分布，$\hat{y}_0$标准化变换后的统计量在此情形下也不服从于标准正态分布而服从于t分布。即$t = \dfrac{\hat{y}_0 - (\beta_0 + \beta_1 X_0)}{\hat{S}e(\hat{y}_0)}$服从于自由度为$n-2$的$t$分布，其中$\hat{S}e(\hat{y}_0) = \sqrt{\left[\dfrac{1}{n} + \dfrac{(X_0 - \bar{x})^2}{\sum(x_i - \bar{x})^2}\right]\dfrac{\sum e_i^2}{n-2}}$。构造$E(Y|X_0)$的置信水平为$1-\alpha$的置信区间，与构造$\beta_1$的置信水平为$1-\alpha$的置信区间相类似。都是把无偏估计量置于置信区间的中心位置，两侧各放宽一个极限误差，即无偏估计量减去极限误差就是置信区间的下限，而无偏估计量加上极限误差就是置信区间的下限。极限误差的大小和置信水平之间有内在联系。实际上，推导

过程并不复杂。

$$t = \frac{\hat{y}_0 - E(Y|X_0)}{\hat{S}e(\hat{y}_0)} \sim t(n-2)$$

$$\Rightarrow P\left[-t_{\frac{\alpha}{2}}(n-2) \leqslant t \leqslant t_{\frac{\alpha}{2}}(n-2) \right] = 1-\alpha$$

$$\Rightarrow P\left[-t_{\frac{\alpha}{2}}(n-2) \leqslant \frac{\hat{y}_0 - E(Y|X_0)}{\hat{S}e(\hat{y}_0)} \leqslant t_{\frac{\alpha}{2}}(n-2) \right] = 1-\alpha$$

$$\Rightarrow P\left[\hat{y}_0 - t_{\frac{\alpha}{2}}(n-2)\hat{S}e(\hat{y}_0) \leqslant E(Y|X_0) \leqslant \hat{y}_0 + t_{\frac{\alpha}{2}}(n-2)\hat{S}e(\hat{y}_0) \right] = 1-\alpha$$

即 $E(Y|X_0)$ 的置信水平为 $1-\alpha$ 的置信区间为：

$$\left[\hat{y}_0 - t_{\frac{\alpha}{2}}(n-2) \sqrt{\left[\frac{1}{n} + \frac{(X_0 - \bar{x})^2}{\sum(x_i - \bar{x})^2} \right] \frac{\sum e_i^2}{n-2}} \, , \right.$$

$$\left. \hat{y}_0 + t_{\frac{\alpha}{2}}(n-2) \sqrt{\left[\frac{1}{n} + \frac{(X_0 - \bar{x})^2}{\sum(x_i - \bar{x})^2} \right] \frac{\sum e_i^2}{n-2}} \right] \qquad (3-10)$$

$\hat{y}_0$，$\hat{S}e(\hat{y}_0)$ 都可以通过样本数据计算得到，而 $t_{\frac{\alpha}{2}}(n-2)$ 可以通过查表得到。当然，在实证研究中，可以输入 Stata 命令直接得到 $E(Y|X_0)$ 的指定置信水平的置信区间，操作上十分简便。但是，明白上述的推导过程可以加深对总体均值区间预测的理解。

如果研究的目的在于预测给定的预测期解释变量值 X_0 所对应的被解释变量个值 Y_0 的置信水平为 $1-\alpha$ 的置信区间，那么同样要构造一个 t 分布。如前所述，$\hat{y}_0 \sim N\left(\beta_0 + \beta_1 X_0, \left[\frac{1}{n} + \frac{(X_0 - \bar{x})^2}{\sum(x_i - \bar{x})^2} \right]\sigma^2 \right)$，而 $Y_0 \sim N(\beta_0 + \beta_1 X_0, \sigma^2)$，所以 $\hat{y}_0 - Y_0$ 也服从正态分布，且有 $\hat{y}_0 - Y_0 \sim N\left(0, \left[1 + \frac{1}{n} + \frac{(X_0 - \bar{x})^2}{\sum(x_i - \bar{x})^2} \right]\sigma^2 \right)$，进而可得 $t = \frac{\hat{y}_0 - Y_0 - 0}{\hat{S}e(\hat{y}_0 - Y_0)}$ 服从于自由度为 $n-2$ 的 t 分布，其中 $\hat{S}e(\hat{y}_0 - Y_0) = \sqrt{\left[1 + \frac{1}{n} + \frac{(X_0 - \bar{x})^2}{\sum(x_i - \bar{x})^2} \right] \frac{\sum e_i^2}{n-2}}$。余下推导 Y_0 置信水平为 $1-\alpha$ 的置信区间的推导过程与 $E(Y|X_0)$ 相似。

$$t = \frac{\hat{y}_0 - Y_0}{\hat{S}e(\hat{y}_0 - Y_0)} \sim t(n-2)$$

$$\Rightarrow P\left[-t_{\frac{\alpha}{2}}(n-2) \leqslant t \leqslant t_{\frac{\alpha}{2}}(n-2) \right] = 1-\alpha$$

$$\Rightarrow P\left[-t_{\frac{\alpha}{2}}(n-2) \leqslant \frac{\hat{y}_0 - Y_0}{\hat{S}e(\hat{y}_0 - Y_0)} \leqslant t_{\frac{\alpha}{2}}(n-2) \right] = 1-\alpha$$

$$\Rightarrow P\left[\hat{y}_0 - t_{\frac{\alpha}{2}}(n-2)\hat{S}e(\hat{y}_0 - Y_0) \leqslant Y_0 \leqslant \hat{y}_0 + t_{\frac{\alpha}{2}}(n-2)\hat{S}e(\hat{y}_0 - Y_0) \right] = 1-\alpha$$

即置信区间为：

$$\Bigg[\,\hat{y}_0 - t_{\frac{\alpha}{2}}(n-2)\sqrt{\left[1 + \frac{1}{n} + \frac{(X_0 - \bar{x})^2}{\sum(x_i - \bar{x})^2}\right]\frac{\sum e_i^2}{n-2}}\,,$$

$$\hat{y}_0 + t_{\frac{\alpha}{2}}(n-2)\sqrt{\left[1 + \frac{1}{n} + \frac{(X_0 - \bar{x})^2}{\sum(x_i - \bar{x})^2}\right]\frac{\sum e_i^2}{n-2}}\,\Bigg] \tag{3-11}$$

通过观察可以知道 Y_0 的置信区间的半区间长度 $t_{\frac{\alpha}{2}}(n-2)\hat{S}e(\hat{y}_0 - Y_0)$ 比 $E(Y|X_0)$ 的半区间长度 $t_{\frac{\alpha}{2}}(n-2)\hat{S}e(\hat{y}_0)$ 要大，原因在于 $\hat{S}e(\hat{y}_0 - Y_0) > \hat{S}e(\hat{y}_0)$。也就是说，对被解释变量进行预测时如果要求同样的可靠性，对个值的预测的置信区间会比均值的置信区间更宽，即个值预测的精度更低。这一结论符合直觉。毕竟个值预测相较于均值预测还要考虑随机误差项的影响。所以如果要保证同样的可靠性，个值的预测精度要求就要放低。

利用线性回归模型进行预测还可能产生一个困惑，如果是对未来进行预测，未来期的解释变量和被解释变量都应该是未来才能知道的值，那怎么能由未来才可知的解释变量值来预测未来的被解释变量？对这一问题的解释是在一些实证研究中，解释变量更容易根据已有信息估算得到。另外一种常见的情形是，用来进行预测的线性回归模型中的解释变量是滞后的解释变量或被解释变量。在这样的模型中，被解释变量属于还未被观测到的变量，解释变量的取值则已被观测到。当然，滞后变量的内容在后面的章节中会再深入研究。

第五节　多元线性回归模型

一、多元线性回归模型相关概念

如前所述，模型应当在满足研究目的的前提下尽量简洁。但是过分的简洁有时便会失实。例如前面的章节用一元线性回归模型 $Y_i = \beta_0 + \beta_1 X_i + u_i$ 来研究被解释变量，认为被解释变量只受一个重要因素的影响，其他因素则归入随机误差项之中。这样的处理，有时就会显得脱离实际。因为影响被解释变量可能有多个重要因素。例如影响中国旅游业收入的因素可能有收入水平、节假日长短、交通状况等多个因素。所以，出于一些研究目的的需要，有必要由一元线性回归模型推广到多元线性回归模型。

多元线性回归模型的一般形式为：

$$Y_i = \beta_0 + \beta_1 X_{1i} + \beta_2 X_{2i} + \cdots + \beta_k X_{ki} + u_i \tag{3-12}$$

相应的样本回归模型记为：

$$y_i = \hat{\beta}_0 + \hat{\beta}_1 x_{1i} + \cdots + \hat{\beta}_k x_{ki} + e_i \tag{3-13}$$

其中，k 表示解释变量个数，由于模型包含了截距项 β_0，所以该模型的参数个数为 $k+1$ 个。特别地，如果 $k=2$，则该模型为解释变量个数最少的多元线性回归模型——二元线性回归模型，即：

$$Y_i = \beta_0 + \beta_1 X_{1i} + \beta_2 X_{2i} + u_i \qquad (3-14)$$

相应的样本回归模型记为：

$$y_i = \hat{\beta}_0 + \hat{\beta}_1 x_{1i} + \hat{\beta}_2 x_{2i} + e_i \qquad (3-15)$$

多元线性回归模型 $Y_i = \beta_0 + \beta_1 X_{1i} + \beta_2 X_{2i} + \cdots + \beta_k X_{ki} + u_i$ 中的 $\beta_j (j = 1, \cdots, k)$ 称为偏回归系数。由于多元线性回归模型中有多个解释变量而一元线性回归模型只有一个解释变量，所以偏回归系数和回归系数的解释略有不同。偏回归系数的含义是：当其他解释变量保持不变时，某一解释变量变化一个单位而使被解释变量 Y 平均改变的数值。对于二元线性回归模型，$Y_i = \beta_0 + \beta_1 X_{1i} + \beta_2 X_{2i} + u_i$ 中的 β_1 表示在第二个解释变量 X_2 保持不变的前提下，第一个解释变量 X_1 变化一单位，被解释变量 Y 的平均变化。

多元线性回归模型里的 $k+1$ 个参数的真实值实际上都是不能确切知道的，但是可以使用 OLS 法估计这 $k+1$ 个参数。和一元线性回归模型的 OLS 估计一样，多元线性回归模型也要满足经典线性回归模型的假定才能保证使用 OLS 法得到的估计量是最佳线性无偏估计量。

使用 OLS 法估计一元线性回归模型时，只要残差平方和对两个估计量 $\hat{\beta}_0$ 和 $\hat{\beta}_1$ 求偏导数，并令其都等于 0。但是由于 k 元线性回归模型 $y_i = \hat{\beta}_0 + \hat{\beta}_1 x_{1i} + \cdots + \hat{\beta}_k x_{ki} + e_i$ 有 $\hat{\beta}_0$，$\hat{\beta}_1$，$\cdots$，$\hat{\beta}_k$ 共 $k+1$ 个估计量。所以，需要残差平方和对这 $k+1$ 个估计量求偏导数，并令其都等于 0。再由这 $k+1$ 个方程解 $k+1$ 个估计量。显然，由 Stata 软件来给出 k 元线性回归模型的参数估计结果简便易行。但是为了对多元线性回归模型的 OLS 估计量获得更形象的理解，并与一元线性回归模型 OLS 估计量的推导过程相比较，本节把二元线性回归模型作为 k 元线性回归模型在 $k=2$ 时的特例来进行 OLS 估计量推导。

二、二元线性回归模型的 OLS 估计

对于二元线性回归模型 $y_i = \hat{\beta}_0 + \hat{\beta}_1 x_{1i} + \hat{\beta}_2 x_{2i} + e_i$，使用 OLS 法对其进行估计，则 $\hat{\beta}_0$、$\hat{\beta}_1$ 和 $\hat{\beta}_2$ 应使残差平方和 $\sum e_i^2 = \sum (y_i - \hat{\beta}_0 - \hat{\beta}_1 x_{1i} - \hat{\beta}_2 x_{2i})^2$ 达到最小，即：

$$
\begin{cases}
\dfrac{\partial \sum e_i^2}{\partial \hat{\beta}_0} = -2 \sum (y_i - \hat{\beta}_0 - \hat{\beta}_1 x_{1i} - \hat{\beta}_2 x_{2i}) = 0 \\[3mm]
\dfrac{\partial \sum e_i^2}{\partial \hat{\beta}_1} = -2 \sum (y_i - \hat{\beta}_0 - \hat{\beta}_1 x_{1i} - \hat{\beta}_2 x_{2i}) x_{1i} = 0 \\[3mm]
\dfrac{\partial \sum e_i^2}{\partial \hat{\beta}_2} = -2 \sum (y_i - \hat{\beta}_0 - \hat{\beta}_1 x_{1i} - \hat{\beta}_2 x_{2i}) x_{2i} = 0
\end{cases}
$$

从而得到方程组：

$$
\begin{cases}
\sum (y_i - \hat{\beta}_0 - \hat{\beta}_1 x_{1i} - \hat{\beta}_2 x_{2i}) = 0 \\[3mm]
\sum (y_i - \hat{\beta}_0 - \hat{\beta}_1 x_{1i} - \hat{\beta}_2 x_{2i}) x_{1i} = 0 \\[3mm]
\sum (y_i - \hat{\beta}_0 - \hat{\beta}_1 x_{1i} - \hat{\beta}_2 x_{2i}) x_{2i} = 0
\end{cases}
$$

解得：

$$\hat{\beta}_0 = \bar{y} - \hat{\beta}_1 \bar{x}_1 - \hat{\beta}_2 \bar{x}_2 \tag{3-16}$$

$$\hat{\beta}_1 = \frac{\left(\sum \tilde{y}_i \tilde{x}_{1i} \right) \left(\sum \tilde{x}_{2i}^2 \right) - \left(\sum \tilde{y}_i \tilde{x}_{2i} \right) \left(\sum \tilde{x}_{1i} \tilde{x}_{2i} \right)}{\left(\sum \tilde{x}_{1i}^2 \right) \left(\sum \tilde{x}_{2i}^2 \right) - \left(\sum \tilde{x}_{1i} \tilde{x}_{2i} \right)^2} \tag{3-17}$$

$$\hat{\beta}_2 = \frac{\left(\sum \tilde{y}_i \tilde{x}_{2i} \right) \left(\sum \tilde{x}_{1i}^2 \right) - \left(\sum \tilde{y}_i \tilde{x}_{1i} \right) \left(\sum \tilde{x}_{1i} \tilde{x}_{2i} \right)}{\left(\sum \tilde{x}_{1i}^2 \right) \left(\sum \tilde{x}_{2i}^2 \right) - \left(\sum \tilde{x}_{1i} \tilde{x}_{2i} \right)^2} \tag{3-18}$$

其中，$\tilde{x}_i = x_i - \bar{x}$，$\tilde{y}_i = y_i - \bar{y}$，$\bar{x} = \frac{1}{n} \sum x_i$，$\bar{y} = \frac{1}{n} \sum y_i$。

由 $\hat{\beta}_1$ 和 $\hat{\beta}_2$ 的表达式可以看出，经典线性回归模型最后一个假定要求解释变量之间没有完全多重共线性是有原因的。如果 x_2 是 x_1 的倍数，则 $\hat{\beta}_1$ 和 $\hat{\beta}_2$ 的分子分母都为 0，不能得到 $\hat{\beta}_1$ 和 $\hat{\beta}_2$ 的值，这种情况下，自然 $\hat{\beta}_0$ 也无法求解。

三、调整的可决系数

和一元线性回归模型一样，多元线性回归模型通过 OLS 法得到样本回归方程 $\hat{y}_i = \hat{\beta}_0 + \hat{\beta}_1 x_{1i} + \cdots + \hat{\beta}_k x_{ki}$ 后，也要做拟合优度检验。只不过多元线性回归模型拟合优度检验所使用的统计量不再使用可决系数 R^2，而是使用调整后的可决系数。这是因为 R^2 有一个缺陷，便是 R^2 会随着解释变量的增加而有变大的倾向。即引入模型的解释变量个数每增加一个，R^2 或者变大，或者保持不变，至少不会变小。这样就会给人一种错觉，应该引入更多的解释变量，因为这样模型的拟合优度往往显得更高，哪怕新引入的解释变量其实对被解释变量根本没有解释能力。这样引入一些实际上无用的解释变量，不过是使得模型更为臃肿，而无益于解决实际问题。下面给出 R^2 会随着解释变量的增加而有变大倾向的证明。

命题七： 若 k 元线性回归模型 $y_i = \hat{\beta}_0 + \hat{\beta}_1 x_{1i} + \cdots + \hat{\beta}_k x_{ki} + e_i$（$k \geq 2$）的可决系数记为 R_k^2，$y_i = \tilde{\beta}_0 + \tilde{\beta}_1 x_{1i} + \cdots + \tilde{\beta}_k x_{ki} + \tilde{\beta}_{k+1} x_{(k+1)i} + e_i$ 的可决系数记为 R_{k+1}^2，则 $R_{k+1}^2 \geq R_k^2$。

证明： 反证法。假设 $R_{k+1}^2 < R_k^2$，因为 $R^2 = 1 - \dfrac{RSS}{TSS}$，由 $R_{k+1}^2 < R_k^2$ 可得 $RSS_k < RSS_{k+1}$。其中 $RSS_k = \sum \left[y_i - (\hat{\beta}_0 + \hat{\beta}_1 x_{1i} + \hat{\beta}_2 x_{2i} + \cdots + \hat{\beta}_k x_{ki}) \right]^2$，$\hat{\beta}_0$，$\hat{\beta}_1$，$\cdots$，$\hat{\beta}_k$ 是使 $y_i = \hat{\beta}_0 + \hat{\beta}_1 x_{1i} + \cdots + \hat{\beta}_k x_{ki} + e_i$ 的残差平方和达到最小的估计量。$RSS_{k+1} = \sum \left[y_i - (\tilde{\beta}_0 + \tilde{\beta}_1 x_{1i} + \tilde{\beta}_2 x_{2i} + \cdots + \tilde{\beta}_k x_{ki} + \tilde{\beta}_k x_{(k+1)i}) \right]^2$，而估计量 $\tilde{\beta}_0$，$\tilde{\beta}_1$，$\cdots$，$\tilde{\beta}_k$，$\tilde{\beta}_{k+1}$ 是使得 $y_i = \tilde{\beta}_0 + \tilde{\beta}_1 x_{1i} + \cdots + \tilde{\beta}_k x_{ki} + \tilde{\beta}_{k+1} x_{(k+1)i} + e_i$ 的残差平方和达到最小的估计量。又因为 $RSS_k = \sum\limits_{i=1}^{n} \left[y_i - (\hat{\beta}_0 + \hat{\beta}_1 x_{1i} + \hat{\beta}_2 x_{2i} + \cdots + \hat{\beta}_k x_{ki} + 0 x_{(k+1)i}) \right]^2$，所以 $\hat{\beta}_0$，$\hat{\beta}_1$，$\cdots$，$\hat{\beta}_k$，0 作为估计量使这 $k+1$ 元线性回归模型的残差平方和小于 RSS_{k+1}。但是根据最小二乘原理，RSS_{k+1} 已是这 $k+1$ 元线性回归模型的最小的残差平方

和。矛盾。命题得证。

既然一元线性回归模型的可决系数 R^2 不适合作为多元线性回归模型的拟合优度检验统计量，就要对 R^2 进行调整。调整的思路是，既然 R^2 有随解释变量个数增加而变大的倾向，就要对 R^2 施加这样一个"惩罚"机制：如果新引入的解释变量本身对被解释变量没有解释能力，R^2 应该变小。经过一番取舍，$y_i = \hat{\beta}_0 + \hat{\beta}_1 x_{1i} + \cdots + \hat{\beta}_k x_{ki} + e_i$ 目前普遍接受的调整的可决系数的公式为：

$$\bar{R}^2 = 1 - \frac{\dfrac{1}{n-k-1}RSS}{\dfrac{1}{n-1}TSS} = 1 - \frac{\dfrac{1}{n-k-1}\sum(y_i - \hat{y}_i)^2}{\dfrac{1}{n-1}\sum(y_i - \bar{y})^2} = 1 - (1 - R^2)\frac{n-1}{n-k-1}$$

$$(3-19)$$

从（3-19）式中可以看出，当 $R^2 \neq 1$，$k \geqslant 1$ 时，$\bar{R}^2 < R^2$。而且，虽然 R^2 取值范围在 $0 \sim 1$，$\bar{R}^2$ 却可以取负值。只不过 $\bar{R}^2$ 取负值和 $\bar{R}^2$ 取值为 0 所表明的模型的拟合优度都属于最差的情况。

和一元线性回归模型的可决系数一样，多元线性回归模型的调整的可决系数都只是有助于快速获取模型拟合情况的信息。如果想获得统计上严格的结论，还需要做方程显著性检验。

四、方程显著性检验

方程的显著性检验是指对模型中被解释变量与解释变量之间的线性关系在总体上是否显著成立作出推断。方程的显著性检验所应用的方法，也是数理统计学中的假设检验。用以进行方程的显著性检验的方法应用最为普遍的是 F 检验。

检验模型中被解释变量与解释变量之间的线性关系在总体上是否显著成立，也就是要检验模型 $Y_i = \beta_0 + \beta_1 X_{1i} + \beta_2 X_{2i} + \cdots + \beta_k X_{ki} + u_i$ 中的偏回归系数是否都同时为 0。建立原假设 $H_0: \beta_1 = \beta_2 = \cdots = \beta_k = 0$，如果根据样本数据计算得到的统计量的值，落在根据显著性水平所确定的拒绝域，就根据小概率原理拒绝原假设 H_0，接受备择假设 $H_1: \beta_1, \beta_2, \cdots, \beta_k$ 不全为 0。接受备择假设就说明在该显著性水平下方程总体上是线性显著的。如果不能拒绝原假设，则说明在该显著性水平下方程总体上并非线性显著。

以上方程显著性检验最重要的一环是检验所用的统计量服从什么分布。可以证明，检验所用的统计量 $F = \dfrac{\dfrac{ESS}{k}}{\dfrac{RSS}{n-k-1}} = \dfrac{\dfrac{\sum(\hat{y}_i - \bar{y})^2}{k}}{\dfrac{\sum(y_i - \hat{y}_i)^2}{n-k-1}}$ 服从于第一自由度（分子自由度）为 k，

第二自由度（分母自由度）为 $n-k-1$ 的 F 分布。为什么会想到构建服从于 F 分布的统计量？这是因为 F 分布有一个特点，F 分布只能在 0 到正无穷大上取值，而且取值远大于 1 的概率很小。对此可以看图 3-11，第一自由度为 2、第二自由度为 20 的 F 分布大于 3.49 的概率是小概率 0.05。

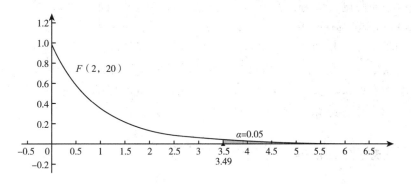

图 3-11 第一自由度为 2、第二自由度为 20 的 F 分布

直观上看，如果原假设成立，解释变量作为一个整体对被解释变量没有解释能力，则总变差 TSS 主要由不可解释变差 RSS 构成，可解释变差 ESS 相对比较小，则 $\frac{ESS}{RSS}$ 基本上不可能远大于 1。如果根据样本数据计算得到 $\frac{ESS}{RSS}$ 远大于 1，则根据小概率原理可以拒绝原假设。

但这只是直观的理解，真正的统计量是 $\dfrac{\frac{ESS}{k}}{\frac{RSS}{n-k-1}}$ 而并非 $\frac{ESS}{RSS}$。原因在于 $\frac{ESS}{RSS}$ 并不服从于 F 分布，而是 ESS 除以 k，RSS 除以 $n-k-1$，两者再相除，刚好得到一个服从于 F 分布的 F 统计量。要证明这个结论需要比较烦琐的数学证明，这里只提供证明思路的梗概。实际上，常见的标准正态分布、χ^2 分布、F 分布之间也是有内在联系的：（1）若随机变量 z_1，z_2，$\cdots$，z_k 都服从标准正态分布且相互独立，则 $c = \sum_{i=1}^{k} z_i^2$ 服从自由度为 k 的 χ^2 分布。（2）若 c_1 是服从自由度为 k_1 的 χ^2 分布的随机变量，c_2 是服从自由度为 k_2 的 χ^2 分布的随机变量，且 c_1 和 c_2 相互独立，则 $F = \dfrac{\frac{c_1}{k_1}}{\frac{c_2}{k_2}}$ 服从第一自由度为 k_1、第二自由度为 k_2 的 F 分布。所以一个 F 分布其实可以由两个 χ^2 分布构造而得，而且这个 F 分布的自由度取决于这两个 χ^2 分布各自的自由度。可以证明 ESS 服从于自由度为 k 的 χ^2 分布，RSS 服从于自由度为 $n-k-1$ 的 χ^2 分布（实际上 $\frac{RSS}{n-k-1}$ 就是 σ^2 的无偏估计量），所以 $\dfrac{\frac{ESS}{k}}{\frac{RSS}{n-k-1}}$ 服从于分子自由度为 k、分母自由度为 $n-k-1$ 的 F 分布，即 $\dfrac{\frac{ESS}{k}}{\frac{RSS}{n-k-1}} \sim F(k, n-k-1)$。

既然清楚了方程显著性检验所构建的 F 统计量服从的分布，就清楚了这个统计量的值远大于 1 的概率是小概率事件。如果根据样本数据计算出的 F 统计量的值远大于 1，就根据小概率原理拒绝原假设，认为方程总体上线性显著。至于落在哪个区域可以认为是远大于1，就取决于所给定的显著性水平 α。显著性水平给定后，可以查 F 分布表求得临界值 $F_\alpha(k, n-k-1)$，如果 F 统计量的值大于临界值，就是落入了拒绝域，相当于远大于1，即小概率事件在一次试验中发生了。当然，也可以根据伴随概率来决定拒绝还是接受原假设。例如给定的显著性水平是 0.05，如果 Stata 软件给出的 F 统计量的伴随概率小于 0.05，则可以在 0.05 的显著性水平下拒绝原假设，接受备择假设。

五、多元线性回归模型的变量显著性检验

对于多元线性回归模型，方程的总体线性关系是显著的，并不能说明每个解释变量对被解释变量的影响都是显著的。这就像"滥竽充数"这一寓言所揭示的，三百人吹竽可以声振屋瓦，但是并不能说明每个人的竽都在发出乐音。因此，必须对每个解释变量进行显著性检验，以决定是否作为解释变量被保留在模型中。如果某个解释变量对被解释变量的影响并不显著，应该将它剔除，以建立更为简洁的模型。这就是多元线性回归模型变量显著性检验的任务。和一元线性回归模型一样，用以进行变量显著性检验的方法应用最为普遍的是 t 检验。

如果要检验 k 元线性回归模型 $Y_i = \beta_0 + \beta_1 X_{1i} + \beta_2 X_{2i} + \cdots + \beta_k X_{ki} + u_i$ 中解释变量 X_j 对被解释变量 Y 是否有显著影响。这一命题在假设检验中可以用 $H_0: \beta_j = 0$ 来表示。如果 $\beta_j = 0$，则 $\beta_j X_j = 0$，即无论解释变量 X_j 如何变化，被解释变量 Y 都不会变化。此时解释变量 X_j 对被解释变量 Y 没有显著影响。H_0 的备择假设为 $H_1: \beta_j \neq 0$。如若不能拒绝原假设，则可接受备择假设，即解释变量 X_j 对被解释变量 Y 有显著影响。

和一元线性回归模型的变量显著性检验类似，可以证明，在 $H_0: \beta_j = 0$ 成立的前提下，

$$\frac{\hat{\beta}_j}{\sqrt{\dfrac{\hat{\sigma}^2}{\sum \tilde{x}_i^2}}}$$ 服从自由度为 $n-k-1$ 的 t 分布，给定显著性水平 α 后，就可以得到临界值 $t_{\frac{\alpha}{2}}(n-$

$k-1)$，也就知道了拒绝域。若抽样一次计算得到的 t 统计量值的绝对值 $|t| > t_{\frac{\alpha}{2}}(n-k-1)$，说明一次试验就发生了小概率事件，则可拒绝 H_0，接受 $H_1: \beta_j \neq 0$。否则，在 α 的显著性水平下接受 H_0，即解释变量对被解释变量没有显著影响。当然，也可以根据伴随概率来决定拒绝还是接受 $H_0: \beta_j = 0$。例如给定的显著性水平是 0.05，如果 Stata 软件给出的 t 统计量值的伴随概率小于 0.05，则可以在 0.05 的显著性水平下拒绝 $H_0: \beta_j = 0$，接受 $H_1: \beta_j \neq 0$。

六、多元线性回归模型参数的区间估计和区间预测

实证研究中经常并不满足于判断 β_j 是否为 0，而是想知道 β_j 的值。和一元线性回归模型一样，可以由 $\hat{\beta}_j$ 来估计 β_j。如果根据一次抽样结果得到 $\hat{\beta}_j$ 值就认为 β_j 为多少，这属于点估计，如前所述，虽然简单易行但刚好正确的概率为 0。如果要求所作估计同时满足一定的精度和信度，就要作区间估计。多元线性回归模型参数 β_j 的区间估计的公式相对一元线性回归模型比较复杂。好在 Stata 软件可以很方便地给出 β_j 的置信水平为 $1-\alpha$ 的置信区间。这一内容，会在应用案例里给出演示。

多元线性回归模型的应用领域之一也是预测。多元线性回归模型的预测是一元线性回归模型预测一个很自然的推广。一元线性回归模型要根据 $\hat{y}_i = \hat{\beta}_0 + \hat{\beta}_1 x_i$ 进行点预测只需要知道一个解释变量预测期的取值 X_0，但是多元线性回归模型要根据 $\hat{y}_i = \hat{\beta}_0 + \hat{\beta}_1 x_{1i} + \cdots + \hat{\beta}_k x_{ki}$ 进行点预测需要知道 k 个解释变量预测期的取值 $X_{10}, \cdots, X_{k0}$。把这些预测期的解释变量值代入已经得到 $\hat{\beta}_0, \hat{\beta}_1, \cdots, \hat{\beta}_k$ 的 OLS 估计值的样本回归函数 $\hat{y}_i = \hat{\beta}_0 + \hat{\beta}_1 x_{1i} + \cdots + \hat{\beta}_k x_{ki}$ 中，就可以得到相应的 $\hat{y}_0$ 的值。$\hat{y}_0$ 值等于多少就认为 $E(Y \mid X_{10}, \cdots, X_{k0})$ 和 Y_0 为多少，属于点预测。也可以对给定 $X_{10}, \cdots, X_{k0}$ 时的总体均值 $E(Y \mid X_{10}, \cdots, X_{k0})$ 和总体个值 Y_0 作区间预测。

第六节　最大似然法

一、最大似然法原理

普通最小二乘法只是回归模型参数估计方法中的一种，本节介绍另外一种常见的回归模型参数估计方法——最大似然法（maximum likelihood，ML）。虽然最大似然法更经常地被应用于非线性回归模型的估计，但是它也可以应用于线性回归模型。把 ML 估计量和 OLS 估计量作比较可以更好地理解线性回归模型参数估计，学习本节也为之后章节应用最大似然法打下基础。

最大似然法，也称极大似然法，是从最大似然原理出发发展起来的其他估计方法的基础。最大似然法原理是指当从模型总体随机抽取容量为 n 的样本观测值后，最合理的参数估计量应该使得抽中该组样本观测值的概率最大。如果已知总体所服从的分布以及分布的参数，则可以计算抽中该样本的概率。如果只知道总体服从某种分布，但不知道其分布参数，则可以通过随机样本求出总体的参数估计量。如果已知总体服从正态分布，不同的参数对应不同的总体，若已经得到容量为 n 的样本，要问的是哪个总体最可能产生这个样本呢？显然，应该是使该样本观测点的联合概率最大的那个总体。将样本观测值联合概率函数称为似然函数（likelihood function），则使似然函数取最大值的总体就是所要寻找的总体，该总体的参数即是所要求的参数。所以，概括地说，通过似然函数最大化以求得总体参数估计量的方法称为最大似然法。

二、一元线性回归模型的最大似然估计量

本节先以一元线性回归模型 $Y_i = \beta_0 + \beta_1 X_i + u_i$ 为例，说明如何得到 ML 估计量，再把结论推广到多元线性回归模型。对于 $Y_i = \beta_0 + \beta_1 X_i + u_i$，假设 u_i 独立同分布且 $u_i \sim N(0, \sigma^2)$，则可推得 Y_i 独立同分布，且 $Y_i \sim N(\beta_0 + \beta_1 X_i, \sigma^2)$。从而，给定均值 $\beta_0 + \beta_1 x_i$ 和方差 σ^2 后，$y_1, y_2, \cdots, y_n$ 的联合概率密度函数就可写为：$f(y_1, y_2, \cdots, y_n \mid \beta_0 + \beta_1 x_i, \sigma^2)$，但由于各个 y_i 相互独立，该联合概率密度函数可写为 n 个单个密度函数之积，即：

$$f(y_1, y_2, \cdots, y_n \mid \beta_0 + \beta_1 x_i, \sigma^2) = f(y_1 \mid \beta_0 + \beta_1 x_i, \sigma^2) f(y_2 \mid \beta_0 + \beta_1 x_i, \sigma^2) \cdots f(y_n \mid \beta_0 + \beta_1 x_i, \sigma^2)$$

其中，$f(y_i) = \dfrac{1}{\sigma \sqrt{2\pi}} \exp\left\{-\dfrac{1}{2} \dfrac{(y_i - \beta_0 - \beta_1 x_i)^2}{\sigma^2}\right\}$ 是给定均值和方差的一个正态分布变量的密度函数。把 $f(y_i)$ 的表达式代入上式，整理得：

$$f(y_1, y_2, \cdots, y_n \mid \beta_0 + \beta_1 x_i, \sigma^2) = \dfrac{1}{\sigma^n (\sqrt{2\pi})^n} \exp\left\{-\dfrac{1}{2} \sum \dfrac{(y_i - \beta_0 - \beta_1 x_i)^2}{\sigma^2}\right\}$$

若 y_1，y_2，$\cdots$，y_n 为已知或给定，而 β_0，β_1 和 σ^2 为未知，上式即为似然函数，记为 $LF(\beta_0, \beta_1, \sigma^2)$，即：

$$LF(\beta_0, \beta_1, \sigma^2) = \dfrac{1}{\sigma^n (\sqrt{2\pi})^n} \exp\left\{-\dfrac{1}{2} \sum \dfrac{(y_i - \beta_0 - \beta_1 x_i)^2}{\sigma^2}\right\} \qquad (3-20)$$

如上所述，最大似然法就是要在估计未知参数时使得观测到给定的这些 y_i 的概率尽可能大。因此需要求 $LF(\beta_0, \beta_1, \sigma^2)$ 的最大值。显然，可以将 $LF(\beta_0, \beta_1, \sigma^2)$ 的方程转换成对数形式的方程以便于求偏导数。

$$\begin{aligned}
\ln LF &= -n\ln\sigma - \dfrac{n}{2}\ln(2\pi) - \dfrac{1}{2} \sum \dfrac{(y_i - \beta_0 - \beta_1 x_i)^2}{\sigma^2} \\
&= -\dfrac{n}{2}\ln\sigma^2 - \dfrac{n}{2}\ln(2\pi) - \dfrac{1}{2} \sum \dfrac{(y_i - \beta_0 - \beta_1 x_i)^2}{\sigma^2}
\end{aligned}$$

将该方程对 β_0，β_1 和 σ^2 求偏导数得：

$$\dfrac{\partial \ln LF}{\partial \beta_0} = -\dfrac{1}{\sigma^2} \sum (y_i - \beta_0 - \beta_1 x_i)(-1)$$

$$\dfrac{\partial \ln LF}{\partial \beta_1} = -\dfrac{1}{\sigma^2} \sum (y_i - \beta_0 - \beta_1 x_i)(-x_i)$$

$$\dfrac{\partial \ln LF}{\partial \sigma^2} = -\dfrac{n}{2\sigma^2} + \dfrac{1}{2\sigma^4} \sum (y_i - \beta_0 - \beta_1 x_i)^2$$

令这三个偏导数为零，并记 ML 估计量为 $\tilde{\beta}_0$，$\tilde{\beta}_1$ 和 $\tilde{\sigma}^2$，可得：

$$\dfrac{1}{\tilde{\sigma}^2} \sum (y_i - \tilde{\beta}_0 - \tilde{\beta}_1 x_i) = 0$$

$$\dfrac{1}{\tilde{\sigma}^2} \sum (y_i - \tilde{\beta}_0 - \tilde{\beta}_1 x_i) x_i = 0$$

$$-\dfrac{n}{2\tilde{\sigma}^2} + \dfrac{1}{2\tilde{\sigma}^4} \sum (y_i - \tilde{\beta}_0 - \tilde{\beta}_1 x_i)^2 = 0$$

化简，可得：

$$\sum y_i = n\tilde{\beta}_0 + \tilde{\beta}_1 \sum x_i$$

$$\sum y_i x_i = \tilde{\beta}_0 \sum x_i + \tilde{\beta}_1 \sum x_i^2$$

把上面两个方程联立，可解得 ML 估计量：

$$\tilde{\beta}_0 = \bar{y} - \tilde{\beta}_1 \bar{x} \qquad (3-21)$$

$$\tilde{\beta}_1 = \frac{n \sum x_i y_i - \sum x_i \sum y_i}{n \sum x_i^2 - \sum x_i \sum x_i} \qquad (3-22)$$

比较此 ML 估计量和 OLS 估计量，发现在正态分布的假定下，ML 估计量和 OLS 估计量是相同的。这一结果并非纯属巧合。分析似然函数 $\ln LF$，会发现 $\ln LF$ 的最大化就是 $\frac{1}{2} \sum \frac{(y_i - \beta_0 - \beta_1 x_i)^2}{\sigma^2}$ 的最小化，等价于残差平方和的最小化。而残差平方和最小化正是最小二乘法所秉承的原理。

将 ML 估计量代入方程 $-\frac{n}{2\tilde{\sigma}^2} + \frac{1}{2\tilde{\sigma}^4} \sum (y_i - \tilde{\beta}_0 - \tilde{\beta}_1 x_i)^2 = 0$ 并化简，可得：

$$\tilde{\sigma}^2 = \frac{1}{n} \sum (y_i - \tilde{\beta}_0 - \tilde{\beta}_1 x_i)^2 = \frac{1}{n} \sum (y_i - \hat{\beta}_0 - \hat{\beta}_1 x_i)^2$$

即：

$$\tilde{\sigma}^2 = \frac{\sum e_i^2}{n} \qquad (3-23)$$

从（3-23）式可以看出，ML 估计量 $\tilde{\sigma}^2$ 不同于 OLS 估计量 $\hat{\sigma}^2 = \frac{\sum e_i^2}{n-2}$。如前所述，OLS 估计量 $\hat{\sigma}^2$ 是 σ^2 的一个无偏估计量，则 ML 估计量 $\tilde{\sigma}^2$ 必是 σ^2 的有偏估计量。但是随着样本容量的增加，$n-2$ 与 n 越来越接近。实际上，可以证明，当样本容量 n 无限大时，$\tilde{\sigma}^2$ 和 $\hat{\sigma}^2$ 都依概率收敛于 σ^2。即 ML 估计量 $\tilde{\sigma}^2$ 和 OLS 估计量 $\hat{\sigma}^2$ 都是一致估计量。

三、多元线性回归模型的最大似然估计量

把一元线性回归模型的概念加以推广，即可写出 k 元线性回归模型的对数似然函数为：

$$\ln LF = -n\ln\sigma - \frac{n}{2}\ln(2\pi) - \frac{1}{2} \sum \frac{(y_i - \beta_0 - \beta_1 x_{1i} - \cdots - \beta_k x_{ki})^2}{\sigma^2} \qquad (3-24)$$

将此函数分别对 β_0，β_1，$\cdots$，β_k 和 σ^2 求偏导数，便得到以下的 $k+2$ 个方程：

$$\frac{\partial \ln LF}{\partial \beta_0} = -\frac{1}{\sigma^2} \sum (y_i - \beta_0 - \beta_1 x_{1i} - \cdots - \beta_k x_{ki})(-1)$$

$$\frac{\partial \ln LF}{\partial \beta_1} = -\frac{1}{\sigma^2} \sum (y_i - \beta_0 - \beta_1 x_{1i} - \cdots - \beta_k x_{ki})(-x_{1i})$$

$$\cdots\cdots$$

$$\frac{\partial \ln LF}{\partial \beta_k} = -\frac{1}{\sigma^2} \sum (y_i - \beta_0 - \beta_1 x_{1i} - \cdots - \beta_k x_{ki})(-x_{ki})$$

$$\frac{\partial \ln L}{\partial \sigma^2} = -\frac{n}{2\sigma^2} + \frac{1}{2\sigma^4} \sum (y_i - \beta_0 - \beta_1 x_{1i} - \cdots - \beta_k x_{ki})^2$$

令这些偏导数为零，并用 $\tilde{\beta}_0$，$\tilde{\beta}_1$，$\cdots$，$\tilde{\beta}_k$ 和 $\tilde{\sigma}^2$ 表示 ML 估计量，化简后可得前 $k+1$ 个方程：

$$\sum y_i = n\tilde{\beta}_0 + \tilde{\beta}_1 \sum x_{1i} + \cdots + \tilde{\beta}_k \sum x_{ki}$$

$$\sum y_i x_{1i} = \tilde{\beta}_0 \sum x_{1i} + \tilde{\beta}_1 \sum x_{1i}^2 + \cdots + \tilde{\beta}_k \sum x_{1i} x_{ki}$$

$$\cdots\cdots$$

$$\sum y_i x_{ki} = \tilde{\beta}_0 \sum x_{ki} + \tilde{\beta}_1 \sum x_{1i} x_{ki} + \cdots + \tilde{\beta}_k \sum x_{ki}^2$$

根据以上 $k+1$ 个方程，可求得 ML 估计量 $\tilde{\beta}_0$，$\tilde{\beta}_1$，$\cdots$，$\tilde{\beta}_k$。和一元线性回归模型时一样，此 ML 估计量和该 k 元线性回归模型的 OLS 估计量完全相同。

将 ML 估计量代入方程 $-\dfrac{n}{2\tilde{\sigma}^2} + \dfrac{1}{2\tilde{\sigma}^4} \sum (y_i - \tilde{\beta}_0 - \tilde{\beta}_1 x_{1i} - \cdots - \tilde{\beta}_k x_{ki})^2 = 0$，并化简，可得：

$$\tilde{\sigma}^2 = \frac{1}{n} \sum (y_i - \tilde{\beta}_0 - \tilde{\beta}_1 x_{1i} - \cdots - \tilde{\beta}_k x_{ki})^2 = \frac{\sum e_i^2}{n} \qquad (3-25)$$

和一元线性回归模型一样，此 ML 估计量 $\tilde{\sigma}^2$ 不同于该 k 元线性回归模型的 OLS 估计量 $\hat{\sigma}^2 = \dfrac{\sum e_i^2}{n-k-1}$。因此，$k$ 元线性回归模型的 ML 估计量 $\tilde{\sigma}^2$ 是 σ^2 的有偏估计量。但和一元线性回归模型情形一样，k 元线性回归模型的 ML 估计量 $\tilde{\sigma}^2$ 是 σ^2 的一致估计量。

第七节　案例与 Stata 应用

一、蒙特卡罗模拟验证样本回归函数与总体回归函数关系

【例题 3.1】蒙特卡罗模拟，也称蒙特卡罗方法或蒙特卡罗实验。概括地说，蒙特卡罗模拟是指通过计算机模拟，从总体中抽取大量随机样本的方法。"蒙特卡罗"本是个地名，位处欧洲摩纳哥，以其赌场名世。20 世纪 40 年代，"计算机之父"冯·诺伊曼和他的同事乌拉姆把他们当时所进行的核武器相关研究工作的代号定为"蒙特卡罗"。其中，乌拉姆贡献了使用随机实验研究中子在可裂变材料中的扩散这一问题的灵感；冯·诺伊曼则为 ENIAC（人类第一台电子数字积分计算机）编写了程序来进行蒙特卡罗计算。从此之后，蒙特卡罗模拟在不同领域得到广泛应用。本实验即是使用蒙特卡罗模拟来验证样本回归函数与总体回归函数的关系。

不妨设总体回归模型为 $Y_i = 2.3 + 1.5 X_i + u_i$，则相应的总体回归函数为 $E(Y \mid X_i) = 2.3 + 1.5X_i$。这一总体回归函数在直角坐标系中呈现为一条截距为 2.3、斜率为 1.5 的直线。本次实验的步骤是在给定这一总体回归模型后，利用数据生成过程得到 n 对模拟观测值 (X_i, Y_i)，再利用这 n 对模拟观测值采用 OLS 法得到样本回归函数，并比较样本回归函数

和总体回归函数的异同。从图形的角度看，就是验证样本回归线和总体回归线靠近但是并不重合。为了得到这 n 对模拟观测值 (X_i, Y_i)，不妨令 $n = 30$ 并设 $X_i \sim N(4.5, 1.8^2)$，$u_i \sim N(0, 0.9^2)$。这样就可以从服从均值为4.5、方差为 1.8^2 的正态分布中抽到解释变量 X 的30个模拟观测值，并从服从均值为0、方差为 0.6^2 的正态分布中抽到随机误差项 u 的30个模拟观测值，把这30对数据代入 $Y_i = 2.3 + 1.5X_i + u_i$，就可以得到对应的被解释变量 Y 的模拟观测值。对这30对解释变量和被解释变量的模拟观测值 (X_i, Y_i) 采用 OLS 法可以得到样本回归函数 $\hat{y}_i = \hat{\beta}_0 + \hat{\beta}_1 x_i$ 中 $\hat{\beta}_0$ 和 $\hat{\beta}_1$ 的估计值。如果 $\hat{\beta}_0$ 和 $\hat{\beta}_1$ 分别接近（但不等于）2.3 和 1.5，就验证了样本回归函数可以用来估计总体回归函数，但是样本回归函数确实不等同于总体回归函数，同时也验证了为什么 β_0 和 β_1 的估计更倾向于区间估计而不是点估计。

命令文件 liti3.1.do 中有完整的使用 Stata 软件进行蒙特卡罗模拟的代码，可在 Stata 窗口中输入如下主要命令（括号内为 Stata 命令的解释）：

set obs 30（样本容量为30）

set seed 1001（指定随机抽样的"种子"为1001）

gen X = rnormal(4.5,3.24)［生成 X 的模拟观测值，$X \sim N(4.5,1.8^2)$］

gen u = rnormal(0,0.81)［生成 u 的模拟观测值，$u \sim N(0, 0.9^2)$］

gen Y = 2.3 + 1.5 * X + u（生成 Y 的模拟观测值）

reg Y X（OLS 回归）

Stata 输出结果如图 3-12 所示。

liti3.1.do 下载

Source	SS	df	MS		Number of obs	=	30
					F(1, 28)	=	666.64
Model	518.326158	1	518.326158		Prob > F	=	0.0000
Residual	21.7704856	28	0.777517344		R-squared	=	0.9597
					Adj R-squared	=	0.9583
Total	540.096643	29	18.6240222		Root MSE	=	0.88177

y	Coef.	Std. Err.	t	P>|t|	[95% Conf. Interval]	
x	1.381331	0.0534997	25.82	0.000	1.271742	1.49092
_cons	2.703149	0.2637656	10.25	0.000	2.162849	3.243448

图 3-12　应用案例一样本 OLS 估计结果

把 Stata 输出结果保留 3 位小数后可以得到样本回归函数为 $\hat{y}_i = 2.703 + 1.381x_i$，和总体回归函数 $E(Y \mid X_i) = 2.3 + 1.5X_i$ 略有不同。即 $\hat{\beta}_1 = 1.381$ 并不等于 β_1 的真实值 1.5，$\hat{\beta}_0 = 2.703$ 并不等于 β_0 的真实值 2.3，但是两者差距并不大。为了获得更直观的印象，可以把总体回归函数（PRF）、散点图和样本回归函数（SRF）画在同一张图中，以便比较。

画此图的 Stata 命令为（括号内为 Stata 命令的解释）：

twoway function PRF = 2.3 + 1.5 * x, range(-3 11) || scatter y x || lfit y x, lpattern(dash)

［画 X 取值在（-3 11）的总体回归线；画 Y 和 X 的散点图；画拟合图即样本回归线，其中选择项"lpattern（dash）"表示画虚线］。Stata 输出的图如图 3-13 所示。

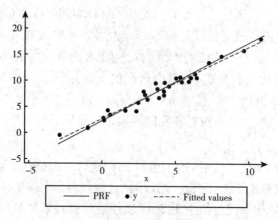

图 3 - 13　应用案例一总体回归线和样本回归线

从图 3 - 13 可以看出，样本回归线和总体回归线已经相当靠近，但是很显然样本回归线和总体回归线并不重合。当然，可以改变随机种子的设置，这样就可以得到不同的样本回归线，但是总体回归线始终保持不变。也会发现，无论实验中随机种子设置为多少，样本回归线始终不会和总体回归线重合。

二、蒙特卡罗模拟验证 OLS 估计量优良性质

【例题 3. 2】本章第二节已经从理论上证明了在满足经典假定的条件下 OLS 估计量所具有的优良性质，本实验的目的在于使用蒙特卡罗模拟来验证 OLS 估计量的优良性质，以加深对 OLS 估计量所具有的无偏性、弱有效性和一致性的理解。

不妨设本实验的总体回归模型和上一个实验一样，都为 $Y_i = 2.3 + 1.5X_i + u_i$，则相应的总体回归函数为 $E(Y|X_i) = 2.3 + 1.5X_i$，$X_i \sim N(4.5, 1.8^2)$，$u_i \sim N(0, 0.9^2)$。以 $\hat{\beta}_1$ 为例来验证 OLS 估计量所具有的优良性质，$\hat{\beta}_0$ 的验证与此类似，进而多元线性回归模型 OLS 估计量所具有的优良性质的验证方法也是类似的。

先验证 $\hat{\beta}_1$ 的无偏性。由于无偏性属于小样本性质，不妨令样本容量 n 为 20。无偏性不能保证根据某次抽到的样本数据所计算得到的 $\hat{\beta}_1$ 的估计值刚好等于 β_1 的真实值 1.5。但是，如果进行足够次数的抽样，则 $\hat{\beta}_1$ 的均值应该等于 β_1 的真实值 1.5。不妨令抽样次数为 10 000次。根据这 10 000 次抽样得到的样本数据，可以得到 10 000 个 $\hat{\beta}_1$ 的值，再计算这 10 000 个值的均值，看是否很接近 1.5。

为使用 Stata 进行蒙特卡罗模拟（具体操作代码见命令文件 liti3. 2. do），可在 Stata 窗口中输入如下主要命令（括号内为 Stata 命令的解释）：

program cy, rclass（定义抽样程序 cy，以 r( ) 形式储存结果）
drop _all（删除所有变量和观测值）
set obs 20（样本容量为 20）
gen X = rnormal(4. 5, 3. 24)（生成 X 的模拟观测值，$X \sim$

liti3. 2. do 下载

$N(4.5,1.8^2))$

　　gen u = rnormal(0,0.81)(生成 u 的模拟观测值,$u \sim N(0,0.9^2)$)

　　gen Y = 2.3 + 1.5 * X + u(生成 Y 的模拟观测值)

　　reg Y X(OLS 回归)

　　return scalar b1 = _b[X](存储 $\hat{\beta}_1$ 的估计值)

　　end(程序 cy 结束)

　　simulate bh = r(b1),reps(10000)seed(1001)nodots:cy(将程序 cy 模拟 10 000 次并得到变量 bh,bh 有 10 000 个 $\hat{\beta}_1$ 的值)

　　sum bh(bh 的简单汇总)

　　Stata 输出结果如图 3 – 14 所示。

Variable	Obs	Mean	Std.Dev.	Min	Max
bh	10 000	1.499036	0.0608311	1.254175	1.773404

图 3 – 14　无偏性实验中 $\hat{\beta}_1$ 的简单汇总

　　从该输出结果可以看出，这 10 000 个 $\hat{\beta}_1$ 的估计值的均值为 1.499（保留 3 位小数），非常接近 β_1 的真实值 1.5。这一结果验证了 OLS 估计量 $\hat{\beta}_1$ 确实是 β_1 的无偏估计量。当然，从这张表也可以看出，正如本章第二节所论述的，无偏性并不能保证具体的某次抽样得到的 $\hat{\beta}_1$ 的估计值都足够靠近参数真实值。例如这 10 000 次抽样里面就出现了 $\hat{\beta}_1$ 等于 1.254（保留 3 位小数），和 β_1 的真实值 1.5 有明显的差异。

　　当然，也可以通过作直方图来获得 $\hat{\beta}_1$ 具有无偏性的更直观理解。

　　Stata 命令如下（括号内为 Stata 命令的解释）：

　　hist bh, normal（作 bh 的直方图并同时画出正态分布曲线）

　　从图 3 – 15 直方图可以看出，正如本章理论部分所讨论过的，在随机误差项服从正态分

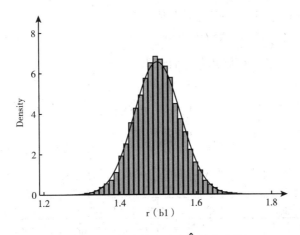

图 3 – 15　无偏性实验中 $\hat{\beta}_1$ 的直方图

布的假定下，$\hat{\beta}_1$ 也服从正态分布，而且其均值等于 β_1。在本实验中就是，$\hat{\beta}_1$ 的均值应视为等于1.5。之所以直方图轮廓线跟正态分布曲线还有些差距，是因为抽样次数还不够多。如果抽样次数接近无穷大，直方图的轮廓线就会跟正态分布曲线非常接近，而这一正态分布的对称轴所在的位置，也就非常接近于 β_1 的真实值1.5。

接下来验证 $\hat{\beta}_1$ 的弱有效性。由于弱有效性是指在所有线性无偏估计量中 OLS 估计量具有最小方差。显然在蒙特卡罗实验中不可能把所有的线性无偏估计量都拿来与 OLS 估计量比较方差。好在作此蒙特卡罗实验的目的在于更直观地理解 OLS 估计量的弱有效性，所以，可以选取一个容易想到的线性无偏估计量来与 OLS 估计量作比较。

为了使讨论简化，这次假设总体回归模型为无截距项的线性回归模型 $Y_i = \beta_1 X_i + u_i$。在本验证弱有效性的蒙特卡罗实验中即是假定总体回归模型为 $Y_i = 1.5 X_i + u_i$。本章第一节已经在理论上讨论了无截距项的一元线性回归模型的 β_1 的 OLS 估计量为 $\hat{\beta}_1 = \dfrac{\sum x_i y_i}{\sum x_i^2}$。如果现在有学生甲认为，$\dfrac{1}{n} \sum \dfrac{y_i}{x_i}$ 是 $Y_i = \beta_1 X_i + u_i$ 一个更自然而然能想到的且方差不会比 $\hat{\beta}_1$ 更大的估计量，怎么反驳他的观点？当然，可以像本章第二节那样从理论上证明 $\dfrac{1}{n} \sum \dfrac{y_i}{x_i}$ 是一个线性无偏估计量，也可以像上一个实验那样使用蒙特卡罗实验验证 $\dfrac{1}{n} \sum \dfrac{y_i}{x_i}$ 是一个无偏估计量。但是怎么使用蒙特卡罗实验验证 $\hat{\beta}_1$ 的方差比 $\dfrac{1}{n} \sum \dfrac{y_i}{x_i}$ 小？为了验证这一命题，不妨令抽样次数为100。下面给出 Stata 的蒙特卡罗模拟的命令（括号内为 Stata 命令的解释）：

program cy2, rclass（定义抽样程序 cy2，以 r( ) 形式储存结果）

drop _all（删除所有变量和观测值）

set obs 20（样本容量为20）

gen X = rnormal(4.5, 3.24)（生成 X 的模拟观测值，$X \sim N(4.5, 1.8^2)$）

gen u = rnormal(0, 0.81)（生成 u 的模拟观测值，$u \sim N(0, 0.9^2)$）

gen Y = 1.5 * X + u（生成 Y 的模拟观测值）

reg Y X, noconstant（无截距项的 OLS 回归）

return scalar b1 = _b[X]（存储 $\hat{\beta}_1$ 的估计值）

end（程序 cy2 结束）

simulate bh2 = r(b1), reps(100) seed(1001) nodots: cy2（将程序 cy2 模拟100次并得到变量 bh2，bh2 有100个 $\hat{\beta}_1$ 的值）

sum bh2（bh2 的简单汇总）

这一组 Stata 命令可以得到如图 3 – 16 所示的输出结果。

Variable	Obs	Mean	Std.Dev.	Min	Max
bh2	100	1.502798	0.0307894	1.43637	1.578649

图 3 – 16　弱有效性实验中 $\hat{\beta}_1$ 的简单汇总

program cy3,rclass(定义抽样程序 cy3,以 r( )形式储存结果)

drop _all(删除所有变量和观测值)

set obs 20(样本容量为 20)

gen X = rnormal(4.5,3.24)(生成 X 的模拟观测值,$X \sim N(4.5,1.8^2)$)

gen u = rnormal(0,0.81)(生成 u 的模拟观测值,$u \sim N(0,0.9^2)$)

gen Y = 1.5 * X + u(生成 Y 的模拟观测值)

egen abi = mean(Y/X) $\left(计算 \dfrac{1}{n} \sum \dfrac{y_i}{x_i}\right)$

end(程序 cy3 结束)

simulate bh3 = abi,reps(100)seed(1001)nodots:cy3(将程序 cy3 模拟 100 次并得到变量

bh3,bh3 有 100 个 $\dfrac{1}{n} \sum \dfrac{y_i}{x_i}$ 的值)

sum bh3(bh3 的简单汇总)

这一组 Stata 命令可以得到如图 3 – 17 所示的输出结果。

Variable	Obs	Mean	Std.Dev.	Min	Max
bh3	100	1.514969	0.4946068	-0.5824161	3.881534

图 3 – 17　弱有效性实验中 $\dfrac{1}{n} \sum \dfrac{y_i}{x_i}$ 的简单汇总

从以上两个 Stata 输出结果可以看出,$\hat{\beta}_1$ 的标准差为 0.031（保留 3 位小数）,$\dfrac{1}{n} \sum \dfrac{y_i}{x_i}$ 的标准差为 0.495（保留 3 位小数）,$\hat{\beta}_1$ 的标准差比 $\dfrac{1}{n} \sum \dfrac{y_i}{x_i}$ 的标准差小。方差是标准差的平方,因此,$\hat{\beta}_1$ 的方差也比 $\dfrac{1}{n} \sum \dfrac{y_i}{x_i}$ 的方差小。

这一验证弱有效性的蒙特卡罗实验适用于任何其他能想到的线性无偏估计量。因此,只要把其他线性无偏估计量在蒙特卡罗实验中计算出方差,再与 OLS 估计量的相应方差作比较,总能得出 OLS 估计量的方差更小。即在经典假定下 OLS 估计量具有弱有效性。

最后要验证 OLS 估计量具有一致性。由于一致性是指 OLS 估计量依概率收敛于参数值。但是依概率收敛并不等同于收敛。也就是说,即便样本容量非常大,OLS 估计量的某个估计值仍然有可能不是非常接近参数值,虽然也许一万次抽样中只有一次出现这样的结果。所以,本实验设计并不能通过把样本容量增加到 100 万或更大而寻求在一次抽样中就让 OLS 估计量的估计值非常接近参数值。本实验设计的思路是通过把样本容量增加到 100,然后重复抽样 10 000 次,把得到的这 10 000 个 $\hat{\beta}_1$ 的值从小到大排序,再去除出现概率极小的前 1% 和后 1% 的值,观察这中间的 98% 的值是否都非常接近参数值。

和无偏性的实验一样,仍假设总体回归模型为 $Y_i = 2.3 + 1.5X_i + u_i$,$X_i \sim N(4.5, 1.8^2)$,$u_i \sim N(0, 0.9^2)$。Stata 命令如下（括号内为 Stata 命令的解释）:

program cy4,rclass(定义抽样程序 cy3,以 r( )形式储存结果)

drop_all(删除所有变量和观测值)

set obs 100(样本容量为 100)

gen X = rnormal(4.5,3.24)(生成 X 的模拟观测值,$X \sim N(4.5,1.8^2)$)

gen u = rnormal(0,0.81)(生成 u 的模拟观测值,$u \sim N(0,0.9^2)$)

gen Y = 2.3 + 1.5 * X + u(生成 Y 的模拟观测值)

reg Y X(OLS 回归)

return scalar b1 = _b[X](存储 $\hat{\beta}_1$ 的估计值)

end(程序 cy4 结束)

simulate bh4 = r(b1), reps(10 000) seed(1 001) nodots:cy4(将程序 cy4 模拟 10 000 次并得到变量 bh4,bh4 有 10 000 个 $\hat{\beta}_1$ 的值)

sum bh4(bh4 的简单汇总)

这一组 Stata 命令可以得到如图 3-18 所示的输出结果。

Variable	Obs	Mean	Std.Dev.	Min	Max
bh4	10 000	1.499854	0.0254452	1.390344	1.598391

图 3-18 一致性实验中 $\hat{\beta}_1$ 的简单汇总

从这一输出结果可以看出,当样本容量增加到 100 之后,$\hat{\beta}_1$ 的均值为 1.4999(保留 4 位小数)已经极其靠近 β_1 的真实值 1.5,而且 $\hat{\beta}_1$ 的标准差为 0.0254(保留 4 位小数)也比较小。为了观察 $\hat{\beta}_1$ 的绝大部分取值是否很靠近 β_1 的真实值 1.5,在 Stata 中输入如下命令(括号内为 Stata 命令的解释):

sort bh4(对 $\hat{\beta}_1$ 的 10 000 个值从小到大排序)

list bh4 in 101(列出排序后的 $\hat{\beta}_1$ 的第 101 个值)

list bh4 in 9 900(列出排序后的 $\hat{\beta}_1$ 的第 9 900 个值)

Stata 输出结果如图 3-19 所示。

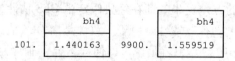

	bh4
101.	1.440163

	bh4
9900.	1.559519

图 3-19 排序后 $\hat{\beta}_1$ 的第 101 个和第 9 900 个估计值

可以看出,将这 10 000 个 $\hat{\beta}_1$ 的估计值从小到大排序后,第 101 个值是 1.4402(保留 4 位小数),第 9 900 个值是 1.5595(保留 4 位有效小数),都很靠近 β_1 的真实值 1.5。如果实验中将样本容量增加到 10 000 或以上,会得到更表现出一致性的结果。因此,通过这一蒙特卡罗实验,也验证了在经典假定下,OLS 估计量具有一致性。

三、一元线性回归模型案例分析

【例题3.3】在实证研究中，线性回归模型越来越广泛地采用Stata进行模型的参数估计、检验、区间估计与预测。所以本实验以宏观经济学中经典的问题——收入与消费的关系为例，来讲述如何使用Stata软件进行一元线性回归模型的案例分析。

liti3.3.dta下载

表3-1的数据来源于《中国统计年鉴2022》，相应的dta格式的数据文件名为liti3.3.dta。liti3.3.dta中的被解释变量Y变量表示实际消费支出（亿元），解释变量X表示国内生产总值（亿元）。

表3-1	1978～2020年我国实际消费支出与国内生产总值				单位：亿元
年份	实际消费支出	国内生产总值	年份	实际消费支出	国内生产总值
1978	2 234	3 678.7	2000	63 749	100 280
1979	2 579	4 100.5	2001	68 661	110 863
1980	2 968	4 587.6	2002	74 227	121 717
1981	3 278	4 935.8	2003	79 735	137 422
1982	3 577	5 373.4	2004	89 394	161 840
1983	4 061	6 020.9	2005	101 873	187 319
1984	4 787	7 278.5	2006	115 364	219 439
1985	5 921	9 098.9	2007	137 737	270 092
1986	6 731	10 376.2	2008	158 899	319 245
1987	7 644	12 174.6	2009	174 539	348 518
1988	9 429	15 180.4	2010	201 581	412 119
1989	11 044	17 179.7	2011	244 747	487 940
1990	12 012	18 872.9	2012	275 444	538 580
1991	13 626	22 005.6	2013	306 664	592 963
1992	16 239	27 194.5	2014	338 031	643 563
1993	20 815	35 673.2	2015	371 921	688 858
1994	28 297	48 637.5	2016	410 806	746 395
1995	36 229	61 339.9	2017	456 518	832 036
1996	43 122	71 813.6	2018	506 135	919 281
1997	47 549	79 715	2019	552 632	986 515
1998	51 502	85 195.5	2020	560 811	1 000 000
1999	56 667	90 564.4			

在构建模型之前，可以先作 Y 和 X 的散点图，判断这两个变量是否呈现出线性关系。但是在作散点图之前，需要先在硬盘中建立工作文件夹（例如把该工作文件夹命名为 shuju），把数据文件 liti3.3.dta 拷入这个文件夹，再调用 liti3.3.dta，具体操作代码见 liti3.3.do 文件。

散点图的 Stata 命令为：

scatter Y X

Stata 输出的散点图如图 3 - 20 所示。

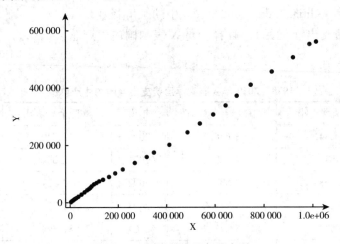

图 3 - 20　一元线性回归散点图

如散点图所示，Y 和 X 确实呈现出明显的线性关系，所以初步把所要构建的一元线性回归模型设为：$Y_i = \beta_0 + \beta_1 X_i + u_i$。然后可以使用 Stata 对该模型进行 OLS 估计。

OLS 估计的 Stata 命令为：

reg Y X

Stata 输出结果如图 3 - 21 所示。

Source	SS	df	MS		Number of obs	=	43
					F(1, 41)	=	16 121.46
Model	1.1637e+12	1	1.1637e+12		Prob > F	=	0.0000
Residual	2.9594e+09	41	72 181 322.8		R-squared	=	0.9975
					Adj R-squared	=	0.9974
Total	1.1666e+12	42	2.7777e+10		Root MSE	=	8 496

Y	Coef.	Std. Err.	t	P>|t|	[95% Conf. Interval]	
X	0.5408469	0.0042596	126.97	0.000	0.5322444	0.5494494
_cons	277.8405	1 660.218	0.17	0.868	-3 075.037	3 630.718

图 3 - 21　含截距项的一元线性回归 OLS 估计结果

根据以上回归结果，可以得到样本回归方程 $\hat{y}_i = 277.8405 + 0.5408 x_i$（保留 4 位小数）。$\hat{\beta}_1 = 0.5408$ 表示国内生产总值每增加 1 亿元，实际最终消费平均而言增加 0.5408 亿元，符合经济理论和常识。$\hat{\beta}_0 = 277.8405$ 表示国内生产总值为 0 时，实际最终消费平均而言为

277.8405 亿元。此次 $\hat{\beta}_1$ 和 $\hat{\beta}_0$ 的估计值都可通过经济意义检验。

但是对该回归结果进行 t 检验会发现，H_0：$\beta_0 = 0$ 这个原假设在 0.05 的显著性水平下不能被拒绝。原因在于其对应的 t 统计量为 0.17，而查表可得相应的临界值为 $t_{\frac{0.05}{2}}(20) = 2.02$。因为 $|t| < t_{\frac{0.05}{2}}(41)$，所以在 0.05 的显著性水平下接受 H_0：$\beta_0 = 0$（或根据伴随概率 $P = 0.868$ 大于 0.05 可作出相同判断）。这从散点图也可看出端倪。因为散点图所显示出来的样本回归线呈现出可能会经过原点的样子。好在就研究收入与消费的关系而言，截距项的值为多少意义不大。

因此把总体回归模型调整为无截距项的一元线性回归模型：$Y_i = \beta_1 X_i + u_i$，重新对其进行 OLS 估计。

无截距项的一元线性回归模型 OLS 估计的 Stata 命令为：

reg Y X,noc

Stata 输出结果如图 3 - 22 所示。

Source	SS	df	MS		Number of obs	=	43
					F(1, 42)	=	27 143.29
Model	1.9139e+12	1	1.9139e+12		Prob > F	=	0.0000
Residual	2.9615e+09	42	70 510 852.1		R-squared	=	0.9985
					Adj R-squared	=	0.9984
Total	1.9169e+12	43	4.4578e+10		Root MSE	=	8 397.1

Y	Coef.	Std. Err.	t	P>|t|	[95% Conf. Interval]	
X	0.5412926	0.0032855	164.75	0.000	0.5346622	0.547923

图 3 - 22 无截距项的一元线性回归 OLS 估计结果

从该回归结果可以看出，样本回归方程为 $\hat{y}_i = 0.5413 x_i$，$\hat{\beta}_1 = 0.5413$ 表示国内生产总值每增加 1 亿元，实际最终消费平均而言增加 0.5413 亿元，符合经济理论和常识。

可决系数 $R^2 = 0.9985$，说明被解释变量最终实际消费的变动中有 99.85% 可以由解释变量国内生产总值来解释，模型拟合得很好。

要检验国内生产总值是否对最终实际消费有显著影响，可以建立原假设 H_0：$\beta_1 = 0$。由于其伴随概率 $P = 0.000$（保留 3 位小数），小于 0.05，所以在 0.05 的显著性水平下，拒绝 H_0，接受备择假设 H_1：$\beta_1 \neq 0$。即在 0.05 的显著性水平下，解释变量国内生产总值对被解释变量最终实际消费有显著影响。

如果因为 $\hat{\beta}_1 = 0.5413$ 就认为 $\beta_1 = 0.5413$，则这样的估计属于点估计，理论部分曾经讨论过，正确的概率是 0。为了追求精度和信度的平衡，更经常做的是区间估计。而且 Stata 也在 OLS 回归结果中自动给出了 β_1 的置信水平为 95% 的置信区间为 $[0.5347,\ 0.5479]$（保留 4 位小数）。

如果想得到的是模型 $Y_i = \beta_1 X_i + u_i$ 中 β_1 的置信水平为 99% 的置信区间（如果在 Stata 命令选项中没有指定置信水平为多少，则 Stata 默认置信水平为 95%），则可以在 Stata 窗口输入命令：

reg Y X,noc level(99)

Stata 输出结果如图 3 - 23 所示。

Source	SS	df	MS			
				Number of obs	=	43
				F(1, 42)	=	27 143.29
Model	1.9139e+12	1	1.9139e+12	Prob > F	=	0.0000
Residual	2.9615e+09	42	70 510 852.1	R-squared	=	0.9985
				Adj R-squared	=	0.9984
Total	1.9169e+12	43	4.4578e+10	Root MSE	=	8 397.1

Y	Coef.	Std. Err.	t	P>|t|	[99% Conf. Interval]	
X	0.5412926	0.0032855	164.75	0.000	0.5324281	0.5501571

图 3 − 23　β_1 的置信水平为 99% 的置信区间

观察上面的回归结果发现，其他输出结果都保持不变，只有 β_1 的置信区间变化了。β_1 的置信水平为 95% 的置信区间为 [0.5347, 0.5479]（保留 4 位小数）；β_1 的置信水平为 99% 的置信区间为 [0.5324, 0.5502]（保留 4 位小数）。这验证了本章第三节关于置信区间精度和信度的结论。置信水平变大，即要求的估计的信度提高，置信区间便会变宽，即估计的精度降低。

根据回归得到的样本回归方程 $\hat{y}_i = 0.5413x_i$（保留 4 位小数）可以进行点预测。例如根据《中国统计年鉴 2022》，2021 年的国内生产总值为 1 143 669.7 亿元（保留 1 位小数），但是 2022 年的中国统计年鉴还没有 2021 年的最终实际消费的统计数字。可以把 1 143 669.7 代入 $\hat{y}_i = 0.5413x_i$ 得到点预测值。

该点预测的 Stata 命令为：

display _b[X] * 1143669.7

可以得到 Stata 的输出结果 619 060（保留 0 位小数），即被解释变量实际消费支出 2021 年的点预测值为 619 060 亿元。

如果要得到实际消费支出的均值的置信水平为 95% 的置信区间，可以在 Stata 中输入如下命令：

adjust X = 1143669.7, ci

Stata 输出结果如图 3 − 24 所示。

```
    Dependent variable: Y      Command: regress
Covariate set to value: X = 1 143 669.7


    All       xb          lb          ub

            619 060    [611 477    626 643]

    Key:  xb       =  Linear Prediction
          [lb , ub] =  [95% Confidence Interval]
```

图 3 − 24　实际消费支出的均值的置信水平为 95% 的置信区间

根据以上输出结果可以判断，被解释变量实际消费支出的均值的置信水平为 95% 的置信区间为 [611 477, 626 643]。

若是想得到的是被解释变量实际消费支出的均值的置信水平为 90% 的置信区间，可以在 Stata 窗口中输入如下命令：

adjust X = 1143669. 7, ci level(90)

Stata 输出结果如图 3 - 25 所示。

```
Dependent variable: Y      Command: regress
Covariate set to value: X = 1 143 669.7


All          xb          lb          ub

             619 060   [612 740    625 380]

Key: xb        =   Linear Prediction
     [lb , ub] =   [90% Confidence Interval]
```

图 3 - 25   实际消费支出的均值的置信水平为 90% 的置信区间

根据以上输出结果可以判断，被解释变量实际消费支出的均值的置信水平为 90% 的置信区间为 [612 740，625 380]。把这个置信区间和 95% 的置信区间进行比较可以发现，回归结果也验证了区间预测精度和信度之间此消彼长的关系。

四、多元线性回归模型案例分析

【例题 3.4】 多元线性回归模型的解释变量个数大于等于 2，所以二元线性回归模型从形式上来说是多元线性回归模型中最简单的一种。但是麻雀虽小，五脏俱全。解剖一只麻雀便可以大致了解鸟类的结构。所以本实验把多元线性回归模型的案例分析定为分析一个二元线性回归模型。对解释变量多于 2 个的多元线性回归模型的 Stata 操作跟二元线性回归模型几乎是相同的。

liti3. 4. dta 下载

表 3 - 2 的资料来源于《中国统计年鉴 2022》，相应的 dta 格式的数据文件名为 liti3. 4. dta。数据文件 liti3. 4. dta 中的被解释变量 Y 表示粮食产量（万吨），解释变量 $X1$ 表示粮食作物播种面积（千公顷），$X2$ 表示农用化肥施用量（万吨）。本实验的模型定为：$Y_i = \beta_0 + \beta_1 X_{1i} + \beta_2 X_{2i} + u_i$。当然，影响粮食产量的因素有很多，随着后续章节知识的学习，还可以在此模型基础上进一步完善。但是本实验的目的主要在于介绍 Stata 进行多元线性回归分析的基本操作。因此，对模型进行了简化。

表 3 - 2   1978 ~ 2021 年我国粮食产量、粮食作物播种面积和农用化肥施用量

年份	粮食产量（万吨）	粮食作物播种面积（千公顷）	农用化肥施用量（万吨）
1978	30 476. 5	120 587. 2	884. 0
1980	32 055. 5	117 234. 3	1 269. 4
1985	37 910. 8	108 845. 1	1 775. 8
1990	44 624. 3	113 465. 9	2 590. 3

续表

年份	粮食产量（万吨）	粮食作物播种面积（千公顷）	农用化肥施用量（万吨）
1995	46 661.8	110 060.4	3 593.7
2000	46 217.5	108 462.5	4 146.4
2005	48 402.2	104 278.4	4 766.2
2006	49 804.2	104 957.7	4 927.7
2007	50 413.9	105 998.6	5 107.8
2008	53 434.3	107 544.5	5 239.0
2009	53 940.9	110 255.1	5 404.4
2010	55 911.3	111 695.4	5 561.7
2011	58 849.3	112 980.4	5 704.2
2012	61 222.6	114 368.0	5 838.8
2013	63 048.2	115 907.5	5 911.9
2014	63 964.8	117 455.2	5 995.9
2015	66 060.3	118 962.8	6 022.6
2016	66 043.5	119 230.1	5 984.4
2017	66 160.7	117 989.1	5 859.4
2018	65 789.2	117 038.2	5 653.4
2019	66 384.3	116 063.6	5 403.6
2020	66 949.2	116 768.2	5 250.7
2021	68 284.7	117 630.8	5 191.3

首先，建立工作文件夹并命名（可命名为 shuju），把数据文件 liti3.4.dta 拷入工作文件夹，调用该文件。使用 OLS 法估计该模型，为了得到样本回归方程，可在 Stata 中输入以下命令：

reg Y X1 X2

Stata 输出结果如图 3-26 所示。

从以上输出结果可以看出，样本回归方程为 $\hat{y}_i = -60\,758.38 + 0.75x_{1i} + 6.49x_{1i}$（保留 2 位小数）。$\hat{\beta}_1 = 0.75$ 表示在农用化肥施用量保持不变的条件下，粮食作物播种面积每增加 1 000 公

liti3.4.do 下载

顷，粮食产量平均而言增加 0.75 万吨。$\hat{\beta}_2 = 6.49$ 表示在粮食作物播种面积保持不变的条件下，农用化肥施用量每增加 1 万吨，粮食产量平均而言增加 6.49 万吨。偏回归系数的估计值符合经济理论和常识。

调整的可决系数 $\overline{R}^2 = 0.9089$ 说明被解释变量粮食产量的变动中有 90.89% 可以由解释变量粮食作物播种面积和农用化肥施用量共同来解释，模型拟合得很好。

```
    Source |       SS          df       MS            Number of obs  =        23
-----------+----------------------------------         F(2, 20)       =    110.80
     Model | 2.6624e+09          2  1.3312e+09         Prob > F       =    0.0000
  Residual | 240 298 906        20 12 014 945.3        R-squared      =    0.9172
-----------+----------------------------------         Adj R-squared  =    0.9089
     Total | 2.9027e+09         22  131 942 212        Root MSE       =    3 466.3

-----------+----------------------------------------------------------------------
         Y |     Coef.    Std. Err.       t    P>|t|    [95% Conf. Interval]
-----------+----------------------------------------------------------------------
        X1 |  0.750883   0.1494521     5.02    0.000    0.4391312    1.062635
        X2 |  6.494252   0.4686165    13.86    0.000    5.516735    7.471769
     _cons | -60 758.38  17 038.49    -3.57    0.002   -96 300.04   -25 216.71
-----------------------------------------------------------------------------------
```

图 3 – 26　多元线性回归 OLS 估计结果

对该模型进行方程显著性检验需要建立原假设：$H_0: \beta_1 = \beta_2 = 0$。Stata 输出结果中给出了进行检验所需要的 F 统计量的值 110.8。因为 $F = 110.8$，查表可得临界值 $F_{0.05}(2, 20) = 3.49$，$F > F_{0.05}(2, 20) = 3.49$，所以在 0.05 的显著性水平下拒绝 H_0，接受 $H_1: \beta_1, \beta_2$ 不全为 0。说明在 0.05 的显著性水平下，粮食作物播种面积和农用化肥施用量对粮食产量有显著影响（或根据伴随概率 $P = 0.0000$ 小于 0.05 可作出相同判断）。

对该模型进行变量显著性检验需要分别建立原假设。如果想判断粮食作物播种面积对粮食产量是否有显著影响，需要建立原假设：$H_0: \beta_1 = 0$。其对应的 t 统计量值为 5.02，伴随概率为 $P = 0.000$。因为伴随概率小于 0.05，所以在 0.05 的显著性水平下可以拒绝 H_0，接受 $H_1: \beta_1 \neq 0$。说明在 0.05 的显著性水平下，粮食作物播种面积对粮食产量有显著影响。如果想判断农用化肥施用量对粮食产量是否有显著影响，需要建立原假设：$H_0: \beta_2 = 0$。其对应的 t 统计量值为 13.86，伴随概率为 $P = 0.000$。因为伴随概率小于 0.05，所以在 0.05 的显著性水平下可以拒绝 H_0，接受 $H_1: \beta_2 \neq 0$。说明在 0.05 的显著性水平下，农用化肥施用量对粮食产量有显著影响。

根据 Stata 的输出结果可知，在 95% 的置信水平下，β_1 的置信区间为 $[0.44, 1.06]$（保留 2 位小数），β_2 的置信区间为 $[5.52, 7.47]$（保留 2 位小数）。如果想知道偏回归系数的非默认置信水平的置信区间，例如 90%，可以在 Stata 中输入如下命令：

reg Y X1 X2, level(90)

Stata 输出结果如图 3 – 27 所示。

```
    Source |       SS          df       MS            Number of obs  =        23
-----------+----------------------------------         F(2, 20)       =    110.80
     Model | 2.6624e+09          2  1.3312e+09         Prob > F       =    0.0000
  Residual | 240 298 906        20 12 014 945.3        R-squared      =    0.9172
-----------+----------------------------------         Adj R-squared  =    0.9089
     Total | 2.9027e+09         22  131 942 212        Root MSE       =    3 466.3

-----------+----------------------------------------------------------------------
         Y |     Coef.    Std. Err.       t    P>|t|    [90% Conf. Interval]
-----------+----------------------------------------------------------------------
        X1 |  0.750883   0.1494521     5.02    0.000    0.4931201    1.008646
        X2 |  6.494252   0.4686165    13.86    0.000    5.686021    7.302483
     _cons | -60 758.38  17 038.49    -3.57    0.002   -90 144.97   -31 371.78
-----------------------------------------------------------------------------------
```

图 3 – 27　偏回归系数为 90% 的置信区间

根据 Stata 的输出结果可知，在 90% 的置信水平下，β_1 的置信区间为 [0.49，1.01]（保留 2 位小数），β_2 的置信区间为 [5.69，7.30]（保留 2 位小数）。比较偏回归系数的 95% 的置信区间可知，多元线性回归模型偏回归系数区间估计的置信水平下调（信度降低）后，相应的置信区间变窄（精度提高）了。

若想预测当粮食作物播种面积为 120 000 千公顷，农用化肥施用量为 6 000 万吨时的粮食产量均值，可以在 Stata 中输入如下命令：

display _b[_cons] + _b[X1] * 120000 + _b[X2] * 6000

可以得到 Stata 的输出结果 68 313.091，即当粮食作物播种面积为 120 000 千公顷，农用化肥施用量为 6 000 万吨时的粮食产量均值为 68 313.091 万吨。

如果要得到粮食作物播种面积为 120 000 千公顷，农用化肥施用量为 6 000 万吨时的粮食产量均值的置信水平为 95% 的置信区间，可以在 Stata 中输入如下命令：

adjust X1 = 120000 X2 = 6000, ci

Stata 输出结果如图 3 – 28 所示。

```
        Dependent variable: Y     Command: regress
        Covariates set to value: X1 = 120 000, X2 = 6 000


        All          xb            lb           ub

                  68 313.1      [65 486    71 140.1]

        Key:  xb        =  Linear Prediction
              [lb , ub] =  [95% Confidence Interval]
```

图 3 – 28　粮食产量均值的置信水平为 95% 的置信区间

根据以上输出结果可知，被解释变量粮食产量均值的置信水平为 95% 的置信区间为 [65 486，71 140.1]。

如果想知道被解释变量粮食产量均值的其他置信水平的置信区间，例如 99%，可以在 Stata 中输入如下命令：

adjust X1 = 120000 X2 = 6000, ci level(99)

Stata 输出结果如图 3 – 29 所示。

```
        Dependent variable: Y     Command: regress
        Covariates set to value: X1 = 120 000, X2 = 6 000


        All          xb            lb           ub

                  68 313.1      [64 456.9    72 169.3]

        Key:  xb        =  Linear Prediction
              [lb , ub] =  [99% Confidence Interval]
```

图 3 – 29　粮食产量均值的置信水平为 99% 的置信区间

根据以上输出结果可知，被解释变量粮食产量均值的置信水平为99%的置信区间为 $[64\,456.9，72\,169.3]$。比较被解释变量粮食产量均值的95%的置信区间可知，多元线性回归模型被解释变量区间预测的置信水平上调（信度提高）后，相应的置信区间变宽（精度降低）了。

本章习题

一、判断题

1. 线性回归模型 $Y_i = \beta_0 + \beta_1 X_{1i} + \beta_2 X_{2i} + u_i$ 的 F 检验的原假设是 $H_0: \beta_0 = \beta_1 = \beta_2 = 0$。

（　　）

2. 线性回归模型的随机误差项方差的最大似然估计量是无偏估计量。　　（　　）

3. 若线性回归模型满足经典假定，则 OLS 估计量是一致估计量。　　（　　）

4. 若随机误差项不服从正态分布，OLS 估计量不具有无偏性。　　（　　）

5. 二元线性回归模型进行 OLS 估计后得到的调整的可决系数值大于可决系数值。

（　　）

二、单选题

1. 下列哪个回归方程最可能是根据居民的人均收入（X）与消费支出（Y）的样本数据拟合得到的线性回归方程（　　）。

A. $\hat{y}_i = 120 - 0.6\,x_i$　　　　　　　　B. $\hat{y}_i = 120 + 0.6\,x_i$

C. $\hat{y}_i = -120 - 0.6\,x_i$　　　　　　　D. $\hat{y}_i = 120 - 1.6\,x_i$

2. 根据最小二乘法原理所拟合的一元线性回归方程，是使（　　）。

A. 残差和最小　　　　　　　　B. 残差绝对值的和最小

C. 残差绝对值的和为0　　　　　D. 残差平方和最小

3. 说明线性回归方程拟合程度的统计量是（　　）。

A. 可决系数　　　　　　　　　B. 回归系

C. 相关系数　　　　　　　　　D. 残差平方和

4. 对含有截距项的四元线性回归模型进行估计得残差平方和为800，样本容量为25，则随机误差项的方差的无偏估计量的值为（　　）。

A. 33.33　　　　　　　　　　B. 36.36

C. 38.09　　　　　　　　　　D. 40

5. 线性回归 $Y_i = \beta_0 + \beta_1 X_{1i} + \beta_2 X_{2i} + \cdots + \beta_k X_{ki} + u_i$ 中，方程显著性检验所用的统计量服从（　　）分布（n 为样本容量）。

A. $t(n-k)$　　　　　　　　　B. $t(n-k-1)$

C. $F(k, n-k-1)$　　　　　　　D. $F(k-1, n-k)$

三、问答计算题

1. 多元线性回归模型的经典假定有哪些？满足经典假定的 OLS 估计量具有什么优良性质？

2. 若 $Y_i = \beta_0 + \beta_1 X_i + u_i$ 进行 OLS 估计后，$TSS = \sum(\hat{y}_i - \bar{y})^2, ESS = \sum(\hat{y}_i - \bar{y})^2, RSS =$

$\sum (y_i - \hat{y}_i)^2$，问 TSS 和 ESS、RSS 之间存在什么关系？并证明你的结论。

3. 若总体回归模型为 $Y_i = \beta_0 + \beta_1 X_i + u_i$，根据收集到的样本数据发现 Y 和 X 的样本相关系数为 0.8，且 Y 的样本标准差是 X 的样本标准差的两倍，则对应的 β_1 的 OLS 估计量 $\hat{\beta}_1$ 的值为多少？

4. 若 $Y_i = \beta_0 + \beta_1 X_i + u_i$ 进行 OLS 估计后，$\hat{\beta}_1$ 对应的变量显著性检验 t 统计量的值为 2.5，则对应的方程显著性检验 F 统计量的值为多少？

5. 若 $Y_i = \beta_0 + \beta_1 X_{1i} + \beta_2 X_{2i} + \beta_3 X_{3i} + u_i$ 在收集 13 对数据并进行 OLS 估计后，$R^2 = 0.9$，则对应的方程显著性检验的 F 统计量的值为多少？

6. 若总体回归模型为 $Y_i = \beta_0 + \beta_1 X_{1i} + \beta_2 X_{2i} + u_i$，被解释变量 Y 为某商品的销售量（件），解释变量 X_1 为人均收入（元），解释变量 X_2 为该商品价格（元/件），样本容量为 23，若 OLS 回归结果如下（括号内为标准差）：

$$\hat{y}_i = 22.15 + 0.15 x_{1i} - 0.06 x_{1i}$$
$$(8.86) \quad (0.06) \quad (0.02)$$
$$R^2 = 0.85$$

（1）调整的可决系数为多少？

（2）检验 β_0 是否与零显著不同（在 1% 的显著性水平下）。

（3）检验 β_1 是否与零显著不同（在 5% 的显著性水平下）。

（4）检验 β_2 是否与零显著不同（在 10% 的显著性水平下）。

（5）估计 β_0 的置信水平为 90% 的置信区间。

（6）估计 β_1 的置信水平为 95% 的置信区间。

（7）估计 β_2 的置信水平为 99% 的置信区间。

7. 若总体回归模型为 $Y_i = \beta_0 + \beta_1 X_i + u_i$，被解释变量 Y 为我国一般公共预算收入（亿元），解释变量 X 为国内生产总值（亿元），数据来自《中国统计年鉴 2022》，dta 格式的数据文件名为 lianxi3.1.dta，在 Stata 中打开该文件后进行 OLS 回归，输出结果如图 3 -30 所示。

lianxi3.1.dta 下载

Source	SS	df	MS		Number of obs	=	44
					F(1, 42)	=	3 540.90
Model	1.8954e+11	1	1.8954e+11		Prob > F	=	0.0000
Residual	2.2482e+09	42	53 529 153.4		R-squared	=	0.9883
					Adj R-squared	=	0.9880
Total	1.9179e+11	43	4.4602e+09		Root MSE	=	7 316.4

Y	Coef.	Std. Err.	t	P>|t|	[95% Conf. Interval]	
X	0.1993463	0.00335	59.51	0.000	0.1925856	0.2061069
_cons	-1 550.708	1 414.118	-1.10	0.279	-4 404.515	1 303.098

图 3 -30　回归结果

（1）写出样本回归方程。

（2）β_0是否显著不为 0（显著性水平 0.05）？

（3）若总体回归模型为 $Y_i = \beta_1 X_i + u_i$，相应的 OLS 回归结果如图 3-31 所示。

Source	SS	df	MS			
				Number of obs	=	44
				F(1, 43)	=	5 660.20
Model	3.0441e+11	1	3.0441e+11	Prob > F	=	0.0000
Residual	2.3126e+09	43	53 781 250.2	R-squared	=	0.9925
				Adj R-squared	=	0.9923
Total	3.0673e+11	44	6.9710e+09	Root MSE	=	7 333.6

Y	Coef.	Std. Err.	t	P>|t|	[95% Conf. Interval]	
X	0.1970473	0.0026191	75.23	0.000	0.1917653	0.2023292

图 3-31　回归结果

（4）写出样本回归方程。

（5）进行经济意义检验。

（6）可决系数为多少？

（7）β_1是否显著不为 0（显著性水平为 0.05）？

（8）写出 β_1 的置信区间（置信水平为 95%）。

第三章习题参考答案下载

线性回归分析专题

■ 学习目标

1. 了解并掌握将对数形式、多项式形式的非线性回归模型转化为线性回归模型的技巧;

2. 掌握虚拟变量的设定方法;

3. 了解在回归中加入交叉项变量所代表的含义,掌握交叉项回归的方法;

4. 了解门槛回归模型的基本思想与检验方法;

5. 能应用 Stata 软件对可转化为线性回归模型的非线性回归模型、含虚拟变量和含交叉项的线性回归模型进行回归分析。

■ 课程思政与导读

智圆行方

凡人之道,心欲小,志欲大;智欲圆,行欲方。——老子《文子·微明》

本章内容也充分地体现了"智欲圆,行欲方"的道理。针对不能直接使用普通线性回归模型的特殊问题,通过对数化等方式将模型转化为适用于线性回归模型的形式,以变通的思路妥善地解决了几类非线性回归模型的估计难题,巧妙而不失规范。此外,本章所讲授的门槛回归模型完善了传统做法中主观设定门限值所产生的弊端,通过更为严谨的统计方法对此门限值进行参数估计与假设检验,做法更加规范。

同学们,希望你们通过本章内容的学习,能更深刻地领悟"智圆行方"的人生哲理,在未来的学习与工作中遇到难题时能开阔思路并行事规范,努力做到"有巧思,不逾矩"。

■ 应用案例

本章案例主要体现我国居民人均可支配收入对居民人均消费的影响,通过对该问题的探究,建立可转化为线性回归模型的对数形式、多项式形式的回归模型,并在回归中加入用于区分农村与城镇的虚拟变量以及该虚拟变量与居民人均可支配收入对数的交叉项,加深读者对本章知识的理解。

党的二十大报告指出,近十年我国"居民人均可支配收入从一万六千五百元增加到三万五千一百元",可支配收入的持续增长也将对扩大内需起到重要作用,在党的二十大报告提出"着力扩大内需,增强消费对经济发展的基础性作用和投资对优化供给结构的关键作用"的政策背景下,探究居民人均可支配收入对居民人均消费的影响也具有重要的现实意义。

第三章已系统介绍了单方程线性回归模型，用于处理被解释变量与解释变量间的线性关系估计。但现实情况中，我们所感兴趣的被解释变量与解释变量之间未必符合线性关系，一些特殊形式的非线性回归模型可通过处理或变形转化成线性回归模型，如何处理这类非线性回归模型值得深入探究。有时，我们感兴趣的解释变量并非连续变量，而是事物的属性或分类。对于此类问题，如何设定表示属性或分类的离散变量并将其引入线性回归模型有待研究。此外，在进行回归分析时，我们不仅仅关心整体的回归结果，也需关注在不同子样本下回归结果是否稳定，当用于划分样本的变量不是离散变量而是如人均国民收入等连续变量时，如何估计和检验该连续变量的门限值有待解决。本章将针对非线性模型的线性化、虚拟变量、门限回归三方面内容进行系统讲解，以阐述解决上述问题的方法。

第一节 非线性模型的线性化

一、参数线性形式

现实中，有些模型虽然被解释变量与解释变量不存在线性关系，但被解释变量对于参数满足线性性。对于此类参数线性形式的模型，可通过变形，将模型转化为变量线性形式，从而通过线性回归模型的方法解决参数的估计问题。本小节以双曲函数模型和多项式回归模型为例，详细讲述此类方法。

（一）双曲函数模型

双曲函数模型形式如下：

$$Y = \alpha + \beta \frac{1}{X} + u \tag{4-1}$$

其特点在于符合参数线性的形式，且解释变量通过以倒数形式出现在模型中。当解释变量 X 趋于无穷时，被解释变量将无限接近某个常数，因此，双曲函数模型也被称为倒数模型。设定变量 Z 等于变量 X 的倒数，于是（4-1）式转化为：

$$Y = \alpha + \beta Z + u \tag{4-2}$$

使用线性回归模型估计（4-2）式中的参数，即可解决双曲函数模型的参数估计问题。

很多现实经济问题适用于双曲函数模型，如恩格尔曲线、菲利普斯曲线、生产过程中的平均固定成本曲线等。

（二）多项式回归模型

现实中，通常使用多项式回归模型描述总成本与产出之间的关系，具体形式如下：

$$Y = \alpha + \beta X + \gamma X^2 + u \tag{4-3}$$

其中，Y 表示总成本，X 表示产出。

多项式回归模型的特点在于符合参数线性的形式，且解释变量以不同次幂的形式与待估参数相乘。因此，设定变量 $Z = X^2$，即可将（4-3）式转化为形如（4-4）式的线性回归模型，由此可通过线性回归模型估计相应参数。

$$Y = \alpha + \beta X + \gamma Z + u \qquad (4-4)$$

二、对数形式

有一类模型虽然不满足参数线性的形式，但可通过一系列变形转化为参数线性模型，最为常见的变形方法就是对变量取对数。

（一）双对数模型

以常用的柯布-道格拉斯生产函数为例：

$$Q = AK^{\alpha}L^{\beta}u \qquad (4-5)$$

其中，Q 表示厂商总产出，K 表示生产中所投入的物质资本，L 表示生产中所投入的劳动力资本，A 表示综合技术水平。

在（4-5）式的等号两边同时取对数，得到：

$$\ln Q = \ln A + \alpha \ln K + \beta \ln L + \ln u \qquad (4-6)$$

由此将幂函数形式转化为参数线性形式，令 $\ln Q = Y$，$\ln K = X_1$，$\ln L = X_2$，$\ln u = u^*$，$\ln A = \alpha_0$，（4-6）式则可表示为：

$$Y = \alpha_0 + \alpha X_1 + \beta X_2 + u^* \qquad (4-7)$$

事实上，由（4-8）式可以看出，一个变量的对数的变化量代表了这个变量的变化率：

$$d\ln Q = dQ/Q \qquad (4-8)$$

因此，（4-6）式中待估参数所代表的经济学含义为在劳动力资本投入不变的情况下，物质资本投入每增加 1%，可使产出平均增加 α%；在物质资本投入不变的情况下，劳动力资本投入每增加 1%，可使产出平均增加 β%。

（二）半对数模型

在某些经济学问题中，我们仅对某一个经济变量的变化率感兴趣，此时模型的被解释变量和解释变量中仅有一个表示为对数形式，另一个变量在模型中表现为线性形式，我们将这类模型称为半对数模型。以经济决策过程中应用较广的复利公式为例：

$$Y_n = Y_0(1 + r)^n \qquad (4-9)$$

其中，Y_0 代表本金，r 代表每期的利率，n 代表期数，Y_n 代表 n 期后的本利总和。

在（4-9）式等号两边同时取对数，得到：

$$\ln Y_n = \ln Y_0 + n\ln(1 + r) \qquad (4-10)$$

由此可得，每增加一期（n 每变动 1 个单位），可使 Y_n 变动 $100ln(1+r)\%$。

我们将（4-10）式这类被解释变量为对数形式，解释变量为线性形式的模型称为对数—线性模型。当模型的被解释变量为线性形式，解释变量为对数形式时，将其称为线性—对数模型，如（4-11）式所示。

$$Y = \alpha + \beta \ln X + u \qquad (4-11)$$

第二节　虚拟变量的概念及其应用

一、虚拟变量的概念

前面章节所提到的变量均是可以度量的，代表了某个指标的具体数量，在模型中以连续变量的形式出现。在经济问题中，我们也经常遇到一些表示不同属性的变量，例如性别、民族、季节等，这些变量的共同特点为取值是离散的，可用于定性描述样本在某方面的属性但无法定量度量。对于此类变量，我们通常使用设定虚拟变量的方法将它引入回归模型中。例如，反映样本性别的虚拟变量可设置为：

$$D = \begin{cases} 1, & 男性 \\ 0, & 女性 \end{cases} \qquad (4-12)$$

反映是否参加培训的虚拟变量可设置为：

$$D = \begin{cases} 1, & 参加 \\ 0, & 不参加 \end{cases} \qquad (4-13)$$

在设置虚拟变量时，通常将肯定类型的属性取值为 1，否定类型的属性取值为 0。通过虚拟变量的定义可实现属性类离散变量在回归模型中的"量化"。

虚拟变量也可实现对连续变量不同数量等级的分类。例如，变量 X 表示家庭人均年收入，当 X 小于 15 000 元时，认为该家庭为低收入家庭，虚拟变量 D 表示家庭是否为低收入家庭，定义如下：

$$D = \begin{cases} 1, & X < 15\ 000 \\ 0, & X \geqslant 15\ 000 \end{cases} \qquad (4-14)$$

因此，通过定义虚拟变量 D，可将总样本分为低收入家庭和非低收入家庭两个组别。

通过虚拟变量的定义实现不同年龄组的分类也较为常用。例如，变量 X 表示了成年个体的年龄，通过虚拟变量 D 的定义，可将样本分为以 60 岁为界的中青年群体与老年群体两个年龄组，即：

$$D = \begin{cases} 1, & X < 60 \\ 0, & X \geqslant 60 \end{cases} \qquad (4-15)$$

二、虚拟变量的设置原则

在设置虚拟变量时，有一个需特别注意的设置原则，即对于存在 n 类可选属性或分类的某经济变量，只需在模型中引入 $n-1$ 个虚拟变量。例如，对于季节变量，存在春、夏、秋和冬四个备选属性，模型中只需设置三个表示季节的虚拟变量，即：

$$D_1 = \begin{cases} 1, & 春季 \\ 0, & 非春季 \end{cases} \qquad (4-16)$$

$$D_2 = \begin{cases} 1, & 夏季 \\ 0, & 非夏季 \end{cases} \qquad (4-17)$$

$$D_3 = \begin{cases} 1, & 秋季 \\ 0, & 非秋季 \end{cases} \qquad (4-18)$$

在此设置下，当 D_1、D_2 与 D_3 中已存在一个变量取值为 1 时，说明目前的季节不是冬季；当 D_1、D_2 与 D_3 均取值为 0 时，则说明目前的季节是冬季。因此，只需根据其他三类属性的虚拟变量取值即可判定当前季节是否为冬季，不需额外设置表示是否为冬季的虚拟变量。

此外，若将存在 n 种可选属性或分类的某经济变量设置成 n 个虚拟变量共同作为线性回归模型的解释变量，则会造成解释变量的所有样本所组成的矩阵不满秩，导致待估参数无法唯一解出。这就是所谓的"虚拟变量陷阱"，应避免此类情况发生。

三、虚拟变量的引入方式

在完成虚拟变量设置之后，我们的目的是将虚拟变量引入线性回归模型，较常见的引入方式有加法方式、乘法方式以及临界点的虚拟变量引入方式三类。

（一）加法方式

以性别因素对工资收入的影响问题为例，具体线性回归模型如（4-19）式所示：

$$Y = \alpha_0 + \alpha_1 X + \alpha_2 D + u \qquad (4-19)$$

其中，Y 代表个体的月收入，X 代表个体的工作年限，虚拟变量 D 代表劳动者的性别，具体设定如（4-12）式所示。待估参数 α_2 的经济学含义为在工作年限相同的前提下，男性劳动者月收入的总体均值与女性劳动者月收入总体均值的差值为 α_2。

将总样本分为男性样本与女性样本两个子样本，（4-19）式所代表的回归模型在两类子样本中的回归方程如（4-20）式与（4-21）式所示。

$$男性子样本：Y = \alpha_0 + \alpha_2 + \alpha_1 X + u \qquad (4-20)$$

$$女性子样本：Y = \alpha_0 + \alpha_1 X + u \qquad (4-21)$$

因此，以加法方法引入的虚拟变量可体现不同属性或类别子样本回归模型的截距差异。

（二）乘法方式

以加法方式引入的虚拟变量可体现不同属性子样本回归模型的截距差异，而在许多经济问题中，不同属性或分类的子样本的线性回归模型差异体现在模型的斜率上。此时，可通过以乘法方式引入虚拟变量，以体现不同类别子样本的线性回归模型的斜率差异。例如，变量 Y 代表家庭教育支出，变量 X 代表家庭人均可支配收入（每年），虚拟变量 D 代表农村与城镇的分类，定义如（4-22）式所示：

$$D = \begin{cases} 1, & 城镇家庭 \\ 0, & 农村家庭 \end{cases} \tag{4-22}$$

建立家庭人均可支配收入对家庭教育支出影响的线性回归模型，如（4-23）式所示：

$$Y = \alpha_0 + \alpha_1 X + \alpha_2 DX + u \tag{4-23}$$

在此模型中，对于城镇家庭的子样本，线性回归方程为：

$$Y = \alpha_0 + (\alpha_1 + \alpha_2) X + u \tag{4-24}$$

对于农村家庭的子样本，线性回归方程为：

$$Y = \alpha_0 + \alpha_1 X + u \tag{4-25}$$

（4-24）式与（4-25）式所表示的线性回归方程的差异在于变量 X 的斜率系数不同。当（4-23）式所表示的线性回归模型中系数 α_2 显著不为 0 时，家庭人均可支配收入对家庭教育支出的影响在城镇与农村之间存在异质性。对于城镇家庭，家庭人均可支配收入每提高 1 个单位，可使家庭教育支出平均增长 $\alpha_1 + \alpha_2$ 个单位；而对于农村家庭，家庭人均可支配收入每提高 1 个单位，可使家庭教育支出平均增长 α_1 个单位。

因此，以乘法方式引入虚拟变量时，不同类别子样本的解释变量斜率项有所差异，从而可体现在不同属性或分类下解释变量对被解释变量的影响存在异质性。

四、临界点的虚拟变量引入方式

在经济问题的研究中，我们经常遇到解释变量对被解释变量的影响方向或强度在某个临界点发生变化的情况。特别是当被解释变量与解释变量是时变型变量时，若在某时间点发生对被解释变量和解释变量存在较大影响的突发情况或政策变化时，则可能造成在此时间转折点处线性回归模型的斜率与截距发生突变，从而导致回归直线发生转折。

例如，当我们研究国内生产总值（设为 X）对我国进出口总额（设为 Y）的影响时，需注意到 1978 年底我国实行的改革开放政策，在政策实施前后，国内生产总值对国家进出口总额的影响也将发生变化。设 t 时期，我国进出口总额与国内生产总值分别为 Y_t 与 X_t，设代表改革开放的转折点为 t^*，即 $t^* = 1978$。设转折点 t^* 时期我国国内生产总值为 X_{t^*}，则 X_{t^*} 可以看作回归曲线发生转折的临界点。设虚拟变量 D_t 的取值代表临界点前后的两个不同发展阶段，具体取值如下：

$$D_t = \begin{cases} 1, & t \geq t^* \\ 0, & t < t^* \end{cases} \tag{4-26}$$

对于此类问题，可将该虚拟变量引入线性回归模型，具体如下：

$$Y_t = \alpha_0 + \alpha_1 X_t + \alpha_2 (X_t - X_{t^*}) D_t + u_t \tag{4-27}$$

在此设定下，当 $t \geq t^*$ 时，$Y_t = \alpha_0 - \alpha_2 X_{t^*} + (\alpha_1 + \alpha_2) X_t + u_t$；当 $t < t^*$ 时，$Y_t = \alpha_0 + \alpha_1 X_t + u_t$。该方法保证了两方面的效果：第一，回归曲线在临界值点是连续的，不存在断点；第二，可体现临界点前后解释变量对被解释变量影响的差异，回归曲线以临界点为界，斜率发生变动。

值得注意的是，使用该处理方法的前提是临界点的取值明确。因此，仅当已知某个政策的施行时间、某个突发情况的发生时间时，才适合使用临界点的虚拟变量引入。此回归模型所表示的几何图形如图 4-1 所示。

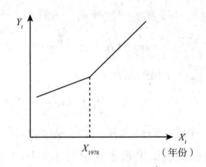

图 4-1 以 1978 年为转折点的分段线性回归曲线

五、交叉项的引入方式

在此前虚拟变量引入的内容中，我们提到了以乘法方法引入虚拟变量的方式，即 (4-23) 式所代表的回归模型。在该模型中，城镇家庭人均可支配收入对家庭教育支出影响的边际效应为 $\alpha_1 + \alpha_2$，农村家庭人均可支配收入对家庭教育支出影响的边际效应为 α_1，加入虚拟变量与解释变量的交叉项可体现解释变量对被解释变量的影响受到该虚拟变量的调节效应。

调节是社会科学研究中重要的方法概念，是研究者探索多个变量之间关系的重要手段。如果被解释变量 Y 与解释变量 X 的关系（回归斜率的方向和大小）随第三个变量 Z 的变化而变化，则称 Z 在 X 和 Y 之间存在调节作用，此时称 Z 为调节变量。在实际问题中，调节变量不仅仅局限于虚拟变量，连续变量也可以作为调节变量，影响着解释变量对被解释变量作用的方向与强度。在线性回归模型中加入解释变量与调节变量的交叉项可检验调节效应的显著性，并量化调节效应，回归模型如 (4-28) 式所示。

$$Y = \alpha_0 + \alpha_1 X + \alpha_2 ZX + \alpha_3 Z + e \tag{4-28}$$

在此模型中，变量 X 对变量 Y 影响的边际效应为 $\alpha_1 + \alpha_2 Z$，当系数 α_2 显著不为 0 时，变量 X 对变量 Y 的影响随着调节变量 Z 取值的变动而变动。

值得注意的是，含交叉项的回归模型中一般需包含组成交叉项的主要变量作为独立变量，如（4 – 28）式的模型中，除了交叉项 ZX 外，变量 X 与变量 Z 也单独出现在回归中。

第三节 门限回归

一、门限回归模型

在进行回归分析时，我们不仅关心整体的回归结果，也需关注回归结果是否稳定。例如，可将总样本按性别、地区等属性分成不同子样本分别进行回归，以检验在不同属性下解释变量对被解释变量的影响是否存在差异。有时，用于划分样本的变量不是离散变量而是如人均国民收入、家庭总收入等的连续变量，在这种情况下回归模型可表示为以下形式：

$$\begin{cases} y_i = \alpha_1 x_i + u_i, & q_i \leqslant \gamma \\ y_i = \alpha_2 x_i + u_i, & q_i > \gamma \end{cases} \tag{4 – 29}$$

其中，q_i 为划分样本的连续变量，γ 为划分样本的门限值。当门限值的具体取值已知时，可通过设置虚拟变量或分样本回归的方法进行处理。而现实情况中，门限值的具体取值通常是未知的，较为传统的做法是研究者主观给定一个门限值，在此基础上进行回归分析。这种做法虽保证了回归分析的可操作性，但此门限值基于研究者的主观决策，未进行参数估计及检验，其准确性有待探究。为此，汉森（Hansen，2000）提出了门限回归（threshold regression）的方法，以更为严谨的统计方法对此门限值进行参数估计与假设检验。在门限回归中，称 q_i 为门限变量，其对应的门限值 γ 未知，回归模型可表示为如下形式：

$$y_i = \alpha_1 x_i 1(q_i \leqslant \gamma) + \alpha_2 x_i 1(q_i > \gamma) + u_i \tag{4 – 30}$$

其中，$1(\cdot)$ 代表了示性函数，当括号内的关系式成立时取值为 1，否则取值为 0。

当给定 γ 的取值时，（4 – 30）式可写为：

$$y_i = \alpha_1 z_{i1} + \alpha_2 z_{i2} + u_i \tag{4 – 31}$$

其中，$z_{i1} = x_i 1(q_i \leqslant \gamma)$，$z_{i2} = x_i 1(q_i > \gamma)$。此时，在给定 γ 的前提下，可使用 OLS 回归估计 α_1 与 α_2，得到估计值 $\hat{\alpha}_1(\gamma)$ 与 $\hat{\alpha}_2(\gamma)$，并计算该回归的残差平方和 $SSR(\gamma)$。设样本总数为 n，由于示性函数 $1(q_i \leqslant \gamma)$ 与 $1(q_i > \gamma)$ 只能取值为 0 或 1，γ 的备选取值仅需考虑 $\{q_i\}_{i=1}^{n}$，因为 γ 取 $\{q_i\}_{i=1}^{n}$ 以外的其他值不会对样本的划分产生影响，在备选值 $\{q_i\}_{i=1}^{n}$ 中选择使 $SSR(\gamma)$ 的值达到最小化的 $\hat{\gamma}$，从而得到门限值及参数的估计量 $(\hat{\gamma}, \hat{\alpha}_1(\hat{\gamma}), \hat{\alpha}_1(\hat{\gamma}))$。

二、门限回归模型的检验

对于门限回归模型，还需检验门限效应是否存在。设原假设为 "$H_0: \alpha_1 = \alpha_2$"，当没有充分理由拒绝原假设时，门限效应不存在；反之，当有充分的理由拒绝原假设时，门限效应存在。设在原假设 "$H_0: \alpha_1 = \alpha_2$" 的约束下回归模型所得到的残差平方和为 SSR^*，显然，有约束的条件下所得到的残差平方和不小于无约束条件下的残差平方和，即 $SSR^* \geq SSR(\hat{\gamma})$。如果 $SSR^* - SSR(\hat{\gamma})$ 越大，说明添加约束条件后残差平方和的增量越大，更倾向于拒绝该约束条件所对应的原假设 "$H_0: \alpha_1 = \alpha_2$"。汉森（1999）构造了如下似然比检验（LR）统计量：

$$LR = \left[SSR^* - SSR(\hat{\gamma}) \right] / \hat{\sigma}^2 \qquad (4-32)$$

其中，$\hat{\sigma}^2 = \dfrac{SSR(\hat{\gamma})}{n}$，是对扰动项方差的一致估计。检验统计量 LR 的渐进分布依赖于样本矩，并非标准的 χ^2 分布，可使用 bootstrap 的方法求得该统计量分布的临界值。将计算得到的 LR 统计量的值与临界值进行对比，当 LR 统计量的值小于临界值时，无法拒绝原假设，认为不存在门限效应；否则，拒绝原假设，认为存在门限效应。在 Stata 软件中，门限回归可使用 "threshold" 命令完成，可在软件运行窗口输入 "helpthreshold" 获取该命令的详细内容。

第四节　案例与 Stata 应用

一、对数形式与多项式形式的应用模型

【例题 4.1】我国居民人均可支配收入的持续增长将对扩大内需产生重要作用。本案例拟探究我国居民人均可支配收入对居民人均消费的影响，通过对该问题的探究，加深同学们对本章所述模型与方法的理解。

首先，在《中国统计年鉴》中选取 2002 ~ 2021 年中国居民人均可支配收入与人均消费支出数据（见表 4 - 1）。

表 4 - 1　　　　　　　2002 ~ 2021 年中国居民人均可支配收入与人均消费支出数据

年份（year）	全国居民人均可支配收入（x）	全国居民人均消费支出（y）	年份（year）	全国居民人均可支配收入（x）	全国居民人均消费支出（y）
2002	4 531.6	3 547.7	2005	6 384.7	5 035.4
2003	5 006.7	3 888.6	2006	7 228.8	5 634.4
2004	5 660.9	4 395.3	2007	8 583.5	6 591.9

年份 （year）	全国居民人均 可支配收入 （x）	全国居民人 均消费支出 （y）	年份 （year）	全国居民人均 可支配收入 （x）	全国居民人 均消费支出 （y）
2008	9 956.5	7 547.7	2015	21 966.2	15 712.4
2009	10 977.5	8 376.6	2016	23 821.0	17 110.7
2010	12 519.5	9 378.3	2017	25 973.8	18 322.1
2011	14 550.7	10 819.6	2018	28 228.0	19 853.1
2012	16 509.5	12 053.7	2019	30 732.8	21 558.9
2013	18 310.8	13 220.4	2020	32 188.8	21 209.9
2014	20 167.1	14 491.4	2021	35 128.1	24 100.1

资料来源：《中国统计年鉴》。

（一）对数形式

居民人均可支配收入的提高使居民可用于消费的资产增加，从而促进人均消费支出的提高，考虑到居民所需要的生活必需品有限，消费支出的增加速度通常也随着人均收入的提高而逐渐减缓。因此，考虑使用幂函数的形式描述人均可支配收入对居民人均消费支出的影响，即：

$$y = Ax^{\alpha_1} \tag{4-33}$$

对于（4-33）式所表示的非线性回归模型，可使用双对数形式进行处理，在等式左右两边同时取对数，可将（4-33）式转化为线性回归模型，即：

$$\ln y = \alpha_0 + \alpha_1 \ln x + u \tag{4-34}$$

其中，$\alpha_0 = \ln A$，μ 为回归模型的随机误差项。

为验证模型设定的合理性，使用 Stata 软件绘制散点图，将近 20 年全国居民人均消费支出和人均可支配收入的数据导入 Stata 数据表中，其中全国居民人均可支配收入设为变量 x，全国居民人均消费支出设为变量 y，并对两个变量取对数值，具体程序如下，所得到的散点图如图 4-2 所示。

```
gen lny = log(y)
gen lnx = log(x)
scatter lny lnx
```

由散点图可见，$\ln y$ 与 $\ln x$ 之间的关系贴合线性曲线，使用双对数模型处理该问题是合理的。双对数模型的线性回归 Stata 程序及运行结果如图 4-3 所示。

一个变量取对数后，它的变化量等于这个变量的变化率，（4-34）式所构建的双对数模型可表示变量 x 对变量 y 影响的弹性，即居民人均可支配收入每增加 1%，居民人均消费支出提高 0.928%。

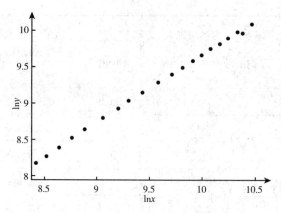

图 4 - 2　人均可支配收入与人均消费支出的双对数模型散点图

```
reg lny lnx
```

Source	SS	df	MS			
				Number of obs	=	20
				F(1,18)	=	27 214.29
Model	7.22307112	1	7.22307112	Prob > F	=	0.0000
Residual	0.004777463	18	0.000265415	R-squared	=	0.9993
				Adj R-squared	=	0.9993
Total	7.22784859	19	0.380413083	Root MSE	=	0.01629

lny	Coefficient	Std.err.	t	P>|t|	[95% conf. interval]	
lnx	0.9283614	0.0056275	164.97	0.000	0.9165383	0.9401844
_cons	0.3778724	0.0538439	7.02	0.000	0.2647504	0.4909943

图 4 - 3　双对数模型的线性回归 Stata 程序及运行结果

（二）多项式形式

在双对数模型的基础上，考虑到消费所带来的边际效用随着消费的提高而递减，可支配收入对消费支出的影响弹性也可能随着收入水平的提高而降低。因此，尝试在双对数模型中增加 $\ln x$ 的平方项，具体模型如（4 - 35）式所示。

$$\ln y = \alpha_0 + \alpha_1 \ln x + \alpha_2 (\ln x)^2 + u \tag{4 - 35}$$

应用 Stata 软件运行该回归模型，程序与运行结果如图 4 - 4 所示。

由回归结果可见，加入 $\ln x$ 的平方项后，$\ln x$ 的一次项系数依然为正且显著，同时 $\ln x$ 平方项的系数为负且显著，说明虽然居民人均可支配收入对居民人均消费存在显著正向影响，但居民人均可支配收入对居民人均消费支出的影响系数随着居民人均可支配收入的提高而降低。

```
reg lny lnx c.lnx#c.lnx
```

Source	SS	df	MS		
				Number of obs =	20
				F(2,17) =	27 757.19
Model	7.22502595	2	3.61251297	Prob > F =	0.0000
Residual	0.00282264	17	0.000166038	R-squared =	0.9996
				Adj R-squared =	0.9996
Total	7.22784859	19	0.380413083	Root MSE =	0.01289

lny	Coefficient	Std.err.	t	P>|t|	[95% conf. interval]	
lnx	1.46862	0.1575161	9.32	0.000	1.13629	1.80095
c.lnx#c.lnx	-0.028557	0.0083227	-3.43	0.003	-0.0461163	-0.0109977
_cons	-2.165185	0.7423718	-2.92	0.010	-3.731452	-0.5989173

图 4 - 4　程序与运行结果

以上数据和 Stata 软件程序可扫描二维码获取。

liti4. 1. dta 下载

liti4. 1. do 下载

二、虚拟变量与交叉项引入的应用模型

【例题 4.2】城镇与农村的平均人均消费水平有较大差异，那么城镇与农村的地区差异是否会造成居民人均可支配收入对居民人均消费影响的异质性？为探究这个问题，我们将居民人均可支配收入与人均消费支出的数据细分为城镇与农村两种情况，2002～2021 年的具体数据如表 4 - 2 所示。

表 4 - 2　　　2002～2021 年中国城镇与农村居民人均可支配收入与人均消费支出数据

年份 （$year$）	城镇居民人均 可支配收入 （x_1）	城镇居民人 均消费支出 （y_1）	农村居民人均 可支配收入 （x_1）	农村居民人 均消费支出 （y_1）
2002	7 652.4	6 088.5	2 528.9	1 917.1
2003	8 405.5	6 587.1	2 690.3	2 049.6
2004	9 334.8	7 280.5	3 026.6	2 326.5

年份 （year）	城镇居民人均 可支配收入 （x_1）	城镇居民人 均消费支出 （y_1）	农村居民人均 可支配收入 （x_1）	农村居民人 均消费支出 （y_1）
2005	10 382. 3	8 067. 7	3 370. 2	2 748. 8
2006	11 619. 7	8 850. 7	3 731. 0	3 072. 3
2007	13 602. 5	10 195. 7	4 327. 0	3 535. 5
2008	15 549. 4	11 489. 0	4 998. 8	4 054. 0
2009	16 900. 5	12 557. 7	5 435. 1	4 464. 2
2010	18 779. 1	13 820. 7	6 272. 4	4 944. 8
2011	21 426. 9	15 554. 0	7 393. 9	5 892. 0
2012	24 126. 7	17 106. 6	8 389. 3	6 667. 1
2013	26 467. 0	18 487. 5	9 429. 6	7 485. 1
2014	28 843. 9	19 968. 1	10 488. 9	8 382. 6
2015	31 194. 8	21 392. 4	11 421. 7	9 222. 6
2016	33 616. 2	23 078. 9	12 363. 4	10 129. 8
2017	36 396. 2	24 445. 0	13 432. 4	10 954. 5
2018	39 250. 8	26 112. 3	14 617. 0	12 124. 3
2019	42 358. 8	28 063. 4	16 020. 7	13 327. 7
2020	43 833. 8	27 007. 4	17 131. 5	13 713. 4
2021	47 411. 9	30 307. 2	18 930. 9	15 915. 6

资料来源：历年《中国统计年鉴》。

为区分城镇和农村两种属性的样本，设置代表样本地区特征的虚拟变量 city，具体设定如下：

$$city = \begin{cases} 1, & 城镇 \\ 0, & 农村 \end{cases} \tag{4-36}$$

（4-37）式以加法方式将虚拟变量 city 引入双对数回归模型，模型表示城镇和农村之间的地区差异仅影响了人均消费支出的总体水平，不会造成城市与农村两种区域属性下居民人均可支配收入对居民人均消费的影响差异，即两种地区分类差异仅影响线性回归模型的截距项，不会改变居民人均可支配收入对居民人均消费的影响系数。

$$\ln y_1 = \beta_0 + \beta_1 \ln x_1 + \beta_2 city + u \tag{4-37}$$

（4 – 38）式以乘法方式将虚拟变量 $city$ 引入双对数回归模型。在此设定下，居民人均可支配收入的对数对居民人均消费的对数的影响系数变为 $\beta_1 + \beta_2 city$，当 β_2 显著时，城镇地区居民人均可支配收入的对数对居民人均消费的对数的影响系数为 $\beta_1 + \beta_2$，农村地区居民人均可支配收入的对数对居民人均消费的对数的影响系数为 β_1，当 β_2 显著不为 0 时，农村和城市的地区差异将带来居民人均可支配收入对居民人均消费影响的异质性。

$$\ln y_1 = \beta_0 + \beta_1 \ln x_1 + \beta_2 city \times \ln x_1 + u \tag{4 – 38}$$

以两种方式引入虚拟变量的 Stata 程序语句及运行结果如图 4 – 5 所示。

```
reg lny1 lnx1 city
reg lny1 lnx1 c.city#c.lnx1
```

Source	SS	df	MS			
				Number of obs	=	40
				F(2,37)	=	4 524.19
Model	22.578362	2	11.289181	Prob > F	=	0.0000
Residual	0.092325803	37	0.002495292	R-squared	=	0.9959
				Adj R-squared	=	0.9957
Total	22.6706878	39	0.581299687	Root MSE	=	0.04995

lny1	Coefficient	Std.err.	t	P>|t|	[95% conf. interval]	
lnx1	0.9616386	0.0129351	74.34	0.000	0.9354296	0.9878476
city	-0.0785129	0.0208869	-3.76	0.001	-0.1208338	-0.0361921
_cons	0.1234629	0.1155485	1.07	0.292	-0.1106605	0.3575864

Source	SS	df	MS			
				Number of obs	=	40
				F(2,37)	=	5 017.21
Model	22.587392	2	11.293696	Prob > F	=	0.0000
Residual	0.083286668	37	0.002250991	R-squared	=	0.9963
				Adj R-squared	=	0.9961
Total	22.6706787	39	0.581299454	Root MSE	=	0.04744

lny1	Coefficient	Std.err.	t	P>|t|	[95% conf. interval]	
lnx1	0.9694773	0.0128926	75.20	0.000	0.9433545	0.9956001
c.city#c.lnx1	-0.0092528	0.0020858	-4.44	0.000	-0.013479	-0.0050265
_cons	0.0563925	0.114737	0.49	0.626	-0.1760867	0.2888716

图 4 – 5 程序语句与运行结果

由回归结果可见，无论以加法方式还是乘法方式引入虚拟变量，回归中含虚拟变量的回归项系数均显著不为 0。因此，有必要将独立项 $city$ 与交叉项 $city \times \ln x_1$ 同时加入回归模型，即（4 – 39）式。

$$\ln y_1 = \beta_0 + \beta_1 \ln x_1 + \beta_2 city + \beta_3 city \times \ln x_1 + u \tag{4 – 39}$$

（4 – 39）式的回归模型所对应的 Stata 程序与运行结果如图 4 – 6 所示。

```
reg lny1 lnx1 city c.city#c.lnx1
```

Source	SS	df	MS		
				Number of obs =	40
				F(3,36) =	17 382.20
Model	22.6550385	3	7.55167952	Prob > F =	0.0000
Residual	0.015640166	36	0.000434449	R-squared =	0.9993
				Adj R-squared =	0.9993
Total	22.6706787	39	0.581299454	Root MSE =	0.02084

lny1	Coefficient	Std.err.	t	P>|t|	[95% conf. interval]	
lnx1	1.025895	0.0072472	141.56	0.000	1.011197	1.040593
city	1.288828	0.1032861	12.48	0.000	1.079354	1.498302
c.city#c.lnx1	-0.1442792	0.0108597	-13.29	0.000	-0.1663036	-0.1222547
_cons	-0.4478448	0.0646043	-6.93	0.000	-0.5788685	-0.3168211

图 4-6　程序与运行结果

由回归结果可见，虚拟变量 $city$ 的独立项的回归系数估计量为 1.289，在 1% 显著性水平下显著不为 0，说明城镇居民的总体消费水平显著高于农村居民的总体消费水平；$city$ 与 $\ln x_1$ 的交叉项的回归系数估计量为 -0.144，在 1% 显著性水平下显著不为 0，$\ln x_1$ 对 $\ln y_1$ 影响的边际效应为 $1.026 - 0.144city$，说明对于城镇居民，居民人均可支配收入每提高 1%，居民人均消费将平均提高 0.882%，而对于农村居民，居民人均可支配收入每提高 1%，居民人均消费将平均提高 1.026%。由上述回归模型的构建过程也可看出，在引入交叉项的时候，有必要将组成交叉项的变量的独立项作为解释变量纳入回归模型。

以上数据和 Stata 软件程序可扫描下方二维码获取。

liti4.2.dta 下载

liti4.2.do 下载

本章习题

1. 简述半对数模型、双对数模型所代表的含义及适用情况。

2. 请简要分析下列多项式回归模型的估计结果。

（1）使用三次多项式的回归模型描述被解释变量 Y 与解释变量 X 之间的关系，解释变量 X 的取值范围为正实数，所得到的估计结果为 $\hat{Y} = 0.37X^3 - 2.21X^2 + 5.22X + 3.75$，所估计的所有系数均在 1% 显著性水平下显著不为 0。

（2）使用二次多项式的回归模型描述被解释变量 Y 与解释变量 X 之间的关系，解释变量 X 的取值范围为正实数，所得到的估计结果为 $\hat{Y} = 4.32X^2 - 5.48X + 6.21$，所估计的所有系数均在 1% 显著性水平下显著不为 0。

3. 请分析下列情况需要设置几个虚拟变量，虚拟变量如何定义。

（1）季度：第一、第二、第三、第四季度；

（2）受教育程度：小学及以下、初中、高中、大专及以上；

（3）收入水平：低收入、中等收入、高收入。

4. 为探究读研对收入的影响，筛选本科及以上劳动者样本，欲建立线性回归模型，体现本科学历与硕士及以上学历群体在工资收入上的差异。以月工资收入为被解释变量，以工作年限为控制变量。

（1）请设置表示学历水平的虚拟变量。

（2）学历水平对月工资收入的影响可分为两个层面：首先，本科毕业生和硕士及以上毕业生入职初期的起始月薪水平有所差异；其次，从长期来看，本科毕业生和硕士及以上毕业生工资水平随工作年限增加的增长幅度也存在差异，如何通过虚拟变量的不同引入方式，探究学历水平对工资收入的起始影响与长期影响？

（3）性别差异也是影响短期和长期工资水平的一个因素，请设置关于性别的虚拟变量，并引入回归模型。

5. 由美国 46 个州 1992 年的数据，Baltagi 得到如下回归结果：

$$\ln\hat{Y} = 4.30 - 1.34\ln X + 0.17\ln Z$$
$$(0.91)(0.32) \quad (0.20)$$

其中，Y 为香烟消费量 [包/（人×年）]；X 为每包香烟的实际价格；Z 为人均可支配收入，括号内的数字代表为标准误差。

（1）请给出香烟需求的价格弹性，并判断该弹性是否显著不为 0。

（2）请给出香烟需求的收入弹性，并判断该弹性是否显著不为 0。

第四章习题参考答案下载

第五章

违背经典假设的线性回归模型

■ 学习目标

1. 认识理解违背基本假定的情形包括多重共线性、异方差、序列相关、随机解释变量等；

2. 掌握多重共线性、异方差、序列相关、内生性问题产生的原因和检验方法，并能较为熟练地应用 Stata 软件进行操作；

3. 能应用 Stata 软件初步掌握多重共线性的检验与补救方法；

4. 能应用 Stata 软件初步掌握异方差的检验与补救方法；

5. 能应用 Stata 软件初步掌握序列相关的检验与补救方法；

6. 能应用 Stata 软件进行多元线性回归模型的工具变量估计方法。

■ 课程思政与导读

世异则事异，事异则备变

橘生淮南则为橘，生于淮北则为枳，叶徒相似，其实味不同。——晏子《晏子春秋》

思政与导读

课件

林毅夫老师在进行中国经济问题分析时常引用的这句话告诉我们，环境的变化会导致事物的性质和结果也发生变化，在解决问题时，如果环境或条件发生了变化，我们必须及时调整解决问题的方法和手段，否则就会失败。刻舟求剑的故事也同样说明了这个道理：世界上的事物，总是在不断地发生变化，不能仅凭主观做事情。刻舟求剑建立在江水是静止的假定基础上，如果违反了这个假定，当然不能求得宝剑。同样的道理，在进行计量经济学分析时，如果模型的经典假定不满足，仍用普通最小二乘法（OLS）进行模型参数估计，就不能得到参数的最优线性无偏估计量。违背计量经济学的经典假定会出现什么情况、又该如何解决，正是我们这一章将具体阐述的内容。

同学们，现实生活中的事物和现象往往包含着多种因素和矛盾，当条件、任务等发生变化时，我们应该根据环境的变化采取相应的措施和对策，才能获得最理想的结果，正如当计量模型违背经典假定存在内生性问题时，工具变量法就替代普通最小二乘法成为最佳的解决方案，这正是古人"世异则事异，事异则备变"所蕴含的哲理。

■ 应用案例

本章案例主要体现中国经济发展存在的问题与具备的特色，涉及数字经济、经济增长和人口自然增长率等。

案例一介绍了福建省数字经济发展水平，电子商务采购额、期末使用计算机数、企业拥有网站数等对电子商务销售额产生正向的促进作用。利用该案例说明多重共线性产生的后果、检验方法与补救措施。

案例二考察了1990年以来中国农业产值的主要影响因素。随着中国市场经济的快速发展，中国农业实现了从劳动密集型产业向资本密集型产业的较快转型，农业机械化逐步代替了传统的劳动力农耕作业，农作物播种面积和农业机械总动力的增长对中国农业产值增长具有显著的积极影响。

案例三介绍了国内生产总值和每十万人口小学平均在校生数对人口自然增长率产生的影响。利用该案例来说明内生性问题产生的后果、检验方法与补救措施。

只有在线性回归模型的经典假设下，运用最小二乘法回归得到的估计量才是最优线性无偏估计量（BLUE）。在现实经济环境中，完全满足这些基本假设的情况并不多见。违背基本假设的情形包括多重共线性、异方差、序列相关、随机解释变量等。在进行计量经济模型分析时，有必要对模型是否满足经典假设进行检验。若出现违背经典假设的情形，需要采取相应的补救措施。

第一节　多重共线性

我们在之前讨论线性回归模型的估计时，强调了假定无多重共线性，即假定各解释变量之间不存在线性关系，或者说各解释变量的观测值之间线性无关。在计量经济学中所谓的多重共线性，不仅包括解释变量之间精确的线性关系，还包括解释变量之间近似的线性关系。

一、多重共线性的含义及产生原因

（一）多重共线性的含义

线性模型的一般形式是：

$$Y_i = \beta_1 + \beta_2 X_{2i} + \beta_3 X_{3i} + \cdots + \beta_k X_{ki} + \varepsilon_i, i = 1, 2, \cdots, n \tag{5-1}$$

其中，Y_i 为被解释变量（因变量），X_{2i}，X_{3i}，$\cdots$，X_{ki} 为解释变量（自变量），ε_i 为随机误差项，β_j 为模型参数，$j = 1, 2, \cdots, k$。

对经济问题的实际意义：Y_i 与 X_{2i}，X_{3i}，$\cdots$，X_{ki} 存在线性关系，X_{2i}，X_{3i}，$\cdots$，X_{ki} 是 Y_i 的重要解释变量。由于模型是现实问题的一种简化，以及数据收集和测量时产生 ε_i，因此 ε_i 代表众多影响 Y_i 变化的微小因素，称为干扰项。

用矩阵表示，（5-1）式变形为：

$$\begin{bmatrix} Y_1 \\ Y_2 \\ \vdots \\ Y_n \end{bmatrix}_{(n \times 1)} = \begin{bmatrix} 1 & X_{21} & X_{31} & \cdots & X_{k1} \\ 1 & X_{22} & X_{32} & \cdots & X_{k2} \\ \vdots & \vdots & \vdots & & \vdots \\ 1 & X_{2n} & X_{3n} & \cdots & X_{kn} \end{bmatrix}_{(n \times k)} \begin{bmatrix} \beta_1 \\ \beta_2 \\ \vdots \\ \beta_k \end{bmatrix}_{(k \times 1)} + \begin{bmatrix} \varepsilon_1 \\ \varepsilon_2 \\ \vdots \\ \varepsilon_n \end{bmatrix}_{(n \times 1)} \tag{5-2}$$

等价的，总体回归模型表示为：

$$Y = X\beta + \varepsilon \tag{5-3}$$

"多重共线性"一词由弗里希（R. Frisch）于 1934 年提出，它原指模型的解释变量间存在线性关系。从数学意义上讲多重共线性，就是对于解释变量 X_2，X_3，$\cdots$，X_k，如果存在不全为 0 的数 β_1，β_2，$\cdots$，β_k，能使得：

$$\beta_1 + \beta_2 X_{2i} + \beta_3 X_{3i} + \cdots + \beta_k X_{ki} = 0, i = 1, 2, \cdots, n \tag{5-4}$$

则称 X_2，X_3，$\cdots$，X_k 之间存在着完全的多重共线性。

针对总体回归模型（5-3）式的经典假设条件，要求：

$$rank(X) = k < n \qquad (5-5)$$

即要求数据矩阵 X 满秩。X 满秩就能保证行列式 $|X'X| \neq 0$，从而可以得到参数的估计值 $\hat{\beta}$。如果这个假设条件不满足，即 $rank(X) < k$，就表明在数据矩阵 X 中，至少有一个列向量可以用其余的列向量线性表示，即某些解释变量之间存在完全的线性相关关系，在这种情形下，根本无法求出参数的估计值 $\hat{\beta}$，说明存在完全的多重共线性。然而，在实际情形中，完全的多重共线性并不多见。常见的情形是解释变量 X_2，X_3，$\cdots$，X_k 之间存在不完全的多重共线性。不完全的多重共线性，是指对于解释变量 X_2，X_3，$\cdots$，X_k，存在不全为 0 的数 β_1，β_2，$\cdots$，β_k，使得：

$$\beta_1 + \beta_2 X_{2i} + \beta_3 X_{3i} + \cdots + \beta_k X_{ki} + \varepsilon_i = 0, i = 1, 2, \cdots, n \qquad (5-6)$$

这表明解释变量 X_2，X_3，$\cdots$，X_k 只是一种近似的线性关系。

如果 k 个解释变量之间不存在完全或不完全的线性关系，则称无多重共线性。若用矩阵表示，这时 X 为满秩矩阵，即 $rank(X) = k$。

需要强调的是，解释变量之间不存在线性关系，并非不存在非线性关系，当解释变量存在非线性关系时，并不违反多重共线性假定。

回归模型中解释变量之间的关系，存在着三种可能的情形：

1. $r_{x_i, x_j} = 0$，解释变量之间不存在线性关系，变量间相互正交。这时已经不需要多元回归，每个参数 β_j 都可以通过 Y 对 X_j 的一元回归来估计。

2. $|r_{x_i, x_j}| = 1$，解释变量之间完全共线性。此时模型参数将无法确定。直观地看，当两个变量按同一方式变化时，要区别每个解释变量对被解释变量的影响程度就会非常困难。

3. $0 < |r_{x_i, x_j}| < 1$，解释变量之间存在一定程度的线性关系。实际中常遇到的是这种情形。共线性程度的加强，对参数估计值的准确性、稳定性带来影响。因此我们关心的不是有无多重共线性，而是多重共线性的程度大小。

（二）多重共线性的产生原因

需要说明的是，经济现象的变化往往涉及多个影响因素，而影响因素之间常常存在一定的相关性。多重共线性产生的经济背景主要有以下四种情形：

1. 经济变量之间具有共同变化趋势。例如，对于时间序列数据，如家庭收入、个人消费、就业率等，在经济上升时期均呈现出增长趋势；而当经济收缩时，又都呈现下降趋势。当这些变量同时作为解释变量进入模型时，就可能带来多重共线性问题。

2. 滞后变量的引入。在计量经济学中，在构建模型时经常需要加入滞后变量来反映真实的经济关系。例如，在相对收入假说模型中，居民当期消费 C_t 不仅受到当期收入 Y_t 的影响，还会受到前期消费 C_{t-1} 的影响，于是构建模型 $C_t = \beta_0 + \beta_1 Y_t + \beta_2 C_{t-1} + \varepsilon_t$，由于当期收入 Y_t 与前期消费 C_{t-1} 可能高度相关，会引起多重共线性。

3. 利用截面数据建立模型也可能出现多重共线性。利用截面数据建模时，许多变量变化与发展规模相关，会呈现出共同增长的趋势，例如资本、劳动力、科技、能源等投入与产出的规模相关，这时容易出现多重共线性。有时如果出现部分因素的变化与另一部分因素的变化相关程度较高时，也容易出现共线性。例如农作物产量与施肥量、光照强度、灌溉面积、投入资本建立回归模型，发现模型回归效果不好，原因是投入资本的影响已经通过施肥量和灌溉面积两个因素体现出来。

4. 样本资料的限制。完全符合模型的数据较难收集，现有的特定样本可能存在某种程度的多重共线性。例如，抽样仅仅限于总体中解释变量取值的一个有限范围，使得变量变异不大；或由于总体受限，多个解释变量的样本数据之间存在相关，这时都可能出现多重共线性。

二、多重共线性产生的后果

（一）完全多重共线性产生的后果

1. 参数的估计值不确定。完全共线性时，X 矩阵的秩小于 k，此时 $|X'X| = 0$，正规方程组的解不唯一，$(X'X)^{-1}$ 不存在，回归参数的最小二乘估计表达式不成立。

以两个解释变量的回归模型 $Y_i = \beta_1 + \beta_2 X_{2i} + \beta_3 X_{3i} + \varepsilon_i$ 为例，说明完全多重共线性产生的影响。采用离差形式表示的两个解释变量的回归模型为：

$$\hat{y}_i = \hat{\beta}_2 x_{2i} + \hat{\beta}_3 x_{3i} \tag{5-7}$$

求得其最小二乘估计式为：

$$\hat{\beta}_2 = \frac{\left(\sum y_i x_{2i}\right)\left(\sum x_{3i}^2\right) - \left(\sum y_i x_{3i}\right)\left(\sum x_{2i} x_{3i}\right)}{\left(\sum x_{2i}^2\right)\left(\sum x_{3i}^2\right) - \left(\sum x_{2i} x_{3i}\right)^2} \tag{5-8}$$

$$\hat{\beta}_3 = \frac{\left(\sum y_i x_{3i}\right)\left(\sum x_{2i}^2\right) - \left(\sum y_i x_{2i}\right)\left(\sum x_{2i} x_{3i}\right)}{\left(\sum x_{2i}^2\right)\left(\sum x_{3i}^2\right) - \left(\sum x_{2i} x_{3i}\right)^2} \tag{5-9}$$

假定 $x_{2i} = w x_{3i}$，这里 w 是一非零常数，将其分别代入（5-8）式和（5-9）式，可得：

$$\hat{\beta}_2 = \frac{\left(w\sum y_i x_{3i}\right)\left(\sum x_{3i}^2\right) - \left(\sum y_i x_{3i}\right)\left(w\sum x_{3i} x_{3i}\right)}{\left(w^2\sum x_{3i}^2\right)\left(\sum x_{3i}^2\right) - w^2\left(\sum x_{3i} x_{3i}\right)^2} = \frac{0}{0} \tag{5-10}$$

$$\hat{\beta}_3 = \frac{\left(\sum y_i x_{3i}\right)\left(w^2\sum x_{3i}^2\right) - \left(w\sum y_i x_{3i}\right)\left(w\sum x_{3i} x_{3i}\right)}{\left(w^2\sum x_{3i}^2\right)\left(\sum x_{3i}^2\right) - w^2\left(\sum x_{3i} x_{3i}\right)^2} = \frac{0}{0} \tag{5-11}$$

（5-10）式和（5-11）式都是不定式，这说明当 $x_{2i} = w x_{3i}$ 时，参数的估计值是不确定的。

从回归模型的建模思想看，在回归模型中，回归系数 $\hat{\beta}_2$ 的含义是指在保持 X_3 不变的情况下，当 X_2 每变动一个单位时 Y 的平均变化；回归系数 $\hat{\beta}_3$ 的含义是指在保持 X_2 不变的情况下，当 X_3 每改变一个单位时 Y 的平均变化。如果 X_2 与 X_3 完全共线性，就没有办法能在

保持 X_2 不变的情况下，分析 X_3 对 Y 的影响。或者说，没有办法能从所给的样本中把 X_2 和 X_3 各自的影响中分解开来。

2. 参数估计值的方差无限大。仍然以两个解释变量的回归模型 $Y_i = \beta_1 + \beta_2 X_{2i} + \beta_3 X_{3i} + \varepsilon_i$ 为例，根据 OLS 估计参数方差公式 $\mathrm{Var}_{\hat{\beta}} = \sigma^2 (X'X)^{-1}$，推导出参数估计式 $\hat{\beta}_2$ 和 $\hat{\beta}_3$ 的方差为：

$$\mathrm{Var}(\hat{\beta}_2) = \frac{\sum x_{3i}^2}{\left(\sum x_{2i}^2 \right) \left(\sum x_{3i}^2 \right) - \left(\sum x_{2i} x_{3i} \right)^2} \sigma^2 \qquad (5-12)$$

$$\mathrm{Var}(\hat{\beta}_3) = \frac{\sum x_{2i}^2}{\left(\sum x_{2i}^2 \right) \left(\sum x_{3i}^2 \right) - \left(\sum x_{2i} x_{3i} \right)^2} \sigma^2 \qquad (5-13)$$

在完全共线性情形下 $x_{2i} = w x_{3i}$，代入（5-12）式和（5-13）式中可得：

$$\mathrm{Var}(\hat{\beta}_2) = \frac{\sum x_{3i}^2}{\left(w^2 \sum x_{3i}^2 \right) \left(\sum x_{3i}^2 \right) - \left(w \sum x_{3i} x_{3i} \right)^2} \sigma^2 = \frac{\sum x_{3i}^2}{0} \sigma^2 = +\infty \quad (5-14)$$

$$\mathrm{Var}(\hat{\beta}_3) = \frac{w^2 \sum x_{3i}^2}{\left(w^2 \sum x_{3i}^2 \right) \left(\sum x_{3i}^2 \right) - \left(w \sum x_{3i} x_{3i} \right)^2} \sigma^2 = \frac{w^2 \sum x_{3i}^2}{0} \sigma^2 = +\infty \quad (5-15)$$

这表明，在解释变量之间存在完全的共线性时，参数估计值的方差将变成正无穷大。

（二）不完全多重共线性产生的后果

完全多重共线性的情形只不过是一种极端情形。通常，解释变量之间并不一定是完全的线性关系。如果模型中存在不完全的多重共线性，这种情况下 $(X'X)^{-1}$ 也存在，可以得到参数的估计值，但是对计量经济分析可能会产生一系列的影响。

1. 参数估计值的方差增大。仍然以只有两个解释变量的回归模型 $Y_i = \beta_1 + \beta_2 X_{2i} + \beta_3 X_{3i} + \varepsilon_i$ 为例，X_2 与 X_3 的不完全线性关系为：

$$x_{2i} = w x_{3i} + v_i \qquad (5-16)$$

其中，$w \neq 0$ 并且 v_i 是具有性质 $\sum x_{2i} v_i = 0$ 的随机误差项。

这种情况下，还是可以用 OLS 法估计回归系数 β_2 和 β_3。将（5-16）式代入（5-8）式和（5-9）式中可得：

$$\hat{\beta}_2 = \frac{\left(w \sum y_i x_{3i} + \sum y_i v_i \right) \left(\sum x_{3i}^2 \right) - \left(\sum y_i x_{3i} \right) \left(w \sum x_{3i}^2 \right)}{\left(w^2 \sum x_{3i}^2 + \sum v_i^2 \right) \left(\sum x_{3i}^2 \right) - w^2 \left(\sum x_{3i}^2 \right)^2}$$

$$= \frac{\left(\sum y_i v_i \right) \left(\sum x_{3i}^2 \right)}{\left(\sum v_i^2 \right) \left(\sum x_{3i}^2 \right)} = \frac{\sum y_i v_i}{\sum v_i^2} \qquad (5-17)$$

$$\hat{\beta}_3 = \frac{\left(\sum y_i x_{3i} \right) \left(w^2 \sum x_{3i}^2 + \sum v_i^2 \right) - \left(w \sum y_i x_{3i} + \sum y_i v_i \right) \left(w \sum x_{3i}^2 \right)}{\left(w^2 \sum x_{3i}^2 + \sum v_i^2 \right) \left(\sum x_{3i}^2 \right) - w^2 \left(\sum x_{3i}^2 \right)^2}$$

$$= \frac{\left(\sum y_i x_{3i} \right) \left(\sum v_i^2 \right) - \left(\sum y_i v_i \right) \left(w \sum x_{3i}^2 \right)}{\left(\sum v_i^2 \right) \left(\sum x_{3i}^2 \right)} \tag{5-18}$$

因此在 X_2 与 X_3 近似共线性时，$\hat{\beta}_2$ 与 $\hat{\beta}_3$ 还是可以估计的。但是如果 X_2 与 X_3 共线性程度越高，v_i 会充分地小，以至于非常接近于零，此时 $\hat{\beta}_2$ 与 $\hat{\beta}_3$ 会愈加趋于不确定。

在 X_2 与 X_3 为不完全的共线性时，X_2 与 X_3 的相关系数的平方用离差形式可表示为：

$$r_{23}^2 = \frac{\left(\sum x_{2i} x_{3i} \right)^2}{\left(\sum x_{2i}^2 \right) \left(\sum x_{3i}^2 \right)} \tag{5-19}$$

将（5-19）式代入（5-12）式和（5-13）式中，可得：

$$\mathrm{Var}(\hat{\beta}_2) = \frac{\sum x_{3i}^2}{\left(\sum x_{2i}^2 \right) \left(\sum x_{3i}^2 \right) - \left(\sum x_{2i} x_{3i} \right)^2} \sigma^2$$

$$= \sigma^2 \frac{1}{\left(\sum x_{2i}^2 \right) \left[1 - \frac{\left(\sum x_{2i} x_{3i} \right)^2}{\left(\sum x_{2i}^2 \right) \left(\sum x_{3i}^2 \right)} \right]}$$

$$= \sigma^2 \frac{1}{\left(\sum x_{2i}^2 \right) (1 - r_{23}^2)} \tag{5-20}$$

$$\mathrm{Var}(\hat{\beta}_3) = \frac{\sum x_{2i}^2}{\left(\sum x_{2i}^2 \right) \left(\sum x_{3i}^2 \right) - \left(\sum x_{2i} x_{3i} \right)^2} \sigma^2$$

$$= \sigma^2 \frac{1}{\left(\sum x_{3i}^2 \right) \left[1 - \frac{\left(\sum x_{2i} x_{3i} \right)^2}{\left(\sum x_{2i}^2 \right) \left(\sum x_{3i}^2 \right)} \right]}$$

$$= \sigma^2 \frac{1}{\left(\sum x_{3i}^2 \right) (1 - r_{23}^2)} \tag{5-21}$$

$$\mathrm{Cov}(\hat{\beta}_2, \hat{\beta}_3) = \frac{r_{23} \sigma^2}{(1 - r_{23}^2) \sqrt{\left(\sum x_{2i}^2 \right) \left(\sum x_{3i}^2 \right)}} \tag{5-22}$$

从（5-20）式和（5-21）式可以看出，随着共线性增加，r_{23}^2 趋近于 1，两个参数估计量的方差也将增大。同样地，其协方差在绝对值上也增大。方差和协方差增大的速度取决于方差扩大因子（variance inflation factor，VIF）。VIF 被定义为：

$$VIF = \frac{1}{(1 - r_{23}^2)} \qquad (5-23)$$

VIF 表明，参数估计量的方差是由于多重共线性的出现而膨胀起来的。随着共线性的增加，参数估计量的方差也增大，当 r_{23}^2 趋于 1 时，甚至可以变至无穷大。而当没有共线性时，VIF 将是 1。利用 VIF 的定义，（5-20）式和（5-21）式可表达为：

$$\mathrm{Var}(\hat{\beta}_2) = \frac{\sigma^2}{\sum x_{2i}^2} \times VIF \qquad (5-24)$$

$$\mathrm{Var}(\hat{\beta}_3) = \frac{\sigma^2}{\sum x_{3i}^2} \times VIF \qquad (5-25)$$

这表明了 $\hat{\beta}_2$ 与 $\hat{\beta}_3$ 的方差同 VIF 呈正比关系。

2. 对参数区间估计时，置信区间趋于变大。存在多重共线性时，参数估计值的方差增长，其标准误差也增大，导致总体参数的置信区间也随之变大。在两个解释变量的回归模型 $Y_i = \beta_1 + \beta_2 X_{2i} + \beta_3 X_{3i} + \varepsilon_i$ 中，假设方差已知，正态分布下 95% 置信度下的分位点为 1.96，当 $r_{23}^2 = 0.99$ 时，β_3 的置信区间为相关系数为零时的 10 倍（见表 5-1）。

表 5-1 　　　　　　增加共线性对 β_3 的 95% 置信区间 $\hat{\beta}_3 \pm 1.96 \times se(\hat{\beta}_3)$ 的影响

r_{23}^2	β_3 的 95% 置信区间
0.00	$\hat{\beta}_3 \pm 1.96 \times \sqrt{\sigma^2 / \sum x_{3i}^2}$
0.50	$\hat{\beta}_3 \pm 1.96 \times \sqrt{2} \times \sqrt{\sigma^2 / \sum x_{3i}^2}$
0.99	$\hat{\beta}_3 \pm 1.96 \times \sqrt{100} \times \sqrt{\sigma^2 / \sum x_{3i}^2}$
0.999	$\hat{\beta}_3 \pm 1.96 \times \sqrt{1\,000} \times \sqrt{\sigma^2 / \sum x_{3i}^2}$

3. 严重多重共线性时，假设检验容易作出错误的判断。存在严重多重共线性时，首先是参数的置信区间扩大，会使接受一个本应拒绝的假设的概率增大；其次，在对回归系数的原假设（例如 $\beta_3 = 0$）的检验中，使用了 t 比率 $t = \hat{\beta}_3 / \sqrt{\mathrm{Var}(\hat{\beta}_3)}$，在高度共线性时，参数估计的方差增加较快，会使 t 值变小，而使本应否定的"系数为 0"的原假设被错误地接受。

4. 当多重共线性严重时，可能造成可决系数 R^2 较高，经 F 检验的参数联合显著性也很高，但对各个参数单独的 t 检验却可能不显著，甚至可能使估计的回归系数符号相反，得出完全错误的结论。出现这种情况，很可能正是存在严重多重共线性的表现。

综上所述，严重的多重共线性常常会导致下列情形出现：使得用普通最小二乘法得到的回归参数估计值很不稳定，回归系数的方差随着多重共线强度的增加而加速增长，对参数难以作出精确的估计；造成回归方程高度显著的情况下，有些回归系数通不过显著性检验；甚至可能出现回归系数的正负号得不到合理的经济解释。但是应注意，如果研究目的仅在于预测 Y，而各个解释变量 X 之间的多重共线性关系的性质在未来将继续保持，这时虽然无法精确估计个别的回归系数，但可估计这些系数的某些线性组合，因此多重共线性可能并不是严重的问题。

三、多重共线性的检验

既然多重共线性会造成一些严重的后果，在建立线性回归模型的过程中，有必要检验样本是否存在多重共线性。多重共线性的检验应先判断多重共线性是否存在，再确定多重共线性的范围，以及哪些变量之间存在多重共线性。

（一）多重共线性是否存在的判断

方法1：简单相关系数检验法。简单相关系数检验法是利用解释变量之间的线性相关程度去判断是否存在严重多重共线性的一种简便方法。一般而言，如果每两个解释变量的简单相关系数比较高（通常大于0.8），则可认为存在着较严重的多重共线性。但要注意，较高的简单相关系数只是多重共线性存在的充分条件，而非必要条件。特别是在多于两个解释变量的回归模型中，有时较低的简单相关系数也可能存在多重共线性。因此，并不能简单地依据相关系数进行多重共线性的准确判断。

方法2：直观判断法。根据经验，通常以下情况的出现可能提示存在多重共线性的影响：

1. 当增加或剔除一个解释变量，或者改变一个观测值时，回归参数的估计值发生较大变化，回归方程可能存在严重的多重共线性。

2. 从定性分析认为，一些重要的解释变量的回归系数的标准误差较大，在回归方程中没有通过显著性检验时，可初步判断可能存在严重的多重共线性。

3. 有些解释变量的回归系数所带正负号与定性分析结果相违背时，很可能存在多重共线性。

4. 解释变量的相关矩阵中，自变量之间的相关系数较大时，可能会存在多重共线性问题。

方法3：综合统计检验法。对有多个解释变量的模型，通常采用综合统计检验法。若在普通最小二乘法下，模型的 R^2 与 F 值较大，但各解释变量系数估计值的 t 检验值较小，说明各解释变量对 Y 的联合线性作用显著，但由于各解释变量间存在共线性而使得它们对 Y 的独立作用不能被分辨，故 t 检验的结果为各解释变量对被解释变量的影响都不显著。

（二）确定多重共线性的范围

如果存在多重共线性，需要进一步确定多重共线性究竟是由哪些变量引起的。

方法1：判断系数检验法。使模型中的每个解释变量分别以其余解释变量进行回归计算，并计算相应的拟合优度，也称判定系数。如果在某一种形式中判定系数较大，则说明在该形式中作为被解释变量的 X_j 可以用其他解释变量的线性组合代替，即 X_j 与其他解释变量间存在共线性。

可进一步对上述出现较大判定系数的回归方程作 F 检验：

$$F_j = \frac{R_j^2/(k-1)}{(1-R_j^2)/(n-k)} \sim F(k-1, n-k) \qquad (5-26)$$

其中，R_j^2 为第 j 个解释变量对其他解释变量回归方程的决定系数。若存在较强的共线性，则 R_j^2 较大且接近于 1，这时 $1-R_j^2$ 较小，从而 F_j 的值较大。因此，可以给定显著性水平 α，通过计算出的 F 值与相应的临界值的比较来进行检验。此时，原假设为 X_j 与其他解释变量间不存在显著的线性关系。

另一个等价的检验是：在模型中排除某个解释变量 X_j，估计模型，如果拟合集优度与包含 X_j 时十分接近，则说明 X_j 与其他解释变量存在共线性。

方法2：逐步回归法。逐步回归的基本思想是将变量逐个地引入模型，每引入一个解释变量后，都要进行 F 检验，并对已经选入的解释变量逐个进行 t 检验，当原来引入的解释变量由于后面解释变量的引入而变得不再显著时，则将其剔除。以确保每次引入新的变量之前回归方程中只包含显著的变量。这是一个反复的过程，直到既没有显著的解释变量选入回归方程，也没有不显著的解释变量从回归方程中剔除为止，以保证最后所得到的解释变量集是最优的。

在逐步回归中，如果解释变量之间是高度相关的，则先前引入的解释变量可能会因为后来引入与之相关的解释变量而被剔除。逐步回归用这种有进有出的结果说明解释变量之间是否具有较高的相关性。如果解释变量之间是完全不相关的，那么引入的解释变量就不会再被剔除，而剔除的解释变量也就不会再被引入。解释变量之间具有怎样程度的相关性才会被剔除，则取决于研究目的与要求。在有的统计软件中（例如 SPSS）可通过调整容忍度来进行。当出现多个解释变量之间高度相关的时候，逐步回归方法也是一种检测多重共线性的有效方法。

四、多重共线性的补救措施

如果多重共线性较为严重，我们该如何处理？一般来说没有一个十分严格的克服多重共线性的方法。但是，可以尽量降低线性回归模型中存在的多重共线性。这里介绍一些经验规则和理论方法，以便克服或降低多重共线性问题时参考。

（一）克服多重共线性的经验方法

1. 剔除变量法。面对严重的多重共线性，最简单的克服方法之一就是剔除一个共线性的变量。但是，如果从模型中剔除的是重要的解释变量，可能会引起模型的设定误差。所谓设定误差是指在回归分析中使用了不正确的模型。我们知道，在解释粮食产量的模型中，应该包括播种面积和施肥量，那么剔除播种面积这个变量，就会构成设定误差。当模型中出现设定误差时，线性模型分析出现的问题会更为严重，其中问题之一是，当出现设定误差时，回归系数的估计值是有偏的，这与多重共线性相比是一个更为严重的问题。

事实上，假设真实的模型为：

$$Y_i = \beta_1 + \beta_2 X_{2i} + \beta_3 X_{3i} + \varepsilon_{1i} \tag{5-27}$$

如果我们错误地拟合了模型：

$$Y_i = \beta_1^* + \beta_2^* X_{2i} + \varepsilon_{2i} \tag{5-28}$$

记 $x_{2i} = X_{2i} - \overline{X}_2$，$y_i = Y_i - \overline{Y}$，那么有：

$$\beta_2^* = \frac{\sum x_{2i} y_i}{\sum x_{2i}^2} = \frac{\sum x_{2i} Y_i}{\sum x_{2i}^2} = \frac{\sum x_{2i}(\beta_1 + \beta_2 X_{2i} + \beta_3 X_{3i} + \varepsilon_{1i})}{\sum x_{2i}^2}$$

$$= \frac{\beta_1 \sum x_{2i} + + \beta_2 \sum x_{2i} X_{2i} + \beta_3 \sum x_{2i} X_{3i} + \sum x_{2i} \varepsilon_{1i}}{\sum x_{2i}^2}$$

$$= \beta_2 + \beta_3 \frac{\sum x_{2i} X_{3i}}{\sum x_{2i}^2} + \frac{\sum x_{2i} \varepsilon_{1i}}{\sum x_{2i}^2}$$

$$= \beta_2 + \beta_3 \hat{b}_{23} + \frac{\sum x_{2i} \varepsilon_{1i}}{\sum x_{2i}^2} \tag{5-29}$$

这里，$\hat{b}_{23}$ 为回归模型 $X_{3i} = b_1 + b_{32} X_{2i} + v_i$ 中回归系数的最小二乘估计量。所以：

$$E(\hat{\beta}_2^*) = \beta_2 + \beta_3 b_{32} \tag{5-30}$$

当解释变量之间存在多重共线性时，b_{32} 是不会为零的，从而由（5-30）式知：

$$E(\hat{\beta}_2^*) \neq \beta_2 \tag{5-31}$$

这说明如果因为有多重共线性而将一共线变量删除会导致有偏估计，而有偏估计对参数的估计来说，是一个更为严重的问题。需要强调的是，在不完全共线性的情形下，OLS 估计量仍然是 BLUE。

一般而言，在选择回归模型时，可以将回归系数的显著性检验、方差扩大因子 VIF 的多重共线性检验与解释变量的经济含义（通过经济分析确定变量的相对重要性）结合起来考虑，以引进或剔除不重要的变量。不过，采用该方法时千万要注意，如果剔除的变量是重要变量，又可能引起模型的设定误差。

2. 增大样本容量。由于多重共线性是一个样本特性，所以可能在同样变量的另一样本中共线性没有那样严重。这时，如果可能，可以通过增大样本容量来减轻共线性的问题。建立一个实际经济问题的回归模型，如果所收集的样本数据太少，是容易产生多重共线性的，从（5-24）式和（5-25）式可知，如果样本容量增加，则 $\sum x_{ji}^2$ 也会增加，结果会减小回归参数的方差，标准误差也同样会减小。因此尽可能地收集足够多的数据可以改进模型参数的估计。所以在运用回归分析研究经济问题时，要尽量使样本容量远大于解释变量的个数。

看来增加样本容量可能是克服共线性的一个好方法，但在实际解决问题时，我们补充数据扩大样本容量并不是一件容易的事情，特别是在建立计量经济模型时所希望的解释变量的值就更加困难。

3. 利用非样本先验信息。如果通过经济理论分析能够得到某些参数之间的线性关系，可以将这种线性关系作为约束条件，将此约束条件和样本信息结合起来进行约束最小二乘估计。

为了进一步说明问题，考虑以两个解释变量的回归模型 $Y_i = \beta_1 + \beta_2 X_{2i} + \beta_3 X_{3i} + \varepsilon_i$。如果依据长期的经验分析可以认为两个解释变量的系数相互关系为 $\beta_3 = 0.45\beta_2$，运用这个先验信息有：

$$
\begin{aligned}
Y_i &= \beta_1 + \beta_2 X_{2i} + \beta_3 X_{3i} + \varepsilon_i \\
&= \beta_1 + \beta_2 X_{2i} + 0.45\beta_2 X_{3i} + \varepsilon_i \\
&= \beta_1 + \beta_2 X_i + \varepsilon_i
\end{aligned} \tag{5-32}
$$

其中，$X_i = X_{2i} + 0.45 X_{3i}$。如果估计出 $\hat{\beta}_2$，则也估计出了 $\hat{\beta}_3$。

另外，应该注意到，将横截面数据与时间序列数据组合，这是先验信息法的一个变种，称为数据并用（pooling the data）。其基本做法是：首先利用横截面数据估计出部分参数，其次利用时序数据估计出另外的部分参数，最后得到整个方程参数的估计。

假设我们要研究中国家用轿车需求，并收集到了关于家用轿车的销售数据（Y_t）、平均价格（P_t）和消费者收入（I_t）的时间序列数据。依据研究目的，设定的模型为：

$$
\ln Y_t = \beta_1 + \beta_2 \ln P_t + \beta_3 \ln I_t + v_t \tag{5-33}
$$

目的是要估计价格弹性 β_2 和收入弹性 β_3。

在时间序列分析中，价格和收入变量一般都有高度共线性的趋势。托宾提出了解决这个问题的一种方法。即如果拥有关于消费者定点追踪的横截面数据，如城镇或农村居民住户调查数据，就可能可靠地估计收入弹性 β_3。假设收入弹性的横截面估计为 $\hat{\beta}_3^*$，就可以将前述时间序列回归写成：

$$
Y_t^* = \beta_1 + \beta_2 \ln P_t + v_t \tag{5-34}
$$

其中，$Y_t^* = \ln Y - \hat{\beta}_3^* \ln I_t$。

这样就可以得到价格弹性的估计值。值得注意的是这里包含着假设：收入弹性的横截面估计和从纯粹时间序列分析中得到的估计是一样的。当横截面估计在不同截面之间没有大的变化时这是一个值得考虑的方法。

4. 变量变换。有时通过对模型中的变量进行变换能够实现降低共线性的目的。例如，常用的变量变换方式有：

（1）计算相对指标。如原来的是总量指标，可计算人均指标或结构相对数（比重）指标等。经过这样处理的数据有时可以降低共线性。

（2）将名义数据转换为实际数据。将名义数据剔除价格影响后反映的信息在统计上常常是指纯的物量的变化，不包含价格变动的影响，有助于描述现象之间真实的数量变化关系。

因此在多数经济分析中采用"实际"数据而不是名义数据，有时名义数据转换为实际数据后可降低多重共线性。

（3）将小类指标合并成大类指标。例如工业增加值、建筑业增加值之间呈现高度线性相关，可将其合并成第二产业增加值。这一合并有助于消除多重共线性。

需要指出的是，变量数据的变换只是有时可得到较好的结果，但谁也无法保证一定可以得到很好的结果。

（二）一阶差分法

一阶差分法就是将原模型变形为差分模型的形式，进而降低多重共线性的一种方法。

将原模型（5-1）式经过一阶差分变换为：

$$\Delta Y_i = \beta_2 \Delta X_{2i} + \beta_3 \Delta X_{3i} + \cdots + \beta_k \Delta X_{ki} + \Delta \varepsilon_i \qquad (5-35)$$

其中，$\Delta Y_i = Y_i - Y_{i-1}$，$\Delta X_{2i} = X_{2i} - X_{2i-1}$，$\cdots$，$\Delta X_{ki} = X_{ki} - X_{ki-1}$，$\Delta \varepsilon_i = \varepsilon_i - \varepsilon_{i-1}$。

一般情况下，差分变换后变量之间的相关性比变换前要弱得多，所以差分后的模型可以有效地降低出现共线性的现象。然而，差分变换常常会引起信息的丢失，使自由度减少了一个，也可能会使模型的干扰项出现序列相关，即：

$$\begin{aligned} E(\Delta \varepsilon_i \Delta \varepsilon_{i-1}) &= E[(\varepsilon_i - \varepsilon_{i-1})(\varepsilon_{i-1} - \varepsilon_{i-2})] \\ &= E(\varepsilon_i \varepsilon_{i-1} - \varepsilon_i \varepsilon_{i-2} - \varepsilon_{i-1}^2 + \varepsilon_{i-1}\varepsilon_{i-2}) \\ &= E(-\varepsilon_{i-1}^2) = -\sigma^2 \end{aligned} \qquad (5-36)$$

这样就违背了经典线性回归模型的相关假设，因此在具体应用时要慎重。

（三）逐步回归法

依据前述逐步回归的思想，可通过逐步回归筛选并剔除引起多重共线性的变量。其具体步骤如下：

1. 用被解释变量对每一个所考虑的解释变量作简单回归。

2. 以对被解释变量贡献最大的解释变量所对应的回归方程为基础，按对被解释变量贡献大小的顺序逐个引入其余的解释变量。这个过程会出现3种情形：（1）若新变量的引入改进了 R^2 与 F 检验，且回归参数的 t 检验在统计上也是显著的，则在模型中保留该变量。（2）若新变量的引入未能明显改进 R^2 与 F 检验，且对其他回归参数估计值的 t 检验也未带来什么影响，则认为该变量是多余的，应该舍弃。（3）若新变量的引入未能明显改进 R^2 与 F 检验，且显著地影响了其他回归参数估计值的数值或符号，同时本身的回归参数也通不过 t 检验，则说明出现了严重的多重共线性，应剔除该变量。

（四）岭回归法

当解释变量之间存在多重共线性时 $|X'X| \approx 0$，则 $\mathrm{Var}(\hat{\beta}) = \sigma^2 (X'X)^{-1}$ 将会增大，原因是 $X'X$ 接近奇异。如果将 $X'X$ 加上一个正常数对角线阵 kI（$k>0$，I 为单位矩阵），即 $X'X + kI$，使得 $|X'X + kI| \approx 0$ 的可能性比 $|X'X| \approx 0$ 的可能性更小，那么 $X'X + kI$ 接近奇异的程度就会比 $X'X$ 小得多。这样就可以得到 β 的岭回归估计为：

$$\tilde{\beta}(k) = (X'X + kI)^{-1}X'Y \qquad (5-37)$$

其中，$\tilde{\beta}(k)$ 称为 β 的岭回归估计量，k 称为岭参数或偏参数。当 k 取不同的值时，得到不同的估计，因此岭估计 $\tilde{\beta}(k)$ 是一个估计类，当 $k=0$ 时，$\tilde{\beta}(k) = (X'X + kI)^{-1}X'Y$ 就是普通最小二乘估计量。于是严格地讲，最小二乘估计量就是岭估计类中的一个估计量。但是在一般情况下，当我们提及岭估计时，一般不包括最小二乘估计。特别是在解释变量之间存在多重共线性时，以 $\tilde{\beta}(k)$ 作为 β 的估计应比最小二乘估计稳定，随着 k 的逐渐增大，回归系数可能呈现出稳定的状态。因此，要选择适当的 k 值，岭回归参数才会优于最小二乘估计参数。

第二节　异方差性

对于不同的样本点，随机干扰项的方差不再是常数，而是互不相同，则认为出现了异方差。计量经济学模型中一旦出现异方差性，如果仍采用普通最小二乘法估计模型参数，会产生一系列不良后果。异方差性可以应用一系列方法来检验和克服，其中加权最小二乘估计应用最为广泛。

一、异方差性的含义、类型及后果

（一）异方差性的含义

针对总体回归模型（5-3）式的经典假设条件，要求给出 $\mathrm{Var}(\varepsilon)$ 是一个对角矩阵，即：

$$\mathrm{Var}(\varepsilon) = \sigma^2 I = \sigma^2 \begin{bmatrix} 1 & & & 0 \\ & 1 & & \\ & & \ddots & \\ 0 & & & 1 \end{bmatrix} \qquad (5-38)$$

且 ε 的协差阵主对角线性的元素都是常数且相等，即每一干扰项的方差都是有限的相同值（同方差假定）；且非主对角线上的元素为零（非自相关假定），当这个假定不成立时，$\mathrm{Var}(\varepsilon)$ 不再是一个纯量对角矩阵。

$$\mathrm{Var}(\varepsilon) = \sigma^2 \Omega = \sigma^2 \begin{bmatrix} \sigma_{11} & \sigma_{12} & \cdots & \sigma_{1n} \\ \sigma_{21} & \sigma_{22} & \cdots & \sigma_{2n} \\ \vdots & \vdots & \ddots & \vdots \\ \sigma_{n1} & \sigma_{n2} & \cdots & \sigma_{nn} \end{bmatrix} \neq \sigma^2 I \qquad (5-39)$$

当干扰项向量 ε 的协差阵主对角线上的元素不相等时，称该随机误差系列存在异方差，即干扰项向量 ε 中的元素 ε_i 取自不同的分布总体。非主对角线上的元素表示干扰项之间的协方差值。例如 Ω 中的 σ_{ij}（$i \neq j$）表示与第 i 和第 j 组观测值相对应的 ε_i 和 ε_j 的协方差。

若 Ω 非主对角线上的部分或全部元素都不为零，干扰项就是序列相关的。本节讨论异方差，下一节讨论序列相关问题。

（二）异方差性的类型

异方差可以分为以下三种类型：

1. 单调递增型：随机干扰项 ε 的方差 $\text{Var}(\varepsilon)$ 随着自变量的增大而增大。
2. 单调递减型：随机干扰项 ε 的方差 $\text{Var}(\varepsilon)$ 随着自变量的增大而减小。
3. 复杂型：随机干扰项 ε 的方差 $\text{Var}(\varepsilon)$ 随着自变量的变化而变化，没有固定形式。

（三）异方差性的后果

计量经济学模型中一旦出现异方差性，如果仍然采用普通最小二乘法估计模型参数，会产生一系列不良后果。

1. 参数估计量是无偏的、一致的，但不具有有效性。原因是在证明无偏性和一致性时未用到同方差的假设，但是在证明有效性时利用了同方差的假设：

$$\text{Var}(\varepsilon \mid X) = E(\varepsilon\varepsilon' \mid X) = \sigma^2 I \qquad (5-40)$$

2. 变量的 t 检验和 F 检验失效。如果存在异方差，则有 $\text{Var}(\hat{\beta}) \neq \sigma^2 (X'X)^{-1}$，会导致参数估计量的方差出现偏误，在此基础上构造的 t 检验（F 检验）统计量不再服从 t 分布（F 分布），t 检验（F 检验）失去了意义。

3. 异方差将导致预测区间偏大或偏小，预测失效。

二、异方差性的检验方法

（一）图示检验法

定性分析异方差的角度很多，可以根据实际建立模型依据的经济理论和实际经济现象来分析是否存在异方差性，一般情况下经济变量规模差别很大时容易出现异方差，如个人收入与支出关系、投入与产出关系，借助散点图和残差图来初步判断异方差的存在性。

1. 散点图。方差描述的是随机变量相对其均值的离散程度，而被解释变量 Y 与随机误差项 ε 有相同的方差，所以分析 Y 与 X 的散点图，可以看到 Y 的离散程度及与 X 之间是否有相关关系。如果随着 X 的增加，Y 的离散程度有逐渐增大（或减小）的变化趋势，则认为存在递增型（或递减型）的异方差。通常在建立回归模型时，为了判断模型的函数形式，需要观测 Y 与 X 的散点图，同时也可利用散点图大致判断模型是否存在异方差性。

2. 残差图。虽然随机误差项无法观测，但样本回归的残差一定程度上反映了随机误差的某些分布特征，可通过残差的图形对异方差性作观察。例如，一元线性回归模型 $Y_i = \beta_1 + \beta_2 X_i + \varepsilon_i$，在 OLS 估计基础上得到残差的平方 e_i^2，然后绘制出 e_i^2 对 X_i 的散点图，如果 e_i^2 不随 X_i 而变化，如图 5-1（a）所示，则表明 ε_i 不存在异方差；如果 e_i^2 随 X_i 而变化，如图 5-1（b）、图 5-1（c）、图 5-1（d）所示，则表明 ε_i 存在异方差。

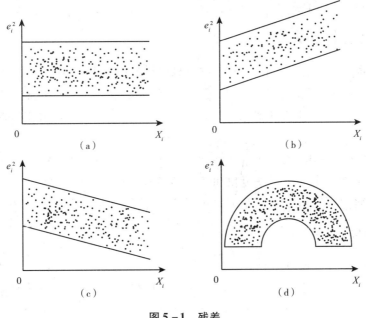

图 5-1 残差

图形法的特点是简单易操作，不足之处是对异方差性的判断比较粗糙，由于引起异方差性的原因错综复杂，仅靠图形法有时很难准确对是否存在异方差下结论，还需要采用其他统计检验方法。

（二）戈德菲尔德－昆茨检验法

戈德菲尔德－昆茨（Goodfeld-Quandt）检验法是戈德菲尔德－昆茨于 1965 年提出的，其检验的原假设和备择假设分别为 H_0：ε_i 具有同方差和 H_1：ε_i 具有递增型异方差。其检验的基本步骤如下：

首先，把原样本分成两个子样本。具体方法是把成对（组）的观测值按解释变量的大小顺序排列，略去 m 个处于中心位置的观测值［通常 $n>30$ 时，取 $m\approx n/4$，余下的 $n-m$ 个观测值自然分成容量相等即 $(n-m)/2$ 的两个子样本］。

$$\underbrace{X_1,X_2,}_{n_1=(n-m)/2}\cdots,\underbrace{X_{i-1},X_i,X_{i+1}}_{m=n/4},\cdots,\underbrace{X_{n-1},X_n}_{n_2=(n-m)/2}$$

其次，用两个子样本分别估计回归直线，并计算残差平方和。相对于 n_1 和 n_2，分别用 SSE_1 和 SSE_2 表示。

再次，构建 F 统计量即 $F=\dfrac{SSE_2/(n_2-k)}{SSE_1/(n_1-k)}=\dfrac{SSE_2(n_1-k)}{SSE_1(n_2-k)}$，其中 k 为模型中被估参数个数，在 H_0 成立的条件下，$F\sim F_{(n_2-k,n_1-k)}$。

最后，判别规则如下：给定显著性水平 α，若 $F\leqslant F_{\alpha(n_2-k,n_1-k)}$，则接受 H_0，认为 ε_i 具有同方差；若 $F>F_{\alpha(n_2-k,n_1-k)}$，则拒绝 H_0，认为 ε_i 具有递增型异方差。

当模型含有多个解释变量时，应以每一个解释变量为基准检验异方差。这一方法的基本思路也适用于递减型异方差。另外，对于截面样本，计算 F 统计量之前，必须先把数据按解释变量的值从小到大排序。

（三）格莱泽检验法

格莱泽（Glejser）检验法的基本思想是，根据样本数据建立回归模型，检验$|\hat{\varepsilon}_i|$是否与解释变量X_i存在函数关系。若存在函数关系，则说明存在异方差；若无函数关系，则说明不存在异方差。格莱泽曾提出检验有$|\hat{\varepsilon}_i| = a_1 X_i$，$|\hat{\varepsilon}_i| = a_0 + a_1 X_i$，$|\hat{\varepsilon}_i| = a_0 + a_1/X_i$，$|\hat{\varepsilon}_i| = a_0 + a_1\sqrt{X_i}$，$|\hat{\varepsilon}_i| = a_0 + a_1/\sqrt{X_i}$等几种函数形式。

格莱泽检验的特点是不仅能对异方差的存在进行判断，而且还能对异方差随某个解释变量变化的函数形式进行诊断。该方法既可检验递增型异方差，也可检验递减型异方差。应当注意，当原模型含有多个解释变量值时，可以把$|\hat{\varepsilon}_i|$拟合成多变量回归形式。

（四）怀特检验法

怀特（White）检验由 H. 怀特（H. White）于1980年提出。戈德菲尔德－昆茨检验必须先把数据按解释变量的值从小到大排序。格莱泽检验通常要试拟合多个回归式。怀特检验不需要对观测值排序，也不依赖于随机误差项服从正态分布，它是通过一个辅助回归式构造χ^2统计量进行异方差检验。以二元回归模型为例：

$$Y_i = \beta_0 + \beta_1 X_{1i} + \beta_2 X_{2i} + \varepsilon_i \tag{5-41}$$

第一，对上式进行 OLS 回归，求残差$\hat{\varepsilon}_i$。并作如下辅助回归式：

$$\hat{\varepsilon}_i^2 = \alpha_0 + \alpha_1 X_{1i} + \alpha_2 X_{2i} + \alpha_3 X_{1i}^2 + \alpha_4 X_{2i}^2 + \alpha_5 X_{1i} X_{2i} + v_i \tag{5-42}$$

即用$\hat{\varepsilon}_i^2$对原回归式中的各解释变量、解释变量的平方项、交叉积项进行回归。注意，（5-42）式中要保留常数项。求辅助回归（5-42）式的可决系数R^2。

第二，怀特检验的零假设和备择假设是H_0：（5-41）式中ε_i具有同方差，H_1：（5-41）式中ε_i具有递增型异方差。

第三，在不存在异方差假设条件下统计量$nR^2 \sim \chi^2(5)$，其中，n表示样本容量，R^2是辅助回归（5-42）式的 OLS 估计式的可决系数。自由度5表示辅助回归（5-41）式中解释变量的项数。

第四，判别规则是若$nR^2 \leqslant \chi_\alpha^2(5)$，则接受$H_0$（$\varepsilon_i$具有同方差）；若$nR^2 > \chi_\alpha^2(5)$，则拒绝$H_0$（$\varepsilon_i$具有异方差）。

怀特检验的特点是，不仅能够检验异方差的存在，同时在多变量的情况下，还能够判断出是哪一个变量引起的异方差，通常适用于截面数据的情形。该方法不需要异方差的先验信息，但要求观测值为大样本。

（五）自回归条件异方差检验法

异方差的另一种检验方法称为自回归条件异方差（autoregressive conditional heteroscedasticity）检验，简称为 ARCH 检验。这种检验方法不是把原回归模型的随机误差项σ_i^2看成X_i的函数，而是把σ_i^2看作误差滞后项ε_{i-1}^2，ε_{i-2}^2，…的函数。ARCH 是误差项二阶矩的自回归过程。恩格尔（Engle，1982）针对 ARCH 过程提出 LM 检验法。辅助回归式定义为：

$$\varepsilon_i^2 = \alpha_0 + \alpha_1 \hat{\varepsilon}_{i-1}^2 + \cdots + \alpha_m \hat{\varepsilon}_{i-m}^2 \qquad (5-43)$$

LM 统计量定义为 ARCH $= nR^2 \sim \chi^2(m)$。其中，R^2 是辅助回归（5-43）式的可决系数。在 H_0：$\alpha_1 = \cdots = \alpha_m = 0$ 成立的条件下，ARCH 渐近服从 $\chi^2(m)$ 分布。ARCH 检验的最常用形式是一阶自回归模型（$m=1$），$\varepsilon_i^2 = \alpha_0 + \alpha_1 \hat{\varepsilon}_{i-1}^2$ 在这种情形下，ARCH 渐近服从 $\chi^2(1)$ 分布。

ARCH 检验的特点是，要求变量的观测值是大样本，并且是时间序列数据；它只能判断模型中是否存在异方差，而不能判断出是哪一个变量引起的异方差。

三、异方差性的克服方法

通过检验如果证实存在异方差，则需要采取措施对异方差性进行修正，基本思想是采用适当的估计方法，消除或减小异方差对模型的影响。

（一）对模型变化

当可以确定异方差的具体形式时，将模型作适当变换有可能消除或减轻异方差的影响。以一元线性回归模型为例：

$$Y_i = \beta_0 + \beta_1 X_i + \varepsilon_i \qquad (5-44)$$

经检验 ε_i 存在异方差，并已知 $\mathrm{Var}(\varepsilon_i) = \sigma_i^2 = \sigma^2 f(X_i)$，其中 σ^2 为常数，$f(X_i)$ 为 X_i 的某种函数。显然，当 $f(X_i)$ 是常数时，ε_i 为同方差；当 $f(X_i)$ 不是常数时，ε_i 为异方差。为变换模型，用 $\sqrt{f(X_i)}$ 去除（5-44）式的两端，得：

$$\frac{Y_i}{\sqrt{f(X_i)}} = \frac{\beta_0}{\sqrt{f(X_i)}} + \beta_1 \frac{X_i}{\sqrt{f(X_i)}} + \frac{\varepsilon_i}{\sqrt{f(X_i)}} \qquad (5-45)$$

记 $Y_i^* = \dfrac{Y_i}{\sqrt{f(X_i)}}$，$X_{2i}^* = \dfrac{X_i}{\sqrt{f(X_i)}}$，$X_{1i}^* = \dfrac{1}{\sqrt{f(X_i)}}$，$v_i = \dfrac{\varepsilon_i}{\sqrt{f(X_i)}}$，则有：

$$Y_i^* = \beta_0 X_{1i}^* + \beta_1 X_{2i}^* + v_i \qquad (5-46)$$

（5-46）式的随机误差项为 v_i 的方差为：

$$\mathrm{Var}(v_i) = \mathrm{Var}\left(\frac{\varepsilon_i}{\sqrt{f(X_i)}}\right) = \frac{1}{f(X_i)}\mathrm{Var}(\varepsilon_i) = \sigma^2 \qquad (5-47)$$

可见，经变换后的（5-46）式的随机误差项 $v_i = \dfrac{\varepsilon_i}{\sqrt{f(X_i)}}$ 已是同方差。

（二）模型的对数变换

在经济意义成立的情况下，如果对（5-44）式的模型作对数变换，其变量 Y_i 和 X_i 分别用 $\ln Y_i$ 和 $\ln X_i$ 代替，即：

$$\ln Y_i = \beta_0 + \beta_1 \ln X_i + \varepsilon_i \qquad (5-48)$$

对数变换后的模型通常可以降低异方差性的影响。

首先，运用对数变换能使测定变量值的尺度缩小。它可以将两个数值之间原来 10 倍的差异缩小到只有 2 倍的差异。例如，100 是 10 的 10 倍，但在常用对数情况下，lg100 = 2 是 lg10 = 1 的 2 倍；再例如，80 是 8 的 10 倍，但在自然对数情况下，ln80 = 4.3820 是 ln8 = 2.0794 的 2 倍多。

其次，经过对数变换后的线性模型，其残差 e 表示相对误差，而相对误差往往比绝对误差有较小的差异。

但是特别需要注意的是，对变量取对数虽然能够减少异方差对模型的影响，但应注意取对数后变量的经济意义。如果变量之间在经济意义上并非呈对数线性关系，则不能简单地对变量取对数，这时只能用其他方法对异方差进行修正。

（三）广义最小二乘法

设模型为 (5-3) 式，其中，$E(\varepsilon) = 0$，$\mathrm{Var}(\varepsilon) = E(\varepsilon\varepsilon') = \sigma^2\Omega$，$\Omega$ 已知。因为 $\Omega =$

$$\begin{bmatrix} \sigma_{11} & 0 & \cdots & 0 \\ 0 & \sigma_{22} & \cdots & 0 \\ \vdots & \vdots & & \vdots \\ 0 & 0 & \cdots & \sigma_{nn} \end{bmatrix} \neq I$$，违反了线性回归模型的经典假定条件，所以应当对模型进行适当

修正。

因为 Ω 是一个 n 阶正定矩阵，根据线性代数的知识，必然存在一个非退化 $n \times n$ 阶矩阵

$$M = \begin{bmatrix} 1/\sqrt{\sigma_{11}} & 0 & \cdots & 0 \\ 0 & 1/\sqrt{\sigma_{22}} & \cdots & 0 \\ \vdots & \vdots & & \vdots \\ 0 & 0 & \cdots & 1/\sqrt{\sigma_{nn}} \end{bmatrix}$$ 使得：

$$M\Omega M' = I_{n \times n} \tag{5-49}$$

从 (5-49) 式得：

$$M'M = \Omega^{-1} \tag{5-50}$$

用 M 左乘 (5-3) 式回归模型两侧得：

$$MY = MX\beta + M\varepsilon \tag{5-51}$$

令 $Y^* = MY$，$X^* = MX$，$\varepsilon^* = M\varepsilon$，那么 (5-51) 式变换为：

$$Y^* = X^*\beta + \varepsilon^* \tag{5-52}$$

根据 (5-39) 式，则 ε^* 的协方差阵为：

$$\mathrm{Var}(\varepsilon^*) = E(\varepsilon^*\varepsilon^{*\prime}) = E(M\varepsilon\varepsilon'M') = \sigma^2 M\Omega M' = \sigma^2 I \tag{5-53}$$

变换后模型的 $\mathrm{Var}(\varepsilon^*)$ 是一个纯量对角矩阵。对变换后模型 (5-52) 式进行 OLS 估计，得到的是 β 的最佳线性无偏估计量。这种估计方法称为广义最小二乘法。β 的广义最小

二乘估计量（generalized least squares estimator）被定义为：

$$\hat{\beta}^* = (X^{*\prime}X^*) - 1X^{*\prime}Y^*$$
$$= (X'M'MX) - 1X'M'MY$$
$$= (X'\Omega^{-1}X) - 1X'\Omega^{-1}Y \qquad (5-54)$$

当线性回归模型（5-3）式满足条件 $E(\varepsilon) = 0$，$\mathrm{Var}(\varepsilon) = E(\varepsilon\varepsilon') = \sigma^2\Omega$ 时，广义最小二乘估计量 $\hat{\beta}^*$ 为参数 β 的最优线性无偏估计量。使用广义最小二乘估计的情形是协方差阵 Ω 是对角阵而且对角线元素各不相等。这种纠正异方差性的广义最小二乘法又称为加权最小二乘法。

（四）加权最小二乘估计

加权最小二乘法的主要步骤为：

第一步，采用普通最小二乘法估计原模型（5-44）式，并计算残差平方 e_i。

第二步，使用格莱泽（Glejser）检验法寻找残差 e_i 的绝对值与解释变量 X_i 之间的函数关系 $f(X_i)$，得到权重 w_i。

第三步，将 w_i 引入原模型，得到新模型（5-46）式，并采用普通最小二乘法估计参数。

第三节 序列相关性

前面几章的讨论中，我们假定随机误差项前后期之间是不相关的。但在经济系统中，经济变量前后期之间很可能有关联，使得随机误差项不能满足无自相关的假定。本节将探讨随机误差项不满足无自相关的古典假定时的参数估计问题。

一、序列相关性的含义及引起的后果

（一）序列相关的含义

针对线性模型（5-1）式 $Y_i = \beta_1 + \beta_2 X_{2i} + \beta_3 X_{3i} + \cdots + \beta_k X_{ki} + \varepsilon_i$，$i = 1, 2, \cdots, n$，当 $\mathrm{Cov}(\varepsilon_i, \varepsilon_j) = E(\varepsilon_i\varepsilon_j) = 0 (i, j \in n, i \neq j)$，即误差项 ε_i 的取值在时间上是相互无关时，称误差项 ε_i 非序列相关。如果：

$$\mathrm{Cov}(\varepsilon_i, \varepsilon_j) \neq 0 \quad (i \neq j) \qquad (5-55)$$

则称误差项 ε_i 存在序列相关。

序列相关又称自相关。原指某一随机变量在时间上与其滞后项之间的相关。这里主要是指回归模型中随机误差项 ε_i 与其滞后项的相关关系。序列相关也是相关关系的一种。

（二）序列相关的表现形式

自相关的性质可以用（5-56）式中的自相关系数 ρ 的符号判断，即当 $\rho > 0$ 时，为正相关；当 $\rho < 0$ 时，为负相关；当 $\rho = 0$ 时，不存在自相关。

当 $|\rho|$ 接近 1 时，表示相关的程度很高。自相关是 ε_1，ε_2，$\cdots$，ε_n 序列自身的相关，因

随机误差项的关联形式不同而可能具有不同的自相关形式。自相关大多出现在时间序列数据中，下面以时间序列为例说明自相关的不同表现形式。

对于样本观测期为 n 的时间序列数据，可得到总体回归模型（PRF）的随机误差项为 ε_1，ε_2，$\cdots$，ε_n，如果自相关形式为：

$$\varepsilon_t = \rho\varepsilon_{t-1} + v_t \quad (-1 < \rho < 1) \tag{5-56}$$

其中，ρ 为自相关系数，v_t 为满足古典假定的误差项，即 $E(v_t) = 0$，$\mathrm{Var}(v_t) = \sigma^2$，$\mathrm{Cov}(v_t, v_{t+s}) = 0$，$s \neq 0$。因为模型（5-56）式中 ε_{t-1} 是 ε_t 滞后一期的值，则（5-56）式称为一阶自回归形式，记为 AR(1)。（5-56）式中的 ρ 也称为一阶自相关系数。

为了便于理解时间序列的正负序列相关特性，图 5-2（b）、图 5-2（d）、图 5-2（f）分别给出了图 5-2（a）、图 5-2（c）、图 5-2（e）中变量对其一阶滞后变量散点图。正负序列相关及非序列相关性展现得更为明了。

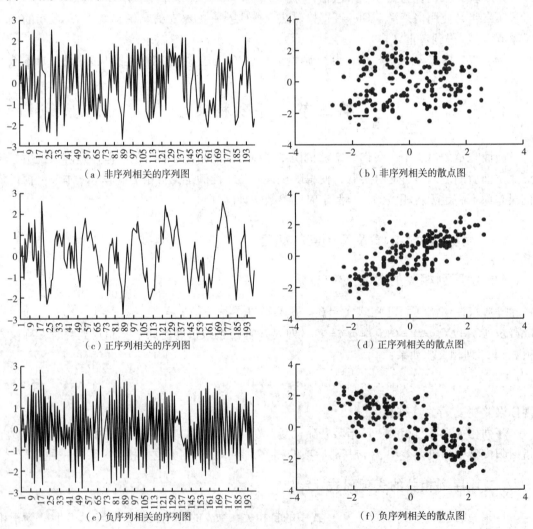

（a）非序列相关的序列图　　　　　（b）非序列相关的散点图

（c）正序列相关的序列图　　　　　（d）正序列相关的散点图

（e）负序列相关的序列图　　　　　（f）负序列相关的散点图

图 5-2　时间序列及其自相关散点图

如果（5–56）式中的随机误差项 v_t 是不满足古典假定的误差项，即 v_t 中包含有 ε_t 的成分，例如包含有 ε_{t-2} 的影响，则需将 ε_{t-2} 包含在回归模型中，即：

$$\varepsilon_t = \rho_1 \varepsilon_{t-1} + \rho_2 \varepsilon_{t-2} + v_t' \tag{5–57}$$

其中，ρ_1 为一阶自相关系数，ρ_2 为二阶自相关系数，v_t' 是满足古典假定的误差项。

（5–57）式称为二阶自回归形式，记为 AR（2）。一般地，如果 ε_1，ε_2，$\cdots$，ε_n 之间的关系为：

$$\varepsilon_t = \rho_1 \varepsilon_{t-1} + \rho_2 \varepsilon_{t-2} + \cdots + \rho_m \varepsilon_{t-m} + v_t \tag{5–58}$$

其中，v_t 为满足古典假定的误差项。则称（5–58）式为 m 阶自回归形式，记为 AR（m）。

此外，自相关的形式可能为移动平均形式，记为 MA（n），还可能为更复杂的移动平均自回归形式，记为 ARMA（m,n）。

在经济计量分析中，通常采用（5–56）式的一阶自回归形式，即假定自回归形式为一阶自回归 AR（1）。这种假定简化了自回归形式，在实际分析中经常能取得较好的效果，在本节中只讨论假定自相关为 AR（1）的形式。

（三）序列相关的有关性质

针对一阶自回归式 $\varepsilon_i = \rho \varepsilon_{i-1} + v_i$，讨论误差项 ε_i 的期望、方差与协方差公式。由（5–56）式可知：

$$E(\varepsilon_i) = E(\rho \varepsilon_{i-1} + v_i) = \rho E(\varepsilon_{i-1}) + E(v_i) \tag{5–59}$$

因为对于平稳时间序列有 $E(\varepsilon_i) = E(\varepsilon_{i-1})$，整理（5–59）式得 ε_i 的期望为：

$$E(\varepsilon_i) = E(v_i)/(1-\rho) \tag{5–60}$$

那么，ε_i 的方差为：

$$
\begin{aligned}
\mathrm{Var}(\varepsilon_i) &= E(\varepsilon_i^2) \\
&= E(\rho \varepsilon_{i-1} + v_i)^2 \\
&= E(\rho^2 \varepsilon_{i-1}^2 + v_i^2 + 2\rho \varepsilon_{i-1} v_i) \\
&= \rho^2 \mathrm{Var}(\varepsilon_{i-1}) + E(v_i^2)
\end{aligned}
$$

整理上式得：

$$\mathrm{Var}(\varepsilon_i) = \sigma_\varepsilon^2 = \sigma_v^2/(1-\rho^2) \tag{5–61}$$

其协方差为：

$$
\begin{aligned}
\mathrm{Cov}(\varepsilon_i, \varepsilon_{i-1}) &= E(\varepsilon_i \varepsilon_{i-1}) \\
&= E\big[(\rho \varepsilon_{i-1} + v_i)\varepsilon_{i-1}\big] \\
&= \rho \mathrm{Var}(\varepsilon_{i-1}) \\
&= \rho \sigma_\varepsilon^2
\end{aligned} \tag{5–62}
$$

同理：

$$\mathrm{Cov}(\varepsilon_i, \varepsilon_{i-s}) = \rho \mathrm{Var}(\varepsilon_{i-s}) = \rho^s \sigma_\varepsilon^2 \quad (s \neq 0) \tag{5–63}$$

则由（5－61）式、（5－62）式和（5－63）式得：

$$E(\varepsilon\,\varepsilon') = \Omega = \sigma_\varepsilon^2 \begin{bmatrix} 1 & \rho & \rho^2 & \cdots & \rho^{n-1} \\ \rho & 1 & \rho & \cdots & \rho^{n-2} \\ \vdots & \vdots & \vdots & & \vdots \\ \rho^{n-1} & \rho^{n-2} & \rho^{n-3} & \cdots & 1 \end{bmatrix}$$

其中，$\sigma_\varepsilon^2 = \sigma_v^2/(1-\rho^2)$。

从而验证，当回归模型的误差项 ε_i 存在一阶自回归形式时，$\mathrm{Cov}(\varepsilon_i, \varepsilon_j) \neq 0$。同理也可证明，当 ε_i 存在高阶自回归形式时，仍有 $\mathrm{Cov}(\varepsilon_i, \varepsilon_j) \neq 0$。一般情况下，自相关多发生于时间序列数据中，若出现于截面数据中，则称其为空间自相关。

（四）序列相关的来源与后果

误差项存在序列相关，主要有以下几个原因：

1. 模型的数学形式不妥。若所用的数学模型与变量之间的真实关系不一致，误差项常表现出自相关。例如，平均成本与产量呈抛物线关系，当用线性回归模型拟合时，误差项必存在自相关。

2. 经济变量的惯性。大多数经济时间序列都存在自相关。其当期值往往受滞后值影响。突出特征就是惯性与低灵敏度。例如，国民生产总值、固定资产投资、国民消费、物价指数等随时间缓慢地变化，从而建立模型时导致误差项自相关。

3. 回归模型中略去了带有自相关的重要解释变量。若丢掉了应该列入模型的带有自相关的重要解释变量，那么它的影响必然归并到误差项 ε_i 中，从而使误差项呈现自相关。当然略去多个带有自相关的解释变量，也许因互相抵消并不使误差项呈现自相关。

当一个线性回归模型的随机误差项存在自相关时，就违背了线性回归方程的古典假定，如果仍然用普通最小二乘法（OLS）估计参数，将会产生严重后果。自相关产生的后果与异方差情形类似。

当误差项 ε_i 存在序列相关时，模型参数的最小二乘估计量具有如下特性：

1. 只要假定条件 $\mathrm{Cov}(X'\varepsilon) = 0$ 成立，回归系数 $\hat{\beta}$ 仍具有无偏性。

$$\begin{aligned} E(\hat{\beta}) &= E[(X'X)^{-1}X'Y] \\ &= E[(X'X)^{-1}X'(X\beta+\varepsilon)] \\ &= \beta + (X'X)^{-1}X'E(\varepsilon) \\ &= \beta \end{aligned} \tag{5-64}$$

2. $\hat{\beta}$ 丧失有效性。如果回归模型中误差项 ε_i 存在一阶自回归形式（5－64）式，则：

$$\begin{aligned} \mathrm{Var}(\hat{\beta}) &= E[(\hat{\beta}-\beta)(\hat{\beta}-\beta)'] \\ &= E[(X'X)^{-1}X'\varepsilon\varepsilon'X(X'X)^{-1}] \\ &= (X'X)^{-1}X'E(\varepsilon\varepsilon')X(X'X)^{-1} \\ &= \sigma^2(X'X)^{-1}X'\Omega X(X'X)^{-1} \end{aligned} \tag{5-65}$$

与 $\sigma^2(X'X)^{-1}$ 不等。

3. 有可能低估误差项 ε_i 的方差。低估回归参数估计量的方差，等于夸大回归参数的抽样精度，过高地估计统计量 t 的值，从而把不重要的解释变量保留在模型里，使显著性检验失去意义。

4. 由于 ε_i 存在自相关时，$\text{Var}(\hat{\beta}_j)(j = 1, 2, \cdots, k)$ 和 s_ε^2 都变大，都不具有最小方差性。所以用依据普通最小二乘法得到的回归方程去预测，预测是无效的。

二、序列相关的检验方法

（一）定性分析法

定性分析法就是依据残差 e_i 对时间 i 的序列图的性质作出判断。由于残差 e_i 是对误差项 ε_i 的估计，所以尽管误差项 ε_i 观测不到，但可以通过 e_i 的变化判断 ε_i 是否存在序列相关。

定性分析法的具体步骤为：（1）用给定的样本估计回归模型，计算残差 e_i（$i = 1, 2, \cdots, n$），绘制残差图；（2）分析残差图。若残差图与图 5 - 2（a）（b）类似，则说明 ε_i 不存在自相关；若残差图与图 5 - 2（c）（d）类似，则说明 ε_i 存在正自相关；若残差图与图 5 - 2（e）（f）类似，则说明 ε_i 存在负自相关。

经济变量由于存在惯性，不可能表现出如图 5 - 2（e）那样的震荡式变化。其变化形式常与图 5 - 2（c）相类似，所以经济变量的变化常表现为正自相关。

（二）DW 检验法

DW（Durbin-Watson）检验是杜宾（J. Durbin）和沃特森（G. S. Watson）于 1951 年提出的一种适用于小样本的检验方法。DW 检验方法是检验自相关的常用方法，许多计量经济学和统计软件都会提供 DW 值。

DW 检验法的前提条件是：

1. 解释变量 X 为非随机的。

2. 随机误差项为一阶自回归形式，例如（5 - 56）式。

3. 线性模型的解释变量中不包含滞后的被解释变量，例如不应当出现 $Y_t = \beta_1 + \beta_2 X_t + \beta_3 Y_{t-1} + \varepsilon_t$ 这样的形式。

4. 截距项不为零，即只适用于有常数项的回归模型。

5. 数据序列无缺失项。

DW 检验的基本思想如下：给出假设 $H_0: \rho = 0$（ε_i 不存在序列相关）和 $H_1: \rho \neq 0$（ε_i 存在一阶序列相关），用残差值 e_i 计算统计量 DW。

$$DW = \frac{\sum_{i=2}^{n} (e_i - e_{i-1})^2}{\sum_{i=1}^{n} e_i^2} \tag{5-66}$$

其中，分子是残差的一阶差分平方和，分母是残差平方和。把（5 - 66）式展开，有：

$$DW = \frac{\sum_{i=2}^{n} e_i^2 + \sum_{i=2}^{n} e_{i-1}^2 - 2\sum_{i=2}^{n} e_i e_{i-1}}{\sum_{i=1}^{n} e_i^2} \tag{5-67}$$

因为有 $\sum\limits_{i=2}^{n} e_i^{\ 2} \approx \sum\limits_{i=2}^{n} e_{i-1}^{\ 2} \approx \sum\limits_{i=1}^{n} e_i^{\ 2}$，代入（5-67）式，有：

$$DW \approx \frac{2\sum\limits_{i=2}^{n} e_{i-1}^{\ 2} - 2\sum\limits_{i=2}^{n} e_i e_{i-1}}{\sum\limits_{i=1}^{n} e_{i-1}^{2}} \approx 2\left(1 - \frac{\sum\limits_{i=2}^{n} e_i e_{i-1}}{\sum\limits_{i=1}^{n} e_{i-1}^{2}}\right) = 2(1 - \hat{\rho}) \qquad (5-68)$$

因为 ρ 的取值范围是 $[-1, 1]$，所以 DW 统计量的取值范围是 $[0, 4]$。ρ 与 DW 的对应关系及意义如表5-2所示。

表5-2 ρ 与 DW 的对应关系及意义

ρ	DW	ε_i 的表现
$\rho = 0$	$DW = 2$	ε_i 非序列相关
$\rho = 1$	$DW = 0$	ε_i 完全正序列相关
$\rho = -1$	$DW = 4$	ε_i 完全负序列相关
$0 < \rho < 1$	$0 < DW < 2$	ε_i 有某种程度的正序列相关
$-1 < \rho < 0$	$2 < DW < 4$	ε_i 有某种程度的负序列相关

实际中 $DW = 0$、2、4 的情形是很少见的。当 DW 取值在 $(0, 2)$、$(2, 4)$ 之间时，怎样判别误差项 ε_i 是否存在序列相关呢？推导统计量 DW 的精确抽样分布是很困难的，因为 DW 是依据残差 e_i 计算的，而 e_i 的值又与 X_i 的形式有关。DW 检验与其他统计检验不同，它没有唯一的临界值用来制定判别规则。然而 Durbin-Watson 根据样本容量和被估参数个数，在给定的显著性水平下，给出了检验用的上、下两个临界值 d_L 和 d_U。判别规则如下：

1. 若 DW 取值在 $(0, d_L)$ 之间，拒绝原假设 H_0，认为 ε_i 存在一阶正序列相关。
2. 若 DW 取值在 $(4 - d_L, 4)$ 之间，拒绝原假设 H_0，认为 ε_i 存在一阶负序列相关。
3. 若 DW 取值在 $(d_U, 4 - d_U)$ 之间，拒绝原假设 H_0，认为 ε_i 非序列相关。
4. 若 DW 取值在 (d_L, d_U) 或 $(4 - d_U, 4 - d_L)$ 之间，这种假设没有结论，即不能判断 ε_i 是否存在一阶序列相关。判别规则可用图5-3表示。

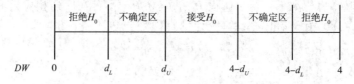

图5-3 DW 判别规则

当 DW 值落在"不确定"区域时，有两种处理方法：（1）加大样本容量或重新选取样本，重作 DW 检验。有时 DW 值会离开不确定区。（2）选用其他检验方法。DW 检验临界值与三个参数有关：①检验水平 α；②样本容量 n；③原回归模型中解释变量个数 k（不包括常数项）。

需要注意的是：（1）不适用于联立方程模型中各方程的序列相关检验；（2）DW 统计

量不适用于与高阶序列相关的检验;(3)因为 DW 统计量是以解释变量非随机为条件得出的,所以当有滞后的内生变量做解释变量时,DW 检验无效。

(三)回归检验法

回归检验法的优点包括:第一,适用于任何形式的序列相关检验;第二,若结论是存在序列相关,则同时能提供出序列相关的具体形式与参数的估计值。缺点是计算量大。回归检验法的思想如下:

1. 用给定样本估计模型并计算残差 e_i。

2. 对残差序列 $e_i(i=1,2,\cdots,n)$ 用普通最小二乘法进行不同形式的回归拟合,例如 $e_i=\rho e_{i-1}+v_i$,$e_i=\rho_1 e_{i-1}+\rho_2 e_{i-2}+v_i$,$e_i=\rho e_{i-1}^2+v_i$,$e_i=\rho\sqrt{e_{i-1}}+v_i$ 等。

3. 对上述各处拟合形式进行显著性检验,从而确定误差项 ε_i 存在哪一种形式的序列相关。

三、序列相关的克服方法

(一)序列相关的克服方法

如果模型的误差项存在序列相关,首先应分析产生序列相关的原因。如果序列相关是由错误地设定模型的数学形式所致,那么就应当修改模型的数学形式。如何发现序列相关是由模型的数学形式不妥当造成的呢?一种方法是用残差 e_i 对解释变量的较高次幂进行回归,然后对新的残差做 DW 检验,如果此时序列相关消失,则说明模型的数学形式不妥。

如果序列相关是由于模型中省略了重要解释变量造成的,那么解决办法就是找出略去的解释变量,把它作为重要解释变量列入模型。怎样查明序列相关是由于略去重要解释变量引起的呢?一种方法是用残差 e_i 对那些可能影响因变量但又未列入模型的解释变量回归,并作显著性检验,从而确定该解释变量的重要性。如果是重要解释变量,应该列入模型。

只有当以上两种引起序列相关的原因都消除后,才能认为误差项 ε_i "真正"存在序列相关。在这种情况下,解决办法是变换原回归模型,使变换后的随机误差项消除序列相关,进而利用普通最小二乘法估计回归参数。

设原回归模型为:

$$Y_i=\beta_1+\beta_2 X_{2i}+\beta_3 X_{3i}+\cdots+\beta_k X_{ki}+\varepsilon_i,i=1,2,\cdots,n \qquad (5-69)$$

其中,ε_i 具有一阶自回归形式:

$$\varepsilon_i=\rho\varepsilon_{i-1}+v_i \qquad (5-70)$$

其中,v_i 满足通常的假定条件,把(5-70)式代入(5-69)式,有:

$$Y_i=\beta_1+\beta_2 X_{2i}+\beta_3 X_{3i}+\cdots+\beta_k X_{ki}+\rho\varepsilon_{i-1}+v_i \qquad (5-71)$$

求模型(5-69)式的 $i-1$ 期关系式,并在两侧同时乘以 ρ:

$$\rho Y_{i-1}=\rho\beta_1+\rho\beta_2 X_{2i-1}+\rho\beta_3 X_{3i-1}+\cdots+\rho\beta_k X_{ki-1}+\rho\varepsilon_{i-1} \qquad (5-72)$$

用(5-71)式减去(5-72)式得:

$$Y_i - \rho Y_{i-1} = \beta_1(1-\rho) + \beta_2(X_{2i} - \rho X_{2i-1}) + \beta_3(X_{3i} - \rho X_{3i-1}) + \cdots$$
$$+ \beta_k(X_{ki} - \rho X_{ki-1}) + v_i \tag{5-73}$$

令 $Y_i^* = Y_i - \rho Y_{i-1}$, $X_{ji}^* = X_{ji} - \rho X_{ji-1}$, $j = 1, 2, \cdots, k$, $\beta_i^* = \beta_1(1-\rho)$, 则 (5-73) 式表示如下:

$$Y_i^* = \beta_1^* + \beta_2 X_{2i}^* + \beta_3 X_{3i}^* + \cdots + \beta_k X_{ki}^* + v_i, i = 1, 2, \cdots, n \tag{5-74}$$

上式中的误差项 v_i 是非序列相关的, 满足假定条件, 所以可对上式应用最小二乘法估计回归参数, 得到的估计量具有最佳线性无偏性。(5-74) 式中的 β_2, β_3, $\cdots$, β_k 就是原模型 (5-69) 式中的 β_2, β_3, $\cdots$, β_k, 而 β_1^* 与模型 (5-69) 式中的 β_1 有如下关系:

$$\beta_1^* = \beta_1(1-\rho), \beta_1 = \beta_1^* / (1-\rho) \tag{5-75}$$

上述变换称为广义差分变换。这种变换损失了一个观测值, 样本容量变成 $n-1$。为避免这种损失, 卡迪亚拉 (K. R. Kadiyala, 1968) 提出对 Y_i^* 与 X_{ji}^* 的第一个观测值分别做如下变换:

$$Y_1^* = Y_1\sqrt{1-\rho^2}; X_{j1}^* = X_1\sqrt{1-\rho^2} \quad (j = 2, \cdots, k) \tag{5-76}$$

于是对模型 (5-75) 式, 样本容量仍然是 n。

事实上, 这种变换的目的就是使相应误差项 ε_1 的方差与其他误差项 ε_2, ε_3, $\cdots$, ε_n 的方差保持相等。作上述变换后, 有 $\varepsilon_1^* = \varepsilon_1\sqrt{1-\rho^2}$, 则 $\mathrm{Var}(\varepsilon_1^*) = (1-\rho^2)\mathrm{Var}(\varepsilon_1)$, 根据 (5-61) 式, 知:

$$\mathrm{Var}(\varepsilon_1^*) = (1-\rho^2)\mathrm{Var}(\varepsilon_1) = (1-\rho^2)[\sigma_v^2/(1-\rho^2)] = \sigma_v^2 \tag{5-77}$$

误差项 ε_1 与其他随机误差项的方差相同。

为了在理论上讨论方便, 同时在应用上便于程序化, 我们将克服序列相关的过程用矩阵描述。

对于线性回归模型 (5-3) 式 $Y = X\beta + \varepsilon$, 假定 $\mathrm{Var}(\varepsilon) = E(\varepsilon\varepsilon') = \sigma^2 I_n$ 不成立。误差项 ε_i 具有一阶自回归形式 $e_i = \rho e_{i-1} + v_i$, 则 $\mathrm{Var}(\varepsilon)$ 由 (5-63) 式给出:

$$\mathrm{Var}(\varepsilon) = E(\varepsilon\varepsilon') = \Omega = \sigma_\varepsilon^2 \begin{bmatrix} 1 & \rho & \rho^2 & \cdots & \rho^{n-1} \\ \rho & 1 & \rho & \cdots & \rho^{n-2} \\ \vdots & \vdots & \vdots & & \vdots \\ \rho^{n-1} & \rho^{n-2} & \rho^{n-3} & \cdots & 1 \end{bmatrix} \tag{5-78}$$

其中, $\sigma_\varepsilon^2 = \sigma_v^2/(1-\rho^2)$。

根据广义最小二乘法的基本思想, 可以选 $M = \begin{bmatrix} \sqrt{1-\rho^2} & & & & 0 \\ -\rho & 1 & & & \\ & & \ddots & & \\ & & & 1 & \\ 0 & & & -\rho & 1 \end{bmatrix}$ 使得:

$$M'M = \Omega^{-1} = \begin{bmatrix} 1 & -\rho & & & & 0 \\ -\rho & 1+\rho^2 & -\rho & & & \\ & & & \ddots & & \\ & & & -\rho & 1+\rho^2 & -\rho \\ 0 & & & & -\rho & 1 \end{bmatrix} \qquad (5-79)$$

即：

$$M\Omega M' = \sigma_v^2 I_{n \times n} \qquad (5-80)$$

用 M 左乘模型（5-3）式，有：

$$MY = MX\beta + M\varepsilon \qquad (5-81)$$

令 $Y^* = MY$，$X^* = MX$，$\varepsilon^* = M\varepsilon$，则（5-81）式表示为：

$$Y^* = X^*\beta + \varepsilon^* \qquad (5-82)$$

其中，

$$\varepsilon^* = M\varepsilon = \begin{bmatrix} \varepsilon_1 \sqrt{1-\rho^2} \\ \varepsilon_2 - \rho\varepsilon_1 \\ \varepsilon_3 - \rho\varepsilon_2 \\ \vdots \\ \varepsilon_n - \rho\varepsilon_{n-1} \end{bmatrix} = \begin{bmatrix} \varepsilon_1 \sqrt{1-\rho^2} \\ v_2 \\ v_3 \\ \vdots \\ v_n \end{bmatrix} \qquad (5-83)$$

因为：

$$\mathrm{Var}(\varepsilon^*) = E(\varepsilon^* \varepsilon^{*\prime}) = E\left[\begin{pmatrix} \varepsilon_1 \sqrt{1-\rho^2} \\ v_2 \\ v_3 \\ \vdots \\ v_n \end{pmatrix} \left(\varepsilon_1 \sqrt{1-\rho^2} \quad v_2 \quad v_3 \quad \cdots \quad v_n \right) \right]$$

$$= E \begin{bmatrix} (1-\rho^2)\varepsilon_1^2 & 0 & \cdots & 0 \\ 0 & v_2^2 & \cdots & 0 \\ \vdots & \vdots & & \vdots \\ 0 & 0 & \cdots & v_n^2 \end{bmatrix} = \begin{bmatrix} \sigma_v^2 & 0 & \cdots & 0 \\ 0 & \sigma_v^2 & \cdots & 0 \\ \vdots & \vdots & & \vdots \\ 0 & 0 & \cdots & \sigma_v^2 \end{bmatrix} = \sigma_v^2 I_n$$

说明变换后（5-82）式的误差项中不再有序列相关，对（5-82）式进行参数估计得：

$$\hat{\beta}^* = (X^{*\prime}X^*)^{-1}X^{*\prime}Y^* \qquad (5-84)$$

根据广义最小二乘估计量的性质，则 $\hat{\beta}^*$ 具有最佳线性无偏性。

把 $X^* = MX$，$Y^* = MY$，$M'M = \Omega^{-1}$ 代入（5-84）式，有：

$$\hat{\beta}^* = (X^{*\prime}X^*)^{-1}X^{*\prime}Y^*$$
$$= (X'M'MX)^{-1}X'M'MY$$
$$= (X'\Omega^{-1}X)^{-1}X'\Omega^{-1}Y \tag{5-85}$$

(二) 序列相关系数的估计

上面介绍了克服序列相关的方法。这种方法的应用还有赖于知道序列相关系数 ρ 值，然而在实际应用中，序列相关系数 ρ 往往是未知的，必须通过一定的方法去估计。下面介绍几种常用的估计序列相关系数 ρ 的方法。

1. 科克伦－奥克特迭代法。科克伦－奥克特（Cochrane-Orcutt）迭代法的基本思想，是通过逐次迭代去寻求更为满意的序列相关系数 ρ 的估计值，具体步骤如下：

第一，用普通最小二乘法对（5-3）式进行估计，然后对残差进行回归，即：

$$e_i^{(1)} = \rho e_{i-1}^{(1)} + v_i \tag{5-86}$$

第二，用估计出来的 ρ 值进行广义差分，然后进行新的回归，即：

$$Y_i^* = \beta_1(1-\hat{\rho}) + \beta_2 X_{2i}^* + \beta_3 X_{3i}^* + \cdots + \beta_k X_{ki}^* + v_i \tag{5-87}$$

其中，$Y_i^* = Y_i - \hat{\rho}Y_{i-1}$；$X_{ji}^* = X_{ji} - \hat{\rho}X_{ji-1}$，$j = 1$，2，$\cdots$，$k$。对变换后的方程（5-87）式进行估计，得到 β_1，β_2，β_3，$\cdots$，β_k。将这些修正过的参数代入原模型（5-3）式，得到新的回归残差为：

$$e_i^{(2)} = Y_i - \hat{\beta}_1 - \hat{\beta}_2 X_{2i} - \hat{\beta}_3 X_{3i} - \cdots - \hat{\beta}_k X_{ki} \tag{5-88}$$

第三，对新残差进行回归，即：

$$e_i^{(2)} = \rho e_{i-1}^{(2)} + v_i \tag{5-89}$$

得到新的 ρ 估计量。这个迭代过程可以继续下去。

第四，将 ρ 的新估计值与前一个估计值比较，如果之间差的绝对值小于事先设定的标准，就停止迭代；否则，继续迭代。

需要注意的是，ρ 的最后估计值不一定使误差平方和最小，因为迭代法得到的可能是局部最小值，而不是整体最小值。

2. 直接取 $\rho = 1$。认为 ε_i 的一阶自回归形式是：

$$\varepsilon_i = \varepsilon_{i-1} + v_i \tag{5-90}$$

则（5-74）式变为：

$$Y_i - Y_{i-1} = \beta_2(X_{2i} - X_{2i-1}) + \beta_3(X_{3i} - X_{3i-1}) + \cdots + \beta_k(X_{ki} - X_{ki-1}) + v_i \tag{5-91}$$

这实际上是对原变量进行一阶差分：

$$\Delta Y_i = \beta_2 \Delta X_{2i} + \beta_3 \Delta X_{3i} + \cdots + \beta_k \Delta X_{ki} + v_i \tag{5-92}$$

这种变换方法称作一阶差分法。所得（5-92）式称作一阶差分模型。一阶差分法的优点是计算简便。

3. 用 DW 统计量估计 ρ。由（5-68）式，得：

$$\hat{\rho} = 1 - (DW/2) \tag{5-93}$$

首先利用残差 e_i 求出 DW 统计量的值，然后利用（5-93）式求出序列相关系数 ρ 的估计量。

这里需要说明的是，用该方法时样本容量不宜过小，此方法不适用于动态模型（即被解释变量滞后项作解释变量的模型）。

第四节　随机解释变量

普通最小二乘法（OLS）能够成立的最重要条件是解释变量与随机干扰项不相关。若该假设成立，则称解释变量是外生解释变量或具有严格外生性，否则称为内生解释变量或具有内生性。违背这一基本假设的问题称为内生解释变量问题，此时的 OLS 估计量将是不一致的，即无论样本容量有多大，也不会收敛到真实的总体参数。工具变量法作为内生解释变量问题的主要解决方法之一得到了广泛运用。

一、内生性问题

对于（5-94）式：

$$Y_i = \beta_0 + \beta_1 X_{1i} + \beta_2 X_{2i} + \beta_3 X_{3i} + \cdots + \beta_k X_{ki} + \varepsilon_i, i = 1, 2, \cdots, n \tag{5-94}$$

其基本假设之一是解释变量 X_1，X_2，$\cdots$，X_k 是外生变量。如果存在一个或多个解释变量是内生随机变量，则称原模型存在内生解释变量问题。例如，在经济消费方程中，被解释变量"消费"和解释变量"收入"都是内生变量，两者相互影响。此时，解释变量"收入"与模型的随机干扰项是相关的，因为收入与影响消费的其他因素是相关的。假设（5-94）式中 X_1 为内生解释变量，针对内生解释变量问题，可以分以下两种情况讨论：

1. 解释变量与随机干扰项同期无关但异期相关，即：

$$\text{Cov}(X_{1i}, \varepsilon_i) = E(X_{1i}\varepsilon_i) = 0 \tag{5-95}$$

$$\text{Cov}(X_{1i}, \varepsilon_{i-s}) = E(X_{1i}\varepsilon_{i-s}) \neq 0, s \neq 0 \tag{5-96}$$

2. 解释变量与随机干扰项同期相关，即：

$$\text{Cov}(X_{1i}, \varepsilon_i) = E(X_{1i}\varepsilon_i) \neq 0 \tag{5-97}$$

在实际经济问题中，经济变量往往都具有随机性。但是在单方程计量经济学模型中，凡是外生变量都被认为是确定性的。内生解释变量问题除了解释变量出现内生变量情况外，主要表现为解释变量出现滞后被解释变量的情况，也就是当解释变量中出现了内生变量或滞后被解释变量时，会产生内生解释变量问题。内生解释变量为内生变量或滞后被解释变量。

假设我们考虑耐用品存量调整模型。耐用品存量 Q_t 由前一期存量 Q_{t-1} 和当期收入 I_t 共同决定：

$$Q_t = \beta_0 + \beta_1 I_t + \beta_2 Q_{t-1} + \varepsilon_t, t = 1, \cdots, n \tag{5-98}$$

如果模型不存在随机干扰项的序列相关性，那么随机解释变量 Q_{t-1} 只与 ε_{t-1} 相关，而与 ε_t 不相关，属于上述第（1）种情形，解释变量与随机干扰项同期无关但异期相关。

进一步考虑合理预期消费函数模型，该模型认为消费 C_t 是由对收入预期 Y_t^e 决定的：

$$C_t = \beta_0 + \beta_1 Y_t^e + \varepsilon_t, t = 1, \cdots, n \tag{5-99}$$

在预期收入 Y_t^e 与实际收入 Y_t 之间存在假设：

$$Y_t^e = (1-\lambda)Y_t + \lambda Y_{t-1}^e \tag{5-100}$$

容易推导出合理预期消费函数模型：

$$\begin{aligned} C_t &= \beta_0 + \beta_1(1-\lambda)Y_t + \beta_1\lambda Y_{t-1}^e + \varepsilon_t \\ &= \beta_0 + \beta_1(1-\lambda)Y_t + \lambda(C_{t-1} - \beta_0 - \varepsilon_{t-1}) + \varepsilon_t \\ &= \beta_0(1-\lambda) + \beta_1(1-\lambda)Y_t + \lambda C_{t-1} + \varepsilon_t - \lambda\varepsilon_{t-1} \end{aligned} \tag{5-101}$$

由（5-101）式可知，作为解释变量的 C_{t-1} 与随机干扰项 $\varepsilon_t - \lambda\varepsilon_{t-1}$ 高度相关，属于上述第（2）种情况，解释变量与随机干扰项同期相关。

回归分析的一个基本假设是方程的解释变量与随机干扰项不相关。但是由于解释变量观测误差的存在，用于估计模型参数的数据经常与它们的理论值不一致；或者是由于遗漏了重要的解释变量，使得随机干扰项中含有可能与解释变量相关的变量，这些都可能导致解释变量与随机干扰项相关。当出现这种问题时，OLS 和 WLS 估计量都有偏差且不一致，因而要采用其他方法估计。最常用的估计方法是工具变量法。

二、工具变量估计与两阶段最小二乘法

工具变量法（instrument variable，IV）是消除内生性的一种常用方法，应用的基本思路是，当出现内生解释变量，即解释变量与随机干扰项相关时，则寻找另一个变量，该变量与内生解释变量高度相关，但与随机干扰项不相关，称该变量为工具变量，用其替代内生解释变量参与参数的估计过程。

（一）工具变量的含义与选取

所谓工具变量法，就是在进行参数估计的过程中选择适当的工具变量，代替回归模型中同随机扰动项存在相关性的解释变量。工具变量的选择应满足如下条件：

（1）具有实际经济意义；

（2）与所代替的解释变量高度相关；

（3）与随机扰动项不相关；

（4）与其他解释变量不相关，以免出现多重共线性。

需要注意的是，工具变量对内生解释变量的替代并不是"完全"替代，即不是用工具

变量代换模型中对应的内生解释变量，而是在最小二乘法的正规方程组中用工具变量对内生解释变量进行部分替代。

在实际应用中，工具变量有多种选择方式，例如，可选用 $\hat{Y}_{t-1}$ 来做工具变量，去代替滞后被解释变量 Y_{t-1} 进行估计，这样，一阶自回归模型就变为如下形式：

$$Y_t = \alpha^* + \beta_0^* X_t + \beta_1^* \hat{Y}_{t-1} + \varepsilon_t^* \qquad (5-102)$$

其中，$\hat{Y}_{t-1}$ 是 $\hat{Y}_t$ 的滞后值。$\hat{Y}_t$ 是 Y 对 X 的滞后值的回归，即由如下回归方程得到：

$$\hat{Y}_t = \hat{c}_0 + \hat{c}_1 X_{t-1} + \hat{c}_2 X_{t-2} + \cdots + \hat{c}_s X_{t-s} \qquad (5-103)$$

滞后期 s 适当选取，一般取 2 或 3。由于 X_t 与 ε_t^* 不相关，$\hat{Y}_t$ 作为对 X 滞后值的回归，也与 ε_t^* 不相关，进而 $\hat{Y}_{t-1}$ 也与 ε_t^* 不相关，因此，对（5-102）式应用最小二乘法，可以得到参数的一致估计。

（二）工具变量法的应用

工具变量法是矩估计的一种形式，下面以一元线性回归模型为例对该方法的应用进行说明。

设有一元线性回归模型：

$$Y_i = \beta_0 + \beta_1 X_i + \varepsilon_i, i = 1, 2, \cdots, n \qquad (5-104)$$

由随机干扰项的条件零均值假设 $E(\varepsilon_i | X_i) = 0$ 可知 $E(\varepsilon_i) = 0$，$E(X_i \varepsilon_i) = 0$ 将这两个式子作为总体矩条件，可得到对应的样本矩条件为：

$$\frac{1}{n} \sum_{i=1}^{n} (Y_i - \hat{\beta}_0 - \hat{\beta}_1 X_i) = 0, \frac{1}{n} \sum_{i=1}^{n} X_i (Y_i - \hat{\beta}_0 - \hat{\beta}_1 X_i) = 0 \qquad (5-105)$$

经整理后，得到正规方程组：

$$\begin{cases} \sum_{i=1}^{n} Y_i = n\hat{\beta}_0 + \hat{\beta}_1 \sum_{i=1}^{n} X_i \\ \sum_{i=1}^{n} X_i Y_i = \hat{\beta}_0 \sum_{i=1}^{n} X_i + \hat{\beta}_1 \sum_{i=1}^{n} X_i^2 \end{cases} \qquad (5-106)$$

求解该正规方程组，可得：

$$\begin{cases} \hat{\beta}_1 = \dfrac{n \sum_{i=1}^{n} X_i Y_i - \sum_{i=1}^{n} X_i \sum_{i=1}^{n} Y_i}{n \sum_{i=1}^{n} X_i^2 - \left(\sum_{i=1}^{n} X_i \right)^2} = \dfrac{\sum_{i=1}^{n} (X_i - \bar{X})(Y_i - \bar{Y})}{\sum_{i=1}^{n} (X_i - \bar{X})^2} \\ \hat{\beta}_0 = \bar{Y} - \hat{\beta}_1 \bar{X} \end{cases} \qquad (5-107)$$

如果解释变量内生，即 X_i 与 ε_i 相关，则第二个矩条件不能满足，样本矩条件也就无从谈起，所以无法推导出（5-106）式。此时需要寻找一个工具变量 Z，满足 $\mathrm{Cov}(Z_i, \varepsilon_i) = E(Z_i \varepsilon_i) = 0$，对应的样本矩条件为：

$$\frac{1}{n} \sum_{i=1}^{n} (Y_i - \tilde{\beta}_0 - \tilde{\beta}_1 X_i) = 0, \frac{1}{n} \sum_{i=1}^{n} Z_i (Y_i - \tilde{\beta}_0 - \tilde{\beta}_1 X_i) = 0 \qquad (5-108)$$

可得正规方程组如下：

$$\begin{cases} \sum_{i=1}^{n} Y_i = n\tilde{\beta}_0 + \tilde{\beta}_1 \sum_{i=1}^{n} X_i \\ \sum_{i=1}^{n} Z_i Y_i = \tilde{\beta}_0 \sum_{i=1}^{n} Z_i + \tilde{\beta}_1 \sum_{i=1}^{n} Z_i X_i \end{cases} \qquad (5-109)$$

求解该正规方程组，可得：

$$\begin{cases} \tilde{\beta}_1 = \dfrac{n \sum_{i=1}^{n} Z_i Y_i - \sum_{i=1}^{n} Z_i \sum_{i=1}^{n} Y_i}{n \sum_{i=1}^{n} Z_i X_i - \sum_{i=1}^{n} Z_i \sum_{i=1}^{n} X_i} = \dfrac{\sum_{i=1}^{n} (Z_i - \overline{Z})(Y_i - \overline{Y})}{\sum_{i=1}^{n} (Z_i - \overline{Z})(X_i - \overline{X})} \\ \tilde{\beta}_0 = \overline{Y} - \tilde{\beta}_1 \overline{X} \end{cases} \qquad (5-110)$$

这种求模型估计参数的方法称为工具变量法，$\tilde{\beta}_0$、$\tilde{\beta}_1$ 称为工具变量法估计量。将上述一元线性回归模型的工具变量法推广到多元线性回归模型的情形：

$$Y_i = \beta_0 + \beta_1 X_{1i} + \beta_2 X_{2i} + \cdots + \beta_k X_{ki} + \varepsilon_i, i = 1, 2, \cdots, n \qquad (5-111)$$

当 $X_{ji}(j = 1, 2, \cdots, k)$ 与随机干扰项 ε_i 相关，设 X_{ji} 的工具变量为 $Z_{ji}(j = 1, 2, \cdots, k)$，即每一个解释变量均对应一个工具变量。根据工具变量应满足的条件，可知 Z_{ji} 满足条件 $E(Z_{ji} \varepsilon_i) = 0$。

假设 X_{1i} 为内生解释变量，其他解释变量为外生解释变量，用工具变量 $Z_{1i}(j = 1)$ 代替 X_{1i}，可得到多元线性回归模型的正规方程组：

$$\begin{cases} \sum_{i=1}^{n} Y_i = n\tilde{\beta}_0 + \tilde{\beta}_1 \sum_{i=1}^{n} X_{1i} + \tilde{\beta}_2 \sum_{i=1}^{n} X_{2i} + \cdots + \tilde{\beta}_k \sum_{i=1}^{n} X_{ki} \\ \sum_{i=1}^{n} Y_i Z_{1i} = \tilde{\beta}_0 \sum_{i=1}^{n} Z_{1i} + \tilde{\beta}_1 \sum_{i=1}^{n} X_{1i} Z_{1i} + \tilde{\beta}_2 \sum_{i=1}^{n} X_{2i} Z_{1i} + \cdots + \tilde{\beta}_k \sum_{i=1}^{n} X_{ki} Z_{1i} \\ \sum_{i=1}^{n} Y_i X_{2i} = \tilde{\beta}_0 \sum_{i=1}^{n} X_{2i} + \tilde{\beta}_1 \sum_{i=1}^{n} X_{1i} X_{2i} + \tilde{\beta}_2 \sum_{i=1}^{n} (X_{2i})^2 + \cdots + \tilde{\beta}_k \sum_{i=1}^{n} X_{ki} X_{2i} \\ \vdots \\ \sum_{i=1}^{n} Y_i X_{ki} = \tilde{\beta}_0 \sum_{i=1}^{n} X_{ki} + \tilde{\beta}_1 \sum_{i=1}^{n} X_{1i} X_{ki} + \tilde{\beta}_2 \sum_{i=1}^{n} X_{2i} X_{ki} + \cdots + \tilde{\beta}_k \sum_{i=1}^{n} (X_{ki})^2 \end{cases} \qquad (5-112)$$

记 $X_i = (1, X_{1i}, X_{2i}, \cdots, X_{ki})$，$\beta = (\beta_0, \beta_1, \beta_2, \cdots, \beta_k)'$，$Z_i = (1, Z_{1i}, Z_{2i}, \cdots, Z_{ki})$，（5-112）

式的矩阵形式可表示为:

$$Z'Y = Z'X\hat{\beta} \qquad (5-113)$$

于是参数的工具估计量为:

$$\hat{\beta}_{IV} = (Z'X)^{-1}Z'Y \qquad (5-114)$$

需要注意,通常情况下,工具变量矩阵 Z 由工具变量及原模型中的外生解释变量组成。对于没有选择另外的变量作为工具变量的解释变量,可以认为用自身作为工具变量。

(三) 两阶段最小二乘法

当面对一个内生解释变量而寻找多个工具变量,且不想损失这些工具变量提供的信息时,可以采用两阶段最小二乘法(two stage least squars,TSLS)来得到参数的一致估计。下面以二元模型为例进行说明。

对于二元线性回归模型:

$$Y_i = \beta_0 + \beta_1 X_i + \beta_2 Z_i + \varepsilon_i, i = 1, 2, \cdots, n \qquad (5-115)$$

其中,假设 X 为同期内生变量,Z 为外生变量。如果对内生变量 X 寻找到了两个工具变量 Z_1、Z_2,则两阶段最小二乘估计过程如下:

第一步,做内生变量 X 关于工具变量 Z_1、Z_2 及模型中的外生变量 Z 的 OLS 回归,并记录 X 的拟合值:

$$\hat{X}_i = \hat{\alpha}_0 + \hat{\alpha}_1 Z_{1i} + \hat{\alpha}_2 Z_{2i} + \hat{\alpha}_3 Z_i \qquad (5-116)$$

第二步,以第一步得到的 $\hat{X}_i$ 替代原模型中的 X_i,进行如下 OLS 回归:

$$Y_i = \beta_0 + \beta_1 \hat{X}_i + \beta_2 Z_i + \varepsilon_i^* \qquad (5-117)$$

上述过程表明,两阶段最小二乘法本质上属于工具变量法。接下来,考虑多元线性回归模型的矩阵形式 (5-3) 式。解释变量 $x_1, \cdots, x_k$ 的前 $r(r < K)$ 个为内生解释变量。估计过程如下:

第一步(分离出内生变量的外生部分),将每个内生解释变量 $x_1, \cdots, x_r$ 分别对所有 L 个工具变量 $z = (z_1, z_2, \cdots, z_L)'$(设 $K-r$ 个外生解释变量也包含在工具变量里面)作 OLS 回归,其中,第 k 个解释变量 $x_k \equiv (x_{k1}, x_{k2}, \cdots, x_{kn})'_{n \times 1}$,$k = 1, \cdots, r$。得到拟合值:

$$\hat{x}_1 = z'(Px_1), \hat{x}_2 = z'(Px_2), L, \hat{x}_r = z'(Px_r) \qquad (5-118)$$

其中,$P \equiv Z(Z'Z)^{-1}Z'$ 为对应于 Z 的投影矩阵。P 为对称幂等矩阵,即 $P' = P$,$P^2 = P$。写成矩阵形式:

$$\hat{X} = (\hat{x}_1, \hat{x}_2, \cdots, \hat{x}_r, x_{r+1}, \cdots, x_K) \qquad (5-119)$$

第二步(使用此外生部分进行回归),对模型 $Y = \hat{X}\beta + \varepsilon^*$ 进行 OLS 估计,得到参数的两

阶段最小二乘估计:

$$\hat{\beta}_{TSLS} = (\hat{X}'\hat{X})^{-1}\hat{X}'Y \tag{5-120}$$

因为两个阶段都是进行最小二乘估计，故名"两阶段最小二乘法"。

三、工具变量的检验

工具变量法作为消除内生性的一种常用方法，要求所寻找的工具变量与随机干扰项不相关。这就需要对变量进行相应的检验。

（一）解释变量的内生性检验

解释变量的内生性检验又称豪斯曼（Hausman）检验，检验步骤为:

第一步，若怀疑 X_j 是内生变量，则引入工具变量（可以多个），并对（5-121）式作OLS回归，并将残差值 $\hat{u}$ 保存下来。

$$X_{ji} = \alpha_0 + \alpha_1 X_{1i} + \cdots + \alpha_{j-1} X_{j-1,i} + \alpha_{j+1} X_{j+1,i} + \cdots + \alpha_k X_{ki} + u_i \tag{5-121}$$

第二步，再对方程（5-122）式作 OLS 回归。

$$Y_i = \beta_0 + \beta_1 X_{1i} + \cdots + \beta_k X_{ki} + \delta \hat{u}_i + \varepsilon_i \tag{5-122}$$

第三步，若 δ 显著不为零，则认为解释变量 X_j 是同期内生变量，否则判断解释变量 X_j 是同期外生变量。

（二）过度识别约束检验

当一个内生解释变量对应多个工具变量时，可以对该组工具变量的外生性进行检验，这个检验就称作过度识别约束检验。检验步骤为:

第一步，先对模型（5-94）式进行回归，并计算残差:

$$e_i = Y_i - (\hat{\beta}_0 + \hat{\beta}_1 X_{1i} + \cdots + \hat{\beta}_k X_{ki}) \tag{5-123}$$

第二步，若怀疑 X_j 是内生变量，且存在 p 个工具变量，Z_1，Z_2，…，Z_p，对

$$e_i = \alpha_0 + \alpha_1 X_{1i} + \cdots + \alpha_{j-1} X_{j-1,i} + \alpha_{j+1} X_{j+1,i} + \cdots + \alpha_k X_{ki} + \delta_1 Z_{1i} + \cdots + \delta_p Z_{pi} + u_i \tag{5-124}$$

对以上模型（5-124）式进行 OLS 回归，同时计算假设 $H_0: \delta_1 = \cdots = \delta_p = 0$ 的 F 统计量。

第三步，在原假设成立时，F 统计量渐近服从自由度为 $(p, n-k-p-2)$ 的 F 分布。或利用工具变量进行 GMM 估计，计算 J 统计量，在原假设成立时，J 统计量渐近服从 $\chi^2(p-1)$ 分布。给定显著性水平 α，若 F 统计量的值或者 J 统计量的值大于临界值，则拒绝工具变量 Z_1，Z_2，…，Z_p 都为外生变量的假设，说明其中至少有一个为内生变量，否则接受假设。

第五节　案例与 Stata 应用

一、多重共线性分析

（一）案例介绍

【例题 5.1】为了研究福建省数字经济发展水平，取电子商务销售额（亿元）Y 为被解释变量，将电子商务采购额（亿元）X_1、期末使用计算机数（台）X_2、企业拥有网站数（个）X_3、有电子商务交易活动企业数（个）X_4、域名数（万个）X_5、网页个数（万个）X_6 设为解释变量。2013～2021 年的时间序列数据如表 5－3 所示。

表 5－3　　　　　　　　　　　影响电子商务销售额的因素资料

年份（$year$）	电子商务销售额（亿元）（Y）	电子商务采购额（亿元）（X_1）	期末使用计算机数（台）（X_3）	企业拥有网站数（个）（X_2）	有电子商务交易活动企业数（个）（X_4）	域名数（万个）（X_5）	网页个数（万个）（X_6）
2013	1 710.5	709.8	1 261 514	19 025	1 937	66.1	90 848.3
2014	2 098.9	768.9	1 445 183	20 576	2 928	90.2	176 838.4
2015	2 325.2	820.3	1 473 734	20 979	4 070	200.6	546 580.8
2016	2 399.3	877.9	1 557 898	20 786	5 158	509.6	703 105.4
2017	2 872.8	1 043.3	1 637 327	20 923	4 887	882.5	827 546.3
2018	3 481	998.1	1 645 811	20 261	5 028	736.4	812 747.7
2019	4 477.9	1 725.1	1 815 601	20 455	5 749	695.1	709 222.3
2020	5 082.2	1 767.2	1 874 018	21 380	6 403	324.9	887 671.9
2021	6 397.2	2 292.4	1 957 410	22 292	6 786	433.1	945 975.9

资料来源：《中国统计年鉴 2022》。

回归模型设计如下：

$$\ln(Y) = \beta_0 + \beta_1 \ln(X_1) + \beta_2 \ln(X_2) + \beta_3 \ln(X_3) + \beta_4 \ln(X_4) + \beta_5 \ln(X_5) + \beta_6 \ln(X_6) + \varepsilon$$

为缩小数据的绝对数值，使数据分布更加平缓，消除极端值影响，从而更好地展示数据变化趋势和关系，我们需要建立一个包括以上数据的组对象，即对原始的解释变量取对数。

找到并打开数据文件"liti5.1.dta"，具体操作详见操作文件"liti5.1.do"。

liti5.1.dta 下载　　　　　　　　liti5.1.do 下载

（二）普通最小二乘法

估计模型，并用综合统计检验法判断是否存在多重共线性，在命令窗口输入命令：

regress lny lnx1 lnx2 lnx3 lnx4 lnx5 lnx6

得到如下回归结果见图 5-4。

Source	SS	df	MS		Number of obs	=	9
					F(6, 2)	=	26.87
Model	1.5573236	6	0.259553934		Prob > F	=	0.0363
Residual	0.019319473	2	0.009659737		R-squared	=	0.9877
					Adj R-squared	=	0.9510
Total	1.57664308	8	0.197080385		Root MSE	=	0.09828

lny	Coefficient	Std. err.	t	P>|t|	[95% conf. interval]	
lnx1	0.4051794	0.3838633	1.06	0.402	-1.246451	2.05681
lnx2	3.235982	2.101699	1.54	0.264	-5.8069	12.27886
lnx3	-1.622777	1.960188	-0.83	0.495	-10.05678	6.81123
lnx4	-0.7859562	0.8154839	-0.96	0.437	-4.2947	2.722788
lnx5	-0.1291402	0.1279573	-1.01	0.419	-0.6796959	0.4214155
lnx6	0.3655252	0.3195001	1.14	0.371	-1.009173	1.740223
_cons	-22.37843	26.25699	-0.85	0.484	-135.3532	90.59629

图 5-4　普通最小二乘回归结果

其中，$R^2 = 0.9877$ 接近 1，且 F 统计量的值为 26.87，远大于临界值 $F_{0.05}(6,2) = 19.33$，说明福建省电子商务销售额与各个解释变量间总体线性关系显著。但是各解释变量的 t 值均较小，未能通过 t 检验，并且 $\ln(X_3)$、$\ln(X_4)$、$\ln(X_5)$ 的估计值的符号不符合经济意义，因此，可以判断该模型存在多重共线性。

（三）相关系数法

计算解释变量的相关系数矩阵。在命令窗口中输入如下命令：

correlate lnx1 lnx2 lnx3 lnx4 lnx5 lnx6

得到相关系数矩阵，如图 5-5 所示。

	lnx1	lnx2	lnx3	lnx4	lnx5	lnx6
lnx1	1.0000					
lnx2	0.9398	1.0000				
lnx3	0.6913	0.7858	1.0000			
lnx4	0.7976	0.9410	0.8028	1.0000		
lnx5	0.5133	0.7075	0.4491	0.8269	1.0000	
lnx6	0.6566	0.8458	0.7412	0.9659	0.8953	1.0000

图 5-5 相关系数矩阵

从相关系数矩阵里面可以看出 $\ln(X_1)$ 与 $\ln(X_2)$，$\ln(X_2)$ 与 $\ln(X_4)$，$\ln(X_4)$ 与 $\ln(X_6)$ 之间存在高度相关性，因此，可以作出该模型存在多重共线性的判断。

(四) 逐步回归法

在 Stata 软件中可以通过一个命令进行自动逐步回归。也可以逐步增加每一个解释变量，进行手动回归。

自动逐步回归命令如下：

stepwise,pe(0.05):regress lny lnx1 lnx2 lnx3 lnx4 lnx5 lnx6

/ * pe() 表示设定要求的显著性水平 * /

回归结果如图 5-6 所示。

Source	SS	df	MS			
				Number of obs	=	9
				F(2, 6)	=	129.21
Model	1.54086641	2	0.770433205	Prob > F	=	0.0000
Residual	0.035776667	6	0.005962778	R-squared	=	0.9773
				Adj R-squared	=	0.9697
Total	1.57664308	8	0.197080385	Root MSE	=	0.07722

lny	Coefficient	Std. err.	t	P>|t|	[95% conf. interval]	
lnx1	0.5509886	0.1889058	2.92	0.027	0.0887528	1.013224
lnx2	1.520044	0.5715522	2.66	0.038	0.1215062	2.918582
_cons	-17.55005	6.938316	-2.53	0.045	-34.5275	-0.5725981

图 5-6 逐步回归结果

回归方程为：

$$\ln y = \underset{(-2.53)}{-17.55005} + \underset{(2.92)}{0.5509886 \ln x_1} + \underset{(2.66)}{1.520044 \ln x_2}$$

其中，$R^2 = 0.9773$，调整后的 $R^2 = 0.9697$，$F(2,6) = 129.21$。从回归结果来看，解释变量保留了常数项，$\ln(X_1)$ 与 $\ln(X_2)$，将其他变量剔除，在 5% 的显著性水平下均通过了 t 检验。

二、异方差分析

（一）案例介绍

【例题 5.2】 从理论上分析，按照不变价格计算的农业总产值其主要影响因素包括：（1）农作物播种面积；（2）农业机械总动力；（3）农用化肥施用量；（4）农业就业人员数。此外，气候和地理生态等自然条件的变化也是影响农业总产值的因素。表 5 - 4 展示了 1990 ~ 2022 年中国农业产值指数（p）、农作物播种面积（s）、农业机械总动力（m）、农用化肥施用量（f）和第一产业就业人员年末数（l）等变量的数据。

表 5 - 4　　　　　　　　　　　　中国农业投入产出数据

年份	农业产值指数（p）（1952 年 = 100）	主要农作物播种面积（s）（千公顷）	农业机械总动力（m）（亿瓦）	农用化肥施用量（折纯）（f）（万吨）	第一产业就业人员年末数（l）（万人）
1990	356.7	148 362.3	2 870.8	2 590.3	38 914
1991	360.1	149 585.8	2 938.9	2 805.1	39 098
1992	375.3	149 007.1	3 030.8	2 930.2	38 699
1993	394.9	147 740.7	3 181.7	3 151.9	37 680
1994	407.5	148 240.6	3 380.3	3 317.9	36 628
1995	439.7	149 879.3	3 611.8	3 593.7	35 530
1996	474.0	152 380.6	3 854.7	3 827.9	34 820
1997	495.2	153 969.2	4 201.6	3 980.7	34 840
1998	519.6	155 705.7	4 520.8	4 085.6	35 177
1999	542.0	156 372.8	4 899.6	4 124.3	35 768
2000	549.6	156 299.8	5 257.4	4 146.4	36 043
2001	569.4	155 707.9	5 517.2	4 253.8	36 399
2002	591.6	154 635.5	5 793.0	4 339.4	36 640
2003	591.6	152 415.0	6 038.7	4 411.6	36 204
2004	641.9	153 552.5	6 402.8	4 636.6	34 830
2005	668.2	155 487.7	6 839.8	4 766.2	33 442
2006	704.2	152 149.5	7 252.2	4 927.7	31 941
2007	730.5	153 010.1	7 659.0	5 107.8	30 731
2008	763.9	155 565.5	8 219.0	5 239.0	29 923

年份	农业产值指数（p）（1952 年 =100）	主要农作物播种面积（s）（千公顷）	农业机械总动力（m）（亿瓦）	农用化肥施用量（f）（万吨）	第一产业就业人员年末数（l）（万人）
2009	790.0	157 242.4	8 749.6	5 404.4	28 890
2010	823.6	158 579.5	9 278.0	5 561.7	27 931
2011	869.7	160 360.4	9 773.5	5 704.2	26 472
2012	907.7	162 071.2	10 255.9	5 838.8	25 535
2013	947.2	163 702.2	10 390.7	5 911.9	23 838
2014	993.6	165 183.3	10 805.7	5 995.9	22 372
2015	1 047.2	166 829.3	11 172.8	6 022.6	21 418
2016	1 091.5	166 939.0	9 724.6	5 984.4	20 908
2017	1 142.3	166 331.9	9 878.3	5 859.4	20 295
2018	1 186.8	165 902.4	10 037.3	5 653.4	19 515
2019	1 240.9	165 930.7	10 275.8	5 403.6	18 652
2020	1 291.6	167 487.1	10 562.2	5 250.7	17 715
2021	1 350.3	168 695.1	10 776.4	5 191.3	17 072
2022	1 404.1	169 990.9	11 059.7	5 079.2	17 663

资料来源：《中国农村统计年鉴 2023》编辑委员会：《中国农村统计年鉴 -2023》，中国统计出版社，2023 年 11 月。

1990 年以来，随着市场经济和城市化的快速发展，中国农业逐步实现了从劳动密集型产业向资本密集型产业的转型升级过程。一方面，随着城镇第二产业和第三产业的快速发展为农业剩余劳动力提供了广阔的就业渠道，不断消除农业生产中的隐性失业，促进了农业机械化替代农业劳动力投入；另一方面，随着中国农产品播种面积的增加，农用化肥施用量也在增加，农业机械化施肥又推动了农业机械化总动力的提高。根据表 5 - 4 中的样本数据可以发现，每减少 1% 的农业劳动力投入量需要将农业机械总动力平均提高大约 0.5%，农药化肥施肥量每提高 1% 需要将农业机械总动力平均提高大约 1.4%，这两者都通过了 1% 显著性水平的 t 检验，详见 liti5.2.do 文件附录 1 的估计结果，如图 5 - 7 所示。由此可见，影响中国农业总产值的上述四个因素实际上可以由农作物播种面积和农业机械总动力这两个因素代表。鉴于此，根据投入与产出之间的理论关系建立以下计量经济模型：

$$\ln p_t = \beta_0 + \beta_1 \ln s_t + \beta_2 \ln m_t + \varepsilon_t \tag{5 - 125}$$

其中，下标 t 代表年份，β_0、β_1 和 β_2 是回归系数，ε_t 为模型的随机扰动项。接下来使用 stata 软件估计上述模型并检验和修正模型的异方差，数据文件为 liti5.2.dta，相应的命令文件为 liti5.2.do。

Linear regression

Number of obs	=	33
F(2, 30)	=	374.73
Prob > F	=	0.0000
R-squared	=	0.9680
Root MSE	=	.0858

lnm	Coef.	Robust Std. Err.	t	P>|t|	[95% Conf. Interval]	
lnf	1.445272	.0978843	14.77	0.000	1.245366	1.645179
lnl	-.4934035	.0793398	-6.22	0.000	-.6554371	-.33137
_cons	1.671807	1.515387	1.10	0.279	-1.423026	4.766639

图 5-7 $\ln m$、$\ln f$ 和 $\ln l$ 三者之间关系的回归结果

（二）基本模型的回归结果

使用以下命令将各变量取自然对数：

gen lnp = log(p)

gen lns = log(s)

gen lnm = log(m)

gen lnf = log(f)

gen lnl = log(1)

农业机械总动力（m）、农药化肥施用量（f）和第一产业就业人员年末数（l）这三者之间可以建立计量经济模型：

$$\ln m_t = \alpha_0 + \alpha_1 \ln f_t + \alpha_2 \ln l_t + u_t$$

使用以下命令可以得到上述模型如图 5-7 所示的回归结果。

reg lnm lnflnl,r

一方面，将中国农业生产方式演变的实际机制同图 5-7 的回归结果相结合来看，中国农业机械总动力的变化体现了农用化肥施用量和第一产业就业人员数的变化；另一方面，农用化肥施用量（f）同农作物播种面积（s）之间存在科学合理的比例关系，施肥过多或过少都不符合农业生产的科学要求。鉴于此，使用农作物播种面积和农业机械总动力这两个因素代表影响中国农业产值变化的因素，建立以上计量经济模型（5-125）式。使用以下命令可以得到基本模型（5-125）式的 OLS 回归结果和残差序列 e_1。

```
reg lnp lns lnm
predict e1 ,residuals
```

基本模型（5－125）式的 OLS 回归结果如图 5－8 所示。

```
   Source |       SS          df       MS              Number of obs   =        33
----------+-------------------------------            F(2, 30)        =    494.66
    Model | 5.42587816          2  2.71293908          Prob > F        =    0.0000
 Residual | .164532416         30  .005484414          R-squared       =    0.9706
----------+-------------------------------            Adj R-squared   =    0.9686
    Total | 5.59041057         32   .17470033          Root MSE        =    .07406

------------------------------------------------------------------------------
      lnp |      Coef.   Std. Err.      t    P>|t|     [95% Conf. Interval]
----------+-------------------------------------------------------------------
      lns |   4.230532   .6449563     6.56   0.000     2.913356    5.547709
      lnm |   .5180503    .060305     8.59   0.000     .3948911    .6412095
     cons |  -48.62602   7.254456    -6.70   0.000    -63.44159   -33.81044
------------------------------------------------------------------------------
```

图 5－8　模型（5－125）式的 OLS 回归结果

以上回归结果表明，各变量系数估计值的符号都符合经济意义，都通过了 1% 显著性水平的 t 检验。

（三）异方差检验

1. 使用样本分段比较法检验异方差。使用 sort lns 命令可以将样本中变量 lns 的 33 个观测值从小到大排序，将 lns < 11.9550 的 15 个观测值构成的样本作为第 1 个子样本，将 lns > 11.9599 的 15 个观测值构成的样本作为第 2 个子样本。基本模型（5－125）式根据第 1 个子样本得到的 OLS 回归结果如下，其中括号内为 t 值（下同）。

$$\widehat{\ln p_t} = \underset{(-1.24)}{-9.7180} + \underset{(1.28)}{0.8645 \ln s_t} + \underset{(21.56)}{0.6684 \ln m_t}$$

$R^2 = 0.9931$　调整的 $R^2 = 0.9919$　$F(2,12) = 858.26$　$SSR_1 = 0.007304026$

基本模型（5－125）式根据第 2 个子样本得到的 OLS 回归结果如下：

$$\widehat{\ln p_t} = \underset{(-6.16)}{-79.1004} + \underset{(5.99)}{6.8733 \ln s_t} + \underset{(2.54)}{0.3800 \ln m_t}$$

$R^2 = 0.9142$　调整的 $R^2 = 0.8999$　$F(2,12) = 63.90$　$SSR_2 = 0.074814754$

根据以上估计结果可以计算出 F 值：

$$F = \frac{SSR_2/(n-k-1)}{SSR_1/(n-k-1)} = \frac{0.074814754/12}{0.007304026/12} = 10.24$$

在 5% 显著性水平以及分子与分母自由度均为 12 的情况下，查 F 分布表，可以得到临界值 $F_{0.05(12,12)} = 2.69$，由于 $F = 10.24 > F_{0.05(12,12)} = 2.69$，因此拒绝原假设，表明（5－125）式确实存在异方差。

2. White 检验。根据前面得到的残差序列 e_1 构建以下模型：

$$e_{1t}^2 = \theta_0 + \theta_1 \ln s_t + \theta_2 \ln m_t + \theta_3 \ln s_t^2 + \theta_4 \ln m_t^2 + \theta_5 \ln s_t \ln m_t + v_t$$

157

以上模型根据样本数据得到的 OLS 回归结果如下：

$$\hat{e}_{1t}^2 = \underset{(0.05)}{11.17} - \underset{(-0.03)}{1.34 \ln s_t} - \underset{(-0.19)}{0.75 \ln m_t} + \underset{(0.03)}{0.03 \ln s_t^2} - \underset{(-0.00)}{0.00 \ln m_t^2} + \underset{(0.18)}{0.06 \ln s_t \ln m_t}$$

$$R^2 = 0.4129 \quad 调整的 \ R^2 = 0.3042 \quad F(5,27) = 3.80$$

根据以上估计结果可以计算出 $nR^2 = 13.6$，它大于临界值 $\chi_{0.05(5)}^2 = 11.1$，所以拒绝原假设，表明模型（5－125）式存在异方差。

也可以使用如下命令进行更为简洁的 White 检验：

reg lnp lns lnm

estatimtest,white

以上命令运行结果如图 5－9 所示。

```
White's test for Ho: homoskedasticity
       against Ha: unrestricted heteroskedasticity

chi2(5)      =      13.63
Prob > chi2  =      0.0182
```

图 5－9　模型（5－125）式的异方差 White 检验结果

以上检验结果表明，原假设同方差的伴随概率只有 0.0182，属于小概率事件，故拒绝同方差的原假设，表明模型（5－125）式存在异方差。

（四）异方差的修正

1. 使用格莱泽（Glejser）检验法寻找异方差的形式。先使用命令 gen abse1 = abs(e1) 得到残差 e_1 的绝对值 $|e_1|$，然后使用命令 scatter abse1 lnslnm 可以得到残差 e_1 绝对值 $|e_1|$ 与交互变量 lnslnm 之间的散点图，如图 5－10 所示。

从散点图 5－10 可以直观看出，残差 e_1 绝对值 $|e_1|$ 与 lnslnm 之间的变化关系在 lnslnm = 103.1 的左右两边存在明显的差异，这表明模型（5－125）式的异方差性质在不同的自变量区域存在异质性。鉴于此，设立虚拟变量：当 lnslnm > 103.1 时虚拟变量 d = 1，否则 d = 0。根据格莱泽（Glejser）检验法的基本原理设立如下计量模型：

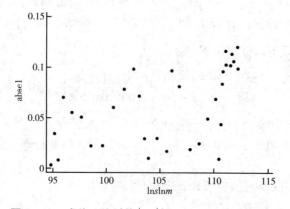

图 5－10　残差 e_1 绝对值 $|e_1|$ 与 lnslnm 之间的散点图

$$|e_{1t}| = \lambda_0 + \lambda_1 \ln s_t \ln m_t + \lambda_2 \times d \times \ln s_t \ln m_t + \mu_t \qquad (5-126)$$

根据样本数据可以得到以上模型的如下 OLS 回归结果：

$$|e_{1t}| = \underset{(-4.43)}{-0.8091} + \underset{(4.69)}{0.0087 \ln s_t \ln m_t} - \underset{(-3.22)}{0.007 \times d \times \ln s_t \ln m_t}$$

$$R^2 = 0.4701 \quad 调整的 R^2 = 0.4347 \quad F(2,30) = 13.31$$

以上估计结果表明，模型中各变量的系数估计值都通过了 1% 显著性水平的 t 检验。

2. 使用加权最小二乘法修正模型的异方差。根据模型（5-126）式构造以下权重：

$$w = 1/(\hat{\lambda}_0 + \hat{\lambda}_1 \ln s_t \ln m_t + \hat{\lambda}_2 \times d \times \ln s_t \ln m_t)$$

原模型（5-125）式两边同时乘以权重 w 得到以下新模型：

$$\ln p_{1t} = \beta_0 x_{1t} + \beta_1 \ln s_{1t} + \beta_2 \ln m_{1t} + \phi_t \qquad (5-127)$$

其中，$\ln p_{1t} = w \times \ln p_t$，$x_{1t} = w$，$\ln s_{1t} = w \times \ln s_t$，$\ln m_{1t} = w \times \ln m_t$，$\phi_t = w \times \varepsilon_t$。可以证明，变换之后的新模型（5-127）式不存在异方差。

根据样本数据可以得到新模型（5-127）式如下的 OLS 回归结果：

$$\widehat{\ln p1}_t = \underset{(-5.93)}{-36.84\, x1_t} + \underset{(5.87)}{3.20 \ln s1_t} + \underset{(15.06)}{0.58 \ln m1_t}$$

$$R^2 = 1.0000 \quad 调整的 R^2 = 0.9999 \quad F(3,30) = 99999$$

以上估计结果表明，模型中各变量的系数估计值都通过了 1% 显著性水平的 t 检验。

在以上回归结果的基础上使用命令 estat imtest, white 可以得到如图 5-11 的异方差 white 检验结果。

```
White's test for Ho: homoskedasticity
         against Ha: unrestricted heteroskedasticity

    chi2(7)      =        7.01
    Prob > chi2  =      0.4283
```

图 5-11 模型（5-127）式的异方差 White 检验结果

以上检验结果表明，原假设同方差的伴随概率为 0.4283，大于 10%，故接受同方差的原假设，表明模型（5-127）式已消除了异方差。

3. 使用异方差稳健标准误判断系数估计值的显著性。在实证研究中经常不会使用本章讲述的方法来消除模型的异方差，而是使用异方差稳健标准误判断系数估计值的显著性。使用如下命令估计模型（5-125）式可以得到如图 5-12 所示的估计结果。

将图 5-8 模型（5-125）式的 OLS 回归结果与图 5-12 的异方差稳健标准误估计结果对比可见，两者的系数估计值都没有发生改变，但标准差与 t 值发生了变化。从图 5-12 的估计结果来看，各变量的系数估计值都通过了 1% 显著性水平的 t 检验。

```
reg lnp lnslnm,robust
```

```
Linear regression                                    Number of obs     =        33
                                                     F(2, 30)          =    510.63
                                                     Prob > F          =    0.0000
                                                     R-squared         =    0.9706
                                                     Root MSE          =    .07406
```

lnp	Coef.	Robust Std. Err.	t	P>|t|	[95% Conf. Interval]	
lns	4.230532	.6680523	6.33	0.000	2.866188	5.594877
lnm	.5180503	.0533657	9.71	0.000	.409063	.6270376
_cons	-48.62602	7.585679	-6.41	0.000	-64.11804	-33.13399

图 5 – 12　模型（5 – 125）式的异方差稳健标准误估计结果

三、序列相关分析

（一）案例介绍

【**例题 5.3**】 这里继续例题 5.2，例题 5.2 的基本模型（5 – 125）式存在异方差，在使用格莱泽（Glejser）检验法寻找异方差形式时得到权重 w，模型中各变量经过权重 w 调整后得到新的变量 lnp_1、x_1、lns_1 和 lnm_1 以及变换之后新的模型（5 – 127）式，新模型各变量的数据详见 liti5.3.dta 文件。该模型式（5 – 127）是否存在一阶序列相关？下面使用 liti5.3.do 文件来进行检验。

liti5.3.dta 下载

liti5.3.do 下载

（二）DW 检验

通过执行以下命令进行 DW 检验：

```
tsset year
reg lnp1 x1 lns1 lnm1,noconstant
estat dwatson
```

执行以上命令之后，可以得到模型（5 – 127）式的参数估计结果及 DW 统计量，其中 DW = 0.59。本例中解释变量个数 $k = 3$（不包括常数项），样本观测值 $n = 33$，在 5% 显著性水平下查 DW 检验表可以得到 $d_L = 1.26$，$d_U = 1.65$。由于 DW = 0.59 < d_L = 1.26，因此，模型（5 – 127）式存在正的序列相关。

（三）使用图示检验法来判断序列相关的性质

执行以下命令，首先生成模型（5-127）式 OLS 估计结果的残差序列 e_1，然后使用残差序列 e_1 绘制出四个图形：图 5-13（a）为残差随年份变化的图形，它表明存在正的序列相关；图 5-13（b）为残差及其滞后值之间的散点图，大部分残差散点落在第一和第三象限，表明存在正的序列相关；图 5-13（c）为残差自相关图，其中只有滞后一期的自相关系数大于 0.5，这表明只存在正的一阶序列相关；图 5-13（d）为残差偏自相关图，其中也只有滞后一期的偏自相关系数大于 0.5，也表明只存在正的一阶序列相关。

predict e1, res

scatter e1 year

scatter e1l. e1

ac e1

pac e1

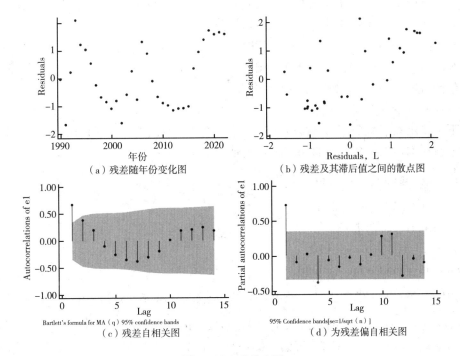

（a）残差随年份变化图 　　　　　（b）残差及其滞后值之间的散点图

（c）残差自相关图 　　　　　（d）为残差偏自相关图

图 5-13　残差序列

（四）一阶序列相关的修正

以上图示检验法的检验结果表明，模型（5-127）式存在正的一阶序列相关，即模型（5-127）式的随机扰动项 ϕ_t 存在以下方程：

$$\phi_t = \rho\phi_{t-1} + \eta_t \tag{5-128}$$

其中，ρ 为自相关系数，η_t 为符合经典假设条件的随机扰动项。

将模型（5-127）式两边乘以 ρ 得到：

$$\rho\ln p_{1t} = \rho\beta_0 x_{1t} + \rho\beta_1\ln s_{1t} + \rho\beta_2\ln m_{1t} + \rho\phi_t \tag{5-129}$$

将（5－127）式减去（5－129）式的滞后一期得到：

$$\ln p_{11t} = \beta_0 x_{11t} + \beta_1 \ln s_{11t} + \beta_2 \ln m_{11t} + \eta_t \qquad (5-130)$$

其中，$\ln p_{11t} = \ln p_{1t} - \rho \ln p_{1,t-1}$，$x_{11t} = x_{1t} - \rho x_{1,t-1}$，$\ln s_{11t} = \ln s_{1t} - \rho \ln s_{1,t-1}$，$\ln m_{11t} = \ln m_{1t} - \rho \ln m_{1,t-1}$，$\eta_t = \phi_t - \rho \phi_{t-1}$。由于 η_t 为符合经典假设条件的随机扰动项，因此，模型（5－130）式不存在序列相关。（5－130）式样本中的第一个观测值在差分过程中缺失，使用以下普莱斯－温斯腾（Prais-Winsten）变换公式补充完整变量第一个观测值：

$$\ln p_{111} = \sqrt{1-\rho^2} \times \ln p_{11}$$
$$x_{111} = \sqrt{1-\rho^2} \times x_{11}$$
$$\ln s_{111} = \sqrt{1-\rho^2} \times \ln s_{11}$$
$$\ln m_{111} = \sqrt{1-\rho^2} \times \ln m_{11}$$

接下来应用 stata 软件根据科克伦－奥克特（Cochrane-Orcutt）迭代法来估计 ρ 并利用广义差分模型修正模型（5－127）的一阶序列相关。

1. ρ 的第一轮估计。对于模型（5－128）式，随机扰动项 ϕ_t 使用残差序列 e_1 代替，使用以下命令对该模型进行 OLS 回归得到自相关系数 ρ 的估计值 $\hat{\rho} = 0.7166$，其中 $t = 5.36$，表明该系数估计值通过了 1% 显著性水平的 t 检验。

reg e1l. e1 ,nocon

接下来使用以下命令计算出模型（5－130）式各变量的值，构成使用于模型（5－130）式的一个新样本，以下命令中的 rou 即为 $\hat{\rho}$ 的值。

gen rou = _b[l. e1]   //rou = 0.7166

gen lnp11 = lnp1 - rou * l. lnp1
gen x11 = x1 - rou * l. x1
gen lns11 = lns1 - rou * l. lns1
gen lnm11 = lnm1 - rou * l. lnm1

使用以下普莱斯－温斯腾（Prais-Winsten）变换公式补充完整第一个观测值：

replace lnp11 = ((1 - (rou)^2)^0.5) * 373.9026 in 1
replace x11 = ((1 - (rou)^2)^0.5) * 63.62248 in 1
replace lns11 = ((1 - (rou)^2)^0.5) * 757.5792 in 1
replace lnm11 = ((1 - (rou)^2)^0.5) * 506.5842 in 1

根据上述新样本使用以下命令对模型（5－130）式进行 OLS 回归，得到图 5－14 所示的回归结果，从而可以得到原模型（5－127）式回归系数的第一轮广义差分估计结果。

2. 利用 C-O 迭代进行 ρ 的第二轮估计。将第一轮广义差分法得到的原模型回归系数代入（5－127）式得到第二轮残差序列 e_2，应用新的残差序列 e_2 代替模型（5－128）式中的随机扰动项 ϕ_t，对该模型重新进行 OLS 回归得到相关系数 ρ 的第二轮估计值，完成第一次迭代，得到 $\hat{\rho}_2 = 0.9446538$，其中 $t = 10.23$，表明该系数估计值通过了 1% 显著性水平的 t 检验。

Source	SS	df	MS		Number of obs	=	33
					F(3, 30)	=	91871.74
Model	137730.031	3	45910.0103		Prob > F	=	0.0000
Residual	14.9915564	30	.499718548		R-squared	=	0.9999
					Adj R-squared	=	0.9999
Total	137745.022	33	4174.09159		Root MSE	=	.70691

lnp11	Coef.	Std. Err.	t	P>|t|	[95% Conf. Interval]	
x11	-16.13117	6.286231	-2.57	0.016	-28.96936	-3.292971
lns11	1.385025	.5501211	2.52	0.017	.2615281	2.508522
lnm11	.6921038	.0440082	15.73	0.000	.6022271	.7819805

图 5 – 14　模型（5 – 130）式的 OLS 回归结果

利用 ρ 的第二轮估计值 $\hat{\rho}_2 = 0.9446538$ 再次对原模型式（5 – 127）进行广义差分得到模型（5 – 130）式的第二轮估计结果见图 5 – 15，其中，变量 x12、lns12 和 lnm12 分别为对原变量 x1、lns1 和 lnm1 利用 $\hat{\rho}_2 = 0.9446538$ 进行广义差分变换后的新变量，并利用普莱斯 – 温斯腾（Prais-Winsten）变换公式补充完整第一个观测值，从而得到原模型（5 – 127）式回归系数的第二轮广义差分估计结果。

Source	SS	df	MS		Number of obs	=	33
					F(3, 30)	=	58441.64
Model	64250.0897	3	21416.6966		Prob > F	=	0.0000
Residual	10.9938889	30	.366462963		R-squared	=	0.9998
					Adj R-squared	=	0.9998
Total	64261.0836	33	1947.30556		Root MSE	=	.60536

lnp12	Coef.	Std. Err.	t	P>|t|	[95% Conf. Interval]	
x12	-6.814656	5.462288	-1.25	0.222	-17.97014	4.340825
lns12	.5912209	.4752969	1.24	0.223	-.379465	1.561907
lnm12	.7088052	.0465968	15.21	0.000	.6136418	.8039686

图 5 – 15　模型（5 – 130）式第二轮 OLS 回归结果

可以重复上述过程利用（5 – 127）式回归系数的第二轮估计值计算残差序列 e_3 并根据模型（5 – 128）式进行自回归得到相关系数 ρ 的第三轮估计值 $\hat{\rho}_3$，继续利用 $\hat{\rho}_3$ 对式（5 – 127）进行第三轮广义差分估计并利用估计结果计算残差序列 e_4，从而估计 ρ 的第四轮估计值，以此类推，得到 ρ 第五轮估计、第六轮估计值等，直至收敛或前后两次估计结果误差小于事先确定的标准，从而得到 ρ 的最终估计值，再利用广义差分对（5 – 127）式进行估计。上述求 ρ 的最终估计值再进行广义差分的过程就是 C-O 迭代法。

我们在此以上述二轮估计为例介绍 C-O 迭代法修正一阶序列相关的估计过程，具体代码见 liti5.3. do 命令文件。对图 5 – 15 中的回归结果进行序列相关检验得到 DW = 1.89 > du = 1.65，说明变换后的模型式（5 – 130）已经消除一阶序列相关，从而可以进一步得到原模型式（5 – 127）回归系数的估计值。对比（5 – 130）式和（5 – 127）式可知，第二轮广义差分变量 x12、lns12 和 lnm12 的回归系数即为原变量 x1、lns1 和 lnm1 回归系数的估计值（若不进行迭代，原变量 x1、lns1 和 lnm1 回归系数的估计值则为第一轮广义差分变量 x11、lns11 和 lnm11 的回归系数），若原模型式（5-127）包含截距项，在存在误差序列相关的情况下广义差分模型的截距项与原模型截距项并不会相等，如课后习题第 9 题，带截距项的广义差分模型与原模型系数的转换留给读者完成。

（五）结论

总结例题 5.2 和例题 5.3 的全部内容可以得到结论：将原始模型（5-125）式消除异方差和一阶序列相关后，最终得到图 5-15 所示的估计结果，其中 β_0 的估计值为 -6.814656，但没通过 10% 显著性水平的 t 检验；β_1 的估计值为 0.5912209，也没通过 10% 显著性水平的 t 检验；β_2 的估计值为 0.7088052，通过了 1% 显著性水平的 t 检验，表明农业机械总动力每提高 1%，农业产值指数会平均提高 0.71% 左右。1990 年以来，在农业机械化逐步替代农业劳动力投入的农业转型升级过程中，中国提高农业机械总动力对于农业产值增长具有显著的促进作用，同时伴随着农业剩余劳动力向第二和第三产业转移实现了农业与城镇化的协调发展。

四、工具变量法估计

（一）案例介绍

【例题 5.4】为了研究人口增长的影响因素，我们利用中国相关的数据为样本观测值建立模型。根据理论研究，人口增长与经济的发展、教育事业的发展有关。收集人口自然增长率（pop）、国内生产总值（gdp）和每十万人口小学平均在校生数（$cstu$）数据。

构建人口的增长模型如下：

$$\ln(pop) = \beta_0 + \beta_1 \ln(gdp) + \beta_2 \ln(cstu) + \varepsilon$$

考虑到人口自然增长率与国内生产总值可能存在互相影响，所以国内生产总值可能具有内生性，所以以上方程系数的估计是有偏且不一致的，因此我们需要找到合适的工具变量。财政收入（$fire$）和固定资本形成总额（$fcap$）不会直接影响人口的增长，但是能在一定程度上反映国内生产总值（gdp）的波动，故将财政收入（$fire$）和固定资本形成总额（$fcap$）作为工具变量。1978~2021 年的人口自然增长率（pop）、国内生产总值（gdp）和每十万人口小学平均在校生数（$cstu$）、财政收入（$fire$）、固定资本形成总额（$fcap$）的数据。数据如表 5-5 所示。

表 5-5　　　　　　　　　　1978~2021 年中国人口增长相关样本资料

年份（$year$）	人口自然增长率（‰）（pop）	国内生产总值（亿元）（gdp）	居民消费水平（元）（use）	每十万人口小学平均在校生数（人）（$cstu$）	财政收入（亿元）（$fire$）	固定资本形成总额（亿元）（$fcap$）
1978	12	3 678.7	184	15 190	1 132.26	1 079.3
1979	11.61	4 100.5	208	15 100	1 146.38	1 162.5

续表

年份 （year）	人口自然 增长率 （‰） （pop）	国内生产 总值 （亿元） （gdp）	居民消费 水平 （元） （use）	每十万人口小学 平均在校生数 （人） （cstu）	财政收入 （亿元） （fire）	固定资本 形成总额 （亿元） （fcap）
1980	11.87	4 587.6	238	14 820	1 159.93	1 310.2
1981	14.55	4 935.8	264	14 390	1 175.79	1 345.4
1982	15.68	5 373.4	284	13 820	1 212.33	1 517.4
1983	13.29	6 020.9	315	13 180	1 366.95	1 696.5
1984	13.08	7 278.5	356	12 990	1 642.86	2 134.1
1985	14.26	9 098.9	440	12 630	2 004.82	2 768.9
1986	15.57	10 376.2	496	12 260	2 122.01	3 212.4
1987	16.61	12 174.6	558	11 740	2 199.35	3 720.4
1988	15.73	15 180.4	684	11 290	2 357.24	4 713.9
1989	15.04	17 179.7	785	10 980	2 664.9	4 399.1
1990	14.39	18 872.9	831	10 707	2 937.1	4 527.4
1991	12.98	22 005.6	916	10 502	3 149.48	5 656.3
（year）	（pop）	（gdp）	（use）	（cstu）	（fire）	（fcap）
1992	11.6	27 194.5	1 057	10 413	3 483.37	8 252.8
1993	11.45	35 673.2	1 332	10 656	4 348.95	13 232
1994	11.21	48 637.5	1 799	10 819	5 218.1	16 751
1995	10.55	61 339.9	2 329	11 010	6 242.2	19 837.9
1996	10.42	71 813.6	2 763	11 273	7 407.99	22 723.3
1997	10.06	79 715	2 974	11 435	8 651.14	24 714.1
1998	9.14	85 195.5	3 122	11 287	9 875.95	28 014.5
1999	8.18	90 564.4	3 340	10 855	11 444.1	29 467
2000	7.58	100 280	3 712	10 335	13 395.2	32 668.7
2001	6.95	110 863	3 968	9 937	16 386	37 087.6
2002	6.45	121 717	4 270	9 525	18 903.6	42 672.1
2003	6.01	137 422	4 555	9 100	21 715.3	52 574.5
2004	5.87	161 840	5 071	8 725	26 396.5	63 974.9
2005	5.89	187 319	5 688	8 358	31 649.3	73 852
2006	5.28	219 439	6 319	8 192	38 760.2	84 978.6
2007	5.17	270 092	7 454	8 037	51 321.8	102 345
2008	5.08	319 245	8 504	7 819	61 330.4	124 701
2009	4.87	348 518	9 249	7 584	68 518.3	152 691
2010	4.79	412 119	10 575	7 448	83 101.5	181 041
2011	6.13	487 940	12 668	7 403	103 874	214 017

续表

年份 （year）	人口自然 增长率 （‰） （pop）	国内生产 总值 （亿元） （gdp）	居民消费 水平 （元） （use）	每十万人口小学 平均在校生数 （人） （cstu）	财政收入 （亿元） （fire）	固定资本 形成总额 （亿元） （fcap）
2012	7.43	538 580	14 074	7 196	117 254	238 321
2013	5.9	592 963	15 586	6 913	129 210	263 980
2014	6.71	643 563	17 220	6 946	140 370	282 242
2015	4.93	688 858	18 857	7 086	152 269	289 970
2016	6.53	746 395	20 801	7 211	159 605	310 145
2017	5.58	832 036	22 968	7 300	172 593	348 300
2018	3.78	919 281	25 245	7 438	183 360	393 848
2019	3.32	986 515	27 504	7 569	190 390	422 451
2020	1.45	1 013 567	27 439	7 661	182 914	430 625
2021	0.34	1 149 237	31 013	7 634	202 555	482 119

资料来源：国家统计局。

找到并打开数据文件"liti5.4.dta"，具体见操作文件"liti5.4.do"。

liti5.4.dta 下载　　　　　　　　liti5.4.do 下载

（二）内生变量判断

根据方程设定，对变量分别取对数，并进行普通最小二乘回归。命令如下：

gen lnpop = log(pop)

gen lngdp = log(gdp)

gen lnuse = log(use)

gen lncstu = log(cstu)

gen lnfire = log(fire)

gen lngcap = log(gcap)

/＊对原始数据进行转换，取对数数据＊/

regress lnpop lngdp lncstu

/＊进行普通最小二乘回归＊/

predict u,residuals

/＊保存残差项并命名为 u＊/

回归结果如图 5 – 16 所示。

```
     Source │       SS           df       MS            Number of obs   =        44
────────────┼──────────────────────────────              F(2, 41)        =     34.90
      Model │  13.3888785         2   6.69443926         Prob > F        =    0.0000
   Residual │  7.86480483        41  0.191824508         R-squared       =    0.6300
────────────┼──────────────────────────────              Adj R-squared   =    0.6119
      Total │  21.2536834        43  0.494271706         Root MSE        =    0.43798


      lnpop │ Coefficient  Std. err.      t    P>|t|     [95% conf. interval]
────────────┼────────────────────────────────────────────────────────────────
      lngdp │  -0.5513128   0.1274618   -4.33   0.000    -0.808727   -0.2938985
     lncstu │  -2.016141    0.9583067   -2.10   0.042    -3.95148    -0.0808013
      _cons │   26.78266    10.19322     2.63   0.012     6.197027    47.3683
```

图 5 – 16　普通最小二乘回归的回归结果

从上述回归结果可以得到如下回归模型：

$$\widehat{\ln pop} = \underset{(2.63)}{26.78266} - \underset{(-4.33)}{0.5513128\ln gdp} - \underset{(-2.10)}{2.016141\ln cstu}$$

其中，$R^2 = 0.6300$，调整后的$R^2 = 0.6119$，$F(2,41) = 34.90$。

可以看出国内生产总值（gdp）是影响人口自然增长率（pop）的重要因素，可是国内生产总值（gdp）与人口自然增长率（pop）之间存在双向因果关系，使得国内生产总值（gdp）具有内生性，导致估计量是有偏且不一致的。

做 $\ln gdp$ 对于 $\ln fire$、$\ln fcap$ 和外生解释变量 $\ln cstu$ 普通最小二乘回归，命令如下：

regress lngdp lnfire lnfcap lncstu

结果如图 5 – 17 所示。

```
     Source │       SS           df       MS            Number of obs   =        44
────────────┼──────────────────────────────              F(3, 40)        =   9065.46
      Model │  144.548514         3  48.1828379         Prob > F        =    0.0000
   Residual │  0.212599572       40  0.005314989         R-squared       =    0.9985
────────────┼──────────────────────────────              Adj R-squared   =    0.9984
      Total │  144.761113        43  3.36653751         Root MSE        =    0.0729


      lngdp │ Coefficient  Std. err.      t    P>|t|     [95% conf. interval]
────────────┼────────────────────────────────────────────────────────────────
     lnfire │  -0.077104    0.0480419   -1.60   0.116    -0.1742004   0.0199923
     lnfcap │   0.9853526   0.0422378   23.33   0.000     0.8999867   1.070718
     lncstu │  -0.0148775   0.1709903   -0.09   0.931    -0.3604618   0.3307069
      _cons │   2.080979    1.781329     1.17   0.250    -1.519222    5.68118
```

图 5 – 17　内生变量回归结果

从上述回归结果可以得到如下回归模型：

$$\widehat{\ln gdp} = \underset{(1.17)}{2.080979} - \underset{(-1.60)}{0.077104\ln fire} + \underset{(23.33)}{0.9853526\ln fcap} - \underset{(-0.09)}{0.0148775\ln cstu}$$

其中，$R^2 = 0.9985$，调整后的$R^2 = 0.9984$，$F(3,40) = 9\,065.46$。

为了后面用到残差序列$\hat{v}$，先保存残差，同时记录$\ln gdp$的拟合值，命令如下：

predict v, residuals

predict plngdp

将残差序列$\hat{v}$加入原模型中，进行普通最小二乘估计，命令如下：

regress lnpop lngolp lncstu v

得到结果如图5-18所示。

Source	SS	df	MS		Number of obs	=	44
					F(3, 40)	=	22.70
Model	13.3900238	3	4.46334126		Prob > F	=	0.0000
Residual	7.86365958	40	0.19659149		R-squared	=	0.6300
					Adj R-squared	=	0.6023
Total	21.2536834	43	0.494271706		Root MSE	=	0.44339

lnpop	Coefficient	Std. err.	t	P>|t|	[95% conf. interval]	
lngdp	-0.5526464	0.1302134	-4.24	0.000	-0.8158176	-0.2894752
lncstu	-2.02575	0.9782757	-2.07	0.045	-4.002919	-0.048581
v	0.0740652	0.970391	0.08	0.940	-1.887168	2.035299
_cons	26.88601	10.40757	2.58	0.014	5.851534	47.9205

图5-18　加入残差序列后的回归结果

从上述回归结果可以得到如下回归模型：

$$\widehat{\ln pop} = \underset{(2.58)}{26.88601} - \underset{(-4.24)}{0.5526464\ln gdp} - \underset{(-2.07)}{2.02575\ln cstu} + \underset{(0.08)}{0.0740652v}$$

其中，$R^2 = 0.6300$，调整后的$R^2 = 0.6023$，$F(3,40) = 22.70$。

给定5%的显著性水平，查表得到$t_{0.025}(40) = 2.02$，因此在5%的显著性水平下，接受残差序列$\hat{v}$的参数为0的假设，可以认为国内生产总值（GDP）是一个外生变量，这一检验结果仅供参考。作为使用Stata进行工具变量估计的例子，下面仍然将国内生产总值（GDP）作为内生变量进行处理。

（三）工具变量的外生性判断

接下来，做原模型的残差序列$\hat{u}$与作为工具变量的财政收入（$fire$）、固定资本形成总额（$fcap$）和作为外生解释变量的每十万人口小学平均在校生数（$cstu$）的回归。命令如下：

regress û lnfire lnfcap lncstu

得到结果如图5-19所示。

从上述回归结果可以得到如下回归模型：

$$\hat{u} = \underset{(0.89)}{8.983223} - \underset{(-2.51)}{0.6823298\ln fire} + \underset{(2.17)}{0.5187775\ln fcap} - \underset{(-0.88)}{0.8458921\ln cstu}$$

其中，$R^2 = 0.1365$，调整后的$R^2 = 0.0718$，$F(3,40) = 2.11$。

Source	SS	df	MS		Number of obs	=	44
					F(3, 40)	=	2.11
Model	1.07374807	3	0.357916024		Prob > F	=	0.1144
Residual	6.79105662	40	0.169776415		R-squared	=	0.1365
					Adj R-squared	=	0.0718
Total	7.86480469	43	0.182902435		Root MSE	=	0.41204

u	Coefficient	Std. err.	t	P>|t|	[95% conf. interval]	
lnfire	-0.6823298	0.2715239	-2.51	0.016	-1.2311	-0.1335596
lnfcap	0.5187775	0.2387202	2.17	0.036	0.0363059	1.001249
lncstu	-0.8458921	0.9664047	-0.88	0.387	-2.799069	1.107285
_cons	8.983223	10.06773	0.89	0.378	-11.36442	29.33087

图 5 – 19   残差与工具变量和外生解释变量的回归结果

从 F 统计量来看，在 5% 显著性水平下，临界值为 $F_{0.05}(3,40)=2.84$，因此不能拒绝参数估计量都为 0 的假设，可以认为财政收入（fire）与固定资本形成总额（fcap）作为工具变量具有外生性。从 J 统计量来看，$nR^2=40\times0.1365=5.46$，在 2.5% 显著性水平下，自由度为 1 的卡方分布的临界值为 $\chi^2_{0.025}(1)=5.02$，可见拒绝了财政收入（fire）、固定资本形成总额（fcap）作为工具变量的外生性。

（四）工具变量法的估计

使用财政收入（fire）、固定资本形成总额（fcap）作为工具变量，运用工具变量法对模型进行回归分析。命令如下：

ivregress 2sls lnpop lncstu（lngdp = lnfire lnfcap）

得到结果如图 5 – 20 所示。

Instrumental variables 2SLS regression		Number of obs	=	44
		Wald chi2(2)	=	74.64
		Prob > chi2	=	0.0000
		R-squared	=	0.6300
		Root MSE	=	0.42278

lnpop	Coefficient	Std. err.	z	P>|z|	[95% conf. interval]	
lngdp	-0.5526464	0.1241628	-4.45	0.000	-0.7960011	-0.3092917
lncstu	-2.02575	0.9328185	-2.17	0.030	-3.854041	-0.1974594
_cons	26.88601	9.923963	2.71	0.007	7.435404	46.33662

Instrumented: lngdp
Instruments: lncstu lnfire lnfcap

图 5 – 20   工具变量法估计结果

从上述回归结果可以得到如下回归模型：

$$\widehat{\ln pop} = \underset{(2.71)}{26.88601} - \underset{(-4.45)}{0.5526464\ln gdp} - \underset{(-2.17)}{2.02575\ln cstu}$$

其中，$R^2=0.6300$。

（五）工具变量法估计的效果

将原模型中的 ln（gdp）替换成拟合值 plngdp，再次进行回归，命令如下：

regress lnpop plngdp lncstu

得到结果如图 5 – 21 所示。

Source	SS	df	MS		Number of obs	=	44
					F(2, 41)	=	34.57
Model	13.3413287	2	6.67066436		Prob > F	=	0.0000
Residual	7.91235464	41	0.19298426		R-squared	=	0.6277
					Adj R-squared	=	0.6096
Total	21.2536834	43	0.494271706		Root MSE	=	0.4393

lnpop	Coefficient	Std. err.	t	P>|t|	[95% conf. interval]	
plngdp	-0.5526463	0.1290133	-4.28	0.000	-0.8131939	-0.2920987
lncstu	-2.025749	0.969259	-2.09	0.043	-3.983207	-0.0682909
_cons	26.88601	10.31164	2.61	0.013	6.061221	47.71079

图 5 – 21　ln（gdp）拟合值结果

从上述回归结果可以得到如下回归模型：

$$\ln pop = \underset{(2.61)}{26.88601} - \underset{(-4.28)}{0.5526463\ln gdp} - \underset{(-2.09)}{2.025749\ln cstu}$$

其中，$R^2 = 0.6277$，调整后的 $R^2 = 0.6096$，$F(2,41) = 34.57$。

可见，两阶段最小二乘估计所得的各个系数非常显著，对参数估计值进行了修正。

本章习题

1. 请说明多重共线性产生的原因及后果。

2. 某计量经济学家曾用 1921～1941 年与 1945～1950 年（1942～1944 年战争期间略去）某国国内消费 Y 和工资收入 X_1，非工资、非农业收入 X_2，农业收入 X_3 的时间序列资料，利用普通最小二乘法估计得出了以下回归方程：

$$\hat{Y} = 8.133 + 1.059X_1 + 0.452X_2 + 0.121X_3$$
$$SE \quad 8.92 \quad 0.17 \quad 0.66 \quad 1.09$$
$$R^2 = 0.95 \quad F = 107.37$$

试对该模型进行评析，并指出其中存在的问题。

3. 某计量经济学家在研究某国 1961～1981 年砖、瓷、玻璃和水泥工业的生产函数时，得到如下结果：

（1）$\ln\hat{Q} = -5.04 + 0.887\ln K + 0.893\ln H$
$$SE \quad 1.40 \quad 0.087 \quad 0.137$$
$$R^2 = 0.878$$

（2）$\ln\hat{Q} = -8.57 + 0.0272t + 0.460\ln K + 1.285\ln H$

   SE 2.99   0.0204   0.333   0.324

   $R^2 = 0.889$

其中，$\hat{Q}$ 为生产数量，K 为 1975 年重置成本的总资本存量，H 为工作小时数，t 为时间趋势，作为技术的一种测度方法。

（1）解释这两个回归方程。

（2）检验回归方程（1）的参数显著性。

（3）检验回归方程（2）的参数显著性。

（4）如何解释方程（2）中变量 $\ln K$ 的参数不显著性。

4. 研究某校学生成绩（Y）与在学习 X_1、睡觉 X_2、娱乐 X_3 所用时间的关系中，建立如下回归模型 $Y_i = \alpha_0 + \alpha_1 X_{i1} + \alpha_2 X_{i2} + \alpha_3 X_{i3} + \mu_i$。回归结果如表 5 - 6 所示。

表 5 - 6   回归结果

方差来源	平方和 SS	自由度 df	平方和的均值 MSS
来自回归	65 000	——	——
来自残差	——	——	——
总离差	66 000	14	——

（1）求样本容量 n、残差平方和 RSS，回归平方和 ESS 及残差平方和 RSS 的自由度。

（2）求拟合优度 R^2 及调整的拟合优度 $\overline{R}^2$。

（3）检验假设：X_1，X_2，X_3 对 Y 无影响。

（4）根据以上信息，你能否确定 X_1，X_2，X_3 各自对 Y 的影响？

（5）若增加一个新的解释变量 X_4 表示其他各种活动所用时间，建立新的回归模型：$Y_i = \alpha_0 + \alpha_1 X_{i1} + \alpha_2 X_{i2} + \alpha_3 X_{i3} + \alpha_4 X_{i4} + \nu_i$。问：保持其他变量不变，而改变其中一个变量的说法是否有意义？该模型是否有违背基本假设的情况？

5. 请说明异方差产生的原因和后果。

6. 设消费函数为：

$Y_i = \beta_1 + \beta_2 X_{2i} + \beta_3 X_{3i} + u_i$

式中，Y_i 为消费支出，X_{2i} 为个人可支配收入，X_{3i} 为个人的流动资产，u_i 为随机误差项，并且 $E(u_i) = 0$，$\text{Var}(u_i) = \sigma^2 X_{2i}^2$（其中 σ^2 为常数）。试回答以下问题：

（1）选用适当的变换修正异方差，要求写出变换过程；

（2）写出修正异方差后的参数估计量的表达式。

7. 由表 5 - 7 给出消费 Y 与收入 X 的数据，试根据所给数据资料回答以下问题：

（1）估计回归模型 $Y = \beta_1 + \beta_2 X + u$ 中的未知参数 β_1 和 β_2，并写出样本回归模型的书写格式；

（2）试用 Goldfeld-Quandt 法和 White 法检验模型的异方差性；

（3）选用合适的方法修正异方差。

表 5 - 7   消费 Y 与收入 X 的数据

Y	X	Y	X	Y	X
55	80	152	220	95	140
65	100	144	210	108	145
70	85	175	245	113	150
80	110	180	260	110	160
79	120	135	190	125	165
84	115	140	205	115	180
98	130	178	265	130	185
95	140	191	270	135	190
90	125	137	230	120	200
75	90	189	250	140	205
74	105	55	80	140	210
110	160	70	85	152	220
113	150	75	90	140	225
125	165	65	100	137	230
108	145	74	105	145	240
115	180	80	110	175	245
140	225	84	115	189	250
120	200	79	120	180	260
145	240	90	125	178	265
130	185	98	130	191	270

8. 存在序列相关的情况下，OLS 估计量具有哪些性质？

9. 根据某市连续 19 年城镇居民家庭人均收入与人均支出的数据，建立回归模型 $Y_t = \beta_0 + \beta_1 X_t + u_t$，运用 OLS 法估计得到样本回归方程：

$$\hat{Y}_t = 79.930 + 0.690 X_t$$
$$Se = (12.399)(0.013)$$
$$t = (6.446)(53.621)$$
$$R^2 = 0.994 \quad DW = 0.575$$

已知在 5% 的显著性水平下，由 DW 检验的临界值表，得 $dL = 1.18$，$du = 1.40$。

（1）用 OLS 法对该回归方程进行估计是否正确，为什么？

（2）应该如何改进？（提示：用广义差分法，写出估计步骤，$\hat{\rho} = 0.65$）

10. 在研究生产中劳动所占份额的问题时，某经济学家采用如下模型：

模型 1：$Y_t = \alpha_0 + \alpha_1 t + u_t$

模型 2：$Y_t = \alpha_0 + \alpha_1 t + \alpha_2 t^2 + u_t$

其中，Y 为劳动投入，t 为时间。根据 1949~1964 年数据，对初级金属工业得到如下结果：

模型 1：$\hat{Y}_t = 0.4529 - 0.0041t$

$$(-3.9608)$$

$$R^2 = 0.5284 \quad DW = 0.8252$$

模型 2：$\hat{Y}_t = 0.4786 - 0.0127t + 0.0005 t^2$

$$(-3.2724) \quad (2.7777)$$

$$R^2 = 0.6629 \quad DW = 1.82$$

其中，括号内的数字为 t 统计量。已知在 5% 的显著性水平下，当 $k = 1$ 时，由 DW 检验的临界值表，得 $dL = 1.11$，$du = 1.37$；当 $k = 2$ 时，由 DW 检验的临界值表，得 $dL = 0.98$，$du = 1.54$。

问：（1）模型 1 和模型 2 中是否有自相关？

（2）如何判定自相关的存在？

（3）如果这两个模型存在自相关问题，那么产生该问题的原因是什么？

11. 一个有效的工具变量应该满足哪些条件？

12. 选择工具变量的步骤和方法有哪些？

第五章习题参考答案下载

第六章

时间序列模型

■ 学习目标

1. 了解自回归模型、移动平均模型和自回归移动平均模型的来源；

2. 掌握多种时间序列模型的平稳性充要条件；

3. 推导自相关系数和偏自相关系数；

4. 掌握通过自相关函数和偏自相关函数构建时间序列模型；

5. 了解向量自回归模型的来源与构造思想；

6. 理解向量自回归模型的稳定性与平稳性充要条件；

7. 理解向量自回归模型的滞后阶数识别与模型估计方法；

8. 掌握向量自回归模型的脉冲响应分析与预测误差方差分解；

9. 掌握向量自回归模型的多个不同维度的假设检验；

10. 理解结构向量自回归模型。

■ 课程思政与导读

历史不会简单地重复，但会压着相同的韵脚

以铜为鉴，可正衣冠；以古为鉴，可知兴替；以人为鉴，可明得失。——北宋·欧阳修、宋祁等《新唐书》

历史中发生过的常常会再次发生。虽然时过境迁，实际发生的并不是历史的简单重复，但背后的规律总是相似的。因此，借鉴、学习历史中的信息可以更好地避免悲剧的再次发生、更好地预测事物未来发展变化的规律。计量经济学中，过去的历史数据同样可以用来归纳时间序列变量的变化规律，从而可以更好地预测变量未来可能发生的变化。那么，如何通过历史数据归纳时间序列变量的变化规律？构建这类模型需要的前提条件是哪些？如何构建正确的时间序列模型？这便是本章的核心内容：两类紧密联系的时间序列模型。

同学们，在为人处世或者学习计量经济学的过程中，你能做到日三省吾身吗？

思政与导读

课件

■ 应用案例

党的二十大报告指出，应该"加强财政政策和货币政策的协调配合"，而这其中最关键的便是通货膨胀。

本章案例主要分析了货币供应量以及消费者价格指数、失业率和名义利率间关系两个问题，通过对这两个问题的探究，建立时间序列的自回归移动平均模型和向量自回归模型，加深读者对本章知识的理解。

2022年以来，欧美发达经济体普遍出现了比较高的通货膨胀率，达到了近几十年来的高位。很显然，欧美发达经济体的高通胀，对中国来说，是一种警示。如果不能较好地控制通货膨胀率，对经济社会发展是会产生严重影响的，甚至会影响到社会的稳定与安宁，影响到经济成果的巩固和高质量发展目标的实现。

对中国来说，还是要结合自身实际，在稳定好价格、控制好通胀预期的情况下，加快经济结构调整与转型，补齐经济短板，推动技术创新，突破关键技术，引导居民和企业创业创新，稳步提高居民收入，提升居民购买能力和消费动力，更好地发挥消费对经济增长的拉动作用，决不能发生严重的通货膨胀。

第一节　自回归移动平均模型（ARMA 模型）

一、自回归模型（AR 模型）

对于函数 $y = f(t)$，我们总是可以通过相减的方式得到两个不同时刻 y 的取值的差。当然，对于经济时间序列数据，除了少数金融高频数据外，一般来说数据的采样频率较低，总是可以认为其数据在时间维度上是离散的。因此，我们总是可以计算相等时间间隔 t_0，$t_0 + h$，$t_0 + 2h$，$t_0 + 3h$，…，任意两个时间段间数据的差值，例如：

$$\Delta y = f(t_0 + h) - f(t_0)$$

为了方便讨论，后续一般设定 $h = 1$。

t 和 h 虽然一般指代时间和时间的间隔，但并不总是必要的。同样可以用 t 和 h 表示有序的事件数目，例如排队购票，可以用 y_t 代表第 t 个人的购票金额，那么 y_{t+h} 自然便是代表第 $t + h$ 个人的购票金额。

从另一个角度来看，可以把记录下的时间序列 $\{y_0, y_1, y_2, \cdots, y_t\}$ 中的元素视作某个随机过程的实现值。这样，当还未到 t 时期时，对应的数据 y_t 可以视为随机变量，而一旦记录到 y_t，则 y_t 便成为随机过程的实现值了。

对于所有经济时间序列而言，我们很难预测未记录到的或者还没到来的时间段内的数据，即使是它们的概率分布特征也是无法完全确定的。不过，和其他学科类似的是，由足够多数量的人产生的数据并不容易发生突变。也就是说，我们总是可以通过已经记录到的或者已经过去的时间段内的数据来考察分析或者预测未记录到的或者还没到来的时间段内的数据的特征。随机差分方程，或者称为自回归（auto-regression，AR）方程便是这种思想的具体体现。

举例而言，假设某国中央银行的货币供给目标是每年以 3% 的速度稳定增长，表示为：

$$m_t^* = 1.03\, m_{t-1}^*$$

其中，m_t^* 为第 t 年的货币供给量目标。

那么，如果知道第 0 年的货币供给量目标，我们可以轻松算出第 t 年的货币供给量目标：

$$m_t^* = (1.03)^t m_0^*$$

可惜现实并不总是理想状态，为了抹平波动等理由，实际的货币供给量（m_t）可能会发生临时的增加或减少，并且由于存款准备金等变量的存在，实际货币供给量也并不完全由货币供给目标决定。那么假定只有 $\rho\%$ 的目标和实际供给之间的差额可以由目标决定，则这个情况由 AR 模型表示为：

$$\Delta m_t = \rho(m_t^* - m_{t-1}) + \varepsilon_t$$

或者写作：

$$m_t = (1.03)^t \rho \, m_0^* + (1 - \rho) m_{t-1} + \varepsilon_t \tag{6-1}$$

（6-1）式中，ε_t 代表第 t 年的非目标决定的货币供给量，一般会假定 ε_t 的均值为 0，以符合古典经济学中短期影响在长期会消失的假定。

对（6-1）式的总结有：

1. 由于临时增减的货币供给量 ε_t 是随机的，所以最终实际货币供给量也将是随机的，这也是 AR 模型可以被称为随机差分模型的原因。

2. 实际货币供给量的分布仅由（6-1）式的参数以及随机变量 $\{\varepsilon_t\}$ 的分布决定。

3. AR 模型默认的两个假定及其推论是：（1）已经记录的数据包含了对预测未来有用的信息；（2）数据在足够短的时间内不会发生突变。因此可以使用已经记录的数据本身来预测和分析数据未来的变化。

二、移动平均模型（MA 模型）

在第一节可以看到，一般对于随机扰动项 ε_t，会假定它们是白噪声过程，也就是均值 $E(\varepsilon_t)$ 为零，方差 $E(\varepsilon_t^2)$ 不随时间或记录索引数值变化（称为同方差），并且各个实现值之间不存在相关性。用公式表示便如（6-2）式所示：

$$E(\varepsilon_t) = E(\varepsilon_{t-1}) = \cdots = E(\varepsilon_0) = 0$$
$$E(\varepsilon_t^2) = E(\varepsilon_{t-1}^2) = \cdots = E(\varepsilon_0^2) = \sigma^2$$
$$E(\varepsilon_t \varepsilon_{t-s}) = E(\varepsilon_{t-j} \varepsilon_{t-j-s}) = 0 \tag{6-2}$$

从频域的角度来看，白噪声的实质是一种在所有频率段上都有能量，且这些能量的特征在时域上相对稳定的一种波动。因此，当时间长度足够时，我们总是可以用白噪声来拟合任意时域上的函数：

$$y_t = \sum_{i=1}^{q} \beta_i \, \varepsilon_{t-i} \tag{6-3}$$

（6-3）式一般称为 q 阶移动平均（moving average，MA）模型。

三、自回归移动平均模型（ARMA 模型）

将上述两种模型合并，便可以得到自回归移动平均（ARMA）模型，如（6-4）式所示：

$$y_t = a_0 + \sum_{i=1}^{p} a_i \, y_{t-i} + \sum_{i=1}^{q} \beta_i \, \varepsilon_{t-i} \tag{6-4}$$

（6-4）式称为 ARMA(p,q) 模型。当然它同样需要遵守 AR 模型或 MA 模型的假设，这些假设会在后续章节逐步介绍。

由于所有的 y_{t-i} 都可以通过白噪声过程的随机扰动项来表示，所以存在 ARMA 模型的 MA(∞) 形式的表达式，如（6-5）式所示：

$$\left(1 - \sum_{i=1}^{p} a_i \, L^i\right) y_t = a_0 + \sum_{i=1}^{\infty} \beta_i \, \varepsilon_{t-i} \tag{6-5}$$

四、平稳性

（一）平稳与弱平稳

对于 AR 模型和 MA 模型，需要一些前提假设，在这些假设成立时，使用 AR 模型和 MA 模型对时间序列数据进行建模和预测才会是有效的。而最重要且相对必要的假设便是平稳性假设。

假设质量控制部门对 4 台机器生成的产品进行抽样，t 时机器产出水平的均值可以写作：

$$\bar{y}_t = \frac{\sum\limits_{i=1}^{4} y_{it}}{4}。$$

类似地，我们也可以计算机器产出水平的方差以及其他的统计量。当一个时间序列，例如这里的机器产出水平，是平稳（stationary）的时候，则它的任意时间段内数值的分布应该与其他等长的时间段内的数值分布一致。那么这个时候我们只需要观察机器一个小时或三五个小时内产品产出水平的均值或者方差，那么剩下时间内机器的产出水平相关统计量我们也就可以大致推断得到。不过，在现实中，往往并不需要这么强的假设，不仅不必要，也为验证增加了难度。因此需要找到一个比较弱一点的平稳性假定，例如协方差平稳，或者称为弱平稳。

在弱平稳的假设下，均值、方差和序列相关性都是仅与考察时间段长度有关的常数，意味着考察时间段一样长时，不论是哪个时间点开始，那么它们的这些统计量应该都是相等的：

$$E(y_t) = E(y_{t-s}) = \mu$$
$$E[(y_t - \mu)^2] = E[(y_{t-s} - \mu)^2] = \sigma_y^2$$
$$E[(y_t - \mu)(y_{t-s} - \mu)] = E[(y_{t-j} - \mu)(y_{t-j-s} - \mu)] = \gamma_s$$

对应地，两个时间段间的自相关系数定义为：

$$\rho_s = \frac{\gamma_s}{\gamma_0}$$

由于自相关系数的分子分母都是仅与时间段长度相关，因此自相关系数同样也仅仅与时间段的长度相关，而与时间段的起始和结束的具体位置无关。y_t 与 y_{t-1} 的自相关系数较之于 y_t 与 y_{t-2} 的自相关系数不太可能相等，但较之于 y_{t-s} 与 y_{t-s-1} 的自相关系数在弱平稳的前提下应该是相等的。另外，显然 $\rho_0 = 1$。

（二）AR(1) 模型的平稳性条件

对于 AR(1) 模型：$y_t = a_0 + a_1 y_{t-1} + \varepsilon_t$，通过递推易得：

$$y_t = a_0 \sum_{i=0}^{t-1} a_1^i + a_1^t y_0 + \sum_{i=0}^{t-1} a_1^i \varepsilon_{t-i}$$

对应的期望为：$Ey_t = a_0 \sum_{i=0}^{t-1} a_1^i + a_1^t y_0$。

而 $t+s$ 时期的期望则为：$Ey_{t+s} = a_0 \sum_{i=0}^{t+s-1} a_1^i + a_1^{t+s} y_0$，显然二者并不相等，因此正常情况下 AR(1) 模型的序列并不平稳。

现在考虑当 t 足够大时，那么我们可以求两个不同时期 y 的统计量的极限值。当 $|a_1| < 1$ 时，则有 $\lim_{t \to \infty} Ey_t = \dfrac{a_0}{1-a_1}$。因此当 t 足够大时，我们有 y 的均值有限且独立于时间始末节点的位置：$\lim_{t \to \infty} Ey_t = \lim_{t \to \infty} Ey_{t+s} = \dfrac{a_0}{1-a_1}$。类似地，方差在 t 足够大时极限值为：$\lim_{t \to \infty} E\left(y_t - \dfrac{a_0}{1-a_1}\right)^2 = \lim_{t \to \infty} E(\varepsilon_t + a_1 \varepsilon_{t-1} + a_1^2 \varepsilon_{t-2} + \cdots)^2 = \sigma^2(1 + a_1^2 + a_1^4 + \cdots) = \dfrac{\sigma^2}{1-a_1^2}$，同样是有限且独立于时间始末节点的位置。对于自协方差通过类似的方法也可以得到相同的结论。

因此，当 t 足够大且 $|a_1| < 1$ 时，AR(1) 模型中的变量序列是平稳的。

更进一步地，当初始条件 y_0 未知时，还是可以通过 AR 模型的 MA(∞) 形式得到类似的结论（后续没有特别提及均默认是在序列足够长的前提下，不再强调极限值）：

$$y_t = \frac{a_0}{1-a_1} + Aa_1^t + \sum_{i=0}^{t-1} a_1^i \varepsilon_{t-i}$$

当初始条件 y_0 未知时，只有当 $A = 0$ 且 $|a_1| < 1$ 时，y 的均值有限且独立于时间始末节点的位置。因此从广义的角度来看，AR(1) 的平稳性条件为：（1）序列足够长或者自回归系数没有显著变化；（2）$|a_1| < 1$。总结起来便是 $\lim_{t \to \infty} Aa_1^t = 0$。

（三）ARMA(p,q) 模型的平稳性条件

以 ARMA(2,1) 为例说明 ARMA(p,q) 模型的平稳性条件。

一般地，当时间序列足够长时，显然不变的截距项并不影响平稳性。因此，令 $a_0 = 0$，有 $y_t = a_1 y_{t-1} + a_2 y_{t-2} + \varepsilon_t + \beta_1 \varepsilon_{t-1}$。

进一步将上一小节的结论推广到 ARMA(2,1) 模型中，在初始条件未知的一般情况下，同样要求 $\lim_{t \to \infty} Aa_1^t = 0$ 和 $\lim_{t \to \infty} Ba_2^t = 0$，从而 ARMA(2,1) 模型可以写作：

$$
\begin{aligned}
y_t &= \sum_{i=0}^{\infty} c_i \varepsilon_{t-i} = c_0 \varepsilon_t + c_1 \varepsilon_{t-1} + c_2 \varepsilon_{t-2} + \cdots \\
&= a_1(c_0 \varepsilon_{t-1} + c_1 \varepsilon_{t-2} + c_2 \varepsilon_{t-3} + \cdots) \\
&\quad + a_2(c_0 \varepsilon_{t-2} + c_1 \varepsilon_{t-3} + c_2 \varepsilon_{t-4} + \cdots) \\
&\quad + \varepsilon_t + \beta_1 \varepsilon_{t-1}
\end{aligned}
\tag{6-6}
$$

（6-6）式应用了（6-3）式的 AR 模型转换为 MA(∞) 模型的技巧。自然，为了使得（6-6）式在形式上与我们设定的 ARMA(2,1) 模型一致，各个系数必须满足：

1. $c_0 = 1$。
2. $c_1 = a_1 c_0 + \beta_1$。
3. $c_i = a_1 c_{i-1} + a_2 c_{i-2}$，$i \geq 2$。

条件 3 意味着如果 $\{c_i\}$ 不是收敛序列，则两个回归系数必然不都小于 1，则原 ARMA 模型不可能是平稳的。

当 $\{c_i\}$ 是收敛序列时，对 (6-6) 式取期望，显然 $Ey_t = Ey_{t+s} = 0$；同理，求 (6-6) 式的方差有 $\mathrm{Var}(y_t) = E(c_0\varepsilon_t + c_1\varepsilon_{t-1} + c_2\varepsilon_{t-2} + \cdots)^2 = \sigma^2 \sum_{i=0}^{\infty} c_i^2$；协方差为 $\mathrm{Cov}(y_t, y_{t-s}) = \sigma^2(c_s + c_{s+1}c_1 + c_{s+2}c_2 + \cdots)$。明显地，只有当 $\{c_i\}$ 是收敛序列时，上述的几个统计量才会是有限且独立于时间始末点位置的。

上述结论在通过将 ARMA(p,q) 模型转化为 MA(∞) 的模型以后，可以应用于所有 ARMA(p,q) 模型，对于转化以后的 MA(∞) 模型：$y_t = \sum_{i=0}^{\infty}\beta_i\varepsilon_{t-i}$，我们有：

1. 自然，由于每一项都是同方差的白噪声过程，因此，期望为 $E(y_t) = E(y_{t-s}) = 0$；

2. 同理，方差为 $\mathrm{Var}(y_t) = \mathrm{Var}(y_{t-s}) = E\left(\sum_{i=0}^{\infty}\beta_i\varepsilon_{t-i}\right)^2 = \sigma^2(1 + \beta_1^2 + \beta_2^2 + \cdots)$；

3. 类似地，协方差为 $E(y_t y_{t-s}) = \sigma^2(\beta_s + \beta_1\beta_{s+1} + \beta_2\beta_{s+2} + \cdots)$。

要满足弱平稳条件，则上述三个结论中要求：(1) $(1 + \beta_1^2 + \beta_2^2 + \cdots)$ 是有限的；(2) $(\beta_s + \beta_1\beta_{s+1} + \beta_2\beta_{s+2} + \cdots)$ 同样是有限的，这与 ARMA(2,1) 平稳的充要条件是一致的。

五、自相关函数与偏自相关函数

(一) 自相关函数

自相关函数和偏自相关函数是判断 ARMA 模型中滞后项数量的必要手段。因此，通过几个简单模型的例子来说明，如何通过自相关系数和偏自相关系数分析 ARMA 模型中滞后项数量。

首先，来看一下 AR(1) 模型。

如果 AR(1) 模型 $y_t = a_0 + a_1 y_{t-1} + \varepsilon_t$ 正确，也就是序列服从 AR(1) 过程时，自相关系数可以通过两个不同时间点的自协方差 γ_0 和 γ_s 相除得到：

$$\gamma_0 = \frac{\sigma^2}{1 - a_1^2}, \gamma_s = \frac{a_1^s\sigma^2}{1 - a_1^2}, \rho_s = \frac{\gamma_s}{\gamma_0} = a_1^s$$

当 AR(1) 平稳时，有 $|a_1| < 1$，因此自相关系数 ρ_s 随着 s 的增加而逐步收敛于 0。

对于 MA(1) 模型 $y_t = \varepsilon_t + \beta_1\varepsilon_{t-1}$，则有：

$$\gamma_0 = \mathrm{Var}(y_t) = Ey_t y_t = E(\varepsilon_t + \beta_1\varepsilon_{t-1})(\varepsilon_t + \beta_1\varepsilon_{t-1}) = \sigma^2(1 + \beta_1^2)$$

$$\gamma_1 = Ey_t y_{t-1} = E(\varepsilon_t + \beta_1\varepsilon_{t-1})(\varepsilon_{t-1} + \beta_1\varepsilon_{t-2}) = \beta_1\sigma^2$$

$$\gamma_s = Ey_t y_{t-s} = E(\varepsilon_t + \beta_1\varepsilon_{t-1})(\varepsilon_{t-s} + \beta_1\varepsilon_{t-s-1}) = 0, s > 1$$

$$\rho_0 = 1, \rho_1 = \frac{\beta_1}{1 + \beta_1^2}$$

因此，MA(1) 模型的自相关系数对于 s 而言是截断的，即当 s 大于 1 以后，MA(1) 模型的自相关系数均为 0。

最后，对于 ARMA(1,1) 模型 $y_t = a_1 y_{t-1} + \varepsilon_t + \beta_1 \varepsilon_{t-1}$，同样可以得到：

$$\gamma_0 = \frac{1 + \beta_1^2 + 2 a_1 \beta_1}{1 - a_1^2} \sigma^2$$

$$\gamma_1 = \frac{(1 + a_1 \beta_1)(a_1 + \beta_1)}{1 - a_1^2} \sigma^2$$

$$\rho_1 = \frac{(1 + a_1 \beta_1)(a_1 + \beta_1)}{1 + \beta_1^2 + 2 a_1 \beta}$$

$$\rho_s = a_1 \rho_{s-1}, s \geq 2$$

因此，ARMA(1,1) 模型的自相关系数同样对于 s 是逐步收敛到 0 的，或者可以说自相关系数函数（auto-regression coefficients function，ACF）是随着 s 增加逐步衰减为 0 的，但当 s 大于等于 2 时，其自相关系数数值会发生较为明显的变化。

（二）偏自相关函数

我们知道，AR(1) 模型仅仅只描述了 y_t 和 y_{t-1} 之间的关系，但 y_{t-2} 显然也是与 y_t 相关的，二者可以通过 y_{t-1} 间接得到自相关系数：$\rho_2 = (\rho_1)^2$。推广到任意长度滞后项的 AR 模型中也有类似的结论。而除了通过中间滞后项间接得到的自相关系数外，存在间隔的两个时间点间仍可能存在直接的自相关关系，这种关系一般使用偏自相关系数来表示。我们来看一下如何得到模型的偏自相关系数。

首先，将序列中的每一项减去序列均值来去除截距项 $y_t^* = y_t - \mu$。其次，可以构造不包含截距项的 AR(1) 模型：$y_t^* = \phi_{11} y_{t-1}^* + e_t$，此时自相关系数和偏自相关系数都是 ϕ_{11}。

进一步地，对于 AR(2) 模型：$y_t^* = \phi_{21} y_{t-1}^* + \phi_{22} y_{t-2}^* + e_t$，可以知道其自相关系数是与 ϕ_{21} 以及 ϕ_{22} 相关的函数，而其 y_t^* 与 y_{t-2}^* 之间的直接自相关关系，即二者的偏自相关系数则是 ϕ_{22}。换言之，偏自相关系数 ϕ_{22} 代表了去除 y_{t-1}^* 的影响后 y_t^* 与 y_{t-2}^* 之间的相关关系。

对所有滞后项都类似地通过自回归模型便可以得到所有的偏自相关系数，构成偏自相关函数（partial auto-regression coefficients function，PACF）。通过之前推导 ARMA 模型的自相关系数，我们可以很容易得到自相关系数与偏自相关系数之间的关系，举例而言，前两个模型中，$\phi_{11} = \rho_1$，$\phi_{22} = \frac{\rho_2 - \rho_1^2}{1 - \rho_1^2}$。

当序列服从 AR(p) 过程，即仅有 p 阶滞后项之间存在相关关系，且偏自相关系数的滞后阶数 s 满足 $s > p$ 时，y_t 和 y_{t-s} 之间就不存在直接相关关系了，也就是说滞后期数大于 p 以后，AR(p) 模型的偏自相关系数应该都为 0，而非逐步收敛到 0。反之，对于 MA 模型，例如序列服从 MA(1) 过程：$y_t = \varepsilon_t + \beta_1 \varepsilon_{t-1}$，只要 $\beta_1 \neq -1$，则可以写作 $\frac{y_t}{1 + \beta_1 L} = \varepsilon_t$，其中 L 表示滞后算子。反向利用无穷项和的极限公式，有：$\frac{y_t}{1 + \beta_1 L} = y_t - \beta_1 y_{t-1} + \beta_1^2 y_{t-2} - \beta_1^3 y_{t-3} + \cdots = \varepsilon_t$。可以看到，不论 MA 模型中包含的滞后项有多少，由于 y_t 和其自身所有的滞后项都有关系，MA 模型的 PACF 并不会随着 s 的增加突然之间变为 0，而是表现为逐渐收敛到 0。

那么对于二者结合的 ARMA 模型，其偏自相关系数以及 PACF 又有什么样的特征呢？可以想象，虽然滞后期数大于 p 以后，ARMA(p, q) 模型中自回归的部分，其偏自相关系数会变为 0，但移动平均部分的偏自相关系数则表现为逐渐收敛到 0。因此综合二者的效应可以知道，服从 ARMA 过程的序列，其偏自相关系数应该是逐渐收敛到 0，但在 s 大于某一特定滞后期数以后，偏自相关系数的数值应该会发生较为明显的改变。

对于服从各类过程的序列，对应的 ACF 和 PACF 特征如表 6-1 所示。

表 6-1　　　　　　　　　　服从各类过程时序列的 ACF 和 PACF 特征

过程	ACF	PACF
白噪声	当 $s \neq 0$ 时，为 0	0
AR(p)	衰减（逐渐收敛到 0）	仅有 p 阶非零
MA(q)	仅有 q 阶非零	衰减（逐渐收敛到 0）
ARMA(p, q)	衰减，在滞后 q+1 阶数值发生较为明显变化	衰减，在滞后 p+1 阶数值发生较为明显变化

通过 ACF 和 PACF 的变化情况，便可以较好地构建正确的时间序列模型。

第二节　结构性多元估计的约束

在解决实际问题时，常常需要拟合估计多变量模型。这个过程中一般会遇上两个困境：第一点，参数过多。我们在现实经济中能够获得的一般是以月度或季度数据为代表的小样本经济数据（金融数据可能是一个特例）。因此估计一个没有约束的多变量模型可能面临变量数和样本数处于同一个数量级，甚至变量数多于样本数，自由度严重不足的情况，而这将导致无法准确估计模型参数和无效的分析预测。对模型进行简化显然是一个应对策略。但不同的研究者对于模型特征的偏好差异必然导致最终得到简化模型从形式到性质上均会存在明显的差异。举例而言，假设使用 $A(L)$、$B(L)$ 和 $C(L)$ 等滞后算子估计模型 $y_t = A(L)y_{t-1} + C(L)z_t + B(L)\varepsilon_t$，只要 $\{z_t\}$ 是外生的，那么即使参数过多，估计得到的模型系数和对应的预测结果仍是无偏的。而如果研究者希望压缩参数维度而对外生变量进行了约束（regularization），那么得到的结果则会是有偏的。

第二点，也是现实世界必然会面临的一个客观事实：万事万物之间都存在着联系，并且相互影响。也就是说，上述例子中估计的模型仅关注序列 $\{z_t\}$ 对 $\{y_t\}$ 的影响，而假设序列 $\{y_t\}$ 对 $\{z_t\}$ 没有影响，而这并不总是符合现实情况，甚至可以说大多数情况下这个假设都不是合理的。例如，最初制定的政策变量可以是外生的（不管现实经济情况随便制定一个政策，虽然说不合理，但是可行的），那么在有现实经济目标的前提下，接下来制定的政策变量必然会受到经济变化的影响。这意味着单向的模型并不能很好地把握并展示这种相互关联相互影响的特征。进一步地，即使关联和影响是单向的，不考虑反馈的情况下得到的分析结论可能仍然是错的。例如空调对房间温度的调节，如果空调的温度设定过高，则并不足以使得房间温度下降，二者看上去反而是负相关的：开启空调而房间温度还在继续上升。

为了解决参数和反馈这两个难题，需要引入向量自回归（vector auto regression，VAR）模型。

第三节　向量自回归模型（VAR 模型）

一、向量自回归模型

当我们无法判断变量是否真的外生时，则可以平等地对待每一个变量，即针对每一个变量都进行建模。在双变量的情况下，可以令 $\{y_t\}$ 和 $\{z_t\}$ 的演化路径都受到彼此演化的影响：

$$
\begin{aligned}
y_t &= b_{10} - b_{12}z_t + \gamma_{11}y_{t-1} + \gamma_{12}z_{t-1} + \varepsilon_{yt} \\
z_t &= b_{20} - b_{21}y_t + \gamma_{21}y_{t-1} + \gamma_{22}z_{t-1} + \varepsilon_{zt}
\end{aligned}
\tag{6-7}
$$

这里的假设包括：第一，$\{y_t\}$ 和 $\{z_t\}$ 都是平稳的；第二，扰动项都是白噪声，标准差 σ_y 和 σ_z 已知；第三，两个扰动项互不相关。

（6-7）式中的两个式子构成了一个一阶的二元向量自回归（VAR）模型。这个模型显然允许 $\{y_t\}$ 和 $\{z_t\}$ 相互影响，解决了反馈缺失的问题。特别地，当 b_{12} 和 b_{21} 非零的时候，两个扰动项 ε_{yt} 和 ε_{zt}（代表 $\{y_t\}$ 和 $\{z_t\}$ 序列中的新信息或称为冲击），对于 $\{z_t\}$ 和 $\{y_t\}$ 同样有着间接的影响。

（6-7）式的矩阵形式为：

$$
\begin{pmatrix} 1 & b_{12} \\ b_{21} & 1 \end{pmatrix}
\begin{pmatrix} y_t \\ z_t \end{pmatrix}
=
\begin{pmatrix} b_{10} \\ b_{20} \end{pmatrix}
+
\begin{pmatrix} \gamma_{11} & \gamma_{12} \\ \gamma_{21} & \gamma_{22} \end{pmatrix}
\begin{pmatrix} y_{t-1} \\ z_{t-1} \end{pmatrix}
+
\begin{pmatrix} \varepsilon_{yt} \\ \varepsilon_{zt} \end{pmatrix}
$$

可以缩写为：

$$
Bx_t = \Gamma_0 + \Gamma_1 x_{t-1} + \varepsilon_t
$$

两边同乘左侧序列系数矩阵的逆矩阵 B^{-1}，则可以得到 VAR 模型的标准形式：

$$
x_t = A_0 + A_1 x_{t-1} + e_t
\tag{6-8}
$$

因此，（6-7）式可以简单地改写为：

$$
\begin{aligned}
y_t &= a_{10} + a_{11}y_{t-1} + a_{12}z_{t-1} + e_{1t} \\
z_t &= a_{20} + a_{21}y_{t-1} + a_{22}z_{t-1} + e_{2t}
\end{aligned}
\tag{6-9}
$$

（6-7）式一般称为原始系统或者结构性 VAR；（6-8）式则称为标准 VAR。对于标准形式中的扰动项，由于原始系统中两个扰动项假定为白噪声，而 $\{e_{1t}\}$ 和 $\{e_{2t}\}$ 是 $\{\varepsilon_{yt}\}$ 和 $\{\varepsilon_{zt}\}$ 的线性组合，因此，$\{e_{1t}\}$ 和 $\{e_{2t}\}$ 的均值为 0，且方差稳定。并且进一步地，易得二者均为平稳过程，自协方差均为零。但当 $\{y_t\}$ 和 $\{z_t\}$ 存在当期影响，即当 $\begin{pmatrix} 1 & b_{12} \\ b_{21} & 1 \end{pmatrix}$ 不是单

位矩阵时，显然地，（6－9）式中两个扰动项的互协方差并不为零。

通过（6－7）式和（6－8）式可知，$\{e_{1t}\}$ 的方差可以写作：

$$Ee_{1t}^2 = E\left(\frac{\varepsilon_{yt} - b_{12}\varepsilon_{zt}}{1 - b_{12}b_{21}}\right)^2 = \frac{\sigma_y^2 + b_{12}^2\sigma_z^2}{(1 - b_{12}b_{21})^2} \tag{6－10}$$

同理可得 $\{e_{2t}\}$ 的方差。

为方便起见，将 $\{e_{1t}\}$ 和 $\{e_{2t}\}$ 的方差－协方差矩阵简写为：

$$\sum = \begin{pmatrix} \text{Var}(e_{1t}) & \text{Cov}(e_{1t}, e_{2t}) \\ \text{Cov}(e_{1t}, e_{2t}) & \text{Var}(e_{2t}) \end{pmatrix} = \begin{pmatrix} \sigma_1^2 & \sigma_{12} \\ \sigma_{21} & \sigma_2^2 \end{pmatrix}$$

二、平稳性假定

一阶自回归模型 $y_t = a_0 + a_1 y_{t-1} + \varepsilon_t$ 中，能够得到稳定结果的平稳性条件是 a_1 的绝对值小于1。自然，对于（6－8）式所示的一阶标准 VAR 模型也有类似的要求。使用反向迭代我们可以得到：

$$\begin{aligned} x_t &= A_0 + A_1(A_0 + A_1 x_{t-2} + e_{t-1}) + e_t \\ &= (I + A_1)A_0 + A_1^2 x_{t-2} + A_1 e_{t-1} + e_t \end{aligned}$$

经过 n 次递归迭代后，有：

$$x_t = (I + A_1 + \cdots + A_1^n)A_0 + A_1^{n+1} x_{t-n-1} + \sum_{i=0}^{n} A_1^i e_{t-i}$$

显然，要使上式在 n 趋近于无穷大时平稳，要求 A_1^n 在此时趋于零矩阵。当稳定性条件满足时，一阶标准 VAR 模型的无穷次反向迭代特解可以写为：

$$x_t = \mu + \sum_{i=0}^{\infty} A_1^i e_{t-i} \tag{6－11}$$

因此可知，在满足了平稳性假定后，x_t 的无条件期望为 $\mu = (\overline{yz})'$，并且可以快速求得 $\{y_t\}$ 和 $\{z_t\}$ 的无条件期望：

$$\overline{y} = \frac{[a_{10}(1 - a_{22}) + a_{12}a_{20}]}{\Delta}, \overline{z} = \frac{[a_{20}(1 - a_{11}) + a_{21}a_{10}]}{\Delta}$$

$$\Delta = (1 - a_{11})(1 - a_{22}) - a_{12}a_{21}$$

此时便可以快速地得到 $\{y_t\}$ 和 $\{z_t\}$ 的方差－协方差矩阵：

首先，求 x_t 的方差—协方差矩阵：$E(x_t - \mu)^2 = E\left[\sum_{i=0}^{\infty} A_1^i e_{t-i}\right]^2$。

其次，我们从假设以及（6－8）式和（6－9）式可得：$Ee_t^2 = E\begin{pmatrix} e_{1t} \\ e_{2t} \end{pmatrix}(e_{1t}\ e_{2t}) = \sum$ 以及 $\{e_{1t}\}$ 和 $\{e_{2t}\}$ 的自协方差均为零，即 $Ee_t e_{t-i} = 0,\ i \neq 0$。

所以有：$E(x_t - \mu)^2 = (I + A_1^2 + A_1^4 + A_1^6 + \cdots) \sum = (1 - A_1^2)^{-1} \sum$，其中 $\lim\limits_{n \to \infty} A_1^n = 0$。

可以发现，当平稳性假定成立时，$\{y_t\}$ 和 $\{z_t\}$ 是联合协方差平稳的，有不变的均值和协方差矩阵。

也可以从另一个角度来理解平稳性假设的含义。使用滞后算子重新表示（6−9）式，有：

$$y_t = a_{10} + a_{11}L\,y_t + a_{12}L\,z_t + e_{1t}$$
$$z_t = a_{10} + a_{21}L\,y_t + a_{22}L\,z_t + e_{2t}$$

通过简单计算可得：

$$L\,z_t = \frac{L(a_{20} + a_{21}L\,y_t + e_{2t})}{1 - a_{22}L}$$

代回到 $\{y_t\}$ 的表达式中可得：

$$y_t = \frac{a_{10}(1 - a_{22}) + a_{12}a_{20} + (1 - a_{22}L)e_{1t} + a_{12}L\,e_{2t}}{(1 - a_{11}L)(1 - a_{22}L) - a_{12}a_{21}L^2}$$

同理可得：

$$z_t = \frac{a_{20}(1 - a_{11}) + a_{21}a_{10} + (1 - a_{11}L)e_{2t} + a_{21}L\,e_{1t}}{(1 - a_{11}L)(1 - a_{22}L) - a_{12}a_{21}L^2}$$

因此，平稳性意味着 $(1 - a_{11}L)(1 - a_{22}L) - (a_{12}a_{21}L^2)$ 的根分布在单位圆外，也就是 y_t 和 z_t 的分母必须"足够"大。另外，还可以发现，二者的表达式是对称的，意味着只要 a_{12} 和 a_{21} 不为零，则二者的时间演化路径将会是相似的。

VAR 中的变量是否需要是平稳的似乎还有争议，毕竟 VAR 的分析目的在于考察变量之间的相互作用关系，具体的参数数值并不是关注的重点。当然，简单的差分和去除趋势方法会丢失大量的相互作用信息。所以即使希望变量平稳，进行变量预处理时也应该考虑更加可靠或能够降低信息损失的方法，例如非参数的傅里叶变换或参数的自回归模型。大多数经济时间序列数据均可以视作是离散的，波洛克（Pollock，2009）已经证明，这种离散的时域数据中的频域信息可以通过傅里叶变换和简单的频域切割完美分离。

本章后续均假设变量是平稳的，以减少对于变量的处理以及对非平稳或带趋势数据的讨论。

三、估计与识别

（一）估计

由于反馈效应的存在，不合理的识别约束可能导致估计结果有偏，因此我们需要一种新的估计策略。

考虑下列多变量自回归过程：

$$x_t = A_0 + A_1 x_{t-1} + A_2 x_{t-2} + \cdots + A_p x_{t-p} + e_t \tag{6−12}$$

（6−12）式中需要决定的参数包括向量 x_t 中包含的变量个数、滞后阶 p 以及系数矩阵的具体数值。若 x_t 包含 n 个变量，由于每个滞后项中都包含向量 x_t 中的所有变量，则 VAR 模型需要估计 $n+pn^2$ 个系数。显然 VAR 模型是过度估计的，大多数参数都是不显著的，有用信息相对于参数空间而言是稀疏的，因此仍然需要施加约束，不过这种约束必然与常规约束有所差异。另外，过多的参数还会带来多重共线性问题，这同样需要额外的估计策略。

当决定约束和估计策略以后，（6-12）式等号右侧均是滞后项，且扰动项是方差恒定和序列不相关的。因此，可以直接使用普通最小二乘法（ordinary least square，OLS）估计模型中的每一个等式中的系数，这些估计量具有无偏性和一致性。

（二）识别

我们现在能够估计标准形态的 VAR，假设从标准的 VAR 中得到结构 VAR，应该如何进行呢？首先，由于 $\{y_t\}$ 和 $\{z_t\}$ 与 ε_{zt} 和 ε_{yt} 分别相关，因此不能使用要求解释变量与扰动项无关的 OLS 等估计方法直接估计（6-7）式。其次，结构 VAR 的参数（10 个）要多于标准形态的 VAR(9 个)，因此即使通过估计好的标准形态 VAR 在没有约束的前提下仍不能识别结构 VAR 的所有参数。

识别模型的一种方法是递归系统形式。假设在原始系统中增加系数 $b_{21}=0$ 的约束，即意味着 $\{z_t\}$ 对 $\{y_t\}$ 有当期影响，而 $\{y_t\}$ 对 $\{z_t\}$ 的影响则要滞后一个时期，此时显然可以得到一个严密的可识别系统。通过两种模型中扰动项的关系可得：

$$\left.\begin{matrix} e_{1t}=\varepsilon_{yt}-b_{12}\varepsilon_{zt} \\ e_{2t}=\varepsilon_{zt} \end{matrix}\right\} \Rightarrow \begin{cases} \mathrm{Var}(e_1)=\sigma_y^2+b_{12}^2\sigma_z^2 \\ \mathrm{Var}(e_2)=\sigma_z^2 \\ \mathrm{Cov}(e_1,e_2)=-b_{12}\sigma_z^2 \end{cases} \quad (6-13)$$

已知或估计 b_{12} 后，通过（6-13）式便可以估计结构 VAR 中扰动项方差—协方差矩阵 $\sum$ 的各项值。

对于（6-7）式形式的结构 VAR，将 $b_{21}=0$ 的约束代入其矩阵形式后我们有：

$$\begin{pmatrix} 1 & b_{12} \\ 0 & 1 \end{pmatrix}\begin{pmatrix} y_t \\ z_t \end{pmatrix}=\begin{pmatrix} b_{10} \\ b_{20} \end{pmatrix}+\begin{pmatrix} \gamma_{11} & \gamma_{12} \\ \gamma_{21} & \gamma_{22} \end{pmatrix}\begin{pmatrix} y_{t-1} \\ z_{t-1} \end{pmatrix}+\begin{pmatrix} \varepsilon_{yt} \\ \varepsilon_{zt} \end{pmatrix}$$

和前面一样，两侧同时左乘左侧系数矩阵的逆矩阵，得到：

$$\begin{pmatrix} y_t \\ z_t \end{pmatrix}=\begin{pmatrix} 1 & -b_{12} \\ 0 & 1 \end{pmatrix}\begin{pmatrix} b_{10} \\ b_{20} \end{pmatrix}+\begin{pmatrix} 1 & -b_{12} \\ 0 & 1 \end{pmatrix}\begin{pmatrix} \gamma_{11} & \gamma_{12} \\ \gamma_{21} & \gamma_{22} \end{pmatrix}\begin{pmatrix} y_{t-1} \\ z_{t-1} \end{pmatrix}+\begin{pmatrix} 1 & -b_{12} \\ 0 & 1 \end{pmatrix}\begin{pmatrix} \varepsilon_{yt} \\ \varepsilon_{zt} \end{pmatrix}$$

整理后有：

$$\begin{pmatrix} y_t \\ z_t \end{pmatrix}=\begin{pmatrix} b_{10}-b_{12}b_{20} \\ b_{20} \end{pmatrix}+\begin{pmatrix} \gamma_{11}-b_{12}b_{21} & \gamma_{12}-b_{12}\gamma_{22} \\ \gamma_{21} & \gamma_{22} \end{pmatrix}\begin{pmatrix} y_{t-1} \\ z_{t-1} \end{pmatrix}+\begin{pmatrix} \varepsilon_{yt}-b_{12}\varepsilon_{zt} \\ \varepsilon_{zt} \end{pmatrix}$$

通过 OLS 估计（6-9）式得到各个系数，与此处相联系便可以得到：

$$a_{10}=b_{10}-b_{12}b_{20}$$
$$a_{11}=\gamma_{11}-b_{12}\gamma_{21}$$

$$a_{12} = \gamma_{12} - b_{12}\gamma_{22}$$
$$a_{20} = b_{20}$$
$$a_{21} = \gamma_{21}$$
$$a_{22} = \gamma_{22}$$

结合这些等式和（6-13）式就可以通过（6-9）式标准 VAR 得到结构 VAR 的系数和相关参数。

在上述估计过程中，$b_{21}=0$ 意味着 $\{z_t\}$ 对 $\{y_t\}$ 有当期影响，而 $\{y_t\}$ 对 $\{z_t\}$ 的影响则要滞后一个时期，而从（6-13）式中可知，ε_{yt} 和 ε_{zt} 同时影响了同时期的 $\{y_t\}$，而同时期 $\{z_t\}$ 则仅受到 ε_{zt} 的影响，$\{e_{2t}\}$ 序列的含义与 ε_{zt} 一致，均仅为 $\{z_t\}$ 受到的冲击。

四、脉冲响应与预测误差方差分解

（一）脉冲响应函数的来源

仍考虑之前双变量一阶标准 VAR，用矩阵形式表示（6-11）式有：

$$\begin{pmatrix} y_t \\ z_t \end{pmatrix} = \begin{pmatrix} \bar{y}_t \\ \bar{z}_t \end{pmatrix} + \sum_{i=0}^{\infty} \begin{pmatrix} a_{11} & a_{12} \\ a_{21} & a_{22} \end{pmatrix}^i \begin{pmatrix} e_{1(t-i)} \\ e_{2(t-i)} \end{pmatrix} \qquad (6-14)$$

同时，我们已知结构 VAR 和标准 VAR 扰动项之间的关系，因此 $\begin{pmatrix} e_{1t} \\ e_{2t} \end{pmatrix}$ 可以表示为：

$$\begin{pmatrix} e_{1t} \\ e_{2t} \end{pmatrix} = \frac{1}{1-b_{12}b_{21}} \begin{pmatrix} 1 & -b_{12} \\ -b_{21} & 1 \end{pmatrix} \begin{pmatrix} \varepsilon_{yt} \\ \varepsilon_{zt} \end{pmatrix} \qquad (6-15)$$

将（6-15）式代入（6-14）式中有：

$$\begin{pmatrix} y_t \\ z_t \end{pmatrix} = \begin{pmatrix} \bar{y}_t \\ \bar{z}_t \end{pmatrix} + \frac{1}{1-b_{12}b_{21}} \sum_{i=0}^{\infty} \begin{pmatrix} a_{11} & a_{12} \\ a_{21} & a_{22} \end{pmatrix}^i \begin{pmatrix} 1 & -b_{12} \\ -b_{21} & 1 \end{pmatrix} \begin{pmatrix} \varepsilon_{y(t-i)} \\ \varepsilon_{z(t-i)} \end{pmatrix}$$

上式可以简写作：

$$\begin{pmatrix} y_t \\ z_t \end{pmatrix} = \begin{pmatrix} \bar{y}_t \\ \bar{z}_t \end{pmatrix} + \sum_{i=0}^{\infty} \begin{pmatrix} \phi_{11}(i) & \phi_{12}(i) \\ \phi_{21}(i) & \phi_{22}(i) \end{pmatrix} \begin{pmatrix} \varepsilon_{y(t-i)} \\ \varepsilon_{z(t-i)} \end{pmatrix} \text{ 或者} x_t = \mu + \sum_{i=0}^{\infty} \phi_i \varepsilon_{t-i} \quad (6-16)$$

由（6-15）式可见，通过标准 VAR 的（6-14）式，即由扰动项和均值表示两个序列推导得到的结构 VAR 的扰动项与均值的表达式，即（6-16）式中，$\begin{pmatrix} \phi_{11}(i) & \phi_{12}(i) \\ \phi_{21}(i) & \phi_{22}(i) \end{pmatrix}$ 代表了两个序列的扰动项（或称之为冲击）对两个序列 i 时期后的影响程度，所以这个矩阵中的四个元素也称为冲击乘数（impact multiplier）。举例而言，$\phi_{12}(1)$ 代表 $\{\varepsilon_{yt}\}$ 序列对一个时期后序列 $\{z_t\}$ 偏离其均值的影响程度。

显然，这样我们便可以计算任意时期之后两个扰动项序列对于两个原始序列的影响累积和：$\sum_{i=0}^{\infty} \begin{pmatrix} \phi_{11}(i) & \phi_{12}(i) \\ \phi_{21}(i) & \phi_{22}(i) \end{pmatrix}$。因为假定两个原始序列是平稳的，因此冲击并不能一直影响序列，这意味着冲击系数的平方和 $\sum_{i=0}^{\infty} \phi_{jk}^2(i)$ 必须是有限的，即当 i 足够大时，$\phi_{jk}(i)$ 为零。

这四组系数也被称为脉冲响应函数，可以利用它们追踪两个扰动序列冲击对于原始序列的影响路径。当然，前提条件是附加一个约束条件使得结构 VAR 变为可识别的。

仍使用上一节的约束 $b_{21}=0$，则（6-13）式得到的标准 VAR 与结构 VAR 扰动项之间的关系中，显然仅仅有 ε_{zt} 对 y_t 和 z_t 都有当期影响，而反过来 ε_{yt} 仅对 y_t 有当期影响，这种现象我们称为变量影响的次序，即 z_t 对整个系统的影响要先于 y_t 发生。

当然，约束必须来源于理论，不同的约束显然得到的最终脉冲相应分析结果会截然不同。另外，次序先后与否的重要程度取决于标准 VAR 中两个扰动项的相关系数大小。当二者完全不相关时，自然二者对彼此影响的优先顺序是不重要的，毕竟二者无关。反之，二者完全正相关或者负相关时，则需要对次序先后进行假设检验。

（二）脉冲响应与置信区间

我们已经得到脉冲响应函数，那么接着便可以针对脉冲响应函数进行假设检验和置信区间分析，考虑如下例子：

$$y_t = 0.60\, y_{t-1} + \varepsilon_t$$
$$(4.00)$$

已知 t 统计量为 4.00，显然在正常的样本量足够的情况下，这说明系数是显著不等于零的。在这个情况下，可以简单地构造对应的脉冲响应函数：ε_t 的一单位冲击将在给定 y_{t-1} 的条件下使得 y_t 增加一单位，接着 y_{t+1} 增加 0.60 个单位，y_{t+2} 增加 $(0.60)^2$ 个单位，即脉冲响应函数为：$\phi(i) = (0.60)^i$。

这个简单的例子中，若假设系数服从正态分布，那么我们可以快速地构造上述脉冲响应函数对应系数的 95% 的置信区间：$[0.60 - 1.96 \times 0.15,\ 0.60 + 1.96 \times 0.15]$。这个例子推广到存在高阶滞后项的自回归模型时遇到的困难是，在时间上各个系数之间存在依赖关系。并且，假定系数服从正态分布也并不总是合理的。

因此，要获得高阶的 $y_t = a_0 + a_1 y_{t-1} + \cdots + a_p y_{t-p} + \varepsilon_t$ 的置信区间，可以使用 Monte Carlo 方法：

1. 使用普通最小二乘法估计 $\{a_i\}$ 得到估计系数 $\{\hat{a}_i\}$，并保存估计得到的残差 $\{\hat{\varepsilon}_t\}$。

2. 对于样本量为 T 的样本，从估计残差序列 $\{\hat{\varepsilon}_t\}$ 中有放回地随机抽取 T 次，获得一个长度为 T 的模拟残差序列，称为 $\{\varepsilon_t^s\}$，通过这个模拟数据生成模拟序列 $\{y_t^s\}$：

$$y_t^s = \hat{a}_0 + \hat{a}_1 y_{t-1}^s + \cdots + \hat{a}_p y_{t-p}^s + \varepsilon_t^s$$

3. 重新通过 $y_t = a_0 + a_1 y_{t-1} + \cdots + a_p y_{t-p} + \varepsilon_t$ 的形式估计模拟序列 $\{y_t^s\}$ 的自回归系数值，并计算得到对应的脉冲响应函数 $\phi(i)^s$，重复步骤 2 和 3，得到足够多个（数千甚至数万）不同模拟残差序列对应的模拟序列的脉冲响应函数，即通过多次模拟抽样得到脉冲响应函数的分布估计，进而我们就可以进行假设检验、构造置信区间等工作。

现在回到双变量的标准 VAR 模型，从（6-9）式和（6-13）式可以发现，难以构造 VAR 模型脉冲响应函数置信区间的核心原因是扰动项之间存在相互依赖的特征。对于 Monte Carlo 方法，便可以简单地使用 $\{e_{1t}\}$ 及其对应的同时期 $\{e_{2t}\}$ 来同时构建多个脉冲响应函数的置信区间。当然，对于结构 VAR 而言，如果使用（6－13）式的约束，那么脉冲响应函数置信区间的构造逻辑便与 $y_t = a_0 + a_1 y_{t-1} + \cdots + a_p y_{t-p} + \varepsilon_t$ 的基本一致了。

（三）方差分解

不论是结构 VAR 还是标准 VAR 模型中，各项系数的含义并不明晰，但仍然可以通过预测误差特征来分析各个变量之间的关联特征。假设已知（6－8）式标准 VAR 中的系数矩阵 A_0 和 A_1，则在预测 i 时期以后的目标观测值 x_{t+i} 时，自然可以迭代地使用（6－8）式。在这个过程中，x_{t+1} 在 t 时期的期望为：$E_t x_{t+1} = A_0 + A_1 x_t$，对应的预测误差记作 $x_{t+1} - E_t x_{t+1} = e_{t+1}$，依此类推，在 t 时期 x_{t+2} 的期望为：$E_t x_{t+2} = (I + A_1) A_0 + A_1^2 x_t$，对应的 2 步预测误差为：$e_{t+2} + A_1 e_{t+1}$；所以最终有：

n 步以后的观测值在 t 时期的期望为：$E_t x_{t+n} = (I + A_1 + A_1^2 + \cdots + A_1^{n-1}) A_0 + A_1^n x_t$，对应的预测误差为：$e_{t+n} + A_1 e_{t+n-1} + A_1^2 e_{t+n-2} + \cdots + A_1^{n-1} e_{t+1}$。当然也可以从（6－16）式中得到关于结构 VAR 的 n 步以后的预测误差：

$$x_{t+n} - E_t x_{t+n} = \sum_{i=0}^{n-1} \phi(i) \varepsilon_{t+n-i}$$

其中，序列 $\{y_t\}$ 的 n 步以后的观测值的预测误差也很容易可以得到：

$$y_{t+n} - E_t y_{t+n} = \sum_{i=0}^{n-1} \phi_{11}(i) \varepsilon_{y(t+n-i)} + \sum_{i=0}^{n-1} \phi_{12}(i) \varepsilon_{z(t+n-i)}$$

对应的预测误差方差为：

$$\sigma_y^2(n) = \sigma_y^2 \left[\sum_{i=0}^{n-1} \phi_{11}^2(i) \right] + \sigma_z^2 \left[\sum_{i=0}^{n-1} \phi_{12}^2(i) \right] \tag{6－17}$$

注意随着步数的增加，预测误差方差只会增加不会减少。从（6－17）式可以很直观地发现，序列 $\{y_t\}$ 的 n 步以后的观测值的预测误差方差包含两部分内容，一部分是由自身的扰动项，也就是 $\{\varepsilon_{yt}\}$ 在这段时间内的冲击带来的；另一部分则是由序列 $\{\varepsilon_{zt}\}$ 的冲击带来的。因此，我们可以将这两部分拆分开来：

$$\frac{\sigma_y^2 \left[\sum_{i=0}^{n-1} \phi_{11}^2(i) \right]}{\sigma_y^2(n)} \text{ 和 } \frac{\sigma_z^2 \left[\sum_{i=0}^{n-1} \phi_{12}^2(i) \right]}{\sigma_y^2(n)}$$

上述过程便称为预测误差方差分解（或称新息累积）。显然，如果这两个部分中由序列 $\{z_t\}$ 扰动项冲击带来的预测误差方差为零，自然我们可以说，在这个模型中，序列 $\{y_t\}$ 是外生于序列 $\{z_t\}$。反之，如果序列 $\{y_t\}$ 的预测误差方差中 $\dfrac{\sigma_z^2 \left[\sum_{i=0}^{n-1} \phi_{12}^2(i) \right]}{\sigma_y^2(n)} = 1$，显然我们可以说序列 $\{y_t\}$ 对于序列 $\{z_t\}$ 是完全内生的。

当然，预测误差方差分解和脉冲响应一样，需要结构 VAR 必须是可以识别的，也就是需要有额外的约束，例如（6－13）式或者与其对应的假设：$e_{1t} = \varepsilon_{yt}$，$e_{2t} = \varepsilon_{zt} - b_{21} \varepsilon_{yt}$。这些约束在短期内可能对预测误差方差分解有较大的影响，但对于长期预测显然这种影响并不那么需要值得关注。

脉冲响应分析和预测误差方差分解实质上使用的都是扰动项累积影响来分析 VAR 模型中各序列间的关联特征。当二者之间联系非常紧密时，可能需要更多的分析工具来考察影响次序约束［（6 - 13）式］的正确性。

五、假设检验

（一）假设检验

一个 VAR 模型中可以包含 n 个等式，每个等式中可以包含 n 个变量的 p 个滞后项，因此 VAR 模型往往有着超出常规模型的参数规模，很容易快速耗尽模型的自由度。因此，有必要检验各个变量及其滞后长度的显著性。

通常为了保留系数的对称性和有效地使用 OLS 算法，一般默认 VAR 模型各个等式中变量的滞后长度一致。当然，对于部分变量没有出现在所有等式中，从而导致等式中变量的滞后长度并不一致的情况，同样可以使用其他估计方法估计这类 VAR 近似模型（near-VAR）。

滞后长度的筛选可以遵循从多到少的顺序，例如使用季度数据时，可以从 12 个季度的滞后长度开始进行估计和筛选。再进一步假设我们想要比较一下 8 个季度的滞后长度是否合适，则可以尝试下面介绍的思路。

直接检验从滞后 12 个季度到滞后 9 个季度的 VAR 模型 F 统计量检验显然是费时费力的，并且也不完全符合我们希望直接比较 12 个和 8 个季度滞后长度哪个更合适的需求。所以可以尝试使用似然比检验。通过估计 12 个和 8 个季度滞后长度下的 VAR 模型得到对应的残差方差—协方差矩阵 $\sum_{12}$ 和 $\sum_{8}$，然后我们就可以得到对应的似然比统计量：

$$T \left[\ln \left| \sum_{8} \right| - \ln \left| \sum_{12} \right| \right]$$

以及考虑到对变量进行惩罚的进阶版本：

$$(T - c) \left[\ln \left| \sum_{8} \right| - \ln \left| \sum_{12} \right| \right]$$

其中，T 为样本数量，c 则是每个等式中需要估计的参数个数。

似然比统计量服从 χ^2 分布，自由度为预设的系数中约束条件的个数，上面的例子中，从 12 个季度缩减到 8 个季度意味着预设的系数约束条件为：每个等式中 $4n$ 个变量的滞后项等于零。因此此处自由度为 $4n^2$。统计量的原假设为 8 个滞后长度，即约束条件具有约束效力。可以预见当 $\ln \left| \sum_{12} \right|$ 和 $\ln \left| \sum_{8} \right|$ 之间的差异很大时，我们将拒绝原假设，则没有必要进行滞后长度的缩减；或者也可以反过来理解，当 $\ln \left| \sum_{12} \right|$ 和 $\ln \left| \sum_{8} \right|$ 之间的差异不显著的时候意味着多出来的 4 个季度的滞后项对于降低残差方差和协方差并没有帮助，因此没有必要增加这些滞后项。

不论是模型变量本身还是其对应的滞后长度缩减可能带来的问题都是解释能力的损失，两个方面过度的筛选可能会带来显著的解释能力损失。

似然比检验仅适用于包含约束条件的备选模型的情况，对于备选模型并非完全是附加约束条件的原初模型时，可以考虑多变量扩展的 AIC（akaike information criteria）和 SC（schwartz criteria）两种信息准则：

$$AIC = T\ln\left|\sum\right| + 2N$$

$$SC = T\ln\left|\sum\right| + 2N\ln(T)$$

一般在软件中的 AIC 和 SC 表达式写作：

$$AIC = \frac{-2\ln(L)}{T} + \frac{2N}{T}$$

$$SC = \frac{-2\ln(L)}{T} + \frac{N\ln(T)}{T}$$

其中，L 为取自然对数后的多变量似然函数的最大值。

（二）Granger 因果检验

虽然称为因果检验，但 Granger 因果检验的本质是考察在带滞后项的模型中，变量之间是否具有相关性（未必是同时期的）。即使通过 Granger 因果检验也并不能说明变量之间存在确定的因果关系。在有 p 个滞后项的双变量 VAR 模型中，当且仅当多项式 $A_{21}(L)$〔一阶时便是（6-9）式中的 a_{21}〕的所有系数都为零，序列 $\{y_t\}$ 不是引起序列 $\{z_t\}$ 的 Granger 原因。这个情况下，序列 $\{y_t\}$ 对预测序列 $\{z_t\}$ 没有助益。当 VAR 模型中所有变量都是平稳的时候，可以直接使用 F 检验来进行 Granger 因果关系的判断，在双变量 p 阶滞后的假设下，对应的原假设是 $a_{21}(1) = a_{21}(2) = \cdots = a_{21}(p) = 0$。$n$ 个变量的情况下，当多项式 $A_{ij}(L)$ 的所有系数都为零时，则第 j 个变量 x_j 不是第 i 个变量 x_i 的 Granger 原因。

注意 Granger 因果检验和外生性检验的含义并不完全相同。外生性强调序列 $\{y_t\}$ 是否影响同时期的序列 $\{z_t\}$，Granger 因果检验则考察序列 $\{y_t\}$ 的历史值对序列 $\{z_t\}$ 是否有影响，即测量序列 $\{y_t\}$ 的现在和过去对于预测序列 $\{z_t\}$ 的未来（而非现在）是否有帮助。

从公式的角度来看，首先考虑关于序列 $\{z_t\}$ 的例子：

$$z_t = \bar{z}_t + \phi_{21}(0)\varepsilon_{yt} + \sum_{i=0}^{\infty}\phi_{22}(i)\varepsilon_{z(t-i)}$$

预测 z_{t+1} 的预测误差为 $\phi_{21}(0)\varepsilon_{y(t+1)} + \phi_{22}(i)\varepsilon_{z(t+1)}$，显然，$y_t = \bar{y}_t + \phi_{12}(0)\varepsilon_{zt} + \sum_{i=0}^{\infty}\phi_{11}(i)\varepsilon_{y(t-i)}$ 并不能降低这一预测误差，即 $E_t(z_{t+1}\,|\,z_t, y_t) = E_t(z_{t+1}\,|\,z_t)$。此时便可以称序列 $\{y_t\}$ 不是引起序列 $\{z_t\}$ 的 Granger 原因，但只要 $\phi_{21}(0) \neq 0$，那么 y_{t+1} 的冲击 $\varepsilon_{y(t+1)}$ 便会影响到 z_{t+1}，序列 $\{z_t\}$ 就不是外生于序列 $\{y_t\}$ 的。

假设检验中通过似然比检验和两种信息准则对变量和滞后长度进行了筛选。此处，还可以进一步地从 Granger 因果性角度，使用块外生性检验（block-exogeneity test）筛选变量的滞后长度。

块外生性检验主要用于考察一个变量的滞后项在相对于这个滞后项时点的未来是否引起

其他变量变化的 Granger 原因。这里可以将块外生性的原假设设定为待检验变量的滞后项在其他被解释变量的等式中均为零，仍然可以使用上述似然比统计量的形式来检验。假设序列 $\{w_t\}$ 在序列 $\{y_t\}$ 和 $\{z_t\}$ 作为被解释变量的等式中所有滞后项等于零，即包含约束时的方差－协方差矩阵为 $\sum_r$，所有滞后项都不等于零时的序列 $\{y_t\}$ 和 $\{z_t\}$ 的方差－协方差矩阵为 $\sum_u$，则似然比统计量写作：

$$(T-c)\left[\ln\left|\sum_r\right| - \ln\left|\sum_u\right|\right]$$

注意如果 $\{w_t\}$ 的滞后长度为 p，则 $c = 3p+1$，上述统计量服从自由度为 $2p$（两个等式）的 χ^2 分布。

（三）含有非平稳变量的检验

我们允许 VAR 中包含非平稳变量，但正如前面讨论的那样，一般假设 VAR 模型中的所有变量都是平稳的。因此在这个假设条件下，需要考察包含非平稳变量时是否会对 VAR 模型的系数检验产生影响。

先说第一个结论：当关注的系数可以转换为均值为零的平稳变量的系数时，那么就可以直接使用 t 检验。

考虑这个双变量 VAR 模型：

$$y_t = a_{11}y_{t-1} + a_{12}y_{t-2} + b_{11}z_{t-1} + b_{12}z_{t-2} + \varepsilon_t \tag{6-18}$$

这里需要对协整的概念进行简单介绍。引入单整概念：当某一个不平稳的时间序列作了 n 次差分后才第一次变成平稳序列，那么我们就称这个时间序列为 n 阶单整，记作 $I(n)$。自然，平稳序列可以记作 $I(0)$（进行 0 次差分就平稳）。

根据重要统计量的可加性，有以下两个结论：（1）平稳序列的线性组合也是平稳的；（2）平稳序列和 n 阶单整序列的线性组合是 n 阶单整的。

那么问题来了，两个 n 阶单整序列的线性组合还是 n 阶单整的吗？答案是不一定。

但是有一种情况可以用两个 n 阶单整的序列构造出平稳序列：当两个时间序列强相关时，那么可以想象它们的差值序列可以是平稳的。如果是平稳的，就说明这两个时间序列具有协整关系（cointegration）。此时，即使各个变量的滞后项存在非平稳的情况，本书构建的模型仍然是合适的。

当 y_t 为 $I(1)$ 而 z_t 为 $I(0)$ 时，b_{11} 和 b_{12} 是平稳变量的系数，可以直接使用 t 检验和 F 检验考察其是否各自为零和全部为零的原假设。对应地，z_t 的滞后长度和序列 $\{z_t\}$ 是否序列 $\{y_t\}$ 的 Granger 原因等检验也可以通过 t 分布和 F 分布进行。

对于 y_t，可以使用"t 统计量"检验 $a_{11}=0$ 或 $a_{12}=0$，但不能用 F 统计量检验 $a_{11}=a_{12}=0$。这个结论可以从下列推导中得到。

首先，对（6-18）式的右侧加减 $a_{12}y_{t-1}$（不是 $t-2$），得：

$$y_t = a_{11}y_{t-1} + a_{12}y_{t-1} - a_{12}(y_{t-1} - y_{t-2}) + b_{11}z_{t-1} + b_{12}z_{t-2} + \varepsilon_t$$

缩写为：

$$y_t = \gamma\, y_{t-1} - a_{12}\Delta y_{t-1} + b_{11}z_{t-1} + b_{12}z_{t-2} + \varepsilon_t$$

a_{12} 是平稳序列 Δy_{t-1} 的系数，因此可以使用 t 检验。类似地，（6－18）式右侧加减 a_{11} y_{t-2} 便可以得知 a_{11} 是平稳序列 Δy_{t-1} 的系数，因此也可以使用 t 检验。

但由于 a_{11} 和 a_{12} 并不是相互独立的，$\gamma = a_{11} + a_{12}$ 便不太可能是正态分布，因此即使其是一个平稳变量的系数，但并不能直接使用 F 检验。

接着，考虑当 y_t 和 z_t 都是 $I(1)$ 的情况。同理，在等式右侧加减 $a_{12}y_{t-1}$ 和 $b_{12}z_{t-1}$（或者 $a_{11}y_{t-2}$ 和 $b_{11}z_{t-2}$），便可以得知（6－18）式中各个系数均可以写作平稳变量的系数，因此都可以直接使用 t 检验。另外，虽然 $a_{11} = a_{12} = 0$ 和 $b_{11} = b_{12} = 0$ 无法使用 F 检验，但 $a_{11} = b_{11} = 0$ 和 $a_{12} = b_{12} = 0$ 则可以使用 F 检验。

对于序列 $\{z_t\}$ 是否序列 $\{y_t\}$ 的 Granger 原因的检验需要包含非平稳变量的系数，因此仍然不能直接使用 F 统计量，除非各个非平稳变量系数恰好等于零（或者我们加入其等于零的约束）。

总结而言，（1）VAR 中平稳变量的系数可以直接使用 t 检验和 F 检验；（2）对于滞后长度的检验和选择并不需要考虑变量的平稳性；（3）当可以通过差分等方法使得非平稳变量变为平稳变量时，那么就可以使用 F 检验确定一个变量是否是另一个变量的 Granger 原因；（4）协整的情况下并不能使用差分形式来解决上述非平稳变量的检验问题。

六、结构 VAR

（一）标准 VAR 模型和经济理论约束

标准的 VAR 模型平等地对待每一个变量，使得经济学家从构建复杂而难以证明其真实性的假设约束、识别条件中解脱出来。特别是在识别众多经济变量之间的相互关系和预测其未来的发展变化时，标准的 VAR 模型非常有用：尽管每个等式中系数的含义并不明晰，但适当的模型将具有无偏的和有效的预测。任何关于经济系统的先验信息都有可能进一步降低预测误差方差。因此，可以将标准的 VAR 模型视作是使用简单自回归进行预测的多变量扩展形式。

但是在进一步的分析中，例如脉冲响应函数和预测误差方差分解中，标准 VAR 掩盖了经济变量之间联系的具体细节，使得经济含义变得模糊不清。因此，有必要类似于结构 VAR，在 VAR 模型中添加经济理论约束，从而使得估计结果在经济理论上变得更容易被解释。

（二）结构分解

如果 VAR 模型中不包含潜在经济含义的结构特征，自然其前提假设的约束条件便不可能有直观的经济理论含义。反之，直接使用包含经济含义结构特征的结构 VAR 模型则可能确定结构冲击。

考虑（6－15）式：

$$\begin{pmatrix} e_{1t} \\ e_{2t} \end{pmatrix} = \frac{1}{1 - b_{12}b_{21}} \begin{pmatrix} 1 & -b_{12} \\ -b_{21} & 1 \end{pmatrix} \begin{pmatrix} \varepsilon_{yt} \\ \varepsilon_{zt} \end{pmatrix}$$

（6－15）式中的合成冲击序列 $\{e_{1t}\}$ 和 $\{e_{2t}\}$ 便是序列 $\{y_t\}$ 和 $\{z_t\}$ 的 1 阶预测误差，但其中的结构性特征则没有直观的解释。显然使用标准 VAR 模型很难用某一些系数或项式直接进行一些经济学分析。而脉冲响应分析和预测误差方差分解则需要使用结构冲击 ε_{yt} 和 ε_{zt}。并且此时，一般不太可能存在经济学理论基础来支持我们之前的做法，也就是直接假设任意结构冲击外生于某一个变量序列。所以我们需要从合成冲击序列的估计值，也就是标准 VAR 的残差中重新构造结构性冲击（或称新息）。

如果合成冲击序列之间的相关系数很小，那或许直接假设外生性在模型中有一定的合理性。但大多情况下，构建 VAR 模型时，除非是特定的外生控制变量，否则其中的变量系统间的相关性应该是默认为不可忽略的。另外，与前述 F 检验逐步考察 12 阶滞后和 8 阶滞后长度模型的显著性类似，尝试所有外生性组合显然也是费力不讨好的行为。

那么，如何使用经济模型估计结构冲击之间的关系呢？首先应该确定的是，结构冲击之间的关系是内生外生的关系，而非 Granger 因果关系，即都是同期的冲击之间的关联特征。因此，我们可以直接使用 n 变量的 1 阶滞后 VAR 模型来进行结构冲击的剖析。

标准 VAR 模型 $x_t = B^{-1}\Gamma_0 + B^{-1}\Gamma_1 x_{t-1} + B^{-1}\varepsilon_t$ 中，我们的目标是从 $B^{-1}\varepsilon_t$ 中获得 ε_t 向量。所以需要对矩阵 B 中的元素进行约束，使得我们能够获得 ε_t 向量，并同时根据向量中各元素的相关程度筛选约束条件。

标准 VAR 模型的方差－协方差矩阵为：

$$\sum = \begin{pmatrix} \sigma_1^2 & \sigma_{12} & \cdots & \sigma_{1n} \\ \sigma_{21} & \sigma_2^2 & \cdots & \sigma_{2n} \\ \vdots & & \vdots & \vdots \\ \sigma_{n1} & \sigma_{n2} & \cdots & \sigma_n^2 \end{pmatrix}$$

$\sum$ 是对称矩阵，因此共有 $\dfrac{n^2+n}{2}$ 个不同的元素。通过标准化可以将矩阵 B 的对角线上的元素全部转变为 1，此时矩阵 B 有 n^2-n 个要求的未知数。另外，每个 ε_t 向量的元素都有一个需要计算的方差 $\mathrm{Var}(\varepsilon_{it})$，因此，结构模型中需要求的未知数共为 n^2 个。所以一共需要 $n^2 - \dfrac{n^2+n}{2} = \dfrac{n^2-n}{2}$ 个约束条件。

参考乔里斯基（Choleski）分解，其要求上三角线上的所有元素都为零，则其约束条件共有 $\dfrac{n^2-n}{2}$ 个，恰好满足结构 VAR 模型的约束识别条件数量。

举例而言，包含 3 个变量的标准 VAR 模型，其扰动项的乔里斯基分解约束可以写作：

$$e_{1t} = \varepsilon_{1t}$$
$$e_{2t} = c_{21}\varepsilon_{1t} + \varepsilon_{2t}$$
$$e_{3t} = c_{31}\varepsilon_{1t} + c_{32}\varepsilon_{2t} + \varepsilon_{3t}$$

此处便可以将各个 ε 序列表示 e 序列的系数矩阵作为矩阵 B^{-1}，则满足对于标准 VAR 模型结构识别的约束条件。

不按照乔里斯基分解也可以构建标准扰动项和结构扰动项之间的关系：

$$e_{1t} = \varepsilon_{1t} + c_{31}\varepsilon_{3t}$$
$$e_{2t} = c_{21}\varepsilon_{1t} + \varepsilon_{2t}$$

$$e_{3t} = c_{32}\varepsilon_{2t} + \varepsilon_{3t}$$

这个构造中，约束条件同样满足 $\frac{n^2-n}{2}$ 个，即满足对矩阵 B 和结构扰动项恰好识别的必要条件。但上述两种策略都不一定是充分条件。

对于约束必要性的规范化表述如下：

对于两变量的标准 VAR 模型，其回归残差的方差—协方差矩阵为：$\sum = Ee' = \begin{pmatrix} \sigma_1^2 & \sigma_{12} \\ \sigma_{21} & \sigma_2^2 \end{pmatrix}$，将标准扰动项矩阵写作：$e_t = B^{-1}\varepsilon_t$，则 $Ee_t e_t^T = EB^{-1}\varepsilon_t\varepsilon_t^T(B^{-1})^T = B^{-1}E(\varepsilon_t\varepsilon_t^T)(B^{-1})^T$。注意到 $E(\varepsilon_t\varepsilon_t^T)$ 矩阵中各个结构扰动项之间的协方差均为零，因此我们可以将上面的两个方差—协方差矩阵关联起来：

$$\begin{pmatrix} \sigma_1^2 & \sigma_{12} \\ \sigma_{21} & \sigma_2^2 \end{pmatrix} = B^{-1}\begin{pmatrix} \mathrm{Var}(\varepsilon_1) & 0 \\ 0 & \mathrm{Var}(\varepsilon_t) \end{pmatrix}(B^{-1})^T$$

$$= \begin{pmatrix} 1 & b_{12} \\ b_{21} & 1 \end{pmatrix}^{-1}\begin{pmatrix} \mathrm{Var}(\varepsilon_1) & 0 \\ 0 & \mathrm{Var}(\varepsilon_2) \end{pmatrix}\left[\begin{pmatrix} 1 & b_{12} \\ b_{21} & 1 \end{pmatrix}^{-1}\right]^T$$

写作方程的形式便有：

$$\sigma_1^2 = \left(\frac{1}{1-b_{12}b_{21}}\right)^2\left[\mathrm{Var}(\varepsilon_1) + b_{12}^2\mathrm{Var}(\varepsilon_2)\right]$$

$$\sigma_{12} = \left(\frac{1}{1-b_{12}b_{21}}\right)^2\left[-b_{21}\mathrm{Var}(\varepsilon_1) - b_{12}\mathrm{Var}(\varepsilon_2)\right]$$

$$\sigma_{21} = \left(\frac{1}{1-b_{12}b_{21}}\right)^2\left[-b_{21}\mathrm{Var}(\varepsilon_1) - b_{12}\mathrm{Var}(\varepsilon_2)\right]$$

$$\sigma_2^2 = \left(\frac{1}{1-b_{12}b_{21}}\right)^2\left[b_{21}^2\mathrm{Var}(\varepsilon_1) + \mathrm{Var}(\varepsilon_2)\right]$$

由于上述四个方程左侧的四个数值均为已知，因此这四个方程便决定了四个未知数：b_{12}、b_{21}、$\mathrm{Var}(\varepsilon_1)$ 和 $\mathrm{Var}(\varepsilon_2)$。不过可以发现，由于协方差的对称性，实质上只有三个不同的方程，并不足以识别结构 VAR 模型中的所有参数。

推广到 n 阶标准 VAR 模型中，类似地，有：$\sum = B^{-1}\sum_\varepsilon(B^{-1})^T$。同理可知，想要恰好识别结构 VAR 模型，必须对 B^{-1} 施加 $\frac{n^2-n}{2}$ 个约束。这些约束如上所述，可以是从乔里斯基分解、对称性约束或者其他知识理论而来。

七、过度识别

有可能经济理论提出的约束数量比恰好识别需要的更多，那么我们自然需要进行反向操作，减少约束条件：

第一步，估计无约束的标准 VAR 模型：$x_t = A_0 + A_1 x_{t-1} + \cdots A_p x_{t-p} + e_t$，当然仍需通过滞

后长度和块因果关系检验等确定标准 VAR 模型的具体形式。

第二步，获得第一步模型的无约束方差—协方差矩阵 $\sum$。

第三步，加入全部约束（约束数量大于 $\frac{n^2-n}{2}$），使得关于 B^{-1} 和 $\sum_\varepsilon$ 的似然函数 L 最大化，得到此时的方差—协方差矩阵，记作 $\sum_R$，R 表示总约束数量。$\left|\sum_R\right| - \left|\sum\right|$ 服从 χ^2 分布，自由度为 R。

第三步中，关于 $\sum_R$ 的对数似然函数为：$L = -\dfrac{T}{2}\ln\left|\sum_R\right| - \dfrac{1}{2}\sum\limits_{t=1}^{T}(e_t^T \sum{}^{-1} e_t)$，将 e_t 的 OLS 估计量记作 $\hat{e}_t$，那么，由于 $\sum_R = B^{-1}\sum_\varepsilon (B^{-1})^T$，可以将对数似然函数的估计值写作：$L = -\dfrac{T}{2}\ln\left|B^{-1}\sum_\varepsilon (B^T)^{-1}\right| - \dfrac{1}{2}\sum\limits_{t=1}^{T}(\hat{e}_t^T B^T \sum_\varepsilon{}^{-1} B^{-1}\hat{e}_t)$，估计了 B^{-1} 和 $\sum_\varepsilon$，则 $\sum_R$ 的估计值便可与对数似然函数同时得到。

第四步，当约束条件，例如某些变量与其他变量的结构性扰动无关的假设不成立时，则 $\left|\sum_R\right|$ 应该比 $\left|\sum\right|$ 显著地偏大，因此可以使用 χ^2 分布检验来检验过度识别使用的约束条件是否恰当。当统计量 $\left|\sum_R\right| - \left|\sum\right|$ 超过临界值则拒绝的存在当前数量过度识别约束（超过 $\frac{n^2-n}{2}$ 个约束）的原假设，认为约束数量应该更少。

八、另一种结构分解

从一个例子入手看看另一种思路的结构分解是怎样的思路。

假设我们对于一个一阶单整序列（$I(1)$）$\{y_t\}$ 进行分析，希望找到其随机性冲击和趋势性冲击成分。而恰好我们找到了另一个序列 $\{z_t\}$，同样受到 $\{y_t\}$ 的两个冲击的影响。当 $\{z_t\}$ 平稳时，忽略截距项，可以从标准的双变量 VAR 模型中推导得到双变量的移动平均模型：

$$\Delta y_t = \sum_{k=0}^{\infty} c_{11}(k)\, \varepsilon_{1(t-k)} + \sum_{k=0}^{\infty} c_{12}(k)\, \varepsilon_{2(t-k)}$$
$$z_t = \sum_{k=0}^{\infty} c_{21}(k)\, \varepsilon_{1(t-k)} + \sum_{k=0}^{\infty} c_{22}(k)\, \varepsilon_{2(t-k)}$$

缩写作：

$$\begin{pmatrix} \Delta y_t \\ z_t \end{pmatrix} = \begin{pmatrix} C_{11}(L) & C_{12}(L) \\ C_{21}(L) & C_{22}(L) \end{pmatrix} \begin{pmatrix} \varepsilon_{1t} \\ \varepsilon_{2t} \end{pmatrix}$$

为了后续表示方便，这里将两个扰动项的方差标准化为 1，即 $\mathrm{Var}(\varepsilon_1) = \mathrm{Var}(\varepsilon_2) = 1$，此时有 $\sum_\varepsilon = \begin{pmatrix} 1 & 0 \\ 0 & 1 \end{pmatrix} = I$。

注意，$\{y_t\}$ 之所以设定为非平稳的原因是，平稳变量没有趋势性冲击成分。将 $\{y_t\}$ 和 $\{z_t\}$ 视作内生变量，而对应的 $\{\varepsilon_1\}$ 和 $\{\varepsilon_2\}$ 则代表对应的外生冲击，或称为外生变量。要将序列 $\{y_t\}$ 分解为两个持续时间长度不同的成分，我们当然可以先假定某一个冲击对 $\{y_t\}$ 仅有非永久性的影响。此处我们假定 $\{\varepsilon_1\}$ 对 Δy_t 的冲击累计值为零，即 $\{\varepsilon_1\}$ 是 $\{y_t\}$ 的短时冲击，则在公式中对应有：

$$\sum_{k=0}^{\infty} c_{11}(k)\, \varepsilon_{1(t-k)} = 0 \Rightarrow \sum_{k=0}^{\infty} c_{11}(k) = 0$$

在标准 VAR 模型中：

$$\begin{pmatrix} \Delta y_t \\ z_t \end{pmatrix} = \begin{pmatrix} A_{11}(L) & A_{12}(L) \\ A_{21}(L) & A_{22}(L) \end{pmatrix} \begin{pmatrix} \Delta y_{t-1} \\ z_{t-1} \end{pmatrix} + \begin{pmatrix} e_{1t} \\ e_{2t} \end{pmatrix} \Rightarrow x_t = A(L) x_{t-1} + e_t$$

我们没有先验的理由认为某一个冲击 $\{e_{1t}\}$ 对 $\{y_t\}$ 仅有非永久性的影响，完全可能是两个冲击中各自的一部分对 $\{y_t\}$ 均具有非永久性的影响，另外的部分当然就负责趋势性冲击。当然两种含义最终可以通过标准和结构 VAR 模型的转换达成一致。例如，预测一个时期之后的预测误差在标准 VAR 模型和结构 VAR 模型中的对应为：

$$\left.\begin{aligned} e_{1t} &= c_{11}(0)\varepsilon_{1t} + c_{12}(0)\varepsilon_{2t} \\ e_{2t} &= c_{21}(0)\varepsilon_{1t} + c_{22}(0)\varepsilon_{2t} \end{aligned}\right\} \Rightarrow \begin{pmatrix} e_{1t} \\ e_{2t} \end{pmatrix} = \begin{pmatrix} c_{11}(0) & c_{12}(0) \\ c_{21}(0) & c_{22}(0) \end{pmatrix} \begin{pmatrix} \varepsilon_{1t} \\ \varepsilon_{2t} \end{pmatrix}$$

使用 $\sum_{k=0}^{\infty} c_{11}(k) = 0$ 可以构造 4 个约束条件，使得 $c_{11}(0)$、$c_{12}(0)$、$c_{21}(0)$ 和 $c_{22}(0)$ 可识别，则可以较好地将短时冲击和永久冲击区分开。

约束 1，$E\varepsilon_{1t}\varepsilon_{2t} = 0$ 和 $\mathrm{Var}(\varepsilon_1) = \mathrm{Var}(\varepsilon_2) = 1$ 可知，$\mathrm{Var}(e_1) = c_{11}(0)^2 + c_{12}(0)^2$

约束 2，与约束 1 类似，有 $\mathrm{Var}(e_2) = c_{21}(0)^2 + c_{22}(0)^2$

约束 3，$E e_{1t} e_{2t} = c_{11}(0)c_{21}(0) + c_{12}(0)c_{22}(0)$

约束 4，将条件 $\sum_{k=0}^{\infty} c_{11}(k) = 0$ 转换回自回归形式，可以得到我们的约束 4。

对标准 VAR 模型 $x_t = A(L) x_{t-1} + e_t$ 我们有：

$$x_t = A(L) L x_t + e_t$$
$$\Rightarrow [1 - A(L)L] x_t = e_t$$
$$\Rightarrow x_t = [1 - A(L)L]^{-1} e_t$$
$$\Rightarrow \begin{pmatrix} \Delta y_t \\ z_t \end{pmatrix} = \frac{1}{D} \begin{pmatrix} 1 - A_{22}(L)L & A_{12}(L)L \\ A_{21}(L)L & 1 - A_{11}(L)L \end{pmatrix} \begin{pmatrix} e_{1t} \\ e_{2t} \end{pmatrix}$$
$$\Rightarrow \begin{pmatrix} \Delta y_t \\ z_t \end{pmatrix} = \frac{1}{D} \begin{pmatrix} 1 - \sum a_{22}(k) L^{k+1} & \sum a_{12}(k) L^{k+1} \\ \sum a_{21}(k) L^{k+1} & 1 - \sum a_{11}(k) L^{k+1} \end{pmatrix} \begin{pmatrix} e_{1t} \\ e_{2t} \end{pmatrix}$$

由此，可得：

$$\Delta y_t = \frac{1}{D} \left\{ \left[1 - \sum_{k=0}^{\infty} a_{22}(k) L^{k+1} \right] e_{1t} + \sum_{k=0}^{\infty} a_{12}(k) L^{k+1} e_{2t} \right\}$$

$$\Rightarrow \left[1 - \sum_{k=0}^{\infty} a_{22}(k) L^{k+1} \right] c_{11}(0) \varepsilon_{1t} + \sum_{k=0}^{\infty} a_{12}(k) L^{k+1} c_{21}(0) \varepsilon_{1t}$$

$$= 0$$

因此约束 4 的表述也可以写作：$\left[1 - \sum_{k=0}^{\infty} a_{22}(k) L^{k+1} \right] c_{11}(0) \varepsilon_{1t} + \sum_{k=0}^{\infty} a_{12}(k) L^{k+1} c_{21}(0)$
$\varepsilon_{1t} = 0$，意味着序列 $\{\varepsilon_1\}$ 对 Δy_t 的冲击累计值为零，$\{\varepsilon_1\}$ 是 $\{y_t\}$ 的短时冲击。

有了上述 4 个约束条件，便可以通过下列步骤估计对应的 $c_{11}(0)$、$c_{12}(0)$、$c_{21}(0)$ 和 $c_{22}(0)$ 以及对应的两种不同时长的冲击。

第一步，检验序列和模型的必要前提是否满足，例如，$\{y_t\}$ 的单位根、VAR 模型的滞后长度检验、残差的白噪声检验等，并适当处理数据，得到例如 Δy_t 等需要的数据。

第二步，通过估计的标准 VAR 模型残差，计算残差的方差—协方差矩阵，得到 $Var(e_1)$、$Var(e_2)$ 和 $Cov(e_1, e_2)$，同时通过将标准 VAR 模型转换为向量移动平均模型得到 $1 - \sum_{k=0}^{p} a_{22}(k)$ 和 $\sum_{k=0}^{p} a_{12}(k)$，p 为 VAR 模型滞后长度。

运用这些估计结果和上述四个约束得到的方程求得 $c_{11}(0)$、$c_{12}(0)$、$c_{21}(0)$ 和 $c_{22}(0)$。

第三步，得到序列 $\{y_t\}$ 的永久性冲击，$\Delta y_t = \sum_{k=0}^{p} c_{12}(k) \varepsilon_{2(t-k)}$。

上述分解方法的局限性在于最多仅能识别与变量数量一样多的不同类型的冲击。当然，或许趋势/随机（永久/暂时）的二分法可以作为一个不错的备选方案。即仅集中关注永久性的冲击，假定只有一个冲击对序列 $\{y_t\}$ 是暂时的，那么剩下的冲击如果方差随机性变化很小，那么分解得到的可以认为就是我们需要的永久性冲击了。

第四节　案例与 Stata 应用

本章案例主要体现如何建模预测货币供给量以及消费者价格指数、失业率与名义利率，通过对这两个问题的探究，建立时间序列的自回归移动平均模型和向量自回归模型，加深读者对本章知识的理解。Stata 数据集 liti6.1.dta 提供了 1991～2021 年中国内地广义货币供应量（货币和准货币，M2）数据；Stata 数据集 liti6.2.dta 提供了 2000～2019 年中国内地消费者价格指数（consumers price index，CPI）、失业率和名义存款利率数据。命令代码整体详见命令文件 liti6.1.do 和 liti6.2.do。

【例题 6.1】2022 年以来，欧美发达经济体普遍出现了比较高的通货膨胀率，达到了近几十年来的高位。很显然，欧美发达经济体的高通胀，对中国来说，是一种警示。如果不能较好地控制通货膨胀率，对经济社会发展是会产生严重影响的，甚至会影响到社会的稳定与安宁，影响到经济成果的巩固和高质量发展目标的实现。

一、ARMA 模型的应用案例

首先，在《中国统计年鉴》中选取 1991～2021 年中国内地广义货币供应量（货币和准货币，M2）数据（见表 6 − 2）。

表 6 − 2　　　　　　　　　　1991～2021 年中国内地广义货币供应量数据　　　　　　　单位：万亿元

年份（year）	广义货币供应量（M2）（y）	年份（year）	广义货币供应量（M2）（y）
1991	1. 5293	2007	40. 3442
1992	1. 935	2008	47. 5167
1993	2. 5402	2009	61. 0225
1994	3. 488	2010	72. 5852
1995	4. 6924	2011	85. 1591
1996	6. 0751	2012	97. 4149
1997	7. 6095	2013	110. 653
1998	9. 0995	2014	122. 837
1999	11. 99	2015	139. 228
2000	13. 461	2016	155. 007
2001	15. 8301	2017	169. 204
2002	18. 5007	2018	182. 267
2003	22. 1223	2019	198. 649
2004	25. 4107	2020	218. 68
2005	29. 8756	2021	238. 29
2006	34. 5578		

资料来源：历年《中国统计年鉴》。

在进行模型构建与检验之前，需要将数据转化为时间序列数据，命令为：

tsset year, yearly

在构建时间序列模型之前，需要考察数据是否满足模型的平稳性要求。对于 AR 模型而言，最重要的平稳性要求便是 $|a_1| < 1$。迪基和富勒（Dickey and Fuller，1979）给出了检验模型平稳性的假设检验方法；汉密尔顿（Hamilton，1994）进一步加强了这种检验方法，给出四种可能情况下检验时间序列平稳性统计量的分布。这四种情况分别是截距项和趋势都不存在、仅存在截距、仅存在趋势和截距与趋势都存在。这种强化以后的平稳性检验方法称为

ADF（augmented dickey-fuller）检验。

在 Stata 中实现对表 6 – 2 中 y 的 ADF 检验可以通过以下命令实现：

dfuller y,trend

显然，从表 6 – 2 中可知，本书数据既包含截距项也包含趋势项，因此这个命令对应最后一种情况，就是截距与趋势都存在。而如果想要考察另外三种情况，则需要把约束条件 trend 换成 noconstant（截距项和趋势都不存在）和 drift（仅存在截距项），以及放空白（仅存在趋势）。

命令得到的结果如图 6 – 1 所示。

```
Dickey-Fuller test for unit root            Number of obs  = 30
Variable: y                                 Number of lags = 0

H0: Random walk with or without drift

                                        Dickey-Fuller
                     Test         ————— critical value —————
                  statistic       1%         5%         10%
———————————————————————————————————————————————————————————
 Z(t)               2.490       -4.334     -3.580     -3.228
———————————————————————————————————————————————————————————
MacKinnon approximate p-value for Z(t) = 1.0000.
```

图 6 – 1　ADF 检验结果

图 6 – 1 中，检验统计量 $Z(t)$ 的数值（test statistic）为 2.490，和 ADF 检验的阈值（dickey-fuller critical value）对比可以看到，检验统计量数值远远大于三个阈值，其近似的 p 值［mackinnon approximate p-value for $Z(t)$］的数值为 1.0000，因此，我们不能拒绝广义货币供应量（$M2$）存在单位根的原假设，也就是认为变量 y 并不满足弱平稳的假设。

因此需要对变量 y 进行处理，一般可以通过差分的方式处理变量使其满足弱平稳假设，先尝试检验一阶差分，命令为：

gen y1 = d. y

dfuller y1,trend

命令第一行通过 gen 命令生成变量 $y1$，其为变量 y 的一阶差分。

命令结果如图 6 – 2 所示，可以看到仍然是不平稳的。

```
Dickey-Fuller test for unit root            Number of obs  = 29
Variable: y1                                Number of lags = 0

H0: Random walk with or without drift

                                        Dickey-Fuller
                     Test         ————— critical value —————
                  statistic       1%         5%         10%
———————————————————————————————————————————————————————————
 Z(t)              -2.800       -4.343     -3.584     -3.230
———————————————————————————————————————————————————————————
MacKinnon approximate p-value for Z(t) = 0.1968.
```

图 6 – 2　一阶差分 ADF 检验结果

所以尝试二阶差分：

gen y2 = d2. y

dfuller y2 , trend

结果如图 6 - 3 所示，是平稳的。

```
Dickey-Fuller test for unit root          Number of obs  = 28
Variable: y2                              Number of lags =  0

H0: Random walk with or without drift

                                      Dickey-Fuller
                          Test   ———— critical value ————
                     statistic      1%        5%        10%

Z(t)                    -6.344    -4.352    -3.588    -3.233

MacKinnon approximate p-value for Z(t) = 0.0000.
```

图 6 - 3　二阶差分 ADF 检验结果

其次，通过平稳性检验和处理以后，便可以开始考察使用哪种时间序列模型更为合适，同时考察滞后阶数。

这里使用的命令为：

corrgram y2 , lags(12)

通过这个命令就可以同时得到在不同滞后阶数下［lags(12) 表示最大滞后阶数为12］的 ACF 和 PACF 及其变化特征，结果如图 6 - 4 所示。

LAG	AC	PAC	Q	Prob>Q	-1　0　1 -1　0　1 [Autocorrelation] [Partial autocor]
1	-0.2091	-0.2121	1.4039	0.2361	
2	-0.0630	-0.1160	1.5362	0.4639	
3	-0.2758	-0.4334	4.1656	0.2441	
4	0.2840	0.1909	7.0658	0.1324	
5	-0.2053	-0.2106	8.6448	0.1241	
6	0.2420	0.2783	10.934	0.0904	
7	-0.0417	0.1695	11.005	0.1384	
8	-0.0681	-0.3947	11.203	0.1904	
9	-0.3511	-0.6084	16.745	0.0529	
10	0.2001	-0.1683	18.64	0.0451	
11	0.1104	0.8971	19.248	0.0568	
12	0.0049	-0.3596	19.25	0.0827	

图 6 - 4　滞后 12 阶内的 AC 和 PAC 变化特征

图 6 - 4 中，LAG 表示计算 AC 和 PAC 的滞后阶数，AC 和 PAC 自然是对应的自相关系数和偏自相关系数，Q 和 Prob > Q 则是特殊的假设检验，仅考察滞后一阶与二阶自回归模型的适用性，因此这个例子中我们暂时忽略。autocorrelation 和 partial atuocor 则是自相关系数函数和偏自相关系数函数变化特征的可视化。从图 6 - 4 可以知道，自相关系数和偏自相关系数都是拖尾的，因此必然是选择 ARMA 模型。

ARMA 模型的滞后阶数同样可以通过图来推断，参考表 6 - 1，得到的结论是合适的模型应该是 ARMA(1,1)：$y_t = \alpha_0 + \alpha_1 y_{t-1} + \varepsilon_t + \beta_1 \varepsilon_{t-1}$。

确定了合适的模型与其对应的滞后阶数以后，便可以接着构建模型了。为了简便起见，可以直接通过 ARIMA 模型的命令来构建我们的模型，ARIMA 模型中的 I 指代差分阶数，因此可以在这里进行差分操作。构建模型的命令为：

arima y,arima(1,2,1)

结果如图 6 - 5 所示。

```
ARIMA regression

Sample: 1993 thru 2021                    Number of obs    =        29
                                          Wald chi2(2)     =      6.07
Log likelihood = -55.89598               Prob > chi2      =    0.0482
```

y2	Coefficient	OPG std. err.	z	P>|z|	[95% conf. interval]	
y2						
_cons	0.6882858	0.0989646	6.95	0.000	0.4943189	0.8822528
ARMA						
ar						
L1.	0.635376	0.3594755	1.77	0.077	-0.0691829	1.339935
ma						
L1.	-1.000013	1 428.575	-0.00	0.999	-2 800.955	2 798.955
/sigma	1.606165	1 147.222	0.00	0.499	0	2 250.119

图 6 - 5 ARIMA(1,2,1) 的估计结果

图 6 - 5 中，截距项（或者称常数项）α_0，对应图 6 - 5 中_cons 的系数（coefficient）为 0.6882858，对应的标准误（OPG std. err.）为 0.0989646，其显著性统计量（z）为 6.95，对应的 p 值（$P > |z|$）为 0.000，因此拒绝截距项等于零的假设，认为模型中确实存在截距项。另外，截距项的 95% 置信区间（[95% conf. interval]）为 [0.4943189，0.8822528]。

类似地，一阶自回归，也就是 y_{t-1} 的系数 α_1 为 0.635376，标准误为 0.3594755，显著性统计量为 1.77，p 值为 0.077，95% 置信区间为 [-0.0691829，1.339935]。可以看到 α_1 在 10% 的显著性水平下可以拒绝其等于零的原假设。

那么，一阶移动平均，也就是 ε_{t-1} 的系数 β_1 呢？可以看到，其系数为 -1.000013，标准误为 1 428.575，显著性统计量为 -0.00，p 值为 0.999，95% 置信区间为 [-2 800.955，2 798.955]，显然，在这个模型中，无法拒绝 $\beta_1 = 0$ 的原假设。不过，对于预测变量 y 的未来变化趋势已经够用。

最后，可以应用构建的时间序列模型预测时间序列未来的变化趋势，命令为：

predict predict_y

label variable predict_y "predicted y"

tsline y2 predict_y,lcolor(blue red)lwidth(medium medithic)

结果如图 6 - 6 所示。

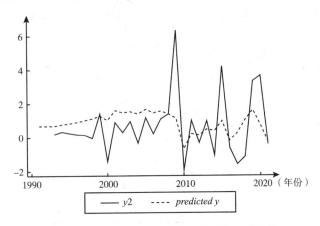

图 6 - 6　二阶差分后 ARMA 模型的预测效果

从图 6 - 6 可以看到，虽然在一些波动幅度上预测效果并不十分理想，但总体的波动变化趋势则是非常一致的。

以上数据和 Stata 软件程序可扫描下方二维码获取。

liti6.1.dta 下载

liti6.1.do 下载

二、VAR 模型的应用案例

【例题 6.2】在经济学上，消费者价格指数（consumers price index，CPI）、失业率和名义存款利率三者间有一定的相关关系，并且这种关系并不总是呈现同步变化的。为了发现三者间相互影响的特征，可以构建 VAR 模型。三个变量的具体数据如表 6 - 3 所示，由于 2020 年以后失业率的统计口径发生变化，因此数据只到 2019 年。

表 6 - 3　　　　　2000 ~ 2019 年中国消费者价格指数、失业率和名义利率数据

年份 （year）	消费者价格 指数（CPI）	失业率 （unrate）	名义利率 （irate）	年份 （year）	消费者价格 指数（CPI）	失业率 （unrate）	名义利率 （irate）
2000	100.4	3.1	2.25	2002	99.2	4	2.02
2001	100.7	3.6	2.25	2003	101.2	4.3	1.98

续表

年份 （year）	消费者价格 指数（CPI）	失业率 （unrate）	名义利率 （irate）	年份 （year）	消费者价格 指数（CPI）	失业率 （unrate）	名义利率 （irate）
2004	103.9	4.2	2.03	2012	102.6	4.1	3.25
2005	101.8	4.2	2.25	2013	102.6	4	2.75
2006	101.5	4.1	2.35	2014	102	4.1	2.8
2007	104.8	4	3.22	2015	101.4	4	2
2008	105.9	4.2	3.92	2016	102	4	1.75
2009	99.3	4.3	2.25	2017	101.6	3.9	1.65
2010	103.3	4.1	2.3	2018	102.1	3.8	1.5
2011	105.4	4.1	2.5	2019	102.9	3.6	1.5

资料来源：历年《中国统计年鉴》。

首先，需要通过各类准则和检验考察最合适的先验性滞后阶数，命令为：

varsoc cpi unrate irate, maxlag(3)

最大滞后阶数 maxlag 设定为 3 的原因是三个时间序列变量的观测值较短，因此不宜设置得太大。如果有足够多的数据，例如 100 个时间点或以上，那一般应该设置为 5～8。

结果如图 6 - 7 所示，图 6 - 7 中包括了对数似然值 LL（log likelihood）、似然比检验统计量 LR（likelihood ratio）、自由度 df（degree of freedom）、似然比检验的 p 值、最终预测误差 FPE（final prediction error）、赤池信息准则 AIC（akaike's information criterion）、Schwarz 贝叶斯信息准则 BIC（schwarz's bayesian information criterion）和 Hannan 与 Quinn 的信息准则 HQIC（hannan and quinn information criterion）。准则和检验的数值都是越小越好。可以看到，虽然 LR 检验推荐 3 阶滞后，但对应的 p 值二阶滞后的数值要更小，意味着 2 阶滞后的显著性更强。

```
Lag-order selection criteria

Sample: 2003 thru 2019                           Number of obs = 17

 Lag     LL       LR     df    p      FPE      AIC      HQIC      SBIC

  0   -36.9569                        0.022095  4.70081  4.71543  4.84785
  1   -24.055   25.804    9  0.002   0.014337  4.24176  4.30023  4.82991
  2   -8.39183  31.326    9  0.000   0.007447* 3.45786  3.56017  4.48713*
  3    1.46637  19.716*   9  0.020   0.009693  3.3569*  3.50306* 4.82727

* optimal lag
Endogenous: cpi unrate irate
  Exogenous: _cons
```

图 6 - 7　滞后阶数识别

图 6 - 7 中带星号最多的 lag 行便是最优滞后阶数，三个变量的最优滞后阶数为二阶和三阶。不过，出于模型参数节约的动机，我们最终选择二阶作为最优的先验性滞后阶数。

同样地，我们需要对将要构建的 VAR 模型中各个变量的平稳性进行检验，经过检验知道 y3 变量并不平稳，因此考察它的一阶差分：

dfuller cpi, trend

dfuller unrate, trend

dfuller d_irate, trend

（类似地，d_irate 为 irate 一阶差分生成的变量：gen d_irate = d. irate）

结果如图 6 - 8 所示，三个变量经过差分后都在 5% 的显著性水平下拒绝等于零的原假设，可以认为三个变量此时都满足了弱平稳的假设。

```
Dickey-Fuller test for unit root          Number of obs   = 19
Variable: cpi                             Number of lags  = 0

H0: Random walk with or without drift

                                    Dickey-Fuller
                    Test        ———— critical value ————
                  statistic      1%          5%         10%

   Z(t)           -3.697       -4.380      -3.600      -3.240

MacKinnon approximate p-value for Z(t) = 0.0226.
```

```
Dickey-Fuller test for unit root          Number of obs   = 19
Variable: unrate                          Number of lags  = 0

H0: Random walk with or without drift

                                    Dickey-Fuller
                    Test        ———— critical value ————
                  statistic      1%          5%         10%

   Z(t)           -4.590       -4.380      -3.600      -3.240

MacKinnon approximate p-value for Z(t) = 0.0011.
```

```
Dickey-Fuller test for unit root          Number of obs   = 18
Variable: d_irate                         Number of lags  = 0

H0: Random walk with or without drift

                                    Dickey-Fuller
                    Test        ———— critical value ————
                  statistic      1%          5%         10%

   Z(t)           -4.432       -4.380      -3.600      -3.240

MacKinnon approximate p-value for Z(t) = 0.0019.
```

图 6 - 8　三个变量的 ADF 平稳性检验

其次，便可以进行 VAR 模型的建模了，命令为：

var cpi unrate d_irate,lags(2)

结果分为两部分，如图 6 - 9 所示。

```
Vector autoregression

Sample: 2003 thru 2019                    Number of obs    =         17
Log likelihood = -28.88378                AIC              =   4.809857
FPE            =  0.0253033               HQIC             =    4.86832
Det(Sigma_ml)  =  0.0060027               SBIC             =   5.398007
```

Equation	Parms	RMSE	R-sq	chi2	P>chi2
cpi	4	1.46671	0.3637	9.715878	0.0211
unrate	4	0.18396	0.1222	2.366333	0.4999
d_irate	4	0.558535	0.2854	6.78826	0.0790

	Coefficient	Std. err.	z	P>|z|	[95% conf. interval]	
cpi						
cpi						
L2.	-0.4126752	0.2355697	-1.75	0.080	-0.8743833	0.049033
unrate						
L2.	4.598579	2.037247	2.26	0.024	0.6056473	8.591511

	Coefficient	Std. err.	z	P>|z|	[95% conf. interval]	
d_irate						
L2.	0.0144881	0.7420922	0.02	0.984	-1.439986	1.468962
_cons	126.1066	23.16765	5.44	0.000	80.69881	171.5143
unrate						
cpi						
L2.	-0.0307753	0.029546	-1.04	0.298	-0.0886844	0.0271339
unrate						
L2.	0.1466456	0.2555192	0.57	0.566	-0.3541628	0.647454
d_irate						
L2.	0.1421597	0.093076	1.53	0.127	-0.0402659	0.3245852
_cons	6.615398	2.905773	2.28	0.023	0.9201877	12.31061
d_irate						
cpi						
L2.	-0.1836222	0.0897067	-2.05	0.041	-0.3594442	-0.0078002
unrate						
L2.	1.448612	0.7757994	1.87	0.062	-0.0719268	2.969151
d_irate						
L2.	0.2403337	0.2825944	0.85	0.395	-0.3135411	0.7942084
_cons	12.86682	8.822417	1.46	0.145	-4.424797	30.15844

图 6 - 9　VAR 模型结果

一般而言，VAR 模型的具体系数并没有特别大的意义，重要的是构建模型之后的各类检验，脉冲响应分析以及预测误差方差分解。

然后便可以对这个 VAR 模型进行检验、脉冲响应分析以及预测误差方差分解。

第一个检验是单位圆检验。命令为：

varstable,graph

当所有特征根的绝对值都小于 1，也就是都在单位圆内，那么 VAR 模型满足平稳性条件（见图 6 – 10）。

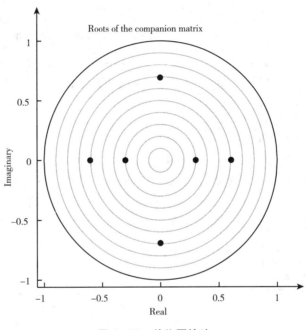

图 6 – 10　单位圆检验

图 6 – 10 中构建的 VAR 模型满足平稳性约束，所有特征根都在单位圆内。

第二个检验则是 Granger 因果检验，命令为：

vargranger

结果如图 6 – 11 所示，*Equation* 列代表了 Granger 因果检验中作为被解释变量的变量；*Excluded* 列则是被排除了的解释变量。通过包含和排除特定的解释变量构建的两个不同回归方程，可以构建卡方检验统计量，*chi*2 列是计算得到的卡方检验统计量，*df* 是统计量的自由度，*Prob > chi*2 则是对应的 *p* 值。可以看到，对 CPI 而言，只有排除了失业率 unrate 以后的 *p* 值才小于 0.05，而排除所有的变量以后（*Exclude* 列中的 *ALL* 行），*p* 值则在 10% 的显著性水平下显著，意味着失业率是 CPI 的 Granger 原因，而失业率和（一阶差分的）名义利率联合之后则是 CPI 的（不那么显著的）Granger 原因。另外，CPI 和失业率同样分别是（一阶差分的）名义利率的 Granger 原因。其中，失业率的 *p* 值相对较大，是（一阶差分的）名义利率不那么显著的 Granger 原因，而 CPI 则是较为显著的 Granger 原因。

```
Granger causality Wald tests

      Equation      Excluded        chi2      df Prob > chi2

           cpi        unrate      5.0952       1      0.024
           cpi       d_irate     0.00038       1      0.984
           cpi           ALL      5.4474       2      0.066

        unrate           cpi      1.0849       1      0.298
        unrate       d_irate      2.3328       1      0.127
        unrate           ALL      2.3329       2      0.311

       d_irate           cpi      4.1899       1      0.041
       d_irate        unrate      3.4866       1      0.062
       d_irate           ALL      5.9865       2      0.050
```

图 6 – 11　Granger 因果检验

第三个检验是 Johansen 协整检验，命令为：

vecrank cpi unrate d_irate, lags（2）

结果如图 6 – 12 所示，*maximum rank* 为检验的协整阶数，*params* 为检验模型中参数的个数，*LL* 一样是 log *likelihood*，对数似然值，*eigenvalue* 为模型系数的特征值，*trace statistic* 为模型的迹统计量，*critical value* 则是 5% 水平时统计量的数值。带星号的是 Stata 软件推荐的协整阶数，这里为一阶，因此，这个例子中存在一阶的协整（长期均衡）。

```
Johansen tests for cointegration
Trend: Constant                        Number of obs   = 17
Sample: 2003 thru 2019                 Number of lags  =  2

                                                       Critical
Maximum                                    Trace         value
   rank  Params           LL  Eigenvalue  statistic        5%
      0      12   -34.243021           .   30.5890       29.68
      1      17   -22.866802     0.73773    7.8366*      15.41
      2      20   -19.323806     0.34086    0.7506        3.76
      3      21   -18.948526     0.04319

* selected rank
```

图 6 – 12　Johansen 协整检验

第二个部分是脉冲响应分析，命令为：

var cpi unrate d_irate, lag(1/2)

（注意在进行 Johansen 协整检验后需要重新构建 VAR 模型）

irf create var1, step(20) set(myirf) replace

（生成的脉冲响应方程 var1 有 20 个时间段，将其放入文件 myirf 中）

irf graph oirf, impulse(cpi unrate d_irate) response(cpi unrate d_irate) yline(0, lcolor(black)) byopts(yrescale)

得到的结果如图 6 – 13 所示。

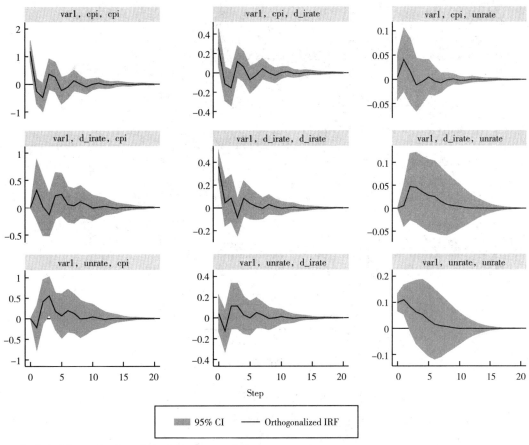

Graphs by irfname，impulse variable，and response variable.

图 6 - 13　脉冲响应分析

第一行表示的是一个单位的 CPI 冲击对系统中三个变量的影响。

第二行则给出了（一阶差分的）名义利率对系统中三个变量的影响。

第三行展示了失业率冲击对系统三个变量的影响。

三个变量的冲击对系统的影响一般在 10 年后就趋于消失。CPI 冲击对一阶差分后的名义利率的影响呈现正负波动交替出现，对失业率的影响则基本为正向；一阶差分后的名义利率冲击对 CPI 的影响同样呈现正负交替出现，对失业率的影响则是较大的正向影响；失业率冲击对于另外两个变量的影响呈现短暂的负向影响后，呈现一个较强的逐步衰减的正向影响。

第三个部分是预测误差方差分解，命令为：

irf graph fevd，irf（var1）impulse（cpi unrate d_irate）response（cpi unrate d_irate）

从图 6 - 14 可以看到，和 Granger 因果检验的结论一致，只有失业率冲击对 CPI 的预测有较明显的影响，一阶差分后的名义利率的影响则不太明显；而失业率和 CPI 的冲击则都对（一阶差分的）名义利率的预测有影响，同样地，失业率的影响不那么显著；CPI 和一阶差分的名义利率对失业率的预测都几乎没有影响。

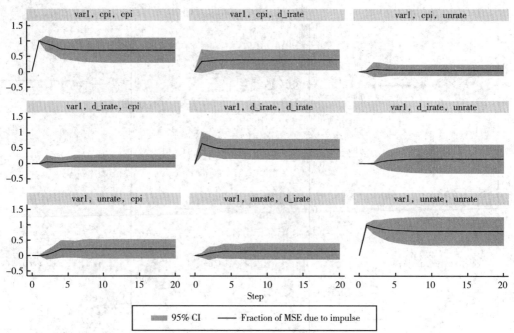

图 6 – 14   预测误差方差分解

最后，可以使用 VAR 模型对三个变量未来的变化趋势进行预测。命令为：

fcast compute p，step（8）（step 后面跟的是预测的期数）

fcast graph pcpi punrate pd_irate，observed（p 后面接上你需要预测的变量的名称即可完成预测）

如图 6 – 15 所示，CPI 和（一阶差分后的）名义利率呈现上下波动的周期性变化，而失业率则一路上涨。

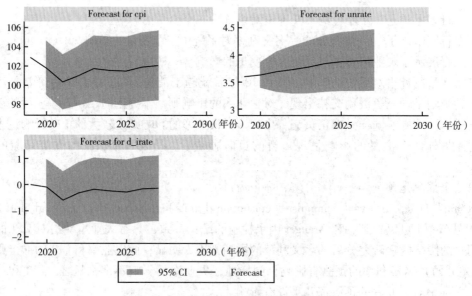

图 6 –15   使用 VAR 模型进行预测效果

以上数据和 Stata 软件程序可扫描下方二维码获取。

liti6.2.dta 下载

liti6.2.do 下载

本章习题

1. ARMA(p,q) 模型的弱平稳性条件有哪些?

2. 如何根据 ACF 和 PACF 构建正确的模型?

3. 向量自回归模型平稳性的充要条件有哪些?

4. 向量自回归模型的脉冲响应分析与预测误差方差分解如何进行?

5. 如何从标准向量自回归模型推导出结构向量自回归模型?

第六章习题参考答案下载

第七章

面板数据模型

■ 学习目标

1. 认识非观测效应的基本概念及其应用，由此理解计量经济模型遗漏重要解释变量导致模型内生性的原理，进而理解面板数据模型的优势；

2. 掌握固定效应模型和随机效应模型的基本假设与参数的估计方法，并能较为熟练地应用 Stata 软件进行操作；

3. 了解混合回归模型、固定效应模型和随机效应模型三者的区别，并能应用 Stata 软件进行相关检验；

4. 能应用 Stata 软件初步掌握三维面板数据模型的参数估计方法；

5. 能应用 Stata 软件进行面板数据模型的工具变量估计方法。

■ 课程思政与导读

公正公道而不失偏颇

公事在官，是非有理，轻重有法，不可以己私而拂公理，亦不可骫公法以徇人情。——南宋·真德秀《西山政训》

为官办理公事，是非有理，轻重有法，绝不可因为私利去违背公理，也不可枉曲公法去顺应人情，为人处世的

思政与导读

课件

这个道理同样适用于学习计量经济学。在计量经济模型中，如果遗漏了与核心解释变量相关的重要解释变量，就不能得到核心解释变量系数的无偏估计或一致估计。然而，不少体现个体特征的重要解释变量往往无法观测或难以观测，而面板数据模型在一定程度上能够克服这个缺陷，减少甚至消除有失偏颇的情况。

同学们，在为人处世或者学习计量经济学的过程中，你能尽量做到不失偏颇吗？

■ 应用案例

党的二十大报告明确指出，坚持高水平对外开放，加快构建以国内大循环为主体、国内国际双循环相互促进的新发展格局。本章案例主要体现中国开放经济发展存在的问题与具备的特色。从出口贸易来说，互联网是数字经济与数字贸易的基础，因此主要应用省级层面的面板数据模型分析互联网发展对于我国出口贸易增长的影响。从进口贸易来说，主要应用公司层面的面板数据模型分析我国高度开放的进口贸易是否会给我国国内市场带来激烈的竞争，从而给我国新创办的企业进入国内市场带来负面影响。

一方面，不同的个体（国家、省、市、企业、个人）具有不同的不可观测或难以观测的特质，这些不同特质对于个体行为会产生不同的影响，这是个体非观测效应或个体固定效应；另一方面，不同的时期可能会存在一些不可观测或难以观测的因素对所有个体产生共同的影响，这是时间固定效应。我们在应用计量经济模型研究个体行为时必须控制住这些个体固定效应和时间固定效应才能获得参数的无偏或一致估计量，而面板数据模型具有克服固定效应的特别优势，从而通过建立面板数据模型能够更容易获得参数的无偏或一致估计，同时还能够进一步提高模型的估计效率和参数的估计精度。

第一章介绍了横截面数据、时间序列数据、混合横截面数据和面板数据四种类型的数据集。相对于纯粹的横截面数据或纯粹的时间序列数据而言，混合横截面数据和面板数据具有更多优势。混合横截面数据和面板数据具有较大的样本容量，可以提高参数估计量的精度和检验统计量的功效，这是混合横截面数据和面板数据的一个优势；对于面板数据来说，更重要的优势是能够解决纯粹的横截面数据或纯粹的时间序列数据所不能解决的问题。本章从"非观测效应"的基本概念出发，介绍面板数据模型的优势及其基本原理，以及应用 Stata 软件进行面板数据模型估计的基本方法。

第一节 两期面板数据与非观测效应

我们从非观测效应开始讲述为什么要建立面板数据模型来估计模型的参数，从而突出面板数据模型的优势。

一、两期面板数据与非观测效应的模型估计

在前面使用纯粹横截面数据的多元线性回归模型中，并没有考虑非观测效应对于被解释变量的影响。那么，什么是非观测效应？先看下面两个多元线性回归模型：

$$Y_i = \alpha_0 + \alpha X_i + \beta_1 Z_{1i} + \cdots + \beta_{ki} Z_{ki} + \delta_i + \varepsilon_i \qquad (7-1)$$
$$Y_i = \alpha_0 + \alpha X_i + \beta_1 Z_{1i} + \cdots + \beta_{ki} Z_{ki} + u_i \qquad (7-2)$$

在（7-1）式和（7-2）式中，下标 i 为第 i 个个体的编号；Y_i 为模型的被解释变量，X_i 为模型的核心解释变量，Z_{1i} 至 Z_{ki} 为模型的 k 个控制变量；ε_i 和 u_i 为模型的随机扰动项。

在以前使用纯粹横截面数据的多元线性回归模型（7-2）式中，Y_i、X_i、Z_{1i} 至 Z_{ki} 等都是可以观测到的经济变量，而在（7-2）式中并不存在（7-1）式中的 δ_i 这一项，在这种情况下，如果假设模型（7-2）式符合经典线性回归模型的基本假设，可以得到核心解释变量 X_i 系数 α 的无偏或一致估计量。然而，在研究实际经济问题时，被解释变量 Y_i 不仅会受到核心解释变量 X_i 以及与 X_i 相关的 Z_{1i} 至 Z_{ki} 等控制变量的影响，而且还会受到不随时间变化的、体现个体 i 自身特征的、不可观测的因素 δ_i 的影响，（7-1）式中的这个因素 δ_i 对于被解释变量 Y_i 的影响就称为个体的非观测效应（unobserved effect）或个体的固定效应（fixed effect）。在经济学领域，个体的非观测效应是比较普遍存在的不可忽略的问题。

在模型（7-2）式中，实际上 $u_i = \delta_i + \varepsilon_i$。如果个体不可观测因素 δ_i 与核心解释变量 X_i 相关（这种情况在经济学领域比较普遍），则模型（7-2）式中的核心解释变量 X_i 就与随机扰动项 u_i 相关，从而使用普通最小二乘法（OLS）就无法得到核心解释变量 X_i 系数 α 的无偏或一致估计量。因此，使用纯粹的横截面数据模型可能难以解决参数 α 的无偏或

一致估计问题。[1]

如果对于每一个个体 i 拥有两期数据即如果有了两期面板数据，我们就能够解决参数 α 的无偏或一致估计问题。对于第一期数据（$t=1$），模型（7-1）式可以写为（最后一个下标 1 代表第一期）：

$$Y_{i1} = \alpha_0 + \alpha X_{i1} + \beta_1 Z_{1i1} + \cdots + \beta_{ki} Z_{ki1} + \delta_i + \varepsilon_{i1} \qquad (7-3)$$

对于第二期数据（$t=2$），模型（7-1）式可以写为（最后一个下标 2 代表第二期）：

$$Y_{i2} = \alpha_0 + \theta \times t + \alpha X_{i2} + \beta_1 Z_{1i2} + \cdots + \beta_{ki} Z_{ki2} + \delta_i + \varepsilon_{i2} \qquad (7-4)$$

在（7-4）式中，使用时间虚拟变量 t 来体现随着时间从第一期到第二期的变化对被解释变量 Y_i 的影响（注意在这里 $t \equiv 1$），即在第一期时间里存在着一些因素对所有个体存在着共同的影响。同样，在第二期时间里也存在着一些因素对所有个体存在着共同的影响，但是两期的影响因时间改变而不同，即虚拟变量 t 反映了不随个体变化而随时间变化的因素对被解释变量的影响效应，这种影响效应我们称为时间固定效应。

将（7-4）式减去（7-3）式可以得到以下模型：

$$\Delta Y_i = \theta + \alpha \Delta X_i + \beta_1 \Delta Z_{1i} + \cdots + \beta_{ki} \Delta Z_{ki} + v_i \qquad (7-5)$$

其中，$\Delta Y_i = Y_{i2} - Y_{i1}$，$\Delta X_i = X_{i2} - X_{i1}$，$\Delta Z_{1i} = Z_{1i2} - Z_{1i1}$，$\cdots$，$\Delta Z_{ki} = Z_{ki2} - Z_{ki1}$，$v_i = \varepsilon_{i2} - \varepsilon_{i1}$。通过（7-4）式和（7-3）式两式相减得到（7-5）式就消去了非观测因素 δ_i 这一项。显然，在（7-1）式符合经典线性回归模型基本假设的情况下，模型（7-5）式也符合经典线性回归模型的基本假设，于是，我们根据模型（7-5）式就可以使用 OLS 得到核心解释变量 X_i 系数 α 的无偏或一致估计量。

由以上分析可见，在一定的条件下，两期面板数据能够解决单纯的横截面数据无法解决的问题。

二、案例与 Stata 应用

现在举例说明在存在个体固定效应和时间固定效应的情况下，如何使用两期面板数据得到核心解释变量的无偏估计量。

【例题 7.1】从理论上来说，经济中的失业率上升是导致社会上犯罪率上升的重要原因。数据集 liti7.1.dta 提供了 1982 年和 1987 年美国 46 个城市的犯罪率（crmrte，单位：每千人犯罪的次数）和失业率（unemrte，单位:%）数据[2]，该数据集各变量的描述性统计结果如表 7-1 所示，其中，*state*

liti7.1.dta 下载

---

① 如果能够找到合适的工具变量 *IV*，该工具变量 *IV* 只是通过影响核心解释变量 *X* 的唯一途径影响被解释变量 *Y*，即工具变量 *IV* 同随机干扰项 u_i 不相关，则使用纯粹的横截面数据模型（7-2）式得到的核心解释变量 *X* 系数的工具变量估计量 $\hat{\alpha}_{IV}$ 是一致估计量。问题是寻找这类工具变量一般具有较大的难度。

② liti7.1.dta 来源于"伍德里奇计量经济学数据集"，人大经济论坛：https：//s.pinggu.org。

表示各个城市的代码，$year$ 表示年份，t 为虚拟变量，其中，1982 年 $t=0$，1987 年 $t=1$。

表 7－1 liti7.1.dta 各变量的描述性统计结果

变量	观测值	平均值	标准差	最小值	最大值
$state$	92	23.5	13.349	1	46
$year$	92	84.5	2.514	82	87
$crmrte$	92	100.791	29.843	50.019	179.417
$unemrte$	92	7.972	3.374	2.4	20.3
t	92	0.5	0.503	0	1

资料来源：根据 liti7.1.dta 统计整理得到。

如果没有考虑到个体固定效应和时间固定效应，就可能建立如下计量经济模型：

$$crmrte_{it} = \alpha + \beta unemrte_{it} + \varepsilon_{it} \qquad (7-6)$$

在（7－6）式中，从理论上来说，预期参数 β 大于零。如果使用 1982 年的纯粹横截面数据（$t=0$）和 OLS 方法估计以上模型，得到表 7－2 第（1）列的估计结果，其中参数 β 的估计值为 1.307，它虽然大于零，但没有通过 10% 显著性水平的 t 检验；如果使用 1987 年的纯粹横截面数据（$t=1$）和 OLS 方法估计以上模型，则得到表 7－2 第（2）列的估计结果，这时参数 β 的估计值变为比较奇怪的 -4.161，它小于零，同预期的符号相反，同时参数 β 的估计值也没有通过 10% 显著性水平的 t 检验。

liti7.1.do 下载

使用 Stata 软件获得表 7－2 估计结果的命令代码详见文件 liti7.1.do。

表 7－2 模型的估计结果

变量	（1）	（2）	（3）	（4）	（5）
$unemrte$	1.307 (1.027)	−4.161 (3.416)	0.427 (1.188)		
t			7.940 (7.975)		
$\Delta unemrte$				2.218** (0.878)	−0.0181 (0.609)
$\_cons$	84.57*** (10.90)	128.4*** (20.76)	93.42*** (12.74)	15.40*** (4.702)	
R^2	0.0355	0.0326	0.0122	0.1270	0.0000
N	46	46	92	46	46

注：Note：Standard errors in parentheses，*、**、*** 分别表示在 10%、5%、1% 的显著性水平下显著。

鉴于以上两个纯粹的横截面数据集所得到参数 β 的估计值具有不同的符号，有人就想将以上两个纯粹的横截面数据混合在一起，构成一个混合横截面数据集来估计以下模型：

$$crmrte_{it} = \alpha + \theta \times t + \beta\, unemrte_{it} + \varepsilon_{it} \qquad (7-7)$$

在（7-7）式中，1982 年 $t=0$，1987 年 $t=1$。使用这两年的混合数据集和 OLS 方法估计以上模型得到表 7-2 第（3）列的估计结果，其中参数 β 的估计值为 0.427，它虽然大于零，但是也没有通过 10% 显著性水平的 t 检验。

从理论上来说，各个城市的犯罪率实际上不仅会受到其失业率的影响，而且还会受到各个城市的地理因素、经济因素和社会因素等多方面不随时间变化的不可观察特征的影响，即各个城市的犯罪率存在个体不可观察效应或个体固定效应，而且各城市的不可观测效应同失业率相关，以上模型（7-6）式和（7-7）式实际上都遗漏了不可观察效应，因此，以上参数 β 的估计值都不是无偏估计量。

在考虑不可观察效应的情况下，应该建立如下计量经济模型：

$$crmrte_{it} = \alpha + \theta \times t + \beta\, unemrte_{it} + \delta_i + \varepsilon_{it} \qquad (7-8)$$

在（7-8）式中，1982 年 $t=0$，1987 年 $t=1$。使用 1982 年的模型减去 1987 年的模型便得到如下模型：

$$\Delta crmrte_i = \theta + \beta \times \Delta unemrte_i + v_i \qquad (7-9)$$

其中，$\Delta crmrte_i = crmrte_{i1} - crmrte_{i0}$，$\Delta unemrte_i = unemrte_{i1} - unemrte_{i0}$，因为由 1982 年和 1987 年的横截面数据集所构成的混合数据集也是一个平衡面板数据集，根据这个数据集可以得到 $\Delta crmrte_i$ 和 $\Delta unemrte_i$ 的数据，使用这些数据和 OLS 方法估计模型（7-9）式，可以得到表 7-2 第（4）列的估计结果，其中参数 β 的估计值为 2.218，它大于零并且通过了 5% 显著性水平的 t 检验，与理论分析的结果是一致的。这个估计结果表明，失业率每提高 1 个百分点，每千人犯罪的次数会显著提高平均大约 2.218 人次。可见，失业率上升会显著地带来较大的社会犯罪危害。

模型（7-8）式或者（7-9）式不仅考虑了个体固定效应，而且通过虚拟变量 t 考虑了时间固定效应，这个时间固定效应就是参数 θ 的估计值 15.40，它通过了 1% 显著性水平下的 t 检验，其含义是，1982~1987 年，即使失业率没有发生变化，1987 年每千人的犯罪率仍然要比 1982 年显著地高出平均大约 15.4 人次。鉴于（7-8）式或者（7-9）式综合考虑了个体固定效应和时间固定效应，基本上可以认为参数 β 的估计值 2.218 是参数 β 的无偏估计量。

如果（7-8）式不考虑时间固定效应 t，即将模型（7-9）式去掉 θ 这一个截距项，则得到表 7-2 第（5）列的估计结果，其中参数 β 的估计值为 -0.0181，它小于零并且没有通过 10% 显著性水平下的 t 检验。显然，该估计值不是参数 β 的无偏估计量。

以上案例直观地表明，只有考虑了同核心解释变量相关的个体固定效应和时间固定效应之后，才可能得到核心解释变量系数的无偏或一致估计。否则，如果遗漏了与核心解释变量相关的重要解释变量，就难以得到无偏或一致估计。

第二节 固定效应模型

对于由 (7-3) 式和 (7-4) 式所构成的两期面板数据模型来说，通过将两式差分得到 (7-5) 式，使用 OLS 方法由 (7-5) 式得到的差分估计量 $\hat{\alpha}$ 是线性无偏估计量。但是，由于差分过程中无法考虑 (7-3) 式的随机扰动项 ε_{i1} 和 (7-4) 式的随机扰动项 ε_{i2} 这两者之间的相关性，因此，两期面板数据模型无法考虑到差分估计量 $\hat{\alpha}$ 的有效性问题。为此，我们下面考虑多于两期的面板数据模型，以解决参数估计的有效性问题。

一、面板数据模型的分类

面板数据模型的一般形式如下：

$$Y_{it} = \alpha_0 + \alpha X_{it} + \beta_1 Z_{1it} + \cdots + \beta_{ki} Z_{kit} + \delta_i + \delta_t + \varepsilon_{it} \tag{7-10}$$

其中，下标 i 代表第 i 个个体（如国家、地区、公司、家庭、个人等），$i = 1, 2, 3, \cdots, N$；下标 t 代表时间（如年份、季度、月份等），$t = 1, 2, 3, \cdots, T$；$T > 2$；Y 为被解释变量，X 为核心解释变量，$Z_1, Z_2, \cdots, Z_k$ 为控制变量；δ_i 为不随时间变化的个体固定效应，该变量没有时间下标 t；δ_t 为随时间变化而不随个体变化的时间固定效应，该变量没有个体下标 i；ε_{it} 是模型的随机扰动项；α_0，α 和 $\beta_1, \cdots, \beta_k$ 是模型的待估计参数。

根据个体固定效应 δ_i 是否同任一解释变量 $X, Z_1, Z_2, \cdots, Z_k$ 相关的不同，面板数据模型分为以下三种类型：

（1）如果个体固定效应 δ_i 同任一解释变量 $X, Z_1, Z_2, \cdots, Z_k$ 相关，这种模型称为固定效应模型；

（2）如果个体固定效应 δ_i 同任一解释变量 $X, Z_1, Z_2, \cdots, Z_k$ 不相关，这种模型称为随机效应模型；

（3）如果个体固定效应 δ_i 几乎不存在，以至于个体固定效应 δ_i 的方差 σ_δ^2 相对于随机扰动项 ε_{it} 的方差 σ_ε^2 为零，即如果 $\sigma_\delta^2 / (\sigma_\varepsilon^2 + \sigma_\delta^2) = 0$，则这种模型称为混合回归模型。

以上模型 (7-10) 式的面板数据模型是两个维度的面板数据模型，即数据包括个体维度和时间维度这两个维度，例如表 7-3 展示了一个二维面板数据的例子，其中个体的维度是中国的各省市（变量名称为 state），时间维度是 2011～2017 年（变量名称是 year），export、internet、popinten 和 agrarea 是模型中的各变量。

表 7-3 一个二维面板数据的例子

省市 （state）	年份 （year）	出口额 （export）	互联网域名数 （internet）	人口密度 （popinten）	城区面积 （agrarea）
安徽	2011	1 108.98	9.39	2 265.00	5 573.00
安徽	2012	1 650.97	11.93	2 401.00	5 569.00
…	…	…	…	…	…

续表

省市 (state)	年份 (year)	出口额 (export)	互联网域名数 (internet)	人口密度 (popinten)	城区面积 (agrarea)
安徽	2016	1 710.30	74.54	2 487.00	6 100.00
安徽	2017	1 865.85	72.15	2 535.00	6 082.00
…	…	…	…	…	…
北京	2011	3 830.02	106.13	1 428.00	12 187.00
北京	2012	3 644.99	125.59	1 464.00	12 187.00
…	…	…	…	…	…
北京	2016	3 067.48	645.74	1 145.00	16 410.00
北京	2017	3 478.64	537.46	1 144.00	16 410.00
…	…	…	…	…	…
福建	2011	6 026.91	52.81	2 306.00	4 481.00
福建	2012	6 032.53	81.57	2 388.00	4 501.00
…	…	…	…	…	…
福建	2016	6 178.57	509.59	2 758.00	4 441.00
福建	2017	6 341.85	882.49	2 854.00	4 474.00

资料来源：根据国家统计局官方网站（http://www.stats.gov.cn）提供的数据整理得到。

除了两个维度的面板数据模型之外，还有多个维度的面板数据模型。例如，某个三维面板数据模型具有（7-11）式的形式：

$$Y_{ijt} = \alpha_0 + \alpha X_{ijt} + \beta_1 Z_{1ijt} + \cdots + \beta_{ki} Z_{kijt} + \delta_i + \delta_j + \delta_t + \varepsilon_{ijt} \tag{7-11}$$

模型（7-11）式与（7-10）式的区别是：（7-11）式各变量的下标多了一个 j，同时多了一个固定效应 δ_j，这里的下标 i 代表个体（企业）所处的地区或城市，下标 j 代表个体（企业）所处的行业，下标 t 代表时间。（7-11）式的面板数据具有三个维度，其数据结构如表7-4所示，其中第一个维度（AdmCode）是个体（企业）所处的地区或城市（1100 是地区代码，还有其他代码，表中省略）；第二个维度（ICcode）是个体（企业）所处的行业（13，14，15，…是行业代码）；第三个维度（year）是时间或年份（还有其他年份，表中省略）；EnR_A、$\ln POP$、$\ln Wage$、$\ln GDP_{pc}$ 等是模型中的变量。

表7-4　　　　　　　　　　一个三维面板数据的例子

地区 (AdmCode)	年份 (Year)	行业 (ICcode)	新企业进入率 (EnR_A)	总人口 (lnPOP)	平均工资 (lnWage)	人均 GDP (lnGDPpc)
1100	2001	13	8.90	7.02	9.86	10.15
1100	2001	14	4.69	7.02	9.86	10.15
…	…	…	…	…	…	…

地区 （AdmCode）	年份 （Year）	行业 （ICcode）	新企业进入率 （EnR_A）	总人口 （lnPOP）	平均工资 （lnWage）	人均GDP （lnGDPpc）
1100	2001	20	31.39	7.02	9.86	10.15
1100	2001	21	5.13	7.02	9.86	10.15
…	…	…	…	…	…	…
1100	2001	28	5.90	7.02	9.86	10.15
1100	2001	29	16.52	7.02	9.86	10.15
…	…	…	…	…	…	…
1100	2001	32	3.13	7.02	9.86	10.15
1100	2001	33	5.35	7.02	9.86	10.15
…	…	…	…	…	…	…

资料来源：陈建伟，苏丽锋，郭思文.进口渗透、需求异质性与企业进入［J］.中国工业经济，2021（7）：175－192.

接下来讨论具有模型（7－10）式这种形式的二维面板数据模型的基本假设、参数估计的方法与参数估计量的性质，三维面板数据模型的估计在 Stata 软件的应用中举例讲解。

二、固定效应模型及其参数估计方法

先考虑只存在个体固定效应而不存在时间固定效应的以下二维面板数据模型的估计方法：

$$Y_{it} = \alpha_0 + \alpha X_{it} + \beta_1 Z_{1it} + \cdots + \beta_{ki} Z_{kit} + \delta_i + \varepsilon_{it}$$
$$(i = 1,2,3,\cdots,N; t = 1,2,3,\cdots,T) \tag{7-12}$$

对于以上固定效应模型有两种估计方法：一种是进行固定效应变换或称为组内变换；另一种是对固定效应进行虚拟变量回归。

所谓固定效应变换就是对方程（7－12）式当中的每一个个体 i 求其各变量在时间上的平均值（注意在任何时间上 δ_i 总是不变的），得到如下方程：

$$\overline{Y}_i = \alpha_0 + \alpha \overline{X}_i + \beta_1 \overline{Z}_{1i} + \cdots + \beta_k \overline{Z}_{ki} + \delta_i + \overline{\varepsilon}_i \tag{7-13}$$

其中，$\overline{Y}_i = \left(\frac{1}{T}\right)\sum_{t=1}^{T} Y_{it}$；$\overline{X}_i = \left(\frac{1}{T}\right)\sum_{t=1}^{T} X_{it}$；$\overline{Z}_{1i} = \left(\frac{1}{T}\right)\sum_{t=1}^{T} Z_{1it}$；$\cdots$；$\overline{Z}_{ki} = \left(\frac{1}{T}\right)\sum_{t=1}^{T} Z_{kit}$；$\overline{\varepsilon}_i = \left(\frac{1}{T}\right)\sum_{t=1}^{T} \varepsilon_{it}$。

采用类似前面两期面板数据的差分方法，将（7－12）式减去（7－13）式可以消去方程中代表不可观察效应的 δ_i 项，得到：

$$\tilde{Y}_{it} = \alpha \, \tilde{X}_{it} + \beta_1 \tilde{Z}_{1it} + \cdots + \beta_k \tilde{Z}_{kit} + \tilde{\varepsilon}_{it} \tag{7-14}$$
$$(i = 1, 2, 3, \cdots, N; t = 1, 2, 3, \cdots, T)$$

其中，$\tilde{Y}_{it} = Y_{it} - \overline{Y}_i$；$\tilde{X}_{it} = X_{it} - \overline{X}_i$；$\tilde{Z}_{1it} = Z_{1it} - \overline{Z}_{1i}$；$\cdots$；$\tilde{Z}_{kit} = Z_{kit} - \overline{Z}_{ki}$；$\tilde{\varepsilon}_{it} = \varepsilon_{it} - \overline{\varepsilon}_i$。

通过以上变换消去不可观察效应的δ_i项之后，现在我们可以将面板数据看作由多个时点上的横截面数据构成的混合横截面数据，直接使用 OLS 方法估计模型（7-14）式便可以得到模型（7-12）式或（7-14）式中 α 和 β_1，$\cdots$，β_k 等参数的估计量 $\hat{\alpha}$ 和 $\hat{\beta}_1$，$\cdots$，$\hat{\beta}_k$，这种方法得到的这些估计量称为组内估计量（within estimator）或固定效应估计量（fixed effect estimator）。只要（7-12）式能满足以下假设 1～假设 4 的条件，则组内估计量就是无偏估计量，而且当 T 固定而 N 趋于无穷大时则组内估计量是一致估计量；当满足以下全部条件时，组内估计量是最佳线性无偏估计量。

假设 1：每个横截面样本是随机样本；

假设 2：每个解释变量在时间维度上是变化的而不是不变的；

假设 3：解释变量中不存在完全共线性关系；

假设 4：对于每个 t，$E(\varepsilon_{it} \mid X_i, Z_{1i}, \cdots, Z_{ki}, \delta_i) = 0$；

假设 5：对于所有的 $t = 1, 2, 3, \cdots, T$，则 $\mathrm{Var}(\varepsilon_{it} \mid X_i, Z_{1i}, \cdots, Z_{ki}, \delta_i) = \mathrm{Var}(\varepsilon_{it}) = \sigma_{\varepsilon}^2$；

假设 6：当 $t \neq s$ 时，$\mathrm{Cov}(\varepsilon_{it}, \varepsilon_{is} \mid X_i, Z_{1i}, \cdots, Z_{ki}, \delta_i) = 0$。

如果直接使用各变量在时间上的平均值对（7-13）式进行 OLS 回归，这样得到的 α_0，α 和 β_1，$\cdots$，β_k 对应的估计量 $\hat{\alpha}_0$，$\hat{\alpha}$ 和 $\hat{\beta}_1$，$\cdots$，$\hat{\beta}_k$，称为组间估计量（between estimator），由于个体固定效应 δ_i 同其中的解释变量 X，Z_1，Z_2，$\cdots$，Z_k 相关，因此，组间估计量显然不是无偏估计量。

如果（7-12）式当中的 N 不是很大，还可以使用虚拟变量回归的方法来估计模型当中的参数，即针对不同的个体 i，将 N 个个体的不可观察效应 δ_i（$i = 1, 2, 3, \cdots, N$）分别设置（$N-1$）个虚拟变量，然后使用 OLS 方法直接对模型（7-12）式进行回归，这样不仅可以得到 α_0，α 和 β_1，$\cdots$，β_k 对应的估计量 $\hat{\alpha}_0$，$\hat{\alpha}$ 和 $\hat{\beta}_1$，$\cdots$，$\hat{\beta}_k$，而且可以直接得到各虚拟变量系数的估计值（即不可观测效应的大小）。使用虚拟变量回归所得到的参数估计量及其标准误以及其他主要统计量同使用固定效应变换方法所得到的结果是一样的。当然，如果（7-12）式当中的 N 很大（有些样本特别是微观数据样本其中的个体数量甚至多达上百万个），在这种情况下使用虚拟变量回归可能就不是一种方便的估计参数方法。

在面板数据中，N 较大而 T 较小的面板数据通常称为短面板。对于 N 较大而 T 较小的固定效应模型（7-12）式，在既考虑个体固定效应又考虑时间固定效应的情况下（通常称为双向固定效应，two-way fixed effect），只要将 T 个时期的时间固定效应 δ_t 分别设置（$T-1$）个虚拟变量，然后使用上述固定效应变换就可以得到 α_0，α 和 β_1，$\cdots$，β_k 对应的估计量 $\hat{\alpha}_0$，$\hat{\alpha}$ 和 $\hat{\beta}_1$，$\cdots$，$\hat{\beta}_k$ 以及各时间虚拟变量的系数估计量。

在固定效应模型满足以上假设 5 和假设 6 的情况下保证了参数估计量的有效性问题。对于 N 较大而 T 较小的固定效应模型，它可能会违背以上假设 5 和假设 6，在这种情况下，比较普遍使用聚类（cluster）方法得到参数估计量的聚类稳健标准误和检验统计量，从而保证了参数估计量的有效性。下面在 Stata 软件的应用中将展示得到聚类稳健标准误和相关统计量的方法。

三、案例与 Stata 应用

下面通过详细的例子说明如何使用 Stata 软件估计二维面板数据模型。

【例题 7.2】互联网是数字贸易与数字经济的基础。21 世纪以来中国的出口贸易和互联网事业都获得了快速发展，其中互联网的快速发展可能会推动出口贸易的快速发展。为此，建立以下固定效应面板数据模型：

$$\ln export_{it} = \alpha + \beta \ln internet1_{it} + \sum \gamma Z_{it} + \delta_i + \delta_t + \varepsilon_{it} \qquad (7-15)$$

其中，下标 i 代表省市个体，下标 t 代表年份；被解释变量 $\ln export$ 为各省市经过价格指数调整的出口额对数，核心解释变量 $\ln internet1$ 为各省市的互联网域名数；控制变量 Z_{it} 包括人口密度（$popinten$）、城区面积（$agrarea$）和年末常住人口数量（pop）；δ_i 和 δ_t 分别为个体固定效应和年份固定效应，ε_{it} 为模型的随机扰动项；α、β 和 γ 是需要估计的参数。我们最关心的是我国互联网发展是否显著促进了出口贸易的发展，即核心解释变量 $\ln internet1$ 其系数 β 是否大于零。这里以中国各省市为样本，样本期间为 2011～2017 年，样本数据在 liti7.2.dta 文件中[①]，各变量的度量单位和数据的描述性统计结果如表 7－5 所示。

liti7.2.dta 下载

表 7－5　　　　　　　　【例题 7.2】各变量代号、度量单位及数据的描述统计结果

变量	变量名称	观测值	平均值	标准差	最小值	最大值
$export$	省市出口额（亿元）	210	4 260.024	7 572.296	24.611	37 491.172
$internet1$	互联网域名数（万个）	210	74.417	126.898	0.39	882.49
$popinten$	人口密度（人/平方公里）	210	2 771.29	1 162.023	515	5 821
$agrarea$	城区面积（平方公里）	210	6 224.871	5 217.432	337	22 734
pop	年末常住人口（万人）	210	4 473.005	2 855.49	309	12 141

资料来源：根据数据集 liti7.2.dta 统计整理。

使用 Stata 代码指令（见 liti7.2.do 下载）可以得到如表 7－6 所示的估计结果。在 liti7.2.do 文件中最后一行代码是：

xtreg lnexport lninternet1 lnpopinten lnagrarea lnpop i.year,fe r

其中，命令 xtreg 表示要求估计面板数据模型的组内估计量；i.year 表示年份虚拟变量，要求估计年份固定效应；fe 表示要求估计个体固定效应，r(robust) 表示要求给出参数估计量的异方差稳健标准误及其 t 统计量。

liti7.2.do 下载

---

① liti7.2.dta 中的数据根据国家统计局官方网站（http://www.stats.gov.cn）提供的数据整理得到。

表 7 – 6　　　　　　　　　　　　　　　（7 – 15）式的参数估计结果

变量	(1)	(2)	(3)	(4)
ln*internet*1	0.1664 ** (2.541)	0.1607 ** (2.406)	0.1609 ** (2.387)	0.1592 ** (2.511)
ln*popinten*		−0.0901 (−0.684)	−0.3794 (−0.428)	−0.6473 (−0.912)
ln*agrarea*			−0.3386 (−0.316)	−0.6401 (−0.722)
ln*pop*				2.1569 (0.728)
Constant	6.6325 *** (42.265)	7.3449 *** (6.944)	12.4105 (0.788)	−0.4901 (−0.017)
个体固定效应	YES	YES	YES	YES
年份固定效应	YES	YES	YES	YES
Observations	210	210	210	210
R-squared	0.163	0.164	0.169	0.183
省市个数	30	30	30	30

　　注：Robust t-statistics in rentheses，*、**、***分别表示在 10%、5%、1%的显著性水平下显著。

　　由表 7 – 6 第（4）列可见，核心解释变量 ln*internet*1 的系数估计值为 0.1592，该估计值大于零，并且通过了 5% 显著性水平的 t 检验。鉴于模型（7 – 15）式存在内生性问题，核心解释变量 ln*internet*1 的系数估计值 0.1592 并不是无偏估计量或一致估计量，因此，我们暂时对此结果不作解释，留待后面处理了模型的内生性得到一致估计后再作解释。

　　接下来通过例子说明如何使用 Stata 软件估计三维面板数据模型。

　　【例题 7.3】本例题选自陈建伟等（2021）的论文"进口渗透、需求异质性与企业进入"。[①] 基于搜寻模型的新企业进入市场的理论分析表明，对于一家新创办的企业来说，这家新企业进入国内市场时要面临着已经在位的国内企业和国内进口品的国外出口企业的竞争。在保持其他条件不变的情况下，某个地区中某个行业的进口渗透率越高，则国内市场上该行业新企业进入率就会越低。新企业进入率（*EnR_A*）与进口渗透率（*IMP_AC*）的计算方法如下：

第 t 年 j 地区 i 行业的企业进入率 *EnR_A* =（第 t 年 j 地区 i 行业新企业总产值）
$$÷（第 t 年 j 地区 i 行业企业总产值）$$

第 t 年 j 地区进口渗透率 *IMP_AC* =（第 t 年 j 地区进口额）
$$÷［第 t 年 j 地区的（地区生产总值 + 进口额 − 出口额）］$$

　　①　陈建伟，苏丽锋，郭思文 . 进口渗透、需求异质性与企业进入 ［J］. 中国工业经济，2021（7）：175 – 192.

现建立以下面板数据固定效应模型来估计进口渗透率对于企业进入率的影响，并在地级及以上城市（$AdmCode4$）层面获得聚类稳健标准误。

$$EnR\_A_{ijt} = \alpha + \beta \, IMP\_AC_{jt-1} + \gamma \, Z_{jt-1} + \mu_{it} + \theta_t + \delta_j + \varepsilon_{ijt} \qquad (7-16)$$

在模型（7-16）式中，下标 i 为行业（二位码代表的制造业行业大类），下标 j 为地区（地级及以上城市的全区域，不包括自治州），下标 t 代表年份；被解释变量 EnR_A_{ijt} 为第 t 年地区 j 在行业 i 的企业进入率，核心解释变量 IMP_AC_{jt-1} 为滞后一期的地区 j 的进口渗透率；Z_{jt-1} 为滞后一期的控制变量，这些控制变量包括年末总人口的对数（$\ln POP$）、在岗职工平均工资的对数（$\ln Wage$）、人均 GDP 的对数（$\ln GDPpc$）、实际使用外资金额的对数（$\ln ForI$）、工业企业总资产中国有企业所占比重（$StaSh$）、本地区出口额/样本区间内最大出口额（$RaEXP$）等。μ_{it} 是行业—时间效应（行业趋势）；δ_j 为省份和直辖市（$AdmCode2$，海关编码的前 2 位数）的固定效应；θ_t 为年份固定效应；ε_{ijt} 为模型的随机扰动项。α、β 和 γ 为模型的待估计参数。

陈建伟等（2021）选择微观层面的中国企业作为样本，样本数据拥有行业—地区—年份三个维度，样本数据在 liti7.3. dta 文件中[①]，各变量的符号、名称和描述性统计结果如表 7-7 所示。使用 Stata 软件的代码命令（详见 liti7.3. do 文件）对固定效应模型（7-16）式进行估计得到如表 7-8 所示的结果。

表 7-7　　　　　　　　　　（7-16）式各变量的样本描述性统计结果

变量	观测值	平均值	标准差	最小值	最大值
$AdmCode4$	137 869	168.963	98.196	1	364
$year$	137 869	2 008.358	4.538	2 001	2 016
$ICcode2$	137 869	15.626	8.611	1	30
Rho_it	137 869	273.606	155.06	3	539
$AdmCode2$	137 869	15.697	7.603	1	31
EnR_A	62 705	15.824	23.387	0	100
IMP_AC	69 904	0.105	0.249	0	3.623
$\ln POP$	86 996	5.908	0.657	2.771	8.115
$\ln Wage$	95 789	9.852	0.531	8.48	11.347
$\ln GDPpc$	95 574	9.677	0.826	7.237	12.115
$\ln ForI$	84 063	9.356	1.91	0.693	14.233
$StaSh$	84 997	20.971	21.226	0	100
$RaEXP$	79 487	1.546	6.11	0	100
t	137 869	2 008.358	4.538	2 001	2 016

资料来源：根据 liti7.3. dta 统计整理得到。

[①] liti7.3. dta 下载于《中国工业经济》杂志社网站（http：//ciejournal. ajcass. org）。

表7-8　　　　　　　　　　　模型（7-16）式的估计结果

变量	(1)	(2)
IMP_AC	-5.3079*** (1.1504)	-2.9687** (1.2561)
lnPOP		-6.7746*** (0.6542)
lnWage		8.5752*** (2.0153)
lnGDPpc		-9.6370*** (1.1226)
lnForI		-0.7377** (0.2985)
StaSh		0.0200 (0.0166)
RaEXP		0.0674* (0.0386)
_cons	14.8679*** (0.4022)	72.1657*** (15.1289)
Obs	47 786	37 810
Adj. R^2	0.1801	0.2299
F-stat	21.2900	60.0199

注：Standard errors in parentheses，*、**、***分别表示在10%、5%、1%的显著性水平下显著。

这里有必要对liti7.3.do文件中的以下这行命令进行必要的解释。

reghdfe EnR_A IMP_AC $z,a(t Rho_it AdmCode2)cl(AdmCode4)

liti7.3.dta 下载　　　　　　　liti7.3.do 下载

　　由于模型（7-16）式存在地区—行业—时间三个维度，而 xtreg 命令只能估计两个维度的组内估计量，所以这里要使用具有多维功能的 reghdfe 命令来估计（7-16）式的参数。其中，a（t Rho_it AdmCode2）当中的 a（absorb 的缩写）表示控制了时间固定效应（t）、行业—时间效应（Rho_it）、省直辖市固定效应（AdmCode2），cl（AdmCode4）当中的 cl（cluster 的缩写）表示在地级及以上城市（AdmCode4）上聚类获得聚类稳健标准误。

从表 7－8 第（2）列可见，核心解释变量 IMP_AC 的系数估计值为 －2.9687，该估计值小于零，并且通过了 5% 显著性水平下的 t 检验。同前面一个例题相类似，鉴于模型（7－16）式可能存在内生性问题，核心解释变量 IMP_AC 的系数估计值 －2.9687 并不是一致估计量。因此，我们暂时对此结果不作解释，留待后面处理了模型的内生性得到一致估计量之后再作解释。

第三节　随机效应模型与面板数据模型的工具变量法

在面板数据模型中，虽然固定效应模型是最为常见的模型，但有时也会出现随机效应模型甚至混合 OLS 回归模型。

一、随机效应模型及其参数的估计

对于以下（7－17）式来说，如果核心解释变量 X_{it} 与非观测效应 δ_i 不相关，即如果对于 $i=1$，2，3，$\cdots$，N 与 $t=1$，2，3，$\cdots$，T，存在 $\mathrm{Cov}(X_{it},\delta_i)=0$，则（7－17）式就是随机效应模型（random effects model）。

$$Y_{it}=\alpha_0+\alpha X_{it}+\beta_1 Z_{1it}+\cdots+\beta_k Z_{kit}+\delta_i+\varepsilon_{it}$$
$$(i=1,2,3,\cdots,N;t=1,2,3,\cdots,T) \tag{7－17}$$

由于非观测效应 δ_i 与核心解释变量 X_{it} 不相关，所以可以将非观测效应 δ_i 并入随机扰动项 ε_{it}，构成复合误差项 $v_{it}=\varepsilon_{it}+\delta_i$，于是以上（7－17）式可以改写为：

$$Y_{it}=\alpha_0+\alpha X_{it}+\beta_1 Z_{1it}+\cdots+\beta_k Z_{kit}+v_{it} \tag{7－18}$$

以上（7－18）式虽然已经消掉了非观测效应 δ_i，但是我们又发现了新的问题——新的随机扰动项 v_{it} 存在序列相关问题，即对于任何 $t\neq s$ 的情况，如果 $\sigma_\varepsilon^2=\mathrm{Var}(\varepsilon_{it})$，$\sigma_\delta^2=\mathrm{Var}(\delta_i)$，则存在：

$$Corr(v_{it},v_{is})=\frac{\sigma_\delta^2}{\sigma_\delta^2+\sigma_\varepsilon^2}\geq 0 \tag{7－19}$$

当 $Corr(v_{it},v_{is})=0$ 时，由于 v_{it} 不存在序列相关，就可以直接采用 OLS 对（7－18）式进行混合回归，得到（7－17）式参数的最佳线性无偏估计量以及其他相关统计量。然而，当 $Corr(v_{it},v_{is})>0$ 时，由于 v_{it} 存在正的序列相关，我们就无法采用 OLS 对（7－18）式进行混合回归。否则，所得到的参数估计量就不是有效估计量。为此，借鉴前面讲过的广义最小二乘法（GLS）对（7－18）式进行变换得到以下模型：

$$(Y_{it} - \theta \overline{Y}_i) = \alpha(X_{it} - \theta \overline{X}_i) + \beta_1(Z_{1it} - \theta \overline{Z}_{1i}) + \cdots + \beta_k(Z_{kit} - \theta \overline{Z}_{ki}) + (v_{it} - \theta \overline{v}_i)$$

$$(7-20)$$

其中，$\overline{Y}_i = (1/T)\left(\sum_{t=1}^{T} Y_{it}\right)$；$\overline{X}_i = (1/T)\left(\sum_{t=1}^{T} X_{it}\right)$；$\overline{Z}_{1i} = (1/T)\left(\sum_{t=1}^{T} Z_{1it}\right)$；$\cdots$；$\overline{Z}_{ki} = (1/T)\left(\sum_{t=1}^{T} Z_{kit}\right)$；$\overline{v}_i = (1/T)\left(\sum_{t=1}^{T} v_{it}\right)$。参数 θ 的定义为：

$$\theta = 1 - \left[\frac{\sigma_\varepsilon^2}{\sigma_\varepsilon^2 + T\sigma_\delta^2}\right]^{1/2}$$

$$(7-21)$$

可以证明，（7-20）式中的复合误差项 $(v_{it} - \theta \overline{v}_i)$ 并不存在序列相关问题。如果能够先估计出参数 θ 的估计值 $\hat{\theta}$，然后使用估计值 $\hat{\theta}$ 代替参数 θ，我们就可以对模型（7-20）式直接进行 OLS 混合回归估计，这样得到的估计量称为随机效应估计量（random effects estimator）。如果（7-17）式满足以下假设，则随机效应估计量是最佳一致估计量。

假设 1：每个横截面样本是随机样本；

假设 2：每个解释变量在时间维度上是变化的而不是不变的；

假设 3：解释变量中不存在完全共线性关系；

假设 4：对于每个 t，$E(\varepsilon_{it} \mid X_i, Z_{1i}, \cdots, Z_{ki}, \delta_i) = 0$；

假设 5：对于所有的 $t = 1, 2, 3, \cdots, T$，则 $\mathrm{Var}(\varepsilon_{it} \mid X_i, Z_{1i}, \cdots, Z_{ki}, \delta_i) = \mathrm{Var}(\varepsilon_{it}) = \sigma_\varepsilon^2$；

假设 6：当 $t \neq s$ 时，$\mathrm{Cov}(\varepsilon_{it}, \varepsilon_{is} \mid X_i, Z_{1i}, \cdots, Z_{ki}, \delta_i) = 0$；

假设 7：对于给定的所有解释变量，δ_i 的期望值为常数，即 $E(\delta_i \mid X_i, Z_{1i}, \cdots, Z_{ki}) =$ 常数；

假设 8：对于给定的所有解释变量，δ_i 的方差为常数，即 $\mathrm{Var}(\delta_i \mid X_i, Z_{1i}, \cdots, Z_{ki}) =$ 常数。

需要注意的是，在以上假设条件下，随机效应估计量是一致估计量，但不是无偏估计量。相对于固定的 T，随着 N 的增大，估计量渐近于正态分布。但 N 小而 T 大时，随机效应估计量的性质是未知的，尽管如此，我们在这种情况下可能还是要用到随机效应估计量。

根据（7-20）式可知，当参数 θ 的值为 1 时就是固定效应模型；当参数 θ 的值为零时就是混合回归模型；而参数 θ 的值介于 0 与 1 之间时属于随机效应模型。然而，实际上参数 θ 的估计值 $\hat{\theta}$ 不可能恰好等于 0 或者恰好等于 1。在这种情况下，如果非观测效应 δ_i 非常弱小时参数 θ 的估计值 $\hat{\theta}$ 就会接近 0，这时随机效应的估计结果接近混合回归的估计结果；如果非观测效应 δ_i 比较强，则参数 θ 的估计值 $\hat{\theta}$ 就会接近 1，这时随机效应的估计结果就会接近固定效应模型的估计结果。

在实证研究中，到底应该使用固定效应模型还是随机效应模型，这首先应该根据经济理论的分析结果或根据实际经验来确定是应该建立固定效应模型还是随机效应模型，然后对模型中的参数进行估计。豪斯曼检验（Hausman，1978）从统计学的角度提供了固定效应模型和随机效应模型两者间的选择标准，后面的案例分析中会展示豪斯曼检验的方法。

在以上固定效应模型和随机效应模型中，都假定了模型的解释变量 $(X_i, Z_{1i}, \cdots, Z_{ki})$ 与随机扰动项 (ε_{it}) 不相关，即模型不存在内生性问题。然而，当模型存在内生性时，需要使用合理的工具变量来估计模型才能得到参数的无偏或一致估计量。下面会通过例题说明如何使用 Stata 软件进行两阶段最小二乘法（2SLS）的工具变量估计。

二、案例与 Stata 应用

下面通过 3 个具体的例题说明如何使用 Stata 软件进行面板数据的随机效应估计与工具变量估计。

（一）随机效应估计

【例题 7.4】假如【例题 7.2】所建立的是如下随机效应模型：

$$\ln export_{it} = \alpha + \beta \ln internet1_{it} + \sum \gamma Z_{it} + \delta_i + \varepsilon_{it} \qquad (7-22)$$

现在使用数据集 liti7.4.dta 进行以上模型的参数估计。[①] 数据集 liti7.4.dta 只是比数据集 liti7.2.dta 多了一个工具变量，其他变量和数据同数据集 liti7.2.dta 是相同的。使用以下 Stata 命令（见 liti7.4.do 下载）可以得到随机效应模型（7-22）式的参数估计结果，如图 7-1 所示。在 liti7.4.do 文件中，有以下一行命令：

xtreg lnexport lninternet1 lnpopinten lnagrarea lnpop, re r theta

以上命令中"re"表示进行随机效应模型的参数估计；"r"表示要求给出参数估计值的异方差稳健标准误及其 t 统计量；"theta"表示显示用于随机效应估计的参数 θ 的估计值 $\hat{\theta}$。

liti7.4.dta 下载

liti7.4.do 下载

【例题 7.4】只是演示如何使用 Stata 软件进行随机效应模型的参数估计，而分析中国互联网发展对于中国出口贸易增长的影响到底是应该使用固定效应模型还是应该使用随机效应模型，这必须首先从理论上进行分析，然后结合相关统计检验来作出选择。因此，对于图 7-1 的随机效应模型回归结果，我们在此也不作经济意义上的解释。

---

① liti7.4.dta 来源同 liti7.2.dta。

```
Random-effects GLS regression              Number of obs      =        210
Group variable: stat                       Number of groups   =         30

R-sq:                                       Obs per group:
    within  = 0.0177                            min =          7
    between = 0.6649                            avg =        7.0
    overall = 0.6449                            max =          7

                                            Wald chi2(4)       =      61.84
corr(u_i, X)   = 0 (assumed)                Prob > chi2        =     0.0000
theta          = 0.83846525
```

(Std. Err. adjusted for **30** clusters in stat)

lnexport	Coef.	Robust Std. Err.	z	P>|z|	[95% Conf. Interval]	
lninternet1	0.0682843	0.042927	1.59	0.112	-0.015851	0.1524196
lnpopinten	0.1644435	0.6069392	0.27	0.786	-1.025135	1.354022
lnagrarea	0.4424238	0.6773735	0.65	0.514	-0.8852039	1.770052
lnpop	0.8440138	0.5739517	1.47	0.141	-0.2809109	1.968938
_cons	-4.897173	5.944122	-0.82	0.410	-16.54744	6.753091
sigma_u	0.66205956					
sigma_e	0.28671697					
rho	0.84207115	(fraction of variance due to u_i)				

图 7 - 1　随机效应模型（7 - 22）式的参数估计结果

（二）混合回归模型、固定效应模型与随机效应模型的比较

图 7 - 1 的估计结果表明：

$\sigma_\varepsilon = 0.28671697$，$\sigma_\delta = 0.66205956$，

$$Corr(v_{it}, v_{is}) = \frac{\sigma_\delta^2}{\sigma_\delta^2 + \sigma_\varepsilon^2} = 0.84207115，$$

$\hat{\theta} = 0.83846525$。

从 $\hat{\theta} = 0.83846525$ 可知，参数 θ 的估计值 $\hat{\theta}$ 要比零大得多，模型（7 - 22）式是一个随机效应模型，它不会比混合回归模型更差。Breusch and Pagan（1980）提供了一个检验个体效应的 LM 检验（LM test for individual-specific effects）：

原假设 H_0：$\sigma_\delta^2 = 0$

备择假设 H_1：$\sigma_\delta^2 \neq 0$

如果拒绝假设 H_0，则说明原模型中应该有一个反映个体特性的随机扰动项 δ_i，而不应该使用混合回归。该 LM 检验的 Stata 命令为"xttest0"，检验方法是在先执行了随机效应估计之后再执行该命令的检验，即：

xtreg lnexport lninternet1 lnpopinten lnagrarea lnpop,re r theta

estimates store RE

xttest0

继续【例题7.4】执行以上命令之后得到图7-2所示的结果,其中原假设成立的概率为零,拒绝原假设,表明(7-22)式是一个随机效应模型,而不应该是一个混合回归模型。

```
Breusch and Pagan Lagrangian multiplier test for random effects

    lnexport[stat,t] = Xb + u[stat] + e[stat,t]

Estimated results:
                    |      Var        sd = sqrt(Var)
            lnexport |   2.665329        1.632584
                   e |   0.0822066       0.286717
                   u |   0.4383229       0.6620596

Test:    Var(u) = 0
                        chibar2(01) =     291.24
                        Prob > chibar2 =   0.0000
```

图7-2 随机效应模型还是混合回归模型的检验结果

参数 θ 的估计值 $\hat{\theta}=0.83846525$,$\hat{\theta}$ 比较接近1,那么(7-22)式是固定效应模型更好还是随机效应模型更好?

从理论上来说,由于各省市不随时间变化的一些固有特征,例如是否远离海岸的地理位置、海拔高度、传统文化习俗方面的一系列广义制度因素、商业传统、是否少数民族地区或地区中少数民族的地位、宗教信仰及其种类与信仰程度等,这些因素(即不可观察或难以观测的效应)既会影响到出口贸易的发展,同时也与互联网发展具有较为密切的关系(即不可观察效应与核心解释变量相关)。因此,从理论上来看,在分析中国互联网发展对于中国出口贸易增长的影响时,应该采用固定效应模型而不应该采用随机效应模型。在理论分析的基础上,可以进一步参考如下豪斯曼检验结果来确定是应该使用固定效应模型还是应该使用随机效应模型:

xtreg lnexport lninternet1 lnpopinten lnagrarea lnpop,fe
estimates store FE
xtreg lnexport lninternet1 lnpopinten lnagrarea lnpop,re
estimates store RE
hausman FE RE,constant sigmamore

执行以上命令之后可以得到如图7-3所示的检验结果。该结果表明,p 值为0.0000,因此,强烈拒绝“H_0:个体效应 δ_i 与解释变量 $lninternet1_{it}$ 及 Z_{it} 都不相关”的原假设,应该使用固定效应模型而不是随机效应模型。由此可见,豪斯曼检验结果与理论分析结果是一致的,在分析中国互联网发展对于中国出口贸易增长的影响时,应该采用固定效应模型而不应该采用随机效应模型。

为便于比较,将以上固定效应模型(FE)、随机效应模型(RE)和混合回归模型(OLS)的参数估计结果集中列示,如表7-9所示。

	── Coefficients ──			
	(b) FE	(B) RE	(b-B) Difference	sqrt(diag(V_b-V_B)) S.E.
lninternet1	0.1244403	0.0682843	0.056156	0.0188757
lnpopinten	-0.954873	0.1644435	-1.119316	0.2461817
lnagrarea	-1.037456	0.4424238	-1.47988	0.3012747
lnpop	2.666308	0.8440138	1.822295	1.401921
_cons	1.257422	-4.897173	6.154595	9.49311

```
              b = consistent under Ho and Ha; obtained from xtreg
     B = inconsistent under Ha, efficient under Ho; obtained from xtreg

    Test:  Ho:  difference in coefficients not systematic

         chi2(5) = (b-B)'[(V_b-V_B)^(-1)](b-B)
                 =        43.36
       Prob>chi2 =       0.0000
       (V_b-V_B is not positive definite)
```

图 7-3 豪斯曼检验结果

表 7-9   固定效应模型、随机效应模型和混合回归模型的估计结果比较

变量	(1) FE	(2) RE	(3) OLS
lninternet1	0. 1592 ** (2. 511)	0. 0683 (1. 591)	0. 4054 *** (7. 289)
lnpopinten	− 0. 6473 (− 0. 912)	0. 1644 (0. 271)	0. 6847 ** (2. 575)
lnagrarea	− 0. 6401 (− 0. 722)	0. 4424 (0. 653)	1. 0521 *** (5. 419)
lnpop	2. 1569 (0. 728)	0. 8440 (1. 471)	− 0. 1094 (− 0. 718)
Constant	− 0. 4901 (− 0. 017)	− 4. 8972 (− 0. 824)	− 7. 4077 *** (− 2. 895)
个体固定效应	YES		
年份固定效应	YES		
Observations	210	210	210
R-squared	0. 183		0. 774
Number of stat	30	30	

注：Robust t-statistics in parentheses，＊、＊＊、＊＊＊分别表示在 10%、5%、1% 的显著性水平下显著。

（三）工具变量估计

我们通过继续前面的【例题7.2】和【例题7.3】，介绍如何处理模型的内生性问题，以及如何应用 Stata 软件进行面板数据模型的工具变量估计。

【例题7.5】我们使用数据集 liti7.4.dta 和 do 文件 liti7.4.do 继续【例题7.2】，对于固定效应模型（7-15）式来说，由于核心解释变量 $lninternet1_{it}$ 与被解释变量 $lnexport_{it}$ 之间存在明显的互为因果关系，同时也可能遗漏了重要的控制变量，因此，模型（7-15）式存在明显的内生性问题。如何处理模型的内生性问题从而得到核心解释变量系数的一致估计量？

这里使用各省市 2001 年固定电话年末用户数与时间趋势数的乘积项构建一个工具变量 $ivinternet$，使用以下 Stata 命令进行 2SLS 估计便可以得到工具变量估计结果。

xtivreg2 lnexport(lninternet1 = ivinternet)lnpopinten lnagrarea lnpop year2 – year6,fe r first

在以上命令中，命令"xtivreg2"表示进行面板数据的两阶段最小二乘法（2SLS）参数估计，"（lninternet1 = ivinternet）"表示使用变量 $ivinternet$ 作为核心解释变量 $lninternet1$ 的工具变量，"first"表示显示第一阶段的估计结果。

两阶段最小二乘法（2SLS）的第一阶段估计结果如图7-4所示，其中工具变量 $ivinternet$ 的系数估计值通过了 1% 显著性水平的 t 检验，F 值为 137.73，p 值为 0.0000，表明该工具变量不是弱工具变量；两阶段最小二乘法（2SLS）的第二阶段估计结果如图7-5所示，工具变量识别的 Kleibergen – Paap rk LM statistic 检验的 p 值为 0.0000，表明工具变量是可以识别的（由于只有一个工具变量，这自然是可以识别的）；弱工具变量的 Kleibergen – Paap rk Wald F statistic 检验统计量为 137.732，大于 10% 显著性水平的临界值 16.38，也表明该工具变量不是弱工具变量。

```
First-stage regression of lninternet1:

Statistics robust to heteroskedasticity
Number of obs =                  210

               |            Robust
  lninternet1  |   Coef.    Std. Err.      t    P>|t|    [95% Conf. Interval]
---------------+------------------------------------------------------------
   ivinternet  | 0.0378995  0.0032294   11.74   0.000    0.031525    0.044274
   lnpopinten  | 0.3893145  0.3828384    1.02   0.311   -0.3663832   1.145012
    lnagrarea  | 0.7968361  0.3806951    2.09   0.038    0.0453692   1.548303
        lnpop  | 0.4391921  2.352058     0.19   0.852   -4.203614    5.081998
        year2  | 0.0201908  0.0890185    0.23   0.821   -0.1555258   0.1959074
        year3  | 0.0600632  0.0998736    0.60   0.548   -0.1370808   0.2572072
        year4  |  0.202256  0.0807167    2.51   0.013    0.0429265   0.3615855
        year5  | 0.4199621  0.0737844    5.69   0.000    0.2743167   0.5656076
        year6  | 0.3382895  0.0920755    3.67   0.000    0.1565386   0.5200404

F test of excluded instruments:
  F(  1,   171) =    137.73
  Prob > F      =    0.0000
Sanderson-Windmeijer multivariate F test of excluded instruments:
  F(  1,   171) =    137.73
  Prob > F      =    0.0000
```

图7-4 （7-15）式 2SLS 的第一阶段估计结果

lnexport	Coef.	Robust Std. Err.	z	P>|z|	[95% Conf. Interval]	
lninternet1	0.182566	0.0932708	1.96	0.050	-0.0002414	0.3653735
lnpopinten	-0.8043368	0.5470314	-1.47	0.141	-1.876499	0.2678249
lnagrarea	-0.8161761	0.6254965	-1.30	0.192	-2.042127	0.4097745
lnpop	2.061328	2.151874	0.96	0.338	-2.156267	6.278924
year2	0.1181449	0.0694086	1.70	0.089	-0.0178934	0.2541832
year3	0.1664665	0.0593118	2.81	0.005	0.0502174	0.2827156
year4	0.20236	0.0556516	3.64	0.000	0.0932848	0.3114352
year5	0.0357927	0.0792694	0.45	0.652	-0.1195724	0.1911578
year6	-0.0988372	0.0787739	-1.25	0.210	-0.2532313	0.0555569

```
Underidentification test (Kleibergen-Paap rk LM statistic):          21.802
                                            Chi-sq(1) P-val =        0.0000

Weak identification test (Cragg-Donald Wald F statistic):           127.184
                         (Kleibergen-Paap rk Wald F statistic):     137.732
Stock-Yogo weak ID test critical values: 10% maximal IV size         16.38
                                         15% maximal IV size          8.96
                                         20% maximal IV size          6.66
                                         25% maximal IV size          5.53
Source: Stock-Yogo (2005).  Reproduced by permission.
NB: Critical values are for Cragg-Donald F statistic and i.i.d. errors.

Hansen J statistic (overidentification test of all instruments):     0.000
                                         (equation exactly identified)
```

图 7 – 5 （7 – 15）式 2SLS 的第二阶段估计结果

图 7 – 5 中两阶段最小二乘法（2SLS）的第二阶段估计结果显示，核心解释变量 lninter-net1 的系数估计值 0.1826 通过了 5% 显著性水平的 z 检验，该系数估计值同表 7 – 9 固定效应模型的系数估计值 0.1592 相差不大。通过使用工具变量处理模型的内生性之后，得到核心解释变量 lninternet1 的系数估计值为 0.182566 并且通过了 5% 显著性水平的 z 检验，可以认为该系数估计值是一个一致估计量，表明中国互联网域名数量每提高 1 个百分点，中国出口贸易增长率会显著地提高平均大约 0.1826 个百分点，即中国互联网的发展能够显著促进中国出口贸易的增长。从理论上来说，互联网发展有利于增加城镇单位就业，提高投资和资本形成水平，促进技术市场发展，增加地方财政一般预算支出，优化产业结构，提高城镇化率，最终对出口贸易增长会产生显著的积极影响。因此，这里的实证分析结果同理论分析结果是一致的。

【例题 7.6】 对于【例题 7.3】中的多维面板数据固定效应模型（7 – 16）式来说，新企业进入率（EnR_A）高的地区和行业，其进口渗透率（IMP_AC）也可能会比较高，因此，模型（7 – 16）式可能存在内生性问题。请问如何处理模型的内生性问题从而得到核心解释变量系数的一致估计量？

陈建伟等（2021）通过计算中国 2000 ~ 2001 年平均进口规模前 8 个来源国或地区（不含中国的港澳台地区）在剔除对中国出口额之后的出口增长率，结合各地区进口来源国家或地区当年实际份额得到预测的进口规模并计算预测的地区进口渗透率滞后一期值（IMP_AC_IV），作为核心解释变量进口渗透率（IMP_AC）的工具变量，样本数据在 liti7.6.dta 中。[①] 应用 Sta-

① liti7.6.dta 的数据来源同 liti7.3.dta。

ta 命令（在 liti7.6.do 中）可以得到模型（7 – 16）式两阶段最小二乘法（2SLS）估计的回归结果。

liti7.6.dta 下载

liti7.6.do 下载

文件 liti7.6.do 使用了以下两阶段最小二乘法（2SLS）估计的命令，其中"ivreghdfe"是高维面板数据模型的工具变量法估计命令，"(IMP_AC = IMP_AC_IV)"表示使用变量 *IMP_AC_IV* 作为核心解释变量 *IMP_AC* 的工具变量，"first"表示显示 2SLS 估计的第一阶段回归结果。

ivreghdfe EnR_A(IMP_AC = IMP_AC_IV) \$ z, a(t Rho_it AdmCode2) cl(AdmCode4) first

两阶段最小二乘法（2SLS）的第一阶段估计结果如图 7 – 6 所示，其中工具变量 *IMP_AC_IV* 的系数估计值 1.964256 通过了 1% 显著性水平的 t 检验，F 值为 103.06，p 值为 0.0000，表明该工具变量不是弱工具变量。两阶段最小二乘法（2SLS）的第二阶段估计结果如图 7 – 7 所示，工具变量识别的 Kleibergen – Paap rk LM statistic 检验的 p 值为 0.0000，表明工具变量是可以识别的（由于只有一个工具变量，这自然是可以识别的）；弱工具变量的 Kleibergen – Paap rk Wald F statistic 检验统计量为 103.063，大于 10% 显著性水平的临界值 16.38，也表明该工具变量不是弱工具变量。

```
First-stage regression of IMP_AC:

Statistics robust to heteroskedasticity and clustering on AdmCode4
Number of obs =              37 345
Number of clusters (AdmCode4) =    273

                         Robust
     IMP_AC    Coef.    Std. Err.      t     P>|t|    [95% Conf. Interval]

  IMP_AC_IV   1.964256  0.1934849    10.15   0.000    1.585021    2.343492
      lnPOP  -0.0351842 0.0083364    -4.22   0.000   -0.0515237  -0.0188446
     lnWage  -0.0062846 0.0222565    -0.28   0.778   -0.0499079   0.0373387
    lnGDPpc  -0.0077325 0.0119239    -0.65   0.517   -0.0311036   0.0156386
     lnForI  -0.0001274 0.0034474    -0.04   0.971   -0.0068843   0.0066296
      StaSh   0.0001791 0.0002037     0.88   0.379   -0.0002201   0.0005784
      RaEXP   0.005943  0.0015123     3.93   0.000    0.0029789   0.0089072

F test of excluded instruments:
  F(  1,   272) =      103.06
  Prob > F      =      0.0000
Sanderson-Windmeijer multivariate F test of excluded instruments:
  F(  1,   272) =      103.06
  Prob > F      =      0.0000
```

图 7 – 6　（7 – 16）式 2SLS 估计的第一阶段回归结果

```
Number of clusters (AdmCode4) =        273            Number of obs =     37 345
                                                       F(  7,   272) =      59.95
                                                       Prob > F      =     0.0000
Total (centered) SS      = 13 943 225.34               Centered R2   =     0.0615
Total (uncentered) SS    = 13 943 225.34               Uncentered R2 =     0.0615
Residual SS              =  13 085 798.5               Root MSE      =      18.81
```

EnR_A	Coef.	Robust Std. Err.	t	P>|t|	[95% Conf. Interval]	
IMP_AC	-2.554571	1.795885	-1.42	0.156	-6.090173	0.9810314
lnPOP	-6.619026	0.6536185	-10.13	0.000	-7.90582	-5.332231
lnWage	8.430904	2.039609	4.13	0.000	4.415478	12.44633
lnGDPpc	-9.557943	1.141301	-8.37	0.000	-11.80485	-7.311037
lnForI	-0.7369804	0.3031461	-2.43	0.016	-1.333791	-0.1401694
StaSh	0.0209471	0.0167169	1.25	0.211	-0.0119638	0.053858
RaEXP	0.0588557	0.0441245	1.33	0.183	-0.0280133	0.1457247

```
Underidentification test (Kleibergen-Paap rk LM statistic):        11.267
                                             Chi-sq(1) P-val =      0.0008

Weak identification test (Cragg-Donald Wald F statistic):          1.6e+05
                         (Kleibergen-Paap rk Wald F statistic):   103.063
Stock-Yogo weak ID test critical values: 10% maximal IV size       16.38
                                          15% maximal IV size        8.96
                                          20% maximal IV size        6.66
                                          25% maximal IV size        5.53
Source: Stock-Yogo (2005). Reproduced by permission.
NB: Critical values are for Cragg-Donald F statistic and i.i.d. errors.
```

图 7-7　(7-16) 式 2SLS 估计的第二阶段回归结果

图 7-7 两阶段最小二乘法（2SLS）的第二阶段估计结果显示，核心解释变量 IMP_AC 的系数估计值为 -2.554571，但没有通过 10% 显著性水平的 t 检验，该系数估计值同表 7-8 固定效应模型的系数估计值 -2.9687（通过 5% 显著性水平的 t 检验）比较而言，两者相差不是很大。陈建伟等（2021）尝试了其他做法：（1）改变被解释变量，被解释变量不采用"总产值"指标计算，而采用"总就业"指标计算，工具变量等其他都不变，由此得到核心解释变量 IMP_AC 的系数估计值为 -3.3942，它通过了 5% 显著性水平的 t 检验（详见本章习题第 7 题）；（2）改变核心解释变量及其工具变量的度量口径，即将核心解释变量进口渗透水平的计算口径缩小到美德日韩四个国家，这样得到的核心解释变量的系数估计值为 -44.7850，它通过了 1% 显著性水平的 t 检验。

如果工具变量 IMP_AC_IV 是满足"相关性"和"外生性"的"好的工具变量"，则使用该工具变量得到的核心解释变量系数估计值应该是个一致估计量。你认为这里的工具变量 IMP_AC_IV 是不是一个"好"的工具变量？你能为这个题目找到更好的工具变量吗？这个问题留待读者今后进一步深入研究。总的来说，陈建伟等（2021）的研究得出的结论认为，中国的进口渗透度上升会显著地降低制造业新企业的进入率。

本章习题

1. 什么是个体固定效应和时间固定效应？

2. 表 7 – 2 第（5）列 $\Delta unemrte$ 的系数估计值 – 0.0181 为什么不是参数 β 的无偏估计量？请详细说明其中的原因。

3. 什么是面板数据固定效应模型的组内估计量？要得到面板数据固定效应模型的最优线性无偏估计量要满足哪些假设？

4. 什么是随机效应估计量？要得到随机效应模型的最佳一致估计量应满足哪些假设条件？

5. 相对于横截面数据模型来说，面板数据模型具有什么主要优势？

6. 在本章的【例题 7.2】中，模型（7 – 15）式的核心解释变量（lninternet1）为各省市的互联网域名数。为进一步检验模型的稳健性，现在将核心解释变量修改为 lninternet2，使用各省市的互联网宽带接入用户数作为核心变量 lninternet2 的度量指标，建立如下模型：

$$\ln export_{it} = \alpha + \beta \ln internet2_{it} + \sum \gamma Z_{it} + \delta_i + \delta_t + \varepsilon_{it} \qquad (7-23)$$

除了核心解释变量不同之外，（7 – 23）式的其他变量同模型（7 – 15）式，样本数据在 xiti7.6.dta 文件中。

（1）请分别对模型（7 – 23）式进行固定效应（包括个体固定效应和时间固定效应）、随机效应和混合回归估计；

（2）请分别使用 LM 检验和豪斯曼检验（Breusch and Pagan，1980），从统计角度看看模型（7 – 23）式是采用固定效应模型好，还是采用随机效应模型或混合回归模型更好。

（3）请使用【例题 7.4】中工具变量 ivinternet 对固定效应模型（7 – 23）式进行 2SLS 估计，并解释其中的系数估计值和主要统计量的含义。

7. 在本章的【例题 7.3】中，为了使得研究结论更为稳健可靠，陈建伟等（2021）除了使用企业总产值来测算新企业进入

xiti7.6.dta 下载

率（EnR_A）之外，他们还采用就业人员数量来度量新企业进入率（EnR_C），即令：

第 t 年 j 地区 i 行业的企业进入率 $EnR\_C =$（第 t 年 j 地区 i 行业新企业就业人员）

$\div$（第 t 年 j 地区 i 行业企业就业人员）

现在使用 EnR_C 代替模型（7 – 16）式的被解释变量 EnR_A，建立以下面板数据固定效应模型来估计进口渗透率对于新企业进入率的影响，并在地级及以上城市（$AdmCode4$）层面获得聚类稳健标准误：

$$EnR\_C_{ijt} = \alpha + \beta IMP\_AC_{jt-1} + \gamma Z_{jt-1} + \mu_{it} + \theta_t + \delta_j + \varepsilon_{ijt} \qquad (7-24)$$

以上模型（7-24）式等号右边各变量的含义同模型（7-16）式。请使用 xiti7.7. dta 估计以上固定效应模型的参数，并使用工具变量 IMP_AC_IV 进行 2SLS 回归分析。

xiti7.7. dta 下载

第七章习题参考答案下载

离散因变量模型

■ 学习目标

1. 认识离散因变量的概念和离散因变量模型的基本类型；

2. 掌握二元选择 Logit 模型的构造原理和模型参数的解读；

3. 掌握模型参数的极大似然估计法和基于似然函数的模型检验；

4. 掌握多类别非排序选择模型中基准类别 Logit 模型的构造原理和参数解读；

5. 掌握多类别排序选择模型中相邻级别 Logit 模型和比例优势累积 Logit 模型的构造原理和参数解读；

6. 能应用 Stata 软件实现二元 Logit 模型的参数估计和模型诊断。

■ 课程思政与导读

知事物发展真谛，方可精准判断东风吹否

君子生非异也，善假于物也。——荀子《劝学》

君子的资质秉性其实跟一般人没有不同，他们只是善于借助外部资源和信息，可以更准确地做出决策。这句话

思政与导读

课件

告诉我们，抓住事物发展的主要影响因素，进行准确预测判断的重要性。在赤壁之战中，欲破曹公、宜用火攻，万事俱备，只欠东风。孔明保证三天后能借到东风，三天后，果然刮起一场好大的东南风。诸葛孔明神机妙算，实则是他精通天文地理，正是利用了冬至之后阳气生长，东南风将起的客观规律，从此诸葛亮借东风的故事传为美谈。

本章要学习的内容就是寻找影响事件发生的解释变量，构建 logit 模型研究事件发生如何受影响因素变化的影响，从而对事件发生的概率做出准确的预测和判断。

同学们，世界是物质的，是有规律可循的，规律是客观存在的，是可以被认识的，这也是马克思主义哲学的基本原理和基本观点。只有让我们用全面的、联系的、系统的、发展变化的观点看问题，才能真正认识世界、改造世界。

■ 应用案例

党的二十大报告指出，要全面推进乡村振兴，坚持农业农村优先发展，加快建设农业强国。近年来，随着数字技术的发展，农村电商成为助力乡村振兴的新引擎。本章实证案例以淘宝村为研究对象，研究淘宝村成立与否如何受当地经济发展水平等因素影响，可以更好地了解农村经济发展的规律，为乡村振兴提供更加科学的指导，推动农村经济的发展。

与传统线性回归模型中所研究的被解释变量为连续变量不同，本例中研究淘宝村成立与否和当地经济发展、交通水平、教育水平等因素的关系，被解释变量为离散因变量，即淘宝村成立与否这一被解释变量只有两种可能的"取值"：成立或未成立，这样的问题适合用本章的离散因变量模型来研究，将被解释变量转化为淘宝村成立的概率，从而在给定当地经济发展、交通水平、教育水平的情况下，预测淘宝村成立的可能性大小。Logit 模型是最常用的离散因变量模型，通过 Logit 模型的分析，可以进一步将问题转化为预测某地成立淘宝村与未成立淘宝村的概率比的对数值如何受解释变量的线性影响，并根据解释变量回归系数的显著性检验得出各个影响因素对淘宝村成立概率的影响程度（需要注意的是，Logit 模型回归系数的解读不同于传统线性回归模型，下面将具体介绍），这将有助于我们了解淘宝村成立的背后机制，从而为其他类似村庄的发展提供参考和借鉴。

前面章节介绍的线性回归模型适用于因变量为连续变量的情况，然而在社会科学和经济学领域，所研究的因变量还可能是离散型变量，例如研究投资者是否进行项目投资的决策与市场规模、竞争状况、政策环境、资金成本等因素的关系；研究商品的价格、品牌、促销活动等因素如何影响消费者购买决策；根据出行目的地的距离、天气情况、交通费用、个人收入水平等因素研究个人出行交通方式的选择等，这些问题的因变量都具有分类的属性，属于离散因变量，传统线性回归模型的适用性就受到了限制，离散因变量模型便是一个更合适的选择。与传统线性回归模型的解释变量一样，离散因变量的解释变量可以是连续变量也可以是离散变量，但区别在于线性回归模型是在给定解释变量的情况下预测因变量的取值；而离散因变量模型是在给定解释变量的情况下预测因变量出现某个类别的概率。

离散（分类）因变量模型（models with discrete/categorical dependent variables）分为二元选择模型（binary choice models）和多类别选择（反应）模型（multicategory choice/polytomous response models）。二元选择模型的被解释变量只有两种可能，通常用 0 和 1 来表示，而在多类别选择模型中，根据因变量的反应类别（response category）是否排序，又分为无序选择模型（multinominal choice models）和有序选择模型（ordered choice models）［也称有序因变量模型（ordered dependent variable models）、有序类别模型（ordered category models）等］。

Logit 模型是离散（分类）因变量模型的常用形式，其中，二元选择 Logit 模型是掌握多类别 Logit 模型的基础。当因变量是二分类变量时（取值为 0 或 1），二元选择 Logit 模型通过构建逻辑函数来衡量自变量对因变量取值为 1（即事件成功或发生）的概率的影响。与线性回归模型相比，Logit 模型不要求因变量服从正态分布，也不要求自变量和因变量之间存在线性关系，这使得 Logit 模型在处理分类离散因变量时更为灵活。

第一节　二元选择 Logit 模型

当因变量 Y 只有 0 和 1 两个不同的取值时，自变量 X 和离散因变量取值为 1 的概率 $P(Y=1)$ 之间的关系通常是非线性的，例如，在购买汽车时，考虑购买新车还是选择二手车受家庭收入水平的影响。设 $Y=1$ 代表购买新车；$Y=0$ 代表购买二手车；$P(Y=1)$ 代表购买新车的概率；$P(Y=0)$ 代表购买二手车的概率。当收入水平 X 非常高时，选择购买新车的概率接近 1，此时家庭年收入增减对于选择购买新车的概率影响可能不大；同样收入非常低的家庭购买新车的概率接近 0，此时收入的小幅增减对于购车决策的影响仍不大；但对于购买新车的概率约为 0.5 的中等收入水平家庭来说，收入的增加可能使购买新车的意愿大幅提高，而收入减少则可能显著影响购买新车的意愿从而显著降低购买新车的概率。显然，在不同收入水平下，收入的增减对于购买新车概率的影响是不一样的，即购买新车的概率与收入水平呈非线性关系，将购买新车的概率和收入水平的这种关系在坐标图中显示出来通常是 S 形曲线的形状，拟合这种形状最重要的数学函数是累积标准逻辑概率函数（cumulative standard logistic probability function），简称 Logistic 分布函数，如（8-1）式所示：

$$F(Z) = \frac{e^Z}{1+e^Z}(e \text{ 为自然对数的底}) \tag{8-1}$$

（8-1）式的分布函数取值在 $0 \sim 1$，对应的逻辑曲线如图 8-1 所示。图 8-1 中，$F(Z_i) = P(Z < Z_i) = e^{Z_i}/(1 + e^{Z_i})$。

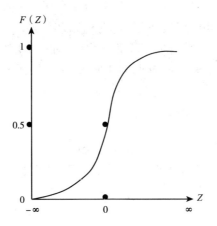

图 8-1 逻辑曲线（Logit curve）

下面以上文购买新车或二手车的二元选择问题为例，说明如何利用 Logistic 分布函数构造 Logit 模型来研究因变量不同可能值出现的概率如何受自变量的影响。设代表购买新车与否的因变量 Y 有 0 和 1 两个选择，Y 等于 1 代表购买新车，Y 等于 0 代表购买二手车，由自变量收入 X 来决定选择的结果。为了使二元选择问题的研究成为可能，首先建立随机效用模型，令：

$U_i^1 = \alpha^1 + \beta^1 X_i + \mu_i^1$ 表示个体 i 在收入水平为 X_i 时选择新车即 $y_i = 1$ 时的效用；

$U_i^0 = \alpha^0 + \beta^0 X_i + \mu_i^0$ 表示个体 i 在收入水平为 X_i 时选择二手车即 $y_i = 0$ 时的效用。

显然在给定自变量收入水平 X_i 的条件下，当 $U_i^1 > U_i^0$ 时，选择结果为 $y_i = 1$；反之为 $y_i = 0$。将两个效用相减，即得到随机效用模型：

$$U_i^1 - U_i^0 = (\alpha^1 - \alpha^0) + (\beta^1 - \beta^0) X_i + (\mu_i^1 - \mu_i^0)$$

记为：

$$y_i^* = \alpha + \beta X_i + \varepsilon_i \tag{8-2}$$

当 $U_i^1 > U_i^0$ 时，$y_i^* > 0$，则个体 i 选择 $y_i = 1$ 的概率为：

$$P(y_i = 1) = P(y_i^* > 0) = P(\alpha + \beta X_i + \varepsilon_i > 0) = P(\varepsilon_i > -\alpha - \beta X_i)$$

若 ε_i 的概率分布为 Logistic 分布，则有：

$$P(y_i = 1) = P(\varepsilon_i > -\alpha - \beta X_i) = 1 - P(\varepsilon_i \le -\alpha - \beta X_i)$$

$$= 1 - F(-\alpha - \beta X_i) = F(\alpha + \beta X_i) = \frac{e^{\alpha + \beta X_i}}{1 + e^{\alpha + \beta X_i}}$$

即：

$$P(y_i = 1) = \frac{e^{\alpha + \beta X_i}}{1 + e^{\alpha + \beta X_i}} \tag{8-3}$$

（8 - 3）式为最常用的二元选择模型——Logit 模型，令 $\alpha + \beta X_i = Z_i$，即为（8 - 1）式的 Logistic 分布函数，可见（8 - 3）式的 Logit 模型将 $Y = 1$ 的概率建模为 $\alpha + \beta X$ 的 Logistic 分布函数。如果回归系数 β 取值为正，则 X 增加 $\alpha + \beta X$ 的取值也增加，从而其分布函数 $F(\alpha + \beta X)$ 的值也增加，意味着 Y 取值为 1 的概率 $P(Y = 1)$ 也增加。因此，回归系数 β 取值为正说明自变量 X 的增加将有助于 Y 取值为 1 的概率增加；反之，回归系数 β 取值为负说明自变量 X 的增加将减少 Y 取值为 1 的概率，从而有助于 Y 取值为 0 的概率的增加。

对（8 - 3）式进行适当的变换，得：

$$\log \frac{P(y_i = 1)}{1 - P(y_i = 1)} = \log \frac{\dfrac{e^{\alpha + \beta X_i}}{1 + e^{\alpha + \beta X_i}}}{1 - \dfrac{e^{\alpha + \beta X_i}}{1 + e^{\alpha + \beta X_i}}} = \log e^{\alpha + \beta X_i} = \alpha + \beta X_i$$

即：

$$\log \frac{P(y_i = 1)}{1 - P(y_i = 1)} = \alpha + \beta X_i \qquad (8-4)$$

（8 - 4）式与（8 - 3）式是等价的，而且更易于解释，（8 - 4）式中，$\dfrac{P(y_i = 1)}{1 - P(y_i = 1)}$ 为个体 i 作出选择 1 的机会比（odds）[1]，式中的因变量是机会比（odds）的自然对数，参数 β 的含义为自变量 X 每增加一个单位机会比（odds）的自然对数增加的数值。

接下来考虑具有多个解释变量的 Logit 回归模型。将二元响应变量 Y 的 k 个预测变量表示为 X_1，X_2，$\cdots$，X_k，则相应的 Logit 模型为：

$$\text{Log} \frac{P(Y = 1)}{1 - P(Y = 1)} = \alpha + \beta_1 X_1 + \beta_2 X_2 + \cdots + \beta_k X_k \qquad (8-5)$$

同（8 - 4）式，参数 β_k 指的是在控制其他的解释变量不变时，X_k 每增加一个单位个体 i 作出选择 1 的机会比（odds）的自然对数 $\log \dfrac{P(y_i = 1)}{1 - P(y_i = 1)}$ 增加的数值。

在多类别选择模型中，通常也是以机会比的自然对数（log-odds）作为因变量建立关于自变量 X 的线性模型[2]，统称为 Logistic 回归。

第二节　多类别选择 Logit 模型

对于多类别选择问题，也就是离散因变量有两个以上的选择类别，我们可以使用多类别 Logit 模型进行研究。根据因变量的选择类别是否有序，有几种不同类型的 Logistic 回归模型可供选择。一些模型适用于有序选择模型，例如累积 Logit 模型（cumulative logit models）和

---

[1]　机会比也称优势比，为个体作出某一类选择的概率与作出其他类选择的概率的比率。
[2]　log-odds 与 X 是线性关系，但 X 与因变量 Y 各取值出现的概率之间的关系是非线性的。

相邻级别 Logit 模型（adjacent categories models）；而另一些模型适用于非排序选择模型，例如基准 Logit 模型（baseline logit models）。换句话说，根据因变量选择类别的性质和具体研究问题，可以选择不同类型的 Logistic 回归模型进行分析。

一、基准类别 Logit 模型（baseline-category logit model）

对于非排序选择问题，通常使用基准类别 Logit 模型进行研究。这种模型将一个类别作为基准类别，将其他类别与基准类别进行比较。模型估计出选择每个类别的概率相对于选择基准类别的概率的比值。

设离散因变量 Y 有 r 类可能结果，令 $j = 1$，2，$\cdots$，r 代表 r 个不同的结果类别，各类结果之间相互独立，不存在等级排序关系[①]，定义 $y_{ij} = j$ 代表个体 i 选择结果 j，则个体 i 的可能选择 $y_i = (y_{i1}, y_{i2}, \cdots, y_{ir}) = (1, 2, \cdots, r)$；$X_i = (X_{i1}, X_{i2}, \cdots, X_{ik})$ 为 k 个影响个体 i 因变量选择结果的自变量；定义 π_{ij} 为个体 i 选择结果 j 的概率，即 $\pi_{ij} = P(y_i = j)$，则个体 i 作出各类选择的概率 $\pi_i = (\pi_{i1}, \pi_{i2}, \cdots, \pi_{ir})$，$\sum_{j=1}^{r} \pi_{ij} = 1$。以 j^* 作为基准类别，可定义 $r-1$ 个机会比的自然对数（log-odds）为 $\log \dfrac{\pi_{ij}}{\pi_{ij^*}}$（$j = 1$，$\cdots$，$r$，$j \neq j^*$），引入自变量 X，则可得基准类别 Logit 模型（baseline-category logit model）如下[②]：

$$\log \frac{\pi_{ij}}{\pi_{ij^*}} = \alpha_j + X_i \beta_j \quad (j = 1, \cdots, r, j \neq j^*) \tag{8-6}$$

其中，$X_i = (X_{i1}, X_{i2}, \cdots, X_{ik})$，$i = 1$，$2$，$\cdots$，$n$，$n$ 为样本容量，k 为自变量个数；$\beta_j = (\beta_{j1}, \beta_{j2}, \cdots, \beta_{jk})^T$，$j = 1$，$2$，$\cdots$，$r$，$r$ 为离散因变量结果分类的个数。

可见，模型（8-6）式中包括 $r-1$ 个方程，有 $(r-1) \times (k+1)$ 个待估参数。

与模型（8-6）式等价的是各类结果出现的概率函数，当 j 为非基准类别，即 $j \neq j^*$ 时，

$$\pi_{ij} = \frac{e^{(\alpha_j + X_i \beta_j)}}{1 + \sum_{j \neq j^*} e^{(\alpha_j + X_i \beta_j)}} \tag{8-7}$$

当 j 为基准类别，即 $j = j^*$ 时：

$$\pi_{ij^*} = \frac{1}{1 + \sum_{j \neq j^*} e^{(\alpha_j + X_i \beta_j)}} \tag{8-8}$$

模型（8-6）式的参数 β_{jk} 表示当其他自变量保持不变时，自变量 X_k 每变化一个单位，个体 i 的选择落入第 j 类的概率对比落入第 j^* 类的概率得到的机会比对数（log-odds）变化 β_{jk}

---

① 如交通方式的选择问题，是乘地铁、坐公交、自己开车、骑车或是步行，不同选择可能受时间、费用、个人收入、年龄等因素的影响，则因变量有五种可能结果（1 地铁、2 公交、3 自驾车、4 骑车、5 步行），无论个体作出何种选择，各选择结果之间没有等级优劣之分，此时因变量的取值 $Y = (1, 2, 3, 4, 5)$ 不存在排序问题。

② 模型的推导同样可以通过随机效用模型来激发，令 $u_i^j = \alpha^j + \beta^j X_i + \mu_i^j$ 代表个体 i 选择类别 j 效用，建立类似（8-2）的随机效用模型并假定其误差项服从 Logistic 分布，推导原理、过程同二元 Logit 模型，在此略。

个单位。

对于基准类别（baseline-category）Logit 模型而言，任何一个类别都可被选作基准类别，不会影响模型的拟合，只是（8－7）式的参数估计值及其解释发生变化，模型的对数似然函数值和因变量各个类别的概率预测值都不会改变。

基准类别（baseline-category）Logit 模型非常灵活，通过（8－6）式可以求个体 i 的选择落入任意两个类别的机会比对数（log-odds），例如要求结果 j 对比结果 m 的机会比对数，有：

$$\log \frac{\pi_{ij}}{\pi_{im}} = \log \frac{\dfrac{\pi_{ij}}{\pi_{ij^*}}}{\dfrac{\pi_{im}}{\pi_{ij^*}}} = \log \frac{\pi_{ij}}{\pi_{ij^*}} - \log \frac{\pi_{im}}{\pi_{ij^*}} = (\alpha_j - \alpha_m) + X_i(\boldsymbol{\beta}_j - \boldsymbol{\beta}_m)$$

$$(j, m = 1, \cdots, r, j \neq j^*, m \neq j^*) \qquad (8-9)$$

二、相邻级别 Logit 模型（adjacent-category logit model）

若因变量各选择类别之间存在排序等级关系，例如研究个体对某一产品的偏好程度，用 1、2、3 分别代表厌恶、一般、喜欢，则因变量 $Y = (1, 2, 3)$ 为排序因变量（ordered dependent variable），对应的排序选择问题可以用相邻级别 Logit 模型来研究。

设排序因变量有 r 个选择类别，$Y = (1, 2, \cdots, r)$，$j = 1, 2, \cdots, r$ 代表第 j 个选择；$\pi = (\pi_1, \pi_2, \cdots, \pi_r)$ 代表各个选择出现的概率（为简便起见，省略表示个体的下标 i，下同）；$X = (X_1, X_2, \cdots, X_k)$ 代表 k 个影响个体选择的自变量。定义个体的选择落入相邻两个级别的机会比对数（log-odds）为 $\log \dfrac{\pi_{j+1}}{\pi_j}$（$j = 1, 2, \cdots, r-1$），引入自变量 X，可得相邻级别（adjacent-category）Logit 模型如下：

$$\log \frac{\pi_{j+1}}{\pi_j} = \alpha_j + \beta_1 X + \beta_2 X + \cdots + \beta_k X \quad (j = 1, 2, \cdots, r-1) \qquad (8-10)$$

或：

$$\log \frac{\pi_j}{\pi_{j+1}} = \alpha_j + \beta_1 X + \beta_2 X + \cdots + \beta_k X \quad (j = 1, 2, \cdots, r-1)$$

相邻级别（adjacent-category）Logit 模型与基准类别（baseline-category）Logit 模型最大的区别在于它考虑了因变量的各选择类别之间的等级排序关系，并假设自变量对任意两个相邻级别的机会比对数的影响系数是相同的，因此模型（8－10）式中回归系数在所有相邻级别的回归方程中数值是一样的。事实上，若在基准类别（baseline-category）Logit 模型（8－6）式中加入因变量各类别内在等级排序的约束条件，可以得到与模型（8－10）式等价的相邻级别（adjacent-category）Logit 模型。

假设对排序因变量，选择基准类别，根据（8－6）式建立 baseline-category logit 模型：

$$
\begin{cases}
\log \dfrac{\pi_2}{\pi_r} = \alpha_2 + \beta_{21}X_1 + \beta_{22}X_2 + \cdots + \beta_{2k}X_k \\
\vdots \\
\log \dfrac{\pi_j}{\pi_r} = \alpha_j + \beta_{j1}X_1 + \beta_{j2}X_2 + \cdots + \beta_{jk}X_k \\
\log \dfrac{\pi_{j+1}}{\pi_r} = \alpha_{j+1} + \beta_{(j+1)1}X_1 + \beta_{(j+1)2}X_2 + \cdots + \beta_{(j+1)k}X_k
\end{cases}
\tag{8-11}
$$

由于因变量 Y 的取值是排序的，因此如果自变量 X_1 有助于提高 Y 的等级（设 $j+1$ 的等级高于 j），则 X_1 增加一个单位，Y 取值为 $j+1$ 的可能性大于 Y 取值为 j 的可能性，这意味着 $\boldsymbol{\beta}_{(j+1)1} > \boldsymbol{\beta}_{j1}$。不失一般性的，假设对于任意 X 均有 $\boldsymbol{\beta}_{j+1} > \boldsymbol{\beta}_j$，$\boldsymbol{\beta}_j = (\beta_{j1}, \beta_{j2}, \cdots, \beta_{jk})$，并假设 $\boldsymbol{\beta}_j$ 随着等级 j 的提高而成比例增加，不妨设 $\boldsymbol{\beta}_j = j\boldsymbol{\beta}$，$\boldsymbol{\beta} = (\beta_1, \beta_2, \cdots, \beta_k)$，将约束条件 $\boldsymbol{\beta}_j = j\boldsymbol{\beta}$ 代入（8-11）式，则可求得（8-10）式的相邻级别（adjacent-category）Logit 模型：

$$
\begin{aligned}
\log \frac{\pi_{j+1}}{\pi_j} &= \log \frac{\pi_{j+1}}{\pi_r} - \log \frac{\pi_j}{\pi_r} = \alpha_{j+1} - \alpha_j + (j+1)\beta_1 X_1 - j\beta_1 X_1 + (j+1)\beta_2 X_2 \\
&\quad - j\beta_2 X_2 + \cdots + (j+1)\beta_k X_k - j\beta_k X_k \\
&= \alpha_j' + \beta_1 X_1 + \beta_2 X_2 + \cdots + \beta_k X_k \quad (j = 1, 2, \cdots, r-1)
\end{aligned}
$$

模型参数 β_k 表示当其他自变量保持不变时，自变量 X_k 每变化一个单位，因变量的取值落入任意两个相邻等级 $j+1$ 和 j 的机会比对数（log-odds）都变化 β_k 个单位。

同理，可求得相邻 p 个等级的任意两个类别的机会比对数为：

$$
\begin{aligned}
\log \frac{\pi_{j+p}}{\pi_j} &= \log\left(\frac{\pi_{j+p}}{\pi_r}\right) - \log\left(\frac{\pi_j}{\pi_r}\right) \\
&= (\alpha_{j+p} - \alpha_j) + (\beta_{(j+p)1} - \beta_{j1})X_1 + (\beta_{(j+p)2} - \beta_{j2})X_2 + \cdots + (\beta_{(j+p)k} - \beta_{jk})X_k \\
&= \alpha_j^* + p\beta_1 X_1 + p\beta_2 X_2 + \cdots + p\beta_k X_k
\end{aligned}
\tag{8-12}
$$

（8-12）式中模型参数 β_k 表示当其他自变量保持不变时，自变量 X_k 每变化一个单位，因变量的取值落入等级 $j+p$ 和 j 的机会比对数（log-odds）都变化 β_k 个单位。

三、比例优势累积 Logit 模型（proportional-odds cumulative logit model）

比例优势模型（proportional odds model，POM）也称累积 Logit 模型（cumulative logit model），最早由麦克莱（McCullagh，1980）提出，是排序 Logistic 回归中最常用的模型。与相邻级别（adjacent-category）Logit 模型相比，POM 更适合研究自变量的变化对因变量等级变化的影响效应，即自变量数值的增加或减小是否有助于因变量级别的提高或降低。

POM 假设排序因变量 Y 的类别等级受不可观测的潜变量 y^* 的影响，并且存在 $r-1$ 个未知的潜在分割点（cutpoint 或 threshold）$c_1 < c_2 < \cdots < c_{r-1}$，将 Y 分为 r 个等级[1]，即：

---

① 可以把二元 Logit 模型看作是 POM 的特例，对于两个级别 0 和 1，存在分割点 $c = 0$，使得：$Y = 0$，$if\ y^* < 0$；$Y = 1$，$if\ y^* > 0$，与（8-2）式的随机效用模型推导的结论相同。

$$Y = \begin{cases} 1, & \text{如果} y^* < c_1 \\ 2, & \text{如果} c_1 < y^* < c_2 \\ \vdots \\ r-1, & \text{如果} c_{r-2} < y^* < c_{r-1} \\ r, & \text{如果} c_{r-1} < y^* \end{cases}$$

若 y^* 是自变量 X 的线性函数，则 $y^* = \boldsymbol{\beta}X + \varepsilon$，$\boldsymbol{X} = (X_1, X_2, \cdots, X_k)^T$ 代表 k 个自变量，$\boldsymbol{\beta} = (\beta_1, \beta_2, \cdots, \beta_k)$，设 ε 服从 Logistic 分布 $F(Z) = \dfrac{e^Z}{1 + e^Z}$，则可得 Y 的累积概率函数：

$$\begin{aligned} P(Y \leq j) &= P(y^* \leq c_j) \\ &= P(\boldsymbol{\beta}X + \varepsilon \leq c_j) \\ &= P(\varepsilon \leq c_j - \boldsymbol{\beta}X) \\ &= F(c_j - \boldsymbol{\beta}X) \\ &= \frac{e^{(c_j - \boldsymbol{\beta}X)}}{1 + e^{(c_j - \boldsymbol{\beta}X)}} \end{aligned} \tag{8-13}$$

$$(j = 1, 2, \cdots, r-1)$$

比例优势模型（POM）就是使用累积概率来定义机会比（odds）：

$$odds = \frac{P(Y > j)}{P(Y \leq j)} = \frac{P(Y > j)}{1 - P(Y > j)} \quad j = 1, 2, \cdots, r-1 \tag{8-14}$$

（8-14）式表示 Y 的等级大于 j 与 Y 的等级小于或等于 j 的概率比，$odds$ 数值越大，说明 Y 的等级大于 j 的可能性越大。相应的机会比对数（log-odds）为：

$$\log\left(\frac{P(Y > j)}{P(Y \leq j)}\right) = \log\left(\frac{1 - P(Y \leq j)}{P(Y \leq j)}\right) \quad j = 1, 2, \cdots, r-1 \tag{8-15}$$

将（8-13）式代入机会比对数，得比例优势模型（POM）：

$$\log\left(\frac{P(Y > j)}{P(Y \leq j)}\right) = -c_j + \boldsymbol{\beta}X = \alpha_j + \boldsymbol{\beta}X$$

$$\alpha_1 > \alpha_2 > \cdots > \alpha_{r-1}, j = 1, 2, \cdots, r-1 \tag{8-16}$$

模型（8-16）式包括 $r-1$ 个方程，每个方程的截距项不同（注意 POM 的截距项与潜在分割点的符号相反），但所有方程中 X 的回归系数是相同的，这就是比例优势模型的重要假定（the proportional odds assumption）：对于任意一个等级 j，Y 高于该等级与低于该等级的机会比对数（log-odds）受 X 变动的影响是相同的，即无论我们选择哪个等级，X 变动一个单位，机会比对数（log-odds）都变动 β 个单位。[①] 根据（8-16）式，可得等价模型：

$$P(Y > j) = \frac{e^{(\alpha_j + \beta X)}}{1 + e^{(\alpha_j + \beta X)}} \tag{8-17}$$

---

① 这也正是比例优势（proportional odds）模型名称的由来，在此称机会比（odds）为优势比。

容易看出，若 β_k 为正，意味着 X_k 的提高总是有助于 Y 等级的提高，并且，相同的 β_k 表示对任何 j，$P(Y>j)$ 的形态是相同的。图 8-2 表现了比例优势模型（POM）中 X_k 和 Y 的这种关系。

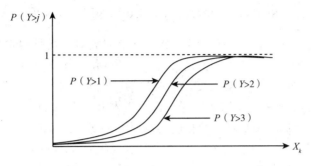

图 8-2 比例优势模型（POM）图示（$\beta>0$）

根据（8-13）式可计算 Y 的各个等级出现的概率：

$$P(Y=j) = P(Y\leqslant j) - P(Y\leqslant j-1) \qquad j = 1, 2, \cdots, r-1$$
$$= F(c_j - \beta X) - F(c_{j-1} - \beta X)$$
$$= \frac{e^{c_j - \beta X}}{1 + e^{c_j - \beta X}} - \frac{e^{c_{j-1} - \beta X}}{1 + e^{c_{j-1} - \beta X}}$$

当 $j = r$ 时，有：
$$P(Y=r) = 1 - F(c_{r-1} - \beta X)$$

值得强调的一点，比例优势模型（8-16）式中的每一个方程都可以看作是一个二元 Logit 模型。此时，对每一个 j，令 $Y>j$ 时用 1 表示，$Y\leqslant j$ 时用 0 表示。

四、多类别选择 Logit 模型的应用

例如我们想要根据今年大学排行榜的数据预测明年各大学的排名，可以将问题转化为研究大学排名落在各个名次的概率来判断排名可能的区间范围。所要研究的大学综合排名属于多类别的排序因变量，根据前面介绍的离散因变量理论模型，相邻级别（adjacent-category）Logit 模型和比例优势（proportional odds）Logit 模型都适用，二者都能用来研究自变量的变化对因变量变化方向（direction）的影响，比例优势模型更是由于其在解释因变量变化方向时非常直观而广泛地使用，正如（8-17）式和图 8-2 所示，当模型系数为正时，只要 X 增加，无论原来处于何等级，因变量高于该等级的概率总是增加的。但是当我们要研究因变量变动强度（intensity）[1] 时，传统的比例优势模型就显现出劣势，主要是因为比例优势模型使用的是累积概率，这使得模型在解释因变量变动强度时损失了重要的信息[2]（Michael

---

[1] 这里的"强度"用来形容因变量相对于所研究的等级变化幅度的大小，一般用各等级的概率分布来衡量，若变动的幅度越大，则极端值（或者说与所研究的等级相差较远的级别）出现的概率越大，则强度越大；反之，若因变量在所研究级别附近出现的概率较大，则表明变动强度较弱。

[2] 比较两种情况：一种是因变量从等级 j 变化到等级 $j+5$，另一种是因变量变化到 $j+1$，显然前者的变动强度更大，但二者在比例优势模型（8-17）式中并无区别，都体现为"$Y>j$"，因此，比例优势模型只体现了因变量的变动方向而损失了有关变动强度的信息。

E. Sobel，1997；Bradford S. Jones，2000）。为此，迈克尔（Michael E. Sobel，1997）提出用相邻级别 Logit 模型来拟合因变量各等级的概率分布，从而达到同时研究因变量的变动方向和变动强度的目的。

（一）相邻级别（adjacent-category）Logit 模型的应用

例如我们想研究大学排行榜发布的大学综合排名是否具有黏性（滞后性），即所研究时期的大学排名与滞后期的大学排名相比是否发生大的变化，如果所研究时期的排名与滞后期的排名差异很大，则说明综合排名的变动"强度"大，相应的"黏性"较弱；反之，则说明大学综合排名具有较强黏性。如前所述，这可以利用相邻级别（adjacent-category）Logit 模型，通过研究大学在给定滞后期综合排名的情况下出现各种可能名次的概率分布来检验大学综合排名的黏性。令 $rank$ 代表所研究时期的大学综合排名，$laggedrank$ 代表滞后一期的大学综合排名，根据研究的目的，把 $laggedrank$ 作为解释变量代入式（8 - 10）相邻级别（adjacent-category）Logit 模型，得到实证模型（8 - 18）式：

$$\log \frac{\pi_{r+1}}{\pi_r} = \alpha_r + \beta \cdot laggedrank_u \qquad (8-18)$$

$r = 1，\cdots，R - 1$，为大学综合排名名次，若研究排名前 50 的样本，则 $R = 50$；$p = 1$，$\cdots，R - 1$，为所研究的大学出现任意两个综合排名名次的差距；

被解释变量 $rank_u = (1，2，\cdots，R)$ 为大学 u 在时期 t 的综合排名，解释变量 $laggedrank_u$ 为大学 u 在时期 $t - 1$ 的综合排名；

$\pi_r = P(rank_u = r \mid laggedrank_u)$，为大学 u 在给定时期 $t - 1$ 的排名名次的情况下，在时期 t 的综合排名名次等于 r 的概率；

$\pi_{r+p} = P(rank_u = r + p \mid laggedrank_u)$，则为大学 u 在给定时期 $t - 1$ 的排名名次的情况下，在时期 t 的综合排名名次等于 $r + p$ 的概率；

一旦模型（8 - 18）式得以估计，就可求对应于（8 - 12）式的相邻 p 个等级的 Logit 模型：

$$\log \frac{\pi_{r+p}}{\pi_r} = \alpha_r' + p\beta \cdot laggedrank_u \qquad (8-19)$$

根据（8 - 19）式可以计算当 $laggedrank_u = r$ 时，π_r、π_{r+p}、π_{r-p} 的估计值，即可知当大学 u 在时期 $t - 1$ 的名次为 r 时，它在时期 t 出现各个名次的概率。

（二）比例优势（proportional odds）Logit 模型

例如我们想研究大学的滞后排名和各评价指标排名如何对当前排名的变化产生影响，即滞后排名和各评价指标排名的上升或下降是否有助于当前排名的上升或下降，以及影响效应的大小，这个问题适合用比例优势（proportional odds）Logit 模型来验证，把滞后排名和各评价指标排名作为影响因素代入比例优势模型（8 - 16）式中，得到实证模型（8 - 20）式：

$$\log \left(\frac{P(rank_u > r)}{P(rank_u \leq r)} \right) = \alpha_r + \beta_0 laggedrank_u + \beta_1 X_1 + \beta_2 X_2 + \cdots + \beta_k X_k \qquad (8-20)$$

模型（8-20）式中：

被解释变量 $rank_u = (1, 2, \cdots, R)$ 为大学 u 在时期 t 的综合排名，解释变量 $laggedrank_u$ 为大学 u 在时期 $t-1$ 的综合排名，X_i 为大学 u 在时期 t 第 i 个评价指标的排名，$i = 1, \cdots, k$ 代表 k 个评价指标；

$P(rank_u > r)$ 和 $P(rank_u \leq r)$ 分别代表大学 u 在给定时期 $t-1$ 的综合排名名次和时期 t 的各指标排名名次下，时期 t 的综合排名名次大于 r 和小于 r 的概率。[①]

根据（8-17）式可得与模型（8-20）式等价的 $P(rank_u > r)$ 或 $P(rank_u \leq r)$ 的估计模型，从而进一步分析滞后排名与各评价指标排名对大学当前综合排名变化的影响方向，以及比较评价指标排名对当前综合排名变化的影响效应大小。

第三节　Logit 模型的估计与检验

Logit 模型是关于因变量取某个特定值出现的概率与自变量之间关系的非线性回归模型，但与第四章研究的非线性回归模型不同的是，第四章的非线性回归模型是自变量的非线性函数，但关于未知参数仍是线性函数，这样的非线性回归模型本质上是线性的，可以通过变量转换用 OLS 估计。相反，Logit 回归模型不仅是关于自变量的非线性函数，同时也是关于回归系数的非线性函数，因此无法用传统线性回归模型的估计方法 OLS 法进行参数估计，第三章介绍的极大似然估计法是 Logit 回归模型这类非线性回归模型常用的参数估计方法。

一、Logit 模型的极大似然估计

Logit 模型的参数估计通常使用极大似然估计法，参数的极大似然估计是求使观测数据出现的概率最大的参数值，即使似然函数（likelihood function）取得最大值的参数值。似然函数是样本观测值的联合概率密度函数，被视为未知参数的函数。未知参数的极大似然估计量（maximum likelihood estimator，MLE）是使似然函数最大化的参数值，从这个意义上说，MLE 是"最有可能"产生观测到的数据的参数值。

为了得到最大似然估计量，需要似然函数的表达式，而似然函数又需要数据的联合概率密度的表达式。以（8-3）式的二元 Logit 选择模型的参数估计为例，似然函数 L 是给定观测样本自变量的取值时因变量的观测值 $y_1, y_2, \cdots, y_n$ 出现的联合概率，如果各观测值是相互独立的，则有似然函数：

$$L = \Pr(Y_1 = y_1, Y_2 = y_2, \cdots, Y_n = y_n) = \Pr(Y_1 = y_1)\Pr(Y_2 = y_2)\cdots\Pr(Y_n = y_n) \quad (8-21)$$

（8-21）式中 $y_i = 0$ 或 $y_i = 1$，对第 i 个样本给定 $X_i = (X_{i1}, X_{i2}, \cdots, X_{ik})$ 有 $\Pr(Y_i = y_i \mid X_{i1}, X_{i2}, \cdots, X_{ik}) = P(y_i = 1)^{y_i} P(y_i = 0)^{(1-y_i)}$，则（8-21）式的似然函数可表示为：

---

① 名次数值越大表明越落后，则综合排名名次大于 r 表明排名下降，小于 r 则表明排名上升。

$$L = \Pr(Y_1 = y_1)\Pr(Y_2 = y_2)\cdots\Pr(Y_n = y_n) = \prod_{i=1}^{n} P(y_i = 1)^{y_i} P(y_i = 0)^{(1-y_i)}$$

$$(8-22)$$

将（8-3）式中 $P(y_i = 1)$ 关于 $\alpha + \beta X_i$ 的 Logistic 函数表达式 $P(y_i = 1) = \dfrac{e^{\alpha + \beta X_i}}{1 + e^{\alpha + \beta X_i}}$ 代入
（8-22）式中，即可得到包含待估参数的似然函数，通常取似然函数的对数 $\ln L$，求最大化对数似然函数（log likelihood function）的参数估计值即得到 Logit 模型参数的极大似然估计量。通常的计算机统计软件都能实现 Logit 模型参数的极大似然估计。在一般情况下，极大似然估计量是一致的，并且在大样本中具有正态抽样分布。

对于模型（8-6）式~（8-8）式的基准类别 Logit 模型（baseline-category logit model），同样可以用最大似然估计法进行参数估计，通过个体 i 选择结果 j 即 y_{ij}（$i=1$，$\cdots$，n，$j=1$，$\cdots$，r）的联合概率函数推导出似然函数：

$$L = \prod_{i=1}^{n} \prod_{j=1}^{r} (\pi_{ij})^{I_{ij}} \qquad (8-23)$$

其中，$I_{ij} = 1$，如果个体 i 选择结果 j；反之，$I_{ij} = 0$。把（8-7）式和（8-8）式代入（8-23）式并取对数得对数似然函数 $\log L = \log \prod_{i=1}^{n} \prod_{j=1}^{r} (\pi_{ij})^{I_{ij}}$，再通过对数似然函数最大化的一阶条件求解模型参数。

对于比例优势模型（proportional odds model），根据（8-13）式可计算 Y 的各个等级出现的概率：令 $\pi_i = (\pi_{i1}, \pi_{i2}, \cdots, \pi_{ir})$ 代表个体 i 各个等级出现的概率，则相应的对数似然函数 $\log L = \sum_{i=1}^{n} \sum_{j=1}^{r} I_{ij} \log \pi_{ij}$（其中，$I_{ij} = 1$，如果个体 i 出现等级 j；反之，$I_{ij} = 0$），模型的参数（包括 c_j 和 β）估计量可通过最大化对数似然函数求得。

模型（8-10）式的相邻级别 Logit 模型（adjacent-category logit model）同样可以用极大似然估计法估计，利用计量软件包可以方便地根据估计结果预测因变量的取值落入各个等级的概率。

二、Logit 模型的检验

Logit 模型回归系数的极大似然估计量在大样本中是一致且正态分布的，因此在大样本中，基于最大似然估计的 Logit 模型系数的统计推断与基于 OLS 估计量的线性回归模型系数的推断方式类似，t 统计量和系数的置信区间可以用通常的方式构造。使用极大似然估计法估计 Logit 模型的回归软件通常报告的标准误差可以与 OLS 回归系数的标准误差一样用以构造总体回归系数 95% 的置信区间。多个回归系数的联合假设检验也同第三章中讨论的多元线性回归模型使用 F 统计量的方式类似。总之，基于极大似然估计量的参数检验完全类似于线性回归模型中的统计推断。

另一种检验 Logit 模型回归系数显著性的方法是似然比检验（likelihood ratio test，LR 检验），通过比较原假设和备择假设条件下似然函数的比值来判断回归系数的显著性：令 ι_0 表示在零假设下最大化似然函数的值；令 ι_1 表示更一般的无约束条件的最大化似然函数的值。例如，当检验参数 β 的显著性时，ι_0 是在 $\beta_0 = 0$ 处计算的似然函数；ι_1 是在极大似然估计值 $\hat{\beta}$ 处计算的似然函数。ι_1 总是至少与 ι_0 一样大，因为受约束的似然函数值不会超过无约束的似然函数值，据此构造的似然比检验统计量为：

$$LR = -2\log\left(\frac{\iota_0}{\iota_1}\right) = -2\left[\log(\iota_0) - \log(\iota_1)\right] \sim \chi^2(1) \tag{8-24}$$

如果约束条件 H_0 为真，比值 $\frac{\iota_0}{\iota_1}$ 远大于 1；反之，比值 $\frac{\iota_0}{\iota_1}$ 小于 1。似然比检验统计量为 $LR = -2\log(\iota_0/\iota_1)$ 服从自由度为 1 的卡方分布，较小的 ι_0/ι_1 值会导致较大的 $-2\log(\iota_0/\iota_1)$ 值，当 LR 大于自由度为 1 的卡方分布临界值时，拒绝原假设，认为有理由证明参数 β 显著不为 0。

似然比检验和一般的假设检验（或称显著性检验）的含义是相似的，在根据实际问题构建的模型中，可以使用假设检验来确定模型参数是否显著。如果参数不显著，即意味着该参数对应的自变量 X 几乎没有对因变量 y 的取值产生影响。似然比检验也可用于对回归系数的联合假设检验，用于比较无约束的饱和模型下的极大似然函数值和联合假设 H_0 成立时受约束条件下回归模型的极大似然函数，从而判断联合假设 H_0 是否成立。

三、模型参数估计值的解读

建模的目的都是为了了解自变量对因变量的影响效应，在一般线性回归模型中，线性回归是分析因变量与自变量取值之间的数量关系，影响效应可以通过回归系数得到直接的解释，线性回归模型的系数可以解读为自变量变动一个单位引起的因变量变动的数值，而 Logit 回归模型的系数没有类似的解释性。对于非线性回归的 Logit 模型而言，Logit 回归是分析因变量取某个值的概率与自变量之间的关系，因此，对回归系数的解释就复杂得多，自变量的影响效应也较难计算，因为自变量对因变量的影响是通过对因变量各可能结果（outcome/category）出现概率的影响来表现的，而 Logit 模型都是定义因变量各可能结果的机会比对数（log-odds）为自变量的线性函数，因此模型系数直观的解释是自变量每变动一个单位，在保持其他自变量不变的情况下，因变量各可能结果的机会比对数（log-odds）变动的数值。显然，Logit 模型回归系数本身无法直接解释自变量对因变量的非线性影响［见（8-17）式和图 8-2］，正是这种复杂的内在联系使得 Logit 模型中很难对回归系数作出直接的易于理解的解释，而通常是通过适当的变换用机会比变动的比率（odds ratio）来解释模型。

统计量 odds ratio 的含义是自变量增加一个单位，在其他自变量保持不变的情况下，因变量出现不同结果类别的机会比（odds）变动的比率。显然，odds ratio 比起回归系数 β 而言，更进一步解释了自变量对因变量的影响效应，并且 odds ratio 与回归系数联系紧密，它等于对相应自变量的回归系数按 e 取幂，即等于 $e^{\text{回归系数}}$，因此常被用来替代回归系数对模型进行解释。若回归系数 >0，相应的 odds ratio >1，说明自变量增加一个单位导致机会比数值增大，由于机会比是因变量两类可能结果的概率之比，$odds$ 数值增大，说明作为机会比分子的类别出现的可能性增大；若回归系数 <0，相应的有 $0 < odds\ ratio < 1$，则说明作为机会比分子的类别出现的可能性减小。

以模型（8-20）式为例，在其他自变量保持不变的情况下，大学的评价指标排名 X_1 变动一个名次引起的机会比变动的比率为：

$$odds\ ratio = \frac{P(rank > r \mid X_1 = j+1)}{P(rank \leq r \mid X_1 = j+1)} \Big/ \frac{P(rank > r \mid X_1 = j)}{P(rank \leq r \mid X_1 = j)}$$

$$= \frac{e^{\alpha_r + \beta_0 laggedrank_u + \beta_1(j+1) + \beta_2 X_2 + \cdots + \beta_k X}}{e^{\alpha_r + \beta_0 laggedrank_u + \beta_1 j + \beta_2 X_2 + \cdots + \beta_k X}} \quad (j = 1, \cdots, r-1)$$

$$= e^{\beta_1} \tag{8-25}$$

不妨设 $\beta_1 = 0.5$，则 $e^{\beta_1} = 1.65$，说明指标排名 X_1 每下降一个名次（下降一个名次意味着 X_1 的数值增加1），大学综合排名名次下降相对于上升的机会比为原来的 1.65 倍，增加了 65%，说明综合名次下降的概率增大（但并不意味着综合名次下降的概率增大为原来的 1.65 倍，因为 $odds\ ratio$ 是机会比的比率，而不是概率的比率）。同样可以计算模型（8-20）式中其他自变量 $laggedrank$ 和 X_i 变动一个名次引起的机会比变动的比率（$odds\ ratio$）分别为 e^{β_0} 和 e^{β_i}，若回归系数的符号为正，表明自变量排名的变化有助于综合排名朝同方向变化，并且 $odds\ ratio$ 数值越大于 1 表明影响的程度越大；反之，若回归系数的符号为负，则表明自变量排名的变化有助于综合排名朝反方向变化，并且 $odds\ ratio$ 数值越小于 1 表明影响的程度越大。

综上所述，利用 $odds\ ratio = e^{回归系数}$ 来解释模型（8-20）式中滞后排名或各评价指标排名对综合排名的影响效应时，只能说明影响的方向而无法得到影响的数值：当回归系数显著并大于零时，$odds\ ratio > 1$，说明相应的滞后排名或评价指标排名的名次下降（上升）使综合排名名次下降（上升）的概率增大，但概率增大的倍数并不等于 $odds\ ratio$ 的数值；同理，当回归系数显著并小于零时，滞后排名或评价指标排名的名次下降（上升）使综合排名名次下降（上升）的概率减小，但减小的比例也不等于 $odds\ ratio$ 的数值。

利用 $odds\ ratio$ 统计量解释模型时，要注意同风险比（$risk\ ratio$）区分。$risk\ ratio$ 是自变量变动一个单位时因变量某一结果类别出现概率变动的比率，同样以模型（8-20）式为例，在其他自变量保持不变的情况下，大学的评价指标排名 X_1 变动一个名次引起的 $risk\ ratio$ 为：

$$risk\ ratio = \frac{P(rank > r \mid X_1 = j+1)}{P(rank > r \mid X_1 = j)} \quad (j = 1, \cdots, r-1) \tag{8-26}$$

风险比反映了指标排名 X_1 变动前后，综合名次大于 r 的概率之比。不妨设（8-26）式的 $risk\ ratio$ 等于 1.2，则说明指标排名 X_1 的名次由 j 下降到 $j+1$ 时，大学综合排名 $rank > r$ 的概率（综合排名名次下降的概率）为原来的 1.2 倍，增长了 20%。

显然，风险比直接体现了自变量对因变量某一结果类别出现概率的影响效应，含义明确，比起 $odds\ ratio$ 更易于理解，更直接反映了自变量对因变量的影响效应，理论上是解释 Logit 模型的理想工具，但风险比的计算没有简便的公式可循，与回归系数的联系也不直观，并且数值随自变量的取值而不同，在实际中难以应用。因此，实践中 Logit 模型的解释仍主要基于回归系数和机会比变动的比例，统计软件通常也会报告这两种回归结果。

Logit 模型所反映的自变量与离散因变量各可能结果出现概率之间的复杂非线性关系，使得要直接从模型回归系数得到有关自变量对因变量影响效应的正确解释变得困难和不易于理解，针对这个难题，还可以用图示法来进行影响效应显示，作为回归系数的补充说明，从更直观的角度来解释模型所反映的变量间的关系。基本的方法是将其他自变量固定取值，绘制所研究的自变量与因变量可能结果出现概率之间的关系图。

第四节 案例与 Stata 应用

【例题 8.1】 本节将通过 Logit 模型研究淘宝村成立的影响因素，使用 Stata 软件进行模型估计和检验。从理论上来说，地级市是否能形成淘宝村，与当地的经济发展水平、交通水平、人力资本等都有一定的联系。首先，当地经济发展水平是影响淘宝村成立的重要因素，经济发展水平越高，当地的市场规模、消费需求和商业环境往往也越好，这有助于淘宝村的形成和发展。其次，交通水平也是影响淘宝村成立的因素之一，交通条件越好，淘宝村与外部市场的联系就越紧密，商品流通和物流效率也越高，这有助于淘宝村的发展。此外，人力资本水平也可能是淘宝村成立的影响因素，教育水平越高，当地居民的素质和能力也越高，这有助于淘宝村更好地掌握电子商务技术、运营和管理，促进淘宝村的发展。因此，深入研究检验这些因素对淘宝村成立的影响，可以为我们更好地理解和掌握当地经济发展的特点、规律和趋势提供基础数据和科学依据，为制定更有针对性的政策提供支持。

一、变量测度与数据整理

淘宝村成立与否为二元因变量，用"*taobao*"这一变量名表示，*taobao* = 1 代表成立淘宝村；*taobao* = 0 代表未成立淘宝村。当地的经济发展水平可以用"地区生产总值（当年价格万元）"作为一个综合指标来衡量，较高的地区生产总值通常意味着较强的经济实力，因此，我们可以假设地区生产总值对淘宝村成立的可能性有正向影响，即经济更加发达的地区更容易成立淘宝村；交通水平用"公路客运量（万人）"衡量；人力资本水平用"普通高等学校在校学生数（人）"衡量，"人口密度"指标为年末户籍人口（万人）与行政区域土地面积（平方公里）相除。数据集 liti8.1.dta 提供了 2011～2020 年 133 个地级市成立淘宝村前一年和成立当年各项指标的原始数据，数据来源于 EPS 数据平台以及各个地市统计年鉴。该数据集各变量的描述性统计结果如表 8-1 所示。

将表 8-1 中除了人口密度外的其余原始指标取自然对数生成回归的具体变量：$\ln gdp = \log$（地区生产总值），交通水平 = $\log$（公路客运量），人力资本水平 = $\log$（普通高等学校在校学生数）。回归变量的描述性统计结果如表 8-2 所示。

liti8.1.dta 下载

表 8 – 1　　　　　　　　　数据集 liti8.1.dta 各变量的描述性统计结果

变量	观测值	平均值	标准差	最小值	最大值
taobao	266	0.5	0.5009425	0	1
地区生产总值	266	3.30e + 07	2.96e + 07	4 604 032	1.76e + 08
普通高等学校 在校学生数	266	129 251.9	204 432.7	3 265	1 044 465
公路客运量	266	8 411.57	12 800.46	40	94 188
人口密度	266	0.0557369	0.0273353	0.0089557	0.1324809

表 8 – 2　　　　　　　　　回归变量的描述性统计结果

变量	*Obs*	*Mean*	*Std. Dev.*	*Min*	*Max*
taobao	266	0.500	0.501	0.000	1.000
ln*gdp*	266	17.036	0.711	15.342	18.986
交通水平	266	8.501	0.995	3.689	11.453
人力资本水平	266	11.050	1.145	8.091	13.859
人口密度	266	0.056	0.027	0.009	0.132

二、构建 Logit 模型

为了检验前面所讨论的经济发展水平、交通水平、人力资本水平等因素是否对一个地区淘宝村的形成有显著影响，我们的被解释变量是淘宝村成立的概率，如果重点关注的是城市经济发展水平的高低是否增加了该地拥有淘宝村的概率，则核心解释变量是表 8 – 2 中的 ln*gdp*，控制变量是表 8 – 2 中交通水平（x_2）、人力资本水平（x_3）、人口密度（x_4）等其他解释变量，根据（8 – 5）式构建的实证回归 Logit 模型如下：

$$\log \frac{\Pr(taobao = 1)}{1 - \Pr(taobao = 1)} = \alpha + \beta_1 \ln gdp + \beta_2 x_2 + \beta_3 x_3 + \beta_4 x_4 \qquad (8 – 27)$$

等价于：

$$\Pr(taobao = 1) = \frac{e^{\alpha + \beta_1 \ln gdp + \beta_2 x_2 + \beta_3 x_3 + \beta_4 x_4}}{1 + e^{\alpha + \beta_1 \ln gdp + \beta_2 x_2 + \beta_3 x_3 + \beta_4 x_4}} \qquad (8 – 28)$$

根据前面的理论分析，我们预期（8 – 27）式中的参数估计值大于 0，进一步通过极大。似然估计法进行参数估计和检验。

三、模型的极大似然估计与检验

Stata 软件的 Logit 命令提供用极大似然法拟合二元响应 Logit 模型的估计程序，对被解释变量取值为 1 的概率进行建模，得到图 8-3 的回归输出结果。具体的估计命令代码见命令文件 liti8.1.do。

从图 8-3 的回归结果可以看出 $\ln gdp$ 回归系数为 0.5595192，在 10% 显著性水平下显著为正，与我们的预期相符合，说明经济因素对淘宝村成立确实具有显著的影响，即地区生产总值的提高有助于提高淘宝村成立的概率。

liti8.1.do 下载

```
Iteration 0:   log likelihood = -184.37715
Iteration 1:   log likelihood = -181.20147
Iteration 2:   log likelihood = -181.19593
Iteration 3:   log likelihood = -181.19593

Logistic regression                     Number of obs   =      266
                                        LR chi2(4)      =     6.36
                                        Prob > chi2     =   0.1737
Log likelihood = -181.19593             Pseudo R2       =   0.0173
```

taobao	Coef.	Std. Err.	z	P>|z|	[95% Conf. Interval]	
lngdp	0.5595192	0.3164454	1.77	0.077	-0.0607023	1.179741
交通水平	-0.310799	0.143833	-2.16	0.031	-0.5927064	-0.0288916
人力资本水平	-0.1543	0.1766247	-0.87	0.382	-0.5004782	0.1918781
人口密度	-2.501149	5.174504	-0.48	0.629	-12.64299	7.640692
_cons	-5.044794	3.78218	-1.33	0.182	-12.45773	2.368143

图 8-3　(8-27) 式 Logit 模型回归结果

根据理论分析，交通因素也是淘宝村成立的重要影响因素之一，较好的交通条件能够促进商品的流通和交易，有利于淘宝村的发展。但实证结果表明交通水平的回归系数为 -0.3108，在 5% 显著性水平下显著为负。根据回归结果，也提示我们换个角度看问题，交通发达的城市在线下交易的机会也更多，往往是交通水平较不发达地区在"淘宝"等线上平台寻求商机，故交通水平越不发达的城市成为淘宝村的概率越高，这表现为交通水平的系数显著为负。

图 8-3 的回归结果表明人力资本水平和人口密度的回归系数不显著，分析其可能的原因，可以解读为由于淘宝等电商的工作特性，远程办公成为可能，故当地的人力资本水平对于当地的淘宝村成立概率没有较大影响；同样的，由于淘宝等电商特性，商品不止在当地售卖，当地的人口密度对于淘宝村成立概率也没有较大影响。因此，具体表现为人力资本水平以及人口密度两个变量结果并不显著。

从各个回归系数的显著性检验中，可以发现回归系数整体并不具有强的显著性，即使是 $\ln gdp$ 和交通水平也仅分别在 10% 和 5% 显著性水平下勉强显著，这个结论可以进一步利用回归系数联合显著性的似然比检验来验证，原假设为 (8-27) 式中总体回归系数都为 0，即：

$H_0: \beta_1 = \beta_2 = \beta_3 = \beta_4 = 0$

H_1：β_1、β_2、β_3、β_4不全为0

H_1成立条件下的回归模型即我们所估计的（8－27）式的无约束的回归模型，图8－3报告了该模型的似然函数 $\log L_1 = -181.19593$；H_0成立条件下的回归模型即不包括解释变量仅包含常数项的Logit回归模型，估计结果如图8－4所示，似然函数 $\log L_0 = -184.37715$。似然比检验统计量 $LR = -2(\log L_0 - \log L_1) = 6.36$，这也正是图8－3回归结果报告的"LR chi2(4)"统计量的值，伴随概率为0.1737，没有通过显著性检验，因此接受原假设，可以认为我们所选的解释变量不能很好地解释淘宝村成立的概率，这也与各解释变量的回归系数没有明显的显著性相印证。

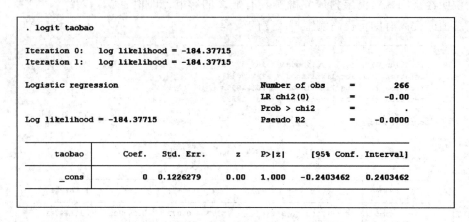

图8－4 回归系数约束为0的回归结果

上述的似然比检验统计量也可在Stata软件中用"lrtest"命令来执行，该命令的语法为lrtest A B，其中A代表无约束的模型（8－27）式；B代表待检验的回归系数全为0的约束模型，"lrtest"会计算出似然比检验统计量如图8－5所示，结果和我们前面的计算结果相一致。

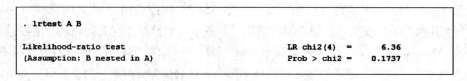

图8－5 似然比检验结果

此外，值得注意的是，图8－3的Logit命令报告结果直接为方程的回归系数，直接报告方程（8－27）式中的 β，而如前所述，*odds ratio* 相对于回归系数更易于解读，Stata软件中的Logistic命令报告的就是 *odds ratio* 即 e^β 的数值（见图8－6）。比较图8－6和图8－3，可以发现除了回归结果报告的方式不同，其他检验统计量包括回归系数的 Z 值及其伴随概率是一致的，区别仅在于对回归模型的解读方式不同，读者可以结合第三节的内容进行比较分析。

```
Logistic regression                          Number of obs    =      266
                                             LR chi2(4)       =     6.36
                                             Prob > chi2      =   0.1737
Log likelihood = -181.19593                  Pseudo R2        =   0.0173


     taobao |  Odds Ratio   Std. Err.      z     P>|z|     [95% Conf. Interval]

      lngdp |   1.749831    0.5537259     1.77   0.077     0.9411033    3.25353
   交通水平 |   0.7328612   0.1054096    -2.16   0.031     0.5528291   0.9715218
 人力资本水平|  0.8570149    0.15137     -0.87   0.382     0.6062407   1.211523
   人口密度 |   0.0819907   0.4242613    -0.48   0.629     3.23e-06    2 081.184
      _cons |   0.0064428   0.0243678    -1.33   0.182     3.89e-06    10.67754
```

图 8-6 报告模型（8-27）式的 odds ratio 估计值

四、模型概率的预测

最后，如果模型通过检验，可以用 Stata 的预测命令 "Predict" 根据模型（8-28）式，在给定解释变量取值的情况下，对每个地市成立淘宝村的概率进行预测，并将预测结果与实际数据进行比较，以评估模型的准确性和可靠性。通常，如果对大部分样本而言，实际观测值取值为 1 时，预测概率接近 1 或至少大于 0.5；反之，如果实际观测值取值为 0 时，预测概率接近 0 或小于 0.5，则可以说明模型估计相对可靠，因为 Logit 模型估计的正是因变量取值为 1 的概率。

本节运用 133 个地级市的淘宝村数据演示了二元选择 Logit 回归模型的构建和运用 Stata 软件进行模型参数估计和检验及预测的过程，全套的估计命令见 liti8.1.do 文件。回归结果说明经济发展水平和交通水平对淘宝村成立的概率有一定的影响，而人力资本水平等因素对是否成立淘宝村没有显著的影响。但由于我们的模型构建过程中仍可能存在因遗漏与解释变量相关的影响因素而导致的估计偏差等内生性问题，对回归结果得出的相关结论仍需要进一步研究才能有更客观的判断，读者可以通过进一步的理论分析加入其他控制变量进行比较分析研究。同时，关于内生性问题的解决方案，本教材最后一章工具变量法将进行更详细的介绍。

此外，对于多类别选择 Logit 模型，Stata 软件也提供了相应的估计命令，对于排序选择模型，相应的估计命令为 "ologit"；对于非排序选择模型，相应的估计命令为 "mlogit"。读者可以执行 "help" 命令来查看这两个多类别选择 Logit 模型估计命令的运用。

本章习题

1. 根据【例题 8.1】中图 8-3 的回归结果，写出拟合的 Logit 回归方程。并解释 lngdp 回归系数的含义。

2. 证明二元选择 Logit 模型（8-4）式中机会比变动的比例 $odds\ ratio = e^{\beta}$，并根据【例题 8.1】中图 8-6 的回归结果，说明解释变量 lngdp 的 odds ratio 估计值的含义。

3. 根据【例题 8.1】中图 8-3 的回归结果，预测当某地区的解释变量取以下数值时，该地区成立淘宝村的概率（见表 8-3）。

表 8 - 3　　　　　　　　　　　　　　　某地区的解释变量取值

lngdp	交通水平	人力资本水平	人口密度
17.92689	7.884576	11.62107	0.056039

4. 除了本章介绍的 Logit 回归模型，另一个常用的离散因变量模型是 Probit 模型，Probit 回归模型与 Logit 回归模型类似，区别在于 (8 - 3) 式的 Logit 模型将 $Y = 1$ 的概率建模为 $\alpha + \beta X$ 的 Logistic 分布函数；而 Probit 回归模型将 (8 - 3) 式的 Logistic 分布函数 $F(\alpha + \beta X)$ 替换为累积标准正态分布函数 $\Phi(\alpha + \beta X)$，即 Probit 回归模型为：

$$P(Y = 1) = \Phi(\alpha + \beta X)$$

给定 $\alpha + \beta X$ 的数值查累积标准正态概率分布表可得 $\Phi(\alpha + \beta X)$ 的数值，从而利用 Probit 回归计算给定 X 的取值下 $Y = 1$ 的概率。从历史上看，使用 Logit 模型的主要动机是逻辑累积分布函数的计算速度比正态累积分布函数快。随着更高效的计算机的出现，这种区别不再重要。

假设分别应用 Probit 回归模型与 Logit 回归模型进行贷款发放影响因素的研究，$Y = 1$ 代表贷款申请失败，$Y = 0$ 代表贷款申请成功，两个影响因素分别是月还款额占收入的比例（用 X_1 表示）和学历因素（用 X_2 表示，X_2 等于 1 代表高中及以下学历，X_2 等于 0 代表大学及以上学历）。

根据样本数据估计 Logit 回归模型得到：

$$P(Y = 1) = F(-4.13 + 5.37 X_1 + 1.27 X_2) = \frac{e^{-4.13 + 5.37X_1 + 1.27X_2}}{1 + e^{-4.13 + 5.37X_1 + 1.27X_2}}$$

根据相同的样本数据估计 Probit 回归模型得到：

$$P(Y = 1) = \Phi(-2.26 + 2.74 X_1 + 0.71 X_2)$$

（1）如果回归系数都显著，根据结果，说明两种影响因素如何影响贷款申请。

（2）当月还款额占收入的比例 $X_1 = 30\%$ 时，比较不同模型估计得到的学历因素对贷款申请被拒概率的影响有何区别。

第八章习题参考答案下载

空间计量模型

■ 学习目标

1. 了解空间自相关的概念和产生原因；

2. 掌握空间权重矩阵的基本构造原理和空间自相关程度的度量方法；

3. 掌握不同类型空间计量模型的数据生成过程及区别和联系；

4. 了解模型参数的极大似然估计法和基于似然函数的模型检验方法；

5. 了解空间计量模型参数解读与普通线性回归模型参数解读的区别与联系；

6. 掌握空间计量模型的诊断步骤和基本思路方法；

7. 能应用 Stata 软件实现空间自相关的莫兰检验并绘制莫兰散点图；

8. 能应用 Stata 软件实现 SAR、SEM、SDM 等模型的参数估计和检验；

9. 能根据实际经济问题构建空间计量模型进行实证分析。

■ 课程思政与导读

慧眼识真，方能穿透表象

横看成岭侧成峰，远近高低各不同——苏轼《题西林壁》

这句古诗告诉我们空间位置和视角的重要性，提醒人们不要局限于眼前的景象，要尝试从不同的角度和距离去观察和分析问题，强调了全面看待事物的重要性。事实上，人类经济行为总是在一定的时间和空间范围内同时进行的，本章的空间计量模型正是为了解决传统计量模型忽视经济变量空间相关性的问题，只有不断学习和掌握新理论、新知识，才能由此及彼、由表及里，深入地认识事物的本质。当然，我们也要牢记孔子"学而不思则罔"的教诲，在应用空间计量模型时，我们需要认真考虑模型的前提条件，选择适当的空间权重矩阵，并进行模型诊断，以确保结果的可靠性和稳健性。只有如此，我们才能以睿智的眼光，洞察经济现象的本质，才能科学地揭示经济增长的客观规律，准确把握时代发展的趋势，从而正确地指导实践。

同学们，让我们在探索实证分析的道路上，如同古人一样持之以恒，温故而知新，不断思考与反思，追求真理的光芒。

思政与导读

课件

■ 应用案例

本章实证案例以中国内地省域经济发展水平为研究对象，通过空间相关分析可以发现区域经济增长具有显著的空间相关性，因此在设定模型形式进行区域经济发展水平影响因素的效应分析时要对经济增长的空间相关性给予足够重视和相应考虑，才能正确推断所关心的影响因素对经济增长的影响效应。

导致经济变量空间相关的理论依赖于空间相互作用和溢出效应等概念。根据地理学第一定律，观测单位在空间上距离越远，它们之间的关联性就越弱，此外，外部性使得影响一个地区经济增长的因素可能同时对另一个地区的经济增长产生影响，以及相邻观测值的测量误差及遗漏变量所导致的残差相关都有可能使得区域经济增长具有空间相关性。当具有空间因素的样本观测值之间存在空间依赖性时，将违反传统计量经济学回归建模中的高斯-马尔科夫假设，使得传统线性回归模型不能反映真实的数据生成过程，从而导致估计结果有偏不一致，这也正是空间计量模型应用的主要目的。通过考虑变量间的空间相关性，可以更准确地进行模型参数的估计，因此本章构建空间计量模型进行区域经济发展水平影响因素的效应分析。

　　现实的经济活动总是在一定的时间和空间范围内同时进行的，经济地理的研究不仅涉及时间维度，更不能忽视空间尺度。区域经济科学正是建立在区位和距离是影响市场经济活动的重要影响因素这一前提之上的，经济活动的空间维度正是空间计量模型建模的经济理论依据。有些影响经济增长的因素可能无法观测，同时又存在空间相关性，且可能与已有解释变量相关，如技术创新与资本、劳动力不无关系，同时又存在空间溢出效应，但技术创新水平很难被准确衡量，由此产生的遗漏变量偏误是区域经济实证研究中经常遇到的问题，简单地用 OLS 估计线性回归模型无法对资本、劳动等要素的影响效应进行正确推断。因此，基于空间相关分析基础上的空间计量经济学应运而生。在空间维度上，事物之间可能呈现出相互集聚、随机分布或者规则分布的关联形式，而空间计量模型正是将事物之间的空间相关性与传统计量模型相结合，在基于对空间效应假设的基础上，对于空间相关经济变量的关系进行一系列的设定、估计、检验与预测的计量经济学方法。本章从"空间自相关"的基本概念出发，介绍不同空间计量模型的数据生成过程、模型的检验和估计结果的解读以及应用 Stata 软件进行空间相关分析以及空间计量模型估计和检验的基本方法。

第一节　空间自相关的度量

　　空间自相关是指空间中相近的点或位置上的样本观测数据表现出相关性，即某个变量样本观测值集合中位置 i 的观测值依赖于其他位置 j（$j \neq i$）的观测值，这可以从地图区域上观察到样本观测数据呈现空间聚类。产生这种结果的一个直观解释是区域科学研究的空间层次关系、空间溢出和其他类型的空间相互作用的存在。正空间自相关表明相似的值在空间上彼此接近或聚类；负的空间自相关表明邻近的值是不相似的，或者说相似的值是分散的；无空间自相关表示空间模式是随机的。

　　在介绍空间相关分析的方法之前，需要先引入反映样本观测数据位置信息的空间权重矩阵 W 的概念，它是空间统计、空间计量经济分析的重要基础，将非空间分析与空间分析显著区分开来。

一、空间权重矩阵（spatial weight matrix）

　　空间权重矩阵是莫兰（Moran，1948）定义的用来刻画空间相互作用结构和程度的重要概念，$n \times n$ 空间权重矩阵 W 如下式所示：

$$W = \begin{bmatrix} w_{11} & \cdots & w_{1n} \\ \vdots & \ddots & \vdots \\ w_{n1} & \cdots & w_{nn} \end{bmatrix} \tag{9-1}$$

　　（9-1）式矩阵中第 i 行第 j 列的元素 w_{ij} 用来度量地区 i 与 j 之间的空间相邻关系，表示空间单元 i 与 j 的相关结构和相关程度的强弱。通常，空间权重矩阵 W 是外生给定的，且如果地区 j 与 i 相邻，则 $w_{ij} > 0$；否则 $w_{ij} = 0$。关于相邻单元的定义有很多标准，在区域经济空间集聚的研究中，对于多边形的区域单元，空间权重的构造通常基于地理上相邻的概念，采用应用最广泛的 Rook 邻接标准定义空间权重矩阵（rook contiguity weights），即若地区 i 和 j 有公共边界，则两地区为一阶邻接单元，空间权重矩阵中的元素 $w_{ij}=1$；否则 $w_{ij}=0$，相应的空间权重矩阵称为一阶权重矩阵，按照惯例地区 i 自身不作为自身的一阶邻接单元，因此 $w_{ii}=0$。根据以上定义，一阶空间权重矩阵 W 是对称的，并且按照惯例，矩阵的主对角线上总为零。在实际应用中，通常将空间权重矩阵按行进行归一化处理，即将矩阵中的每个元素除以其所在行的元素之和，每行的元素之和为 1，即令 $w_{ij}^{*}=w_{ij}/\sum_{j=1}^{n}w_{ij}$，有 $\sum_{j=1}^{n}w_{ij}^{*}=1$。

如上所述，权重矩阵 W 的行被构造为表示空间单元的一阶相邻关系，则矩阵 W^2 将反映二阶邻接关系，即反映空间单元一阶邻接的邻接。可以将一阶邻接单元的邻接单元定义为二阶邻接单元，如地区 i 和 j 为具有公共边界的一阶邻接单元，地区 i 的二阶邻接单元由所有与地区 j 具有相邻边界的地区组成，此时地区 i 是它自己的二阶邻接单元，因为地区 i 与 j 有公共边界，根据定义，则每个区域始终是自身的二阶邻接单元，因此当每个观测值至少有一个邻接单元时，W^2 的主对角线上具有正元素。同样地，可以将二阶邻接单元的相邻单元定义为三阶邻接单元，相应的三阶空间权重矩阵可表示为 W^3。以此类推，可定义高阶空间权重矩阵 W^4，W^5，…。

除了上述介绍的应用最广泛的以 Rook 邻接标准定义的空间权重矩阵，还有基于地理距离和经济距离等概念定义的权重矩阵，设 j 是 i 的邻居，d_{ij} 是 i 和 j 之间的地理距离，那么通常认为空间单元 i 与 j 的相互作用程度 $w_{ij}\geqslant 0$，并且 w_{ij} 与 d_{ij} 负相关，即 j 与 i 距离越远，w_{ij} 应该越小，例如一些研究者取 $w_{ij}=1/d_{ij}$。此外，实际经济问题研究中空间单元的相互作用和联系也可能是通过非地理距离产生的，如其他经济变量的差异可以表示为空间单位 j 与 i 之间的距离，通常认为差异越小的则相互关联越密切，w_{ij} 应该越大，如人均 GDP 越接近的地区其人均受教育水平可能空间相关性也越大，在这种情况下空间相关的单元未必是地理上相邻的单元。

二、空间滞后向量（spatially lagged vector）

对于归一化后的 $n\times n$ 权重矩阵 W，定义 W 与 $n\times 1$ 向量 y 的乘积 Wy 为 y 的空间滞后向量，对于观测值 y_i 对应的空间滞后项则为该变量所有一阶相邻地区观测值的加权平均数，即：

$$[Wy]_i = W_{i1}y_1 + W_{i2}y_2 + \cdots + W_{in}y_n \qquad (9-2)$$

【例题 9.1】假设有 5 个区域单元，$n=5$，变量 y 在五个区域的观测值向量：

$$y=\begin{pmatrix} y_1 \\ y_2 \\ y_3 \\ y_4 \\ y_5 \end{pmatrix} \qquad (9-3)$$

根据五个区域彼此相邻的情况构造 5×5 的 Rook 邻接一阶空间权重矩阵 W：

$$W = \begin{pmatrix} 0 & 1 & 0 & 0 & 0 \\ 1 & 0 & 0 & 0 & 0 \\ 0 & 0 & 0 & 1 & 1 \\ 0 & 0 & 1 & 0 & 1 \\ 0 & 0 & 1 & 1 & 0 \end{pmatrix} \qquad (9-4)$$

（9-4）矩阵式中 $w_{12} = w_{21} = 1$，说明单元 1 和 2 有公共边界为一阶相邻地区；同理，$w_{34} = w_{43} = 1$，说明单元 3 和 4 为一阶相邻地区；而 $w_{13} = w_{14} = w_{15} = w_{23} = w_{24} = w_{25} = w_{34} = 0$，说明这些矩阵元素所对应的单元彼此不相邻；同时根据邻接矩阵的定义，每个单元都不是自身的一阶邻接地区，因此主对角线元素全为 0。

对权重矩阵（9-4）式中行元素归一化得：

$$W = \begin{pmatrix} 0 & 1 & 0 & 0 & 0 \\ 1 & 0 & 0 & 0 & 0 \\ 0 & 0 & 0 & 1/2 & 1/2 \\ 0 & 0 & 1/2 & 0 & 1/2 \\ 0 & 0 & 1/2 & 1/2 & 0 \end{pmatrix} \qquad (9-5)$$

根据标准化后的空间权重矩阵（9-5）式与（9-3）式的观测向量 y 相乘得到一阶空间滞后向量 Wy，令 $y^* = Wy$，有：

$$y^* = Wy = \begin{pmatrix} 0 & 1 & 0 & 0 & 0 \\ 1 & 0 & 0 & 0 & 0 \\ 0 & 0 & 0 & 1/2 & 1/2 \\ 0 & 0 & 1/2 & 0 & 1/2 \\ 0 & 0 & 1/2 & 1/2 & 0 \end{pmatrix} \begin{pmatrix} y_1 \\ y_2 \\ y_3 \\ y_4 \\ y_5 \end{pmatrix} = \begin{pmatrix} y_1^* \\ y_2^* \\ y_3^* \\ y_4^* \\ y_5^* \end{pmatrix} = \begin{pmatrix} y_2 \\ y_1 \\ 1/2\,y_4 + 1/2\,y_5 \\ 1/2\,y_3 + 1/2\,y_5 \\ 1/2\,y_3 + 1/2\,y_4 \end{pmatrix} \qquad (9-6)$$

可见，根据（9-2）式有 y_i 的一阶空间滞后项 $y_i^* = [Wy]_i = W_{i1}y_1 + W_{i2}y_2 + \cdots + W_{in}y_n$ 等于一阶相邻区域观测值的加权平均值。

同理，根据二阶空间权重矩阵、三阶空间权重矩阵等高阶空间权重矩阵可以构造二阶空间滞后向量 W^2y、三阶空间滞后向量 W^3y 等。

三、空间自相关（spatial autocorrelation）

如果 y_i 的取值受其空间滞后项 $y_i^* = [Wy]_i = W_{i1}y_1 + W_{i2}y_2 + \cdots + W_{in}y_n$ 的影响，即向量 y 的观测值受其空间滞后向量 Wy 取值的影响，有：

$$y = \rho Wy + \varepsilon$$
$$\varepsilon \sim N(0, \sigma^2 I_n) \qquad (9-7)$$

ρ 为空间自回归系数，也称空间自相关系数，若 $\rho \neq 0$，则说明 $n \times 1$ 向量 y 中的观测值之间存在空间自相关。式中，ε 为误差向量，I_n 为 $n \times n$ 单位矩阵。

与时间序列分析中依赖于过去时期的观测值来解释变量 y 的变化的一阶自回归模型类似，模型（9-7）式试图将 y 的变化解释为相邻单元观测值的线性组合，被称为一阶空间自回归模型。参数 ρ 反映样本数据空间依赖的方向和程度，测量向量 y 中观测值受相邻观测值的平均影响。

若 y 的变化不仅受相邻单元观测值的影响，还受相邻单元的相邻单元影响，则称二阶空间自回归模型，可表示为 $y = \rho_1 Wy + \rho_2 W^2 y + e$。

四、莫兰指数（Moran's I）

一个常用的度量空间自相关的方法是计算莫兰指数（Moran's I），又分全局莫兰指数（Global Moran's I）和局部莫兰系数（Local Moran's I），前者可用来检验变量是否存在空间自相关；后者可用来揭示产生空间自相关的具体区域。

全局莫兰指数定义为：

$$I = \frac{n}{\sum_{i=1}^{n}\sum_{j=1}^{n} w_{ij}} \times \frac{\sum_{i=1}^{n}\sum_{j=1}^{n} w_{ij}(y_i - \bar{y})(y_j - \bar{y})}{\sum_{i=1}^{n}(y_i - \bar{y})^2} \tag{9-8}$$

其中，y_i 是所考虑地区 i 的变量值，$\bar{y}$ 表示变量在所有地区的平均值，n 是地区的总数。上式的全局莫兰指数可以用来探究变量在某一时刻所显示的空间自相关的整体水平，全局莫兰指数值一般在 $-1 \sim 1$，当值为正时，表示正自相关（即高值和高值相邻、低值和低值相邻）；当值为负时，表示负自相关（即高值和低值相邻、低值和高值相邻）；接近于 0 表示空间分布模式是随机的（即没有空间自相关性）。利用 Moran's I 进行变量 y 的空间自相关检验，即检验一个变量在一个位置的观测值是否独立于该变量在邻近位置的值，相当于（9-7）式的一阶空间自回归模型的回归系数 ρ 是否为 0，原假设和备择假设分别为：

$$H_0 : \rho = 0 (不存在空间自相关)$$
$$H_1 : \rho \neq 0 (存在空间自相关)$$

克利夫和奥德（Cliff and Ord，1973）推导了莫兰系数 I 的均值和方差，得到基于 Moran's I 的标准化值 $I_z = \dfrac{I - E[I]}{\sqrt{\text{Var}[I]}} \sim N(0,1)$，统计量 I_z 服从渐近标准正态分布，则变量空间相关性的统计推论正是基于 Moran's I 的渐近标准正态分布进行的，若 I_z 大于标准正态分布在给定的显著性水平下的临界值，则拒绝原假设，认为 $\rho \neq 0$，即变量存在空间自相关。

（9-8）式的全局莫兰指数是根据空间单元的观测值与其相邻单元之间的局部关系计算出来的，安塞林（Anselin，1995）提出将这些局部关系分解出来，构建一种用于空间聚类分析的局部空间自相关系数，即地区 i 的局部莫兰指数：

$$I_i = \frac{(y_i - \bar{y}) \sum_{j=1}^{n} w_{ij}(y_j - \bar{y})}{\dfrac{\sum_{i=1}^{n}(y_i - \bar{y})^2}{n}} \tag{9-9}$$

比较（9-8）式和（9-9）式可以看出，全局莫兰指数 Moran's I 可以作为局部莫兰指数 I_i 的函数得到。如前所述，在正态性假设下，同样可以构造局部莫兰指数 I_i 的标准化检验统计量 I_{iz}，以检验空间相关性的显著性。相比全局莫兰指数，局部莫兰指数可以对空间依赖位置的特定性质提供更详细的分析。局部莫兰指数 I_i 显著为正说明空间单元 i 的变量与其周边单元变量观测值有正相关性；局部莫兰指数 I_i 显著为负则说明空间单元 i 的变量与其周边单元变量观测值呈负相关；局部莫兰指数 I_i 显著为 0 则说明空间单元 i 与周边单元不存在相关性。

为了更直观地判断局部地区是否有相似或明显不同的观测值集聚在一起，令：

$$z_i = (y_i - \bar{y}) \tag{9-10}$$

表示一个变量在区域 i 的观察值对平均值的离差，定义观测值 z_i 对应的空间滞后项为该变量所有一阶相邻地区观测值的加权平均数，即 z_i 的空间滞后项为：

$$z_i^* = \sum_{j=1}^{n} w_{ij} z_j = \sum_{j=1}^{n} w_{ij}(y_j - \bar{y}) \tag{9-11}$$

则（9-9）式的局部莫兰指数可以表示为：

$$I_i = \frac{z_i}{\dfrac{\sum_{i=1}^{n} z_i^2}{n}} \times z_i^*$$

利用局部莫兰指数中的变量的离差 z_i 及其空间滞后项 z_i^* 绘制的莫兰散点图可以将一个观测点在绝对空间中的位置映射到一个相对空间中，该相对空间不仅考虑观测点在单个变量空间分布中的位置，还考虑其相邻位置的点在同一分布中的位置。以横轴代表每个变量观测值的离差 z_i，纵轴代表其空间滞后项 z_i^*，则变量在相对空间中的位置可以分为四种类型，总结为表9-1。

表9-1　　　　　　　　　　莫兰散点图（Moran scatterplots）中观测点的分类

类别	自身观测值	邻接区域平均值	象限
高-高（$z_i > 0$ 且 $z_i^* > 0$）	高于总体平均值	高于总体平均值	第一象限
低-高（$z_i < 0$ 且 $z_i^* > 0$）	低于总体平均值	高于总体平均值	第二象限
低-低（$z_i < 0$ 且 $z_i^* < 0$）	低于总体平均值	低于总体平均值	第三象限
高-低（$z_i > 0$ 且 $z_i^* < 0$）	高于总体平均值	低于总体平均值	第四象限

假设利用（9-10）式和（9-11）式根据不同地区的经济发展水平绘制莫兰散点图，有地区 i 的 $z_i > 0$ 且 $z_i^* > 0$，根据表9-1中的分类，则第 i 个地区的散点图落在第一象限，说明地区 i 的经济发展水平高于平均水平，其周边地区平均经济发展水平也高于总体一般水平；同理，若第 i 个地区位于第二象限，则其经济发展水平低，但是周边地区发展水平高；若第 i 个地区位于第三象限，则其自身与周边地区经济发展水平均低于全国经济

发展平均水平；若第 i 个地区位于第四象限，则其经济发展水平高，周边地区发展水平较低。

若莫兰散点图中的散点集中于第一、第三象限，说明变量观测值 y 与其空间滞后观测值 Wy 之间存在正相关关系，空间自相关系数 ρ 大于 0；若莫兰散点图中的散点集中于第二、第四象限，说明变量观测值 y 与其空间滞后观测值 Wy 之间存在负相关关系，空间自相关系数 ρ 小于 0。随着莫兰散点图中的散点越来越集中于第一、第三象限或第二、第四象限，表明变量分布的空间自相关性整体水平增强。

五、区域经济空间自相关分析案例与 Stata 软件的应用

【例题 9.2】为了进行区域经济发展的空间相关性分析，选取人均 GDP（per capita gdp）来衡量经济发展水平，并利用莫兰指数 Moran's I 和莫兰散点图进行省域人均 GDP 的空间自相关检验。Stata 数据集 liti9.1.dta 提供了 2003～2021 年的中国内地各省人均 GDP（元），Stata 数据集 weight.dta 为 31 个省份的 Rook 邻接空间权重矩阵，取值为 1 表示对应的两省份有相邻边界，Excel 数据集 weight 为对应的空间权重矩阵原始数据。使用 Stata 软件中全局莫兰指数命令 spatgsa 和局部莫兰指数命令 spatlsa 计算莫兰指数值及绘制莫兰散点图的命令代码详见命令文件 liti9.1.do。

liti9.1.dta 下载

weight.dta 下载

weight.xlsx 下载

liti9.1.do 下载

利用 2003～2021 年的莫兰指数可以观察区域收入空间相关性的变化，从而对经济空间分布的均衡性演变作出判断。表 9-2 报告了利用软件 Stata 15 根据（9-8）式计算的莫兰指数值以及相应的标准化值 I_z 和伴随概率 p 值的大小。每年的 Moran's I 均在 0.1% 水平下显著，说明莫兰检验拒绝省域人均 GDP 无空间自相关的零假设，换句话说，中国内地省域人均 GDP 存在显著的空间正相关性，省域经济空间依赖度高，经济发展水平接近的省份呈现

一定程度的空间聚集，从而导致区域经济差异的产生。

表 9 – 2　　　　2003 ~ 2021 年中国内地省域人均 GDP 全局莫兰指数 Moran's I

年份	Moran's I	I_z 值	p 值	年份	Moran's I	I_z 值	p 值
2003	0.344	3.423	0.000	2013	0.441	4.132	0.000
2004	0.352	3.484	0.000	2014	0.425	3.985	0.000
2005	0.366	3.571	0.000	2015	0.424	3.979	0.000
2006	0.359	3.495	0.000	2016	0.434	4.080	0.000
2007	0.362	3.509	0.000	2017	0.460	4.315	0.000
2008	0.368	3.527	0.000	2018	0.451	4.245	0.000
2009	0.376	3.582	0.000	2019	0.428	4.084	0.000
2010	0.467	4.397	0.000	2020	0.381	3.736	0.000
2011	0.385	3.624	0.000	2021	0.376	3.692	0.000
2012	0.451	4.222	0.000				

　　从图 9 – 1 全局莫兰指数的趋势图可以看出：（1）全局莫兰指数均显著为正，表明经济发展水平接近的省份呈现一定程度的空间聚集，经济发展水平较高的地区往往与经济发展水平较高的地区相邻，而经济发展水平较低的地区在地理空间上往往与经济发展水平相同的地区相邻，从而导致区域经济差异的产生；（2）从全局莫兰指数的变动趋势上看，2003 ~ 2010 年为显著上升阶段，全局自相关系数莫兰指数由 0.344 增加到 2010 年的 0.467；2010 ~ 2017 年除 2011 年全局莫兰指数降低到 0.358 外，其余年份均保持在较高的水平，2017 年全局莫兰指数上升到 0.460，说明这一阶段中国内地地区经济发展水平相近的省份在空间分布上更加集中，经济联系逐渐增强的同时也说明不同区域的经济差异有扩大趋势；随后在 2018 ~ 2021 年，莫兰指数呈明显下降趋势，省域经济发展水平的空间相关性程度下降的同时说明经济发展在空间分布上趋于均衡，这与我国区域协调发展战略取得了成效。

　　根据全局莫兰指数的时段特征，选取 2003 年、2010 年、2021 年为研究断面，利用 Stata 15 软件根据（9 – 9）式估计各省份的局部莫兰指数，并以变量的标准化值 $\dfrac{(y_i - \bar{y})}{S^2}$ 为 x 轴（S^2 为 y 的样本标准差），以基于邻接矩阵构造的空间滞后项 $\sum\limits_{j=1}^{n} w_{ij}(y_j - \bar{y})$ 为 y 轴，绘制中国内地省份 2003 年、2010 年、2021 年三年的人均 GDP 莫兰散点图［见图 9 – 2（a）~（c）］。根据图 9 – 2，可整理得出中国内地 2003 年、2010 年、2021 年三年经济发展水平的空间格局演变情况，如表 9 – 3 所示。

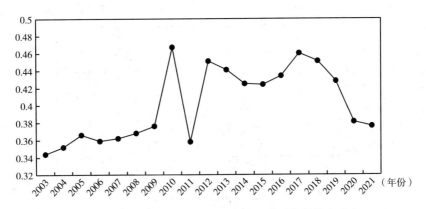

图 9 - 1　中国内地地区人均 GDP 全局莫兰指数演变动态

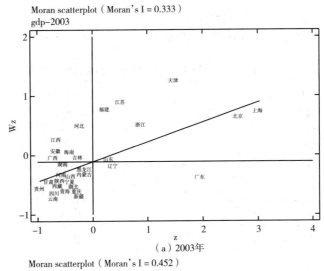

（a）2003年

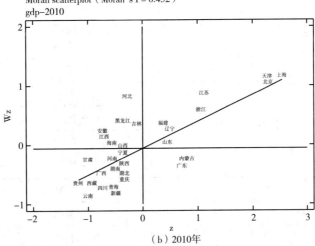

（b）2010年

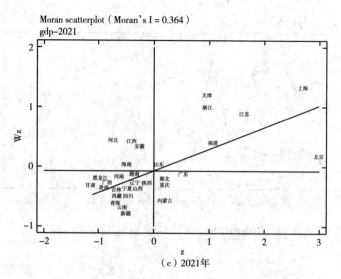

（c）2021年

图 9-2 不同年份中国内地省域人均 GDP 的莫兰散点图

表 9-3   中国内地 2003~2021 年经济发展水平的空间格局演变

年份	H–H（第一象限）	L–H（第二象限）	L–L（第三象限）	H–L（第四象限）
2003	北京	河北	山西	山东
	天津	海南	河南	广东
	上海	安徽	湖北	辽宁
	江苏	江西	湖南	
	浙江	吉林	黑龙江	
	福建	广西	重庆	
			四川	
			贵州	
			云南	
			西藏	
			陕西	
			甘肃	
			青海	
			宁夏	
			新疆	
			内蒙古	

续表

年份	H－H （第一象限）	L－H （第二象限）	L－L （第三象限）	H－L （第四象限）
2010	北京	河北	山西	广东
	天津	海南	河南	内蒙古
	上海	安徽	湖北	
	江苏	江西	湖南	
	浙江	吉林	广西	
	福建	黑龙江	重庆	
	山东		四川	
	辽宁		贵州	
			云南	
			西藏	
			陕西	
			甘肃	
			青海	
			新疆	
2021	北京	河北	山西	广东
	天津	海南	河南	湖北
	上海	安徽	湖南	重庆
	江苏	江西	辽宁	内蒙古
	浙江	山东	吉林	
	福建		黑龙江	
			广西	
			四川	
			贵州	
			云南	
			西藏	
			陕西	
			甘肃	
			青海	
			宁夏	
			新疆	

根据图 9 - 2 与表 9 - 3 可以看出，2003 年中国内地地区大多数省域落在第一、第三象限，约占全区域的 65%，其中位于第一象限的地区有北京、天津等 6 个省份，具有高 - 高的正相关关系；位于第二象限的地区有河北、安徽等 6 个省份，具有低 - 高的负相关关系；位于第三象限的地区有新疆、宁夏等 16 个省份，具有低 - 低的正相关关系；位于第四象限的地区有山东、广东和辽宁 3 个省份，具有高 - 低的负相关关系。大部分省域位于第一、第三象限，再次说明了省域经济增长呈现正的空间相关关系。第三象限省域数量所占比例较大，说明中国内地地区较多省份经济发展低于全国水平。2010 年中国内地省域落入第一象限增加至 8 个，落入第三象限仍为 14 个，说明在此期间中国内地地区经济得到较快发展，发达地区对周边地区起到一定带动作用。至 2021 年，从散点图中仍可以看出，第一象限中经济水平较高的省份仍主要集中在东部沿海和北京周边；同样的，第三象限中自身和周边经济发展水平都较低的省份也连成一片，主要为东北和中西部地区。总体来看，说明中国内地省域经济发展总体空间的分布不均衡仍是当前经济发展需要解决的问题。

第二节　空间计量分析的基本模型

在介绍了空间自相关的度量方法之后，继续介绍依赖于 Rook 邻接标准定义的空间权重矩阵构造的不同类型空间计量模型。

一、空间计量模型的数据生成过程（data generating process，DGP）

相对于传统计量模型而言，空间计量经济学打破了观测样本之间相互独立的假设，革命性地将空间效应引入计量模型中，从而更好地解释了空间单元的相互作用与影响，从理论和应用上拓展了传统计量模型的研究范围，具有深远的意义。安塞林（1988）介绍了一系列处理空间样本数据的方法来构建空间计量模型主要包括空间误差模型（spatial errors model，SEM）、空间自回归模型（spatial autoregressive model，SAR）、一般的空间相关模型（general spatial model，SAC）和空间杜宾模型（spatial Durbin model，SDM）。不同的空间计量模型隐含不同的理论依据及数据生成过程（data generating processes，DGP）。

传统的线性模型的数据生成过程为：

$$y_i = X_i\beta + \varepsilon_i$$
$$\varepsilon_i \sim N(0, \sigma^2) \tag{9-12}$$

（9 - 12）式中，y_i 是被解释变量 Y 的第 i 个观测值，X_i 代表 k 个解释变量第 i 次观测值的 $1 \times k$ 向量，对应的参数 β 包含在一个 $k \times 1$ 向量中。ε_i 为第 i 个观测值对应的随机误差项。传统线性回归模型包含的假设是观测样本之间相互独立，即残差独立（$E[\varepsilon_i \varepsilon_j] = E[\varepsilon_i] E[\varepsilon_j = 0]$）。独立性假设大大简化了模型，但在某些情况下可能很难证明它是合理的。

假设空间单元 3 个样本 i、j 和 k 的观测值相互依赖，有如下关系：

$$y_i = \alpha_{ij}y_j + \alpha_{ik}y_k + X_i\beta + \varepsilon_i$$
$$y_j = \alpha_{ji}y_i + \alpha_{jk}y_k + X_j\beta + \varepsilon_j$$

$$y_k = \alpha_{ki}y_i + \alpha_{kj}y_j + X_k\beta + \varepsilon_k \tag{9-13}$$
$$\varepsilon_i \sim N(0,\sigma^2)$$
$$\varepsilon_j \sim N(0,\sigma^2)$$
$$\varepsilon_k \sim N(0,\sigma^2)$$

此时包含的假设是观测值 i 依赖于观测值 j 和 k；观测值 j 依赖于观测值 i 和 k；观测值 k 依赖于观测值 j 和 i。（9-13）式即为空间计量模型的数据生成过程，当存在 n 个观测值的时候，可以表示为：

$$y_i = \rho \sum_{j=1}^{n} w_{ij} y_j + X_i\beta + \varepsilon_i$$
$$\varepsilon_i \sim N(0,\sigma^2), i=1,\cdots,n \tag{9-14}$$

用矩阵形式表示为：

$$y = \rho Wy + X\beta + \varepsilon$$
$$\varepsilon \sim N(0,\sigma^2 I_n) \tag{9-15}$$

其中，y 是包含被解释变量的 $n\times 1$ 向量，W 是 $n\times n$ 空间权重矩阵，X 是包含 k 个解释变量的 $n\times k$ 数据矩阵，β 是与解释变量对应的 $k\times 1$ 系数向量，I_n 是 $n\times n$ 单位矩阵。ρ 是空间自回归系数，用来描述观测值空间依赖性的强度：

当 $\rho=0$ 时，变量在空间上不相关。一个位置的观测值的信息没有给我们关于相邻位置的观测值的信息（即存在空间独立性）。

当 $\rho>0$ 时，变量在正空间自相关。相邻区域的观测值趋于相似（即存在空间聚集效应）。

当 $\rho<0$ 时，变量在负空间自相关。相邻区域的值往往彼此不同（即空间分散）。

产生被解释变量空间相关的原因包括存在解释变量的空间溢出效应、随机误差项存在空间相关以及遗漏了与解释变量具有空间相关效应的变量等。根据上述模型的数据生成过程，当 $\rho\neq 0$ 时，忽略空间滞后项 Wy 构建传统线性回归模型（9-12）式相当于忽略了一个变量，可能产生遗漏变量偏误，从而使得线性回归模型系数 β 的 OLS 估计有偏不一致。下面根据数据生成过程（DGP）的不同，介绍不同类型的空间计量模型。

二、空间自回归模型（SAR）

上述（9-15）式通过在传统的线性回归模型中引入被解释变量的空间滞后项 Wy 来刻画空间自回归过程，用于研究变量 Y 的观测值之间的空间依赖关系，相应的回归模型称为空间自回归模型（spatial autoregressive model，SAR），因为包含空间滞后项 Wy，也称空间滞后模型（spatial lag model，SLM），再次以（9-16）式表示。

$$y = \rho Wy + X\beta + \varepsilon$$
$$\varepsilon \sim N(0,\sigma^2 I_n) \tag{9-16}$$

（9-16）式中，ε 独立于 X，y 是包含被解释变量的 $n\times 1$ 向量，ρ 是空间自回归系数，

W 外生给定的是 $n \times n$ 空间权重矩阵，X 是包含 k 个解释变量的 $n \times k$ 数据矩阵，β 是对应的 $k \times 1$ 系数向量，ε 是 $n \times 1$ 误差向量，I_n 代表 $n \times n$ 单位矩阵，各符号的具体含义为：

$$y = \begin{bmatrix} y_1 \\ \vdots \\ y_n \end{bmatrix}, W = \begin{bmatrix} w_{11} & \cdots & w_{1n} \\ \vdots & \ddots & \vdots \\ w_{n1} & \cdots & w_{nn} \end{bmatrix}, X = \begin{bmatrix} x_{11} & \cdots & x_{1k} \\ \vdots & \ddots & \vdots \\ x_{n1} & \cdots & x_{nk} \end{bmatrix} X, \beta = \begin{bmatrix} \beta_1 \\ \vdots \\ \beta_k \end{bmatrix}, \varepsilon = \begin{bmatrix} \varepsilon_1 \\ \vdots \\ \varepsilon_n \end{bmatrix}$$

（9-16）式的空间自回归模型（SAR）通过引入被解释变量的空间滞后项，从而考虑了样本中单个地区解释变量的变化带来的溢出效应，这可以从（9-16）式的数据生成过程即其简化式表达为（9-17）式看出：

$$y = (I - \rho W)^{-1}(X\beta + \varepsilon), |\rho| < 1 \tag{9-17}$$

其中：

$$(I - \rho W)^{-1} = I + \rho W + \rho^2 W^2 + \rho^3 W^3 + \cdots$$

因此有：

$$y = (I + \rho W + \rho^2 W^2 + \rho^3 W^3 + \cdots)X\beta + (I - \rho W)^{-1}\varepsilon \tag{9-18}$$

从（9-18）式可以看出，Y 在任意位置 i 上的值不仅是变量 X 在该位置上的值的函数，还是一阶相邻位置上 X 的函数（$\rho W X \beta$），以及通过 $\rho^2 W^2$，$\rho^3 W^3$，$\cdots$ 与高阶相邻地区的 X 值和误差项 ε 产生联系。换句话说，任何地区的被解释变量值都取决于所有位置的解释变量，同时任何位置的解释变量的变动都会对所有区域的被解释变量产生影响，因 $|\rho| < 1$，高阶空间相关区域解释变量溢出效应随着距离而呈几何级数衰减，衰减的程度取决于空间自回归系数的大小。也正是因为存在空间溢出才导致了空间相关性的存在。

在存在空间溢出的情况下，空间自回归模型（SAR）可以量化这些溢出的程度，这正是空间计量经济模型一个有价值的方面。例如我们可以利用 SAR 模型描述区域经济空间相关和区域经济差异的产生过程。基于省份数据研究区域经济差异的影响因素，正是因为某些影响因素存在空间溢出效应，例如由于邻近区域的技术创新溢出而产生的经济正外部性正是空间溢出的一个例子，才会使相邻省份经济发展表现出空间关联从而产生一定程度的聚集，同时溢出效应随着空间距离的增加而递减，发达地区经济辐射的带动作用有限，也能够解释区域经济差异出现的原因。

三、空间误差模型（SEM）

产生空间相关性的另一个原因是模型的误差项表现出空间依赖性，通过在传统的线性回归模型中引入误差项的空间滞后项来刻画空间自回归过程，用于研究变量 y 的观测值之间的空间依赖关系，相应的回归模型称为空间误差模型（spatial error model，SEM），如（9-19）式所示。

$$y = X\beta + u$$
$$u = \lambda W u + \varepsilon$$
$$\varepsilon \sim N(0, \sigma^2 I_n) \tag{9-19}$$

（9-19）式中 u 独立于 X，λ 是误差项的空间自回归系数，反映了误差项的空间相关性大小，X 是包含 k 个解释变量的 $n \times k$ 数据矩阵，β 是对应的 $k \times 1$ 系数向量。

（9－19）式的简化式形式为：

$$
\begin{aligned}
y &= X\beta + (I_n - \lambda W)^{-1}\varepsilon \\
&= X\beta + (I_n + \lambda W + \lambda^2 W^2 + \lambda^3 W^3 + \cdots)\varepsilon
\end{aligned} \tag{9-20}
$$

同（9－18）式的分析，（9－20）式反映了空间误差模型（SEM）的数据生成过程（DGP），对空间误差模型而言，空间单元 i 的被解释变量不仅受单元 i 自身扰动项的影响，还通过 λW、$\lambda^2 W^2$、$\lambda^3 W^3$、$\cdots$ 与一阶相邻地区和高阶相邻地区的误差项 ε 产生联系。例如我们将影响区域经济差异的未被观测到的其他影响因素纳入误差项，同时这些遗漏变量表现出空间依赖性，则经济发展的相关性是由误差项里的变量的相关性引起的。

从（9－20）式还可以看出，空间权重矩阵 W 不对纳入模型的解释变量起作用，所以模型中解释变量只对各自空间单元的被解释变量产生影响，因此空间误差模型（SEM）无法衡量解释变量的空间溢出效应。

四、空间杜宾模型（SDM）

（9－19）式的空间误差模型（SEM）假设随机扰动项 u 与解释变量 X 无关。若空间误差模型中遗漏了与 X 相关的解释变量，将导致随机扰动项 u 与 X 相关，根据其数据生成过程可以推导出下面要介绍的空间杜宾模型（spatial durbin model，SDM）如（9－21）式所示：

$$
\begin{aligned}
y &= \rho W y + X\beta + W X\theta + \varepsilon \\
\varepsilon &\sim N(0, \sigma^2 I_n)
\end{aligned} \tag{9-21}
$$

（9－21）式空间杜宾模型中 ρ 为待估空间自回归系数，β、θ 为 $k \times 1$ 待估系数向量。SDM 模型（9－21）式的数据生成过程如（9－22）式所示：

$$
\begin{aligned}
y &= X\delta + u \\
u &= \rho W u + v \\
v &= X\gamma + \varepsilon \\
\varepsilon &\sim N(0, \sigma^2 I_n)
\end{aligned} \tag{9-22}
$$

（9－22）式中，y 为 $n \times 1$ 因变量向量，X 为 $n \times k$ 解释变量矩阵，δ 为 $k \times 1$ 参数向量，u 为 $n \times 1$ 误差向量，包含未被观测到的遗漏变量，且存在空间自相关形式，W 为 $n \times n$ 权重矩阵，同时 u 与模型中的解释变量 X 存在相关关系，ε 为满足经典假定的 $n \times 1$ 误差向量，参数值 ρ 为空间自回归系数，如果 ρ 显著为零表示未被观测到的遗漏变量向量 u 中的元素不存在空间依赖性。

（9－22）式中，由 $u = \rho W u + v$ 可得 $u = (I_n - \rho W)^{-1}v$，将 $v = X\gamma + \varepsilon$ 代入 u，再将得到的 $u = (I_n - \rho W)^{-1}(X\gamma + \varepsilon)$ 代入 y 得到其简化表达式，即空间杜宾模型（SDM）的数据生成过程，如（9－23）式所示：

$$
y = X\delta + (I_n - \rho W)^{-1}(X\gamma + \varepsilon)
$$

$$\varepsilon \sim N(0,\sigma^2 I_n) \qquad (9-23)$$

进一步改写模型可推导出：

$$(I_n - \rho W)y = (I_n - \rho W)X\delta + X\gamma + \varepsilon$$

最终得到空间杜宾模型（SDM）如（9-24）式所示：

$$
\begin{aligned}
y &= \rho Wy + X\delta - \rho WX\delta + X\gamma + \varepsilon \\
&= \rho Wy + X(\delta + \gamma) + WX(-\rho\delta) + \varepsilon \\
&= \rho Wy + X\beta + WX\theta + \varepsilon
\end{aligned} \qquad (9-24)
$$

（9-24）式中，$\beta = \delta + \gamma$，$\theta = -\rho\delta$，安塞林（1988）将这种形式的空间回归模型称作空间杜宾模型（SDM），（9-24）式的 SDM 同时包含被解释变量空间滞后项 Wy 和解释变量空间滞后项 WX，可见当模型遗漏了具有空间相关效应且与解释变量相关的变量时将导致模型包括被解释变量和解释变量的空间滞后项，可得出与前文（9-21）式等价的 SDM 的一般表达式，其简化表达式为：

$$y = (I - \rho W)^{-1}X\beta + (I - \rho W)^{-1}WX\theta + (I - \rho W)^{-1}\varepsilon, |\rho| < 1$$
$$\varepsilon \sim N(0,\sigma^2 I_n) \qquad (9-25)$$

（9-25）式同（9-21）式，其中 ρ 为待估空间自回归系数，β，θ 为 $k \times 1$ 待估系数向量，随机扰动项方差 σ^2 也是待估参数，都可以通过极大似然估计法得到，后面将继续介绍。

五、空间计量一般模型（SAC）

空间计量模型的一般形式，既包括被解释变量的空间滞后项 Wy，也包括误差项的空间相关结构，也称为空间自相关模型（spatial autocorrelation，SAC），SAC 模型在因变量和扰动项中都包含空间依赖性，如（9-26）式所示：

$$
\begin{aligned}
y &= \rho Wy + X\beta + u \\
u &= \lambda Wu + \varepsilon \\
\varepsilon &\sim N(0,\sigma^2 I_n)
\end{aligned} \qquad (9-26)
$$

其模型简化形式即数据生成过程如（9-27）式所示：

$$y = (I_n - \rho W)^{-1}X\beta + (I_n - \rho W)^{-1}(I_n - \lambda W)^{-1}\varepsilon \qquad (9-27)$$

比较 SAC 模型的数据生成过程（9-27）式和 SAR 模型的数据生成过程（9-18）式可以发现，SAC 模型与 SAR 模型具有相同的被解释变量期望，但 SAC 模型涉及更复杂的随机扰动项空间的相关结构。如果有证据表明空间自回归（SAR）的误差结构仍存在空间依赖性，SAC 模型就是一种合适的用来建模这种类型的空间自相关的模型方法。

第三节　空间计量模型的估计和诊断

大部分情况下，如果变量存在空间相关性，用普通最小二乘法估计空间计量模型将因为遗漏了空间滞后项使得到的参数估计量是有偏和不一致的。相反，这些模型的最大似然估计量是一致的（Lee，2004）。安塞林（Anselin，2014）介绍了 SAR，SDM 和 SEM 模型的最大似然估计法，涉及相对于空间自回归参数 ρ 或 λ 的集中对数似然函数（concentrated likelihood function）的最大化。下面以 SAR 模型为例介绍空间计量模型的最大似然估计法。

一、空间计量模型的极大似然估计

回顾前文介绍的（9 – 16）式的空间自回归模型（SAR）如下：

$$y = \rho W y + X\beta + \varepsilon$$
$$\varepsilon \sim N(0, \sigma^2 I_n)$$

在该模型中，需要估计的参数是大家熟悉的回归参数向量 β，随机扰动项方差 σ^2 和空间自回归系数 ρ。值得注意的是，如果空间自回归系数 ρ 的值为零，那么在 y 的向量中没有空间依赖性，这就产生了作为 SAR 模型特殊情况的普通最小二乘线性回归模型。

上式 SAR 模型右侧空间滞后项 Wy 的存在使得模型产生滞后因变量，从而可能引起内生性问题导致 OLS 估计量有偏不一致，这可以很容易地从表达式的简化式（9 – 17）中看出：

$$y = (I_n - \rho W)^{-1}(X\beta + \varepsilon)$$
$$y = (I_n - \rho W)^{-1}X\beta + (I_n - \rho W)^{-1}\varepsilon$$

因此，空间滞后项可表示为：

$$Wy = W(I_n - \rho W)^{-1}X\beta + W(I_n - \rho W)^{-1}\varepsilon \qquad (9-28)$$

可以推导出：

$$
\begin{aligned}
E[(Wy)'\varepsilon] &= E[\varepsilon'(I_n - \rho W')^{-1}W'\varepsilon] \\
&= E[tr\varepsilon'(I_n - \rho W')^{-1}W'\varepsilon] \\
&= trW(I_n - \rho W')^{-1}E[\varepsilon\varepsilon'] \qquad (9-29)
\end{aligned}
$$

一般来说，从（9 – 29）式的推导中无法保证空间滞后项 Wy 与随机扰动项 ε 无关，因为上式逆矩阵中存在非零的对角项，主对角线上各个元素的总和不一定为 0，$trW(I_n - \rho W)^{-1} \neq 0$，因此 $E[(Wy)'\varepsilon] \neq 0$，这违背了高斯 – 马尔科夫经典假定，空间自回归系数 ρ 的 OLS 估计量是有偏的，安塞林（1988）同时证明了存在空间滞后项时，ρ 的 OLS 估计量也是不一致的。

当（9 – 28）式的误差项满足基于正态分布的独立同分布假定，即当 $\varepsilon \sim N(0, \sigma^2 I_n)$ 时，SAR 模型的极大似然估计量满足一致性的要求，极大似然估计法要求我们找到一个使因变量的联合概率密度函数值即似然函数 L 值最大化的参数估计值。

我们可以从下式 ε 的联合概率密度函数 $f(\varepsilon)$：

$$f(\varepsilon) = \frac{1}{\sqrt{(2\pi\sigma^2)^n}}exp^{-(1/2\sigma^2)\varepsilon'\varepsilon} = \frac{1}{\sqrt{(2\pi\sigma^2)^n}}exp^{-\left(\frac{1}{2\sigma^2}\right)(y - \rho Wy - X\beta)'(y - \rho Wy - X\beta)} \qquad (9-30)$$

推导出 y 的联合概率密度函数 $f(y)$ 即似然函数 L：

$$L = f(y) = |I - \rho W| \frac{1}{\sqrt{(2\pi\sigma^2)^n}} exp^{-\left(\frac{1}{2\sigma^2}\right)(y-\rho Wy-X\beta)'(y-\rho Wy-X\beta)} \quad (9-31)$$

相应的对数似然函数 $\ln L$ 为:

$$\ln L = \ln|I - \rho W| - (n/2)(\ln 2\pi) - (n/2)\ln\sigma^2$$
$$- (1/2\sigma^2)(y - \rho Wy - X\beta)'(y - \rho Wy - X\beta) \quad (9-32)$$

在 SAR 模型的情况下,要使对数似然函数最大化,需要设置参数 ρ、β 和 σ^2 的一阶导数并令它们同时等于 0:

$$\partial \ln L / \partial \beta = 0$$
$$\partial \ln L / \partial \sigma^2 = 0$$
$$\partial \ln L / \partial \rho = 0$$

求解以上各参数一阶条件的方程组,则可以得到 SAR 模型的极大似然估计量 $\hat{\rho}_{ML}$、$\hat{\beta}_{ML}$ 和 $\hat{\sigma}^2_{ML}$。

实际上,在上述一阶条件的求解过程中,β 和 σ^2 的一阶条件具有仅依赖于样本数据加上未知参数 ρ 的解析解,则可以将 β 和 σ^2 表示成关于 ρ 的表达式代入 (9-32) 式的对数似然函数 $\ln L$ 中,得到仅包含参数 ρ 的集中对数似然函数 (concentrated likelihood function),从而将多变量的最优化问题转化为关于参数 ρ 的单变量优化问题。

安塞林 (1980) 列出了利用参数 β 和 σ^2 的一阶条件的解析解极大化集中似然函数,从而求解参数 ρ,β 和 σ^2 的极大似然估计量的过程。

首先,$\hat{\beta}_{ML}$ 的解析解可表示为:

$$\hat{\beta}_{ML} = \hat{\beta}_0 - \hat{\rho}\hat{\beta}_1 \quad (9-33)$$

其中,$\hat{\beta}_0$ 是 y 对 X 回归的 OLS 估计量:

$$\hat{\beta}_0 = (X'X)^{-1}X'y \quad (9-34)$$

$\hat{\beta}_1$ 是 Wy 对 X 回归的 OLS 估计量:

$$\hat{\beta}_1 = (X'X)^{-1}X'Wy \quad (9-35)$$

上述 y 对 X 回归和 Wy 对 X 回归两个辅助回归分别产生两个残差向量:

$$e_0 = y - X\hat{\beta}_0 \quad (9-36)$$

和:

$$e_1 = Wy - X\hat{\beta}_1 \quad (9-37)$$

从而可以得到 $\hat{\sigma}^2_{ML}$ 的解析解为:

$$\hat{\sigma}^2_{ML} = (1/n)(e_0 - \hat{\rho}e_1)'(e_0 - \hat{\rho}e_1) \quad (9-38)$$

如前所述,通过将 β 和 σ^2 关于 ρ 的表达 (9-33) 式和 (9-38) 式代入对数似然函数

（9 – 32）式，可以得到仅包含 ρ 的集中对数似然函数 $\ln L_C$：

$$\ln L_C = \ln |I - \rho W| - \frac{n}{2} - \left(\frac{n}{2}\right)(\ln 2\pi) - (n/2)\ln\left[(1/n)(e_0 - \rho e_1)'(e_0 - \rho e_1)\right]$$

$$(9 - 39)$$

（9 – 39）式集中对数似然函数为只包含单变量 ρ 的非线性函数，最大化该集中对数似然函数的一阶条件是：

$$\frac{\partial \ln L_C}{\partial \rho} = -tr(I - \rho W)^{-1}W + n\frac{e_1'(e_0 - \rho e_1)}{(e_0 - \rho e_1)'(e_0 - \rho e_1)} = 0 \qquad (9 - 40)$$

其中，tr 为矩阵迹的运算符，求解（9 – 40）式从而找到使集中对数似然函数 $\ln L_C$ 最大化的 ρ 值，与最大化似然函数（9 – 32）式求解的 ρ 估计值完全等价，即得到 $\hat{\rho}_{ML}$。有了对 ρ 的一致估计 $\hat{\rho}_{ML}$，从（9 – 33）式中可以很容易获得对 β 的极大似然估计 $\hat{\beta}_{ML}$。与 $\hat{\beta}_{ML}$ 的情况类似，$\hat{\sigma}_{ML}^2$ 的解可以很容易地从（9 – 38）式中计算出来。

综上所述，可以将空间滞后模型（SAR）参数的极大似然估计步骤总结如下：

1. 利用（9 – 34）式和（9 – 35）式计算 $\hat{\beta}_0$ 和 $\hat{\beta}_1$；
2. 利用（9 – 36）式和（9 – 37）式计算残差向量 e_0 和 e_1；
3. 求解最大化集中对数似然函数（9 – 39）式的 ρ 值，即 $\hat{\rho}_{ML}$；
4. 将 $\hat{\rho}_{ML}$ 的估计值代入（9 – 33）式，得到 $\hat{\beta}_{ML}$；
5. 将 $\hat{\rho}_{ML}$ 的估计值代入（9 – 38）式，得到 $\hat{\sigma}^2_{ML}$。

与 SAR 模型一样，SEM 模型（9 – 19）式和 SDM 模型（9 – 21）式的极大似然估计同样基于集中对数似然函数 $\ln L_C$，其中，β 和 σ^2 的一阶条件依赖于参数 ρ 或 λ，将 β 和 σ^2 关于参数 ρ 或 λ 的解析解代入关于因变量向量 y 的联合概率密度函数 $\ln L$，即形成关于参数 ρ 或 λ 的单变量对数集中似然函数 $\ln L_C$，求解最大化集中对数似然函数所需的 β，σ^2 和 ρ（或 λ）的一阶条件得到参数的极大似然估计量。最大化对数集中似然函数求得 ρ 或 λ 的极大似然估计量 $\hat{\rho}_{ML}$ 或 $\hat{\lambda}_{ML}$，代入 β 和 σ^2 的一阶条件关于参数 ρ 或 λ 的解析解，即可得到 β 和 σ^2 的极大似然估计量 $\hat{\beta}_{ML}$ 和 $\hat{\sigma}^2_{ML}$。SAC 模型（9 – 26）式的极大似然估计过程与前三个空间计量模型极大似然估计原理相同，只是 SAC 模型的参数 β 和 σ^2 的一阶条件同时依赖于参数 ρ 和 λ，因此需要求解关于参数 ρ 和 λ 的双变量对数集中似然函数 $\ln L_C$ 的最大化问题，同时得到 $\hat{\rho}_{ML}$ 和 $\hat{\lambda}_{ML}$，代入 β 和 σ^2 的一阶条件关于参数 ρ 和 λ 的解析解，即能从给定 ρ 和 λ 的估计值以及样本数据的函数中计算出 $\hat{\beta}_{ML}$ 和 $\hat{\sigma}^2_{ML}$。

关于集中对数似然函数最大化的技术问题和用来进行参数统计推断的极大似然估计量的渐近方差 – 协方差矩阵的推导在此不展开讨论，具体可以参见勒萨热（LeSage，2009）和安塞林（2014）等的相关论述。

Stata 等软件提供了基于极大似然估计方法的参数估计命令，可以估计不同的空间自回归模型并提供用来进行模型参数假设检验的 t 统计量。

当然，针对空间滞后项 Wy 与随机扰动项 ε 相关的内生性问题，也可以寻找 Wy 的工具变量利用工具变量法进行空间自回归系数的估计，这也是空间计量模型估计的一类重要方法，具体可以参见安塞林（2014）和凯莱健（Kelejian，2017）等的相关介绍。

二、参数估计值的解读

与线性回归模型的参数估计值可以直接解读为因变量相对于解释变量的偏导数不同，空间计量模型利用了地区观测值之间复杂的依赖结构，参数估计值包含的信息更加丰富，其影响效应解读也变得更加复杂。不同于传统的线性回归模型，空间计量模型参数估计量包含大量关于地区观测值之间相互关系的信息，与任何给定的解释变量相关的单个地区观测值的变化将直接影响该地区本身，并可能间接影响所有其他地区，y_i 对 x_j 的导数可能非零，意味着解释变量的某个区域观测值会对被解释变量的其他区域观测值产生潜在的影响，可用 $\partial y_i / \partial x_{jr}$ 来衡量解释变量 r 在地区 j 观测值的变动对地区 i 被解释变量观测值的影响，从而考虑解释变量某个地区观测值的变动导致的空间溢出效应，这也是应用空间计量模型的主要价值之一。

相对于（9-16）式只包含因变量空间滞后项 Wy 的 SAR 模型，（9-21）式的 SDM 模型 $y = \rho Wy + X\beta + WX\theta + \varepsilon$ 通过引入解释变量的空间滞后项 WX，增加了参数估计值的解释难度。下面以 SDM 模型为例，为了明确 SDM 模型中变量的数量关系，将（9-25）式改写成为（9-41）式的表达形式：

$$y = (I_n - \rho W)^{-1} X(\beta + W\theta) + (I_n - \rho W)^{-1}\varepsilon \qquad (9-41)$$

（9-41）式中，$n \times 1$ 被解释变量向量 $y = (y_1, y_2, \cdots, y_n)'$，$X = (x_1, x_2, \cdots, x_r, \cdots, x_k)$ 为 $n \times k$ 解释变量矩阵，其中，$x_r = (x_{1r}, x_{2r}, \cdots, x_{nr})'$ 为第 r 个解释变量向量，$\beta = (\beta_1, \beta_2, \cdots, \beta_r, \cdots, \beta_k)'$ 和 $\theta = (\theta_1, \theta_2, \cdots, \theta_r, \cdots, \theta_k)'$ 均为 $k \times 1$ 参数向量，W 为 $n \times n$ 权重矩阵，I_n 为单位矩阵。则（9-41）式可表示成（9-42）式：

$$y = \sum_{r=1}^{k} (I_n - \rho W)^{-1}(I_n \beta_r + W\theta_r) x_r + (I_n - \rho W)^{-1}\varepsilon \qquad (9-42)$$

为了便于简化表达式，记：$V(W) = (I_n - \rho W)^{-1} = I_n + \rho W + \rho^2 W^2 + \rho^3 W^3 + \cdots$，$S_r(W) = V(W)(I_n\beta_r + W\theta_r)$。$S_r(W)$ 为第 r 个解释变量对应的系数矩阵，则（9-42）式可简写为：

$$y = \sum_{r=1}^{k} S_r(W) x_r + V(W)\varepsilon \qquad (9-43)$$

展开得：

$$
\begin{pmatrix} y_1 \\ y_2 \\ \vdots \\ y_n \end{pmatrix} = \sum_{r=1}^{k} \begin{pmatrix} S_r(W)_{11} & S_r(W)_{12} & \cdots & S_r(W)_{1n} \\ S_r(W)_{21} & S_r(W)_{22} & \cdots & S_r(W)_{2n} \\ \vdots & \vdots & \ddots & \vdots \\ S_r(W)_{n1} & S_r(W)_{n2} & \cdots & S_r(W)_{nn} \end{pmatrix} \begin{pmatrix} x_{1r} \\ x_{2r} \\ \vdots \\ x_{nr} \end{pmatrix}
$$

$$
+ \begin{pmatrix} V(W)_{11} & V(W)_{12} & \cdots & V(W)_{1n} \\ V(W)_{21} & V(W)_{22} & \cdots & V(W)_{2n} \\ \vdots & \vdots & \ddots & \vdots \\ V(W)_{n1} & V(W)_{n2} & \cdots & V(W)_{nn} \end{pmatrix} \begin{pmatrix} \varepsilon_1 \\ \varepsilon_2 \\ \vdots \\ \varepsilon_n \end{pmatrix} \qquad (9-44)
$$

（9-44）式中$S_r(W)_{ij}$和$V(W)_{ij}$分别是矩阵$S_r(W)$和$V(W)$第i行第j列的元素，反映了地区i的被解释变量和地区j的第r个解释变量及误差项之间的数量关系，有：

$$y_i = \sum_{r=1}^{k} \left[S_r(W)_{i1} x_{1r} + S_r(W)_{i2} x_{2r} + \cdots + S_r(W)_{ij} x_{jr} + \cdots + S_r(W)_{in} x_{nr} \right] + \sum_{j=1}^{n} V(W)_{ij} \varepsilon_j$$

$$(9-45)$$

从（9-45）式中因变量单个观测值的表达式可以更清楚地看出，解释变量x_r在任何一个地区j的取值x_{jr}的变化都会通过$S_r(W)_{ij}$影响地区i的被解释变量y_i的取值。可以看出，$\partial y_i / \partial x_{ir} = S_r(W)_{ii}$为$n \times n$矩阵$S_r(W)$的主对角线元素，表示地区$i$解释变量$x_r$的变化对本地的被解释变量$y_i$所产生的所有影响，$S_r(W)_{ii} \neq \beta_r$，是广义的直接影响，这种影响包括反馈回路的影响，单个地区i观测值的变化将直接影响该地区本身，并可能间接影响所有其他地区，而其他地区又反过来影响地区i，这是因为高阶空间相关定义中地区i被认为是其相邻地区的邻居，所以通过邻近区域的影响会对地区i本身产生反馈影响。$S_r(W)$非对角元素则代表地区j变量x_r的变化对其他地区的y_i所产生的间接影响，$\partial y_i / \partial x_{jr} = S_r(W)_{ij}$，$i \neq j$。

从$S_r(W)$中的元素可知，解释变量变化的影响在所有地区i中都是不同的，如何衡量解释变量的影响效应，佩斯和勒萨热（Pace and LeSage，2006）提出了基于对矩阵$S_r(W)$的行（或列）的影响系数的总和，对所有地区取平均值来体现影响效应的一般水平。x_r的变化对y直接影响的一般水平，即地区i的解释变量x_r（我们称其为x_{ir}）的变化对本地y_i的影响，可以通过计算$S_r(W)$主对角线元素$S_r(W)_{ii}$的平均值来代表，称作x_r的平均直接影响效应（average direct effect），表示为：

$$Effect_{direct} = \frac{\sum_{i=1}^{n} S_r(W)_{ii}}{n}$$

$$(9-46)$$

$S_r(W)$的第j列元素求和表示x_r在地区j观测值的变化对所有地区y产生的总影响，各列和的平均数则表示单个地区x_r变化对所有地区y的平均总影响效应（average total effect）：

$$Effect_{total} = \frac{\sum_{j=1}^{n} \sum_{i=1}^{n} S_r(W)_{ij}}{n}$$

$$(9-47)$$

则单个地区x_r变化产生平均间接影响效应（average indirect effect）为平均总影响与平均直接影响之差：

$$Effect_{indirect} = Effect_{total} - Effect_{direct}$$

$$(9-48)$$

平均间接影响效应也是x_r在单个地区观测值的变化对其他所有地区产生的溢出效应，是区域经济分析中一个重要的统计量。

从以上分析可以看出，许多研究误解了关于 SDM 模型（9-21）式中回归系数的含义，将β作为直接效应的估值，将解释变量空间滞后项（WX）的系数θ解释为间接影响效应，并通过该系数的显著性检验来得出是否存在空间溢出的结论。从（9-46）式到（9-47）式影响效应的表达式可以看出，变量x_r的直接效应和间接效应均取决于矩阵$S_r(W)$所包含的变量间复杂的数量关系，除了 β_r 和 θ_r，还受空间自回归系数 ρ、空间权重矩阵 W 以及 ρ^2 W^2，ρ^3W^3，$\cdots$ 所代表的高阶空间相关关系的影响。利用（9－46）式~（9－48）式的统计分布对 x_r 的影响效应进行显著检验，需要知道构成这三种影响效应的统计量 ρ、W、β_r 和 θ_r 的分布，可以利用高效的快速模拟方法从最大似然多元正态分布中构造大量的模拟参数来得到 ρ、W、β_r 和 θ_r 的经验分布。另外，勒萨热（1997）提出用贝叶斯马尔科夫链蒙特卡罗（MCMC）估计方法来估计影响效应的离散程度，从而对（9－46）式~（9－47）式中的直接影响效应和总影响效应产生有效的统计推断。

不同于 SAR 模型和 SDM 模型，（9－20）式的空间误差模型 SEM 不涉及因变量和解释变量的空间滞后，因此参数 β_r 的估计值可以在通常的回归意义上解释为偏导数，即对任何一个地区 i 而言解释变量 x_r 变化一个单位对当地因变量变化的影响都相同，有 $\partial y_i/\partial x_{ir}=\beta_r$，并且不会对其他地区的因变量产生影响，即 $\partial y_i/\partial x_{jr}=0$，$i\neq j$。可见，SEM 模型只允许解释变量的变化产生直接影响，类似于最小二乘情况，因此 SEM 模型也无法衡量空间溢出效应。安塞林（1988）提出了一个有说服力的论点，即空间计量经济学的重点应该放在测量溢出效应上。例如我们利用 SDM 构建区域经济增长模型，主要目的就是为了正确掌握所研究的影响因素对经济增长的直接效应和溢出效应，从而了解区域经济差异产生的原因，为采取更有效的促进区域经济增长的对策建议提供实证依据。但所选择的空间计量模型是否反映真实的数据生成过程，还需要进行模型检验和诊断。

三、空间计量模型的检验与诊断

基于参数极大似然估计量的渐近方差矩阵，可以继续使用大家所熟悉的 t 统计量进行回归系数的显著性检验，除此之外还有许多其他渐近方法来检验模型的空间相关性，包括基于线性回归模型 OLS 残差的莫兰检验（Moran's I）和拉格朗日乘子检验（LM），以及基于极大似然函数估计值的似然比检验（LR），渐近地，这些检验都应该产生相似的结果，可以相互进行验证，而通常选择一种方法而不是另一种方法进行检验取决于计算的便利性。

（一）模型的拟合度

严格地说，标准的拟合优度 R^2 对于包含空间依赖性的模型是无效的，因为 R^2 对每个平方残差赋予了相同的权重，这忽略了潜在的空间依赖性（安塞林，2014）。通过极大似然估计的空间计量模型的一个合适的拟合度量是似然函数值，例如 SAR 模型的拟合度可以通过（9－32）式中的最大对数似然函数值来衡量。与多元线性回归模型中利用调整后的 R^2 来比较具有不同解释变量个数的模型的拟合程度类似，可以利用赤池信息准则（Akaike information criterion，AIC）根据空间计量模型中参数数量的差异对极大对数似然函数值进行调整，赤池信息准则计算公式如下：

$$AIC = -2\ln L + 2K \qquad (9-49)$$

（9－49）式中，$\ln L$ 为模型的最大似然函数值，K 为待估参数的个数，包括外生解释变量的数量加上模型空间自回归参数个数，以（9－21）式的空间杜宾模型为例，ρ 为待估空间自回归系数，β，θ 为 $k\times1$ 待估系数向量，则待估参数个数 $K=1+2k$。

可以看出，对数似然值 lnL 越大越好，AIC 值越小越好。在比较不同的模型时，最高的对数似然与最佳模型相关联；相反，最小的信息准则 AIC 表示最佳模型。

（二）莫兰检验（Moran's I）

判断是否设立空间计量模型最常用的检验方法是基于线性回归模型的 OLS 残差计算 Moran's I 统计量进行莫兰检验，可以利用（9－8）式的全局莫兰指数计算残差变量的空间相关性，如（9－50）式所示：

$$I = \frac{e'We}{\sum_{i=1}^{n}\sum_{j=1}^{n}w_{ij}} \bigg/ \frac{e'e}{n} \tag{9-50}$$

（9－50）式中，e 为 OLS 残差向量，向量内的元素为各空间单元的 OLS 残差，W 为邻接定义的空间权重矩阵，若空间单元 i 和 j 有公共边界，则二者为一阶邻接单元，空间权重矩阵中的元素 $w_{ij}=1$，否则 $w_{ij}=0$。若空间权重矩阵 W 行归一标准化处理后，$\sum_{i=1}^{n}\sum_{j=1}^{n}w_{ij}=n$，因此（9－50）式的莫兰指数简化为：

$$I = e'We/e'e \tag{9-51}$$

克利夫和奥德（Cliff and Ord，1973）根据权重矩阵是否归一化推导了不同情况下 Moran's I 的均值和方差，得到基于 I 的标准化值，Moran's I 标准化值的渐近分布近似于标准正态分布，有 $I_z = \frac{I - E[I]}{\sqrt{\mathrm{Var}[I]}} \sim N(0,1)$，可以根据 I_z 值和给定显著性水平下的标准正态分布的临界值进行空间相关性的显著性检验。

虽然检验回归模型扰动项的空间依赖性最常用的统计量是 Moran's I 统计量，但莫兰检验拒绝残差项无空间自相关的零假设对应着系列备择假设，真实模型可能为误差项空间自相关导致的 SEM 模型，也可能是包含空间滞后项的 SAR 模型（由于遗漏空间滞后引起的残差空间相关），对于真实模型为 SAR 的情况，基于线性回归模型残差计算的 Moran's I 统计量也具有显著性，因此拒绝零假设并不意味着选择空间误差模型还是空间自回归模型，所以在 OLS 回归的基础上需要以 LM 统计量为基础进行模型选择（Anselin，2014）。

（三）拉格朗日乘子检验（LM）

拉格朗日乘数检验（Lagrange multiplier test，LM 检验），它基于线性回归模型最小二乘残差和涉及空间权重矩阵 W 的计算。

检验（9－16）式 SAR 空间自回归模型的原假设 H_0：$\rho=0$，备择假设 H_1：$\rho\neq0$。检验统计量（LM-Lag）为：

$$LM_{\rho} = d_{\rho}^2/D \sim \chi^2(1) \tag{9-52}$$

其中，$d_{\rho} = e'Wy/\hat{\sigma}_{ML}^2$，$\hat{\sigma}_{ML}^2 = e'e/n$；$D = (W\hat{X}\beta)'[I - X(X'X)^{-1}X'](W\hat{X}\beta)/(e'e/n) + T$；$T = tr(WW + W'W)$，$W$ 是空间权重矩阵，Wy 是空间滞后项，e 是 OLS 残差的向量，n 是地区个数；$\hat{\sigma}_{ML}^2$ 是随机扰动项方差的极大似然估计量；We 是误差项的空间滞后。

检验（9-19）式 SEM 模型误差项自回归系数显著性的原假设 H_0：$\lambda = 0$，备择假设 H_1：$\lambda \neq 0$。检验统计量（LM-Error）：

$$LM_\lambda = d_\lambda^2 / T \sim \chi^2(1) \tag{9-53}$$

其中，$d_\lambda = e'We/\hat{\sigma}_{ML}^2$，$T$ 同（9-52）式。

安塞林（2014）指出，LM_ρ 统计量对空间误差自相关的存在也很敏感，当真实模型为 SEM 时，LM_ρ 统计量也可能显著，因此可能导致错误的结论，同样，LM_λ 显著也可能暗示了错误的选择。为了纠正这种错误，安塞林等（Anselin et al.，1996）引入了 LM 统计量的稳健形式：

对于空间滞后模型的稳健检验统计量（Robust LM-Lag）为：

$$LM_\rho^* = \frac{(d_\rho - d_\lambda)^2}{D - T} \sim \chi^2(1) \tag{9-54}$$

对于空间误差模型的稳健检验统计量（Robust LM-Error）为：

$$LM_\lambda^* = \frac{(d_\lambda - TD^{-1}d_\rho)^2}{T(1 - TD)} \sim \chi^2(1) \tag{9-55}$$

从本质上讲，稳健 LM 统计量通过减去一个值，对原始统计量进行校正，以消除"其他"备择假设的潜在影响。例如当真实模型为 SAR 时，对 LM_ρ 统计量的修正将是最小的，稳健检验统计量将与原始统计量相似；然而，如果真实模型为 SEM 而 LM_ρ 统计量显著时，那么修正后的稳健检验统计量可能会从显著变为不显著，从而拒绝 $\rho = 0$ 即模型为 SAR 的原假设。可见，基于给定的修正方式，LM 统计量的稳健形式将始终小于原始统计量，如果减少量足够大，通常会导致原来显著的 LM 统计量变得不显著。

如前所述，基于 OLS 残差的 Moran's I 检验的备择假设既包括误差项的空间自相关，也包括由空间滞后项引起的空间相关，所以拒绝不存在空间自相关的原假设并不意味着接受哪个备择假设；而与 Moran's I 检验不同，拉格朗日乘数 LM 检验有具体的备择假设，可以进一步判断空间计量模型的具体形式。安塞林（2014）总结了利用 LM 统计量在 OLS、SAR 和 SEM 模型之间进行选择的具体步骤，如图 9-3 所示。

通过比较（9-52）式~（9-55）式 LM-Lag、LM-Error、Robust LM-Lag 和 Robust LM-Error 统计量的显著性来进行模型诊断。当 LM-Error 和 LM-Lag 统计量都不显著时，则没有空间自相关的证据，说明普通回归模型比较合适；如果两个检验统计量中只有一个显著，而另一个不显著，说明模型存在空间相关性，应当选取合适的空间计量模型进行估计，此时选择 LM-Error 和 LM-Lag 中显著的统计量对应的模型；当 LM-Error 和 LM-Lag 统计量的诊断结果都显著时，需要进一步比较稳健的 LM 统计量 Robust LM-Error 和 Robust LM-Lag，若其中一个从显著变为不显著，则选择稳健 LM 检验仍显著的模型；若稳健的 LM 统计量均显著，则选择统计量值更大即更为显著的一个进行模型估计。

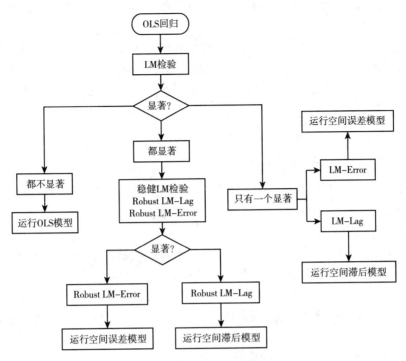

图 9 – 3　空间计量模型选择流程

（四）似然比检验（LR）

除了基于极大似然估计量渐近方差矩阵的渐近 t 检验和基于 OLS 估计残差向量的 LM 检验之外，关于空间自回归参数显著性的另一个经典检验是似然比检验（likelihood ratio test，LR 检验），相比 Moran' I 统计量和 LM 统计量的计算需要涉及空间权重矩阵 W 的矩阵乘法，似然比检验只涉及比较不考虑空间相关性的普通最小二乘模型和空间计量模型的极大似然函数值之间的差异。

似然比检验要求事先进行无约束回归模型与受约束回归模型的极大似然估计，并检验两个似然函数值的差异是否"足够"大来判断约束条件是否成立。如要检验（9 – 16）式 SAR 模型 $y = \rho W y + X\beta + \varepsilon$ 中 $\rho = 0$ 的原假设是否成立，似然比检验正是基于空间滞后模型 SAR（所谓的无约束模型）的最大对数似然函数值与具有相同解释变量的非空间回归模型的对数似然函数值之间的差异，后者被称为约束模型，因为限制了"$\rho = 0$"。令 $L_{\rho=0}$ 代表在 $\rho = 0$ 的限制条件下约束模型似然函数的极大值，L_{ρ} 代表没有限制条件的无约束模型似然函数的极大值，显然受约束的似然函数值不会超过无约束的似然函数值，但如果约束条件为真即当原假设成立时，两个似然函数值将非常接近，似然比检验正是基于上述原理，构造 SAR 模型的似然比检验统计量 LR_{SAR}：

$$LR_{SAR} = -2\left(\log L_{\rho=0} - \log L_{\rho}\right) \sim \chi^2(1) \tag{9 – 56}$$

LR 统计量可以很容易地从空间滞后模型的极大对数似然值和不含空间滞后项的标准回归模型的对数似然计算出来，该统计量服从自由度为 1 的 χ^2 分布。若 LR 大于给定显著性水

289

平下的χ^2临界值，则拒绝原假设认为限制条件不成立，即$\rho \neq 0$，空间自回归系数显著，SAR模型成立。

对于（9-19）式的SEM模型，如果我们希望检验误差项是否存在空间自回归关系，即检验$u = \lambda Wu + \varepsilon$中$\lambda = 0$的原假设，与空间滞后模型SAR的似然比检验原理一样，基于SEM模型的对数似然函数值与最小二乘回归的对数似然函数值之间的差异构造似然比检验统计量LR_{SEM}，有：

$$LR_{SEM} = -(2\log L_{\lambda=0} - \log L_{\lambda}) \sim \chi^2(1) \tag{9-57}$$

（9-57）式中，L_{λ}代表无约束条件下（9-19）式的SEM模型极大似然估计值，$L_{\lambda=0}$代表（9-19）式中$\lambda = 0$的约束条件下普通线性回归模型的极大似然估计值，与（9-56）式比较可知$L_{\lambda=0} = L_{\rho=0}$。若$LR_{SEM}$大于给定显著性水平下的$\chi^2(1)$分布临界值，则拒绝$\lambda = 0$的原假设，SEM模型误差项的空间自回归系数显著。

从（9-21）式~（9-25）式SDM模型的推导过程可以看出，当（9-22）式中$\gamma = 0$时，（9-22）式等价于空间误差模型SEM，此时，（9-24）式中$\beta = \delta + \gamma = \delta$，因此，有$\theta = -\rho\delta = -\rho\beta$，可见SDM包含SEM，当（9-24）式的SDM中$\theta = -\rho\beta$时，SDM退化为SEM。可以通过对SDM模型和SEM模型进行似然比检验以检验约束条件$\theta = -\rho\beta$是否成立来进行模型诊断。

如前所述，忽略因变量中的空间依赖性的代价相对较高，因为如果忽略这种依赖性，将导致有偏估计。此外，忽略这种依赖性也会导致解释变量系数被不恰当地解释为解释变量变化所带来的偏导数影响。而忽略随机扰动项的空间依赖性则会导致参数估计的效率损失。勒萨热（2009）理论研究表明，当真实的数据生成过程（DGP）为空间杜宾模型的数据生成过程时，用其他常见的空间计量经济模型如空间误差模型（SEM）、空间自回归模型（SAR）或一般的空间相关模型（SAC）进行模型参数估计将遭遇遗漏变量偏差问题，因为这些模型中不包括解释变量的空间滞后项WX。勒萨热同时证明了空间杜宾模型（SDM）是唯一能够在所有四种可能的数据生成过程下（即真实模型为SDM，SEM，SAR或SAC时）均能生成无偏系数估计值的模型，尽管不一定是有效估计，但随着地理信息系统技术的发展，空间数据的可得性急剧增加，当我们开始分析更大的空间数据样本时，相对于偏差而言，估计的效率可能就不那么重要了。安塞林（2014）也指出，在存在遗漏变量的情况下忽略变量的空间滞后项会导致模型其他变量的估计量有偏和不一致，后果比忽视误差项的空间滞后项更严重。这为我们在进行区域经济研究时当存在具有空间相关性的遗漏变量且与解释变量相关的场合使用空间杜宾模型（SDM）提供了强大的计量经济学动机。

第四节　案例与 Stata 应用

【例题9.3】前文第一节【例题9.2】中2003~2021年我国省域人均GDP的空间相关性分析显示区域经济发展具有明显的空间相关性，特别是在2017年之前，中国内地经济发展水平相近的省份在空间分布上更加集中，经济空间相关性增强的同时也说明不同区域的经济存在较明显的分布不均衡。因此，为了研究区域经济差异的影响因素，选取2003~2016年的省域面板数据利用空间计量模型进行区域经济差异的影响因素分析,并利用 Stata 软件进行模型估计和检验。

　　传统的经济增长模型只考虑了劳动和资本投入及技术水平对区域经济的影响,新经济地理理论指出不断增长的城市密度、人口的迁移和专业化生产成为发展不可或缺的部分。随着一个国家城市化进程的推进,远离经济密集区将导致生产率降低,于是人们为了从经济密集区获益,往往会向经济密集区迁移,以缩短他们与经济机会的距离,结果导致经济密集区的经济密度更高。为了验证经济密度对区域经济增长的影响,选取人均 GDP 为被解释变量,选择人力资本存量、交通基础设施、外商直接投资、国民经济布局结构等影响区域经济发展差异的主要因素作为控制变量,具体指标测度方法如表 9 - 4 所示。数据来源于 2003 ~ 2016 年《中国统计年鉴》《中国城市统计年鉴》以及各省份国民经济和社会发展统计公报,样本地区包括中国内地 31 个省份,具体指标数值见数据文件 liti9. 2. dta。

liti9. 2. dta 下载

表 9 - 4　　　　　　　　　　　各变量及其衡量指标与说明

变量名称	衡量指标	指标说明
经济发展水平（Y）	人均 GDP（元/人）	反映省域经济发展水平
人力资本存量 （edu） （health）	平均受教育年限（年） 每万人医疗机构 床位数（个/万人）	其他条件不变的情况下,具备良好知识、技能水平且健康状况好的劳动者,人力资本存量水平越高
交通基础设施 （trans）	铁路密度与公路密度之和 （千米/百平方千米）	公路和铁路在我国道路运输上占据重要地位,其和越高,说明交通基础设施越完善
经济密度 （dense）	就业人口密度 （万人/平方千米）	人口作为经济活动中的生产者和消费者、购买者与销售者,人口密度通常和经济活动联系密切,更进一步从生产活动的角度来看,就业密度也是经济密度的重要衡量指标
外商直接投资 （trade）	各省外商直接投资与 GDP 的比值	外商直接投资（FDI）是国际上资金往来的一种重要形式,也是我国目前利用外资的重要方式。一般来说,利用外资规模扩大,不仅表明经济增长前景较好,也往往意味着国际收支状况的改善,对国民经济有拉动作用
国有经济布局结构 （SOE）	国有经济规模比重	坚持完善基本经济制度,既要不断培育和增强国有经济的引领带动作用,还要发挥和提升非国有经济的支撑促进作用,充分激发调动各类主体的积极性、主动性和创造性,合适的国有经济规模才能达到资源的最有效配置

根据上述变量基于传统柯布－道格拉斯生产函数得出扩展的经济增长函数形式及其对数形式，构建传统线性回归 OLS 模型：

$$y = A edu^{\beta_1} health^{\beta_2} trans^{\beta_3} dense^{\beta_4} trade^{\beta_5} SOE^{\beta_6} e^{\varepsilon}$$

$$\ln y = \ln A + \beta_1 \ln edu + \beta_2 \ln health + \beta_3 \ln trans + \beta_4 \ln dense + \beta_5 \ln trade + \beta_6 \ln SOE + \varepsilon$$

$$(9-58)$$

检验（9－58）式线性回归模型扰动项的空间相关性，根据前文理论部分介绍的检验方法，可以基于最小二乘法得到的残差利用（9－50）式的 Moran' I 统计量进行空间自相关检验，以判断线性回归模型的误差项是否存在空间相关性，值得注意的是莫兰指数的备择假设存在误差项的空间自相关，既包括真实模型为 SEM 导致的误差空间自相关，也包括真实模型为 SAR 导致由遗漏空间滞后项引起的误差空间相关，因此 Moran' I 检验显著只能说明模型存在空间相关性，进一步利用（9－52）式~（9－55）式的 LM 统计量识别模型的数据生成过程是空间误差模型 SEM 或空间自回归模型 SAR，以决定采用哪种类型的空间计量模型进行参数估计。

Stata 软件中的 spatdiag 命令提供了利用 OLS 回归残差进行空间自相关检验的 Moran' I 和 LM 统计量的计算方法，并以表格形式显示相关统计量、检验的自由度和相应的伴随概率 p 值。特别注意的是，spatdiag 命令只能在普通最小二乘回归后使用。利用 spatdiag 命令对（9－58）式的 OLS 残差进行检验的程序代码详见 liti9.2.do 文件，报告的检验统计量及其伴随概率如表9－5 所示。

liti9.2.do 下载

表9－5　　　　　　　　　　SEM、SAR 模型识别 LM 检验结果

统计量	计算值	p 值
Moran's I（标准化 I_z 值）	12.537	0.000
LM-Error	139.694	0.0000
Robust LM-Error	110.507	0.0000
LM-Lag	67.845	0.0000
Robust LM-Lag	38.657	0.0000

表9－5 中 Moran's I 统计量标准化 I_z 值为 12.537，显著大于 0，Moran 检验结果证实了 OLS 估计（9－58）式的残差存在显著的空间自相关性，传统线性回归模型不是合适的参数估计模型。进一步根据图9－3 空间计量模型选择流程，SAR 和 SEM 模型的 LM 统计量和稳健 LM 统计量的伴随概率均显著小于 0.01，说明 SAR 模型的参数 ρ 和 SEM 模型的参数 λ 在统计上都是显著不为 0 的，检验结果无法拒绝其中任何一种模型形式。尽管 SEM 模型的检验统计量值 LM-Error 和 Robust LM-Error 均大于 SAR 模型的检验统计量 LM-Lag 和 Robust LM-Lag，但仍没有足够的证据判断空间误差模型（SEM）的估计效果相对于空间自回归模型（SAR）的估计效果更好。

由于空间杜宾模型 SDM 同时嵌套 SEM 和 SAR，在 SEM 和 SAR 二者的 LM 检验统计量均显著的情况下，前文也论述了 SDM 是多种数据生成过程下最理想的估计模型。但具体应该选择哪一模型进行回归分析，还需要进一步进行模型诊断，需要将各个模型的具体估计结果与检验结果相结合进行对比分析。继续使用 liti9.2.dta 中的数据，利用 Stata 软件中适合平衡面板数据的固定效应或随机效应空间模型的估计命令 xsmle 进行 SEM、SAR 和 SDM 模型的估计，由于本例使用省域面板数据，在经济增长过程中，很难假设个体效应与模型中的解释变量无关，因此采用固定效应的空间面板模型，并利用 lrtest 进行模型形式诊断。具体程序代码见命令文件 liti9.3.do。

liti9.3.do 下载

所要检验的三种空间面板模型的具体形式如下：

空间自回归模型（SAR）：

$$\ln y_{it} = \beta + \alpha_1 \ln edu_{it} + \alpha_2 \ln health_{it} + \alpha_3 \ln trans_{it} + \alpha_4 \ln dense_{it}$$

$$+ \alpha_5 \ln trade_{it} + \alpha_6 \ln SOE_{it} + \rho \sum_{j=1}^{n} w_{ij} y_{jt} + \mu_i + \varepsilon_{it} \qquad (9-59)$$

空间误差模型（SEM）：

$$\ln Y_{it} = \beta + \alpha_1 \ln edu_{it} + \alpha_2 \ln health_{it} + \alpha_3 \ln trans_{it} + \alpha_4 \ln dense_{it} + \alpha_5 \ln trade_{it}$$

$$+ \alpha_6 \ln SOE_{it} + \mu_i + u_{it} (其中: u_{it} = \lambda \sum_{j=1}^{n} w_{ij} u_{jt} + \varepsilon_{it}) \qquad (9-60)$$

空间杜宾模型（SDM）：

$$\ln y_{it} = \beta + \alpha_1 \ln edu_{it} + \alpha_2 \ln health_{it} + \alpha_3 \ln trans_{it} + \alpha_4 \ln dense_{it} + \alpha_5 \ln trade_{it}$$

$$+ \alpha_6 \ln SOE_{it} + \rho \sum_{j=1}^{n} w_{ij} y_{jt} + \theta_1 \sum_{j=1}^{n} w_{ij} \ln edu_{it} + \theta_2 \sum_{j=1}^{n} w_{ij} \ln health_{it}$$

$$+ \theta_3 \sum_{j=1}^{n} w_{ij} \ln trans_{it} + \theta_4 \sum_{j=1}^{n} w_{ij} \ln dense_{it} + \theta_5 \sum_{j=1}^{n} w_{ij} \ln trade_{it}$$

$$+ \theta_6 \sum_{j=1}^{n} w_{ij} \ln SOE_{it} + \mu_i + \varepsilon_{it} \qquad (9-61)$$

利用 Stata 软件对（9-58）式～（9-61）式四种模型进行估计的结果如图 9-4 所示。

比较图 9-4 中各列的回归结果，第一列 OLS 回归结果虽然显示各个解释变量在 1% 的显著性水平下都高度显著，但如前所述，如果真实的模型包含空间相关性，估计传统线性回归模型相当于遗漏了空间滞后项，可能导致遗漏变量偏误。SAR 和 SDM 模型的空间自相关系数 ρ 估计值大于 0.6，且在 0.01 显著性水平下显著，SEM 模型的误差空间相关系数 λ 为 0.92，同样在 0.01 显著性水平下显著，均证实了真实模型存在空间自相关性，说明我国省域之间经济发展水平存在较显著的正空间相关性，即一省市的经济发展水平会显著受到周边省市经济发展的正向影响，因此继续使用图 9-4 中第一列线性回归模型的 OLS 估计结果可能误读各影响因素对经济增长的影响，因为当存在空间相关性时，OLS 估计是有偏且不一致的，所以我们从 OLS 得出的显著性推断可能是不正确的。例如表中可以看出 OLS 回归结果与其他三个空间回归模型相比，虽然系数估计方向一致，但所估计的系数值有较明显的差别。OLS 估计的 lnedu、lntrans 和 lnSOE 的系数绝对值比空间自回归模型估计的系数大，说明若是采用最小二乘法进行回归可能会高估平均受教育年限、交通基础设施对地区经济发展的贡献，也会夸大国有经济占比对经济发展的负面影响。

Variable	ols	sar	sem	sdm
lnedu	2.6275609***	1.8138687***	1.3620198***	1.6022042***
lnhealth	0.09087757***	-0.00297677	-0.00269708	-0.00133693
lntrans	0.35639441***	0.10834318***	0.00144139	0.03834563
lndense	-0.29412486***	-0.08908328***	0.00731124	-0.02098176
lntrade	0.10175623***	-0.02215955*	-0.0263666**	-0.03140209**
lnsoe	-0.339714***	-0.21530002***	-0.23772649***	-0.23593316***
_cons	2.748811***	固定效应均值	固定效应均值	固定效应均值
ρ		0.68683677***		0.62310362***
λ			0.92218949***	
W*lnedu				0.63874181**
W*lnhealth				0.00287363
W*lntrans				0.17186844***
W*lndense				-0.11825959*
W*lntrade				0.00098938
W*lnsoe				0.13743677**
R^2	0.5386	0.9269	0.79	0.9307
Log-L		297.7965	252.3228	308.7574
AIC		-579.593	-488.6456	-589.5147

图 9 - 4　模型回归结果

注：图中数据为回归系数估计值，* 、** 、*** 分别表示在 10%、5%、1% 的显著性水平下显著；SEM、SAR 和 SDM 模型报告的是组内 R^2。Log-L 为对数似然值；AIC 为赤池信息准则统计量，以 SAR 模型为例：$AIC = -2L + 2K = -2 \times 297.7965 + 2 \times 8 = -579.593$。

那么选择哪种空间计量模型进行分析最合适？模型拟合优度越高，极大似然对数值越大，综合模型参数个数的信息准则 AIC 越小，说明模型估计结果越好。通过比较，虽然表 9 - 5 的检验结果显示 SEM 的 LM 检验统计量大于 SAR，但图 9 - 4 中报告的 SAR 模型对数似然函数值更大，且 SAR 模型的 AIC 值更小，相比较 SAR 是更理想的模型，可见利用 LM 统计量在对 SEM 和 SAR 模型进行检验都显著的前提下，不能有效识别选择更优的模型，结合模型拟合优度，才能进行更全面的判断。

再比较 SDM 模型的统计量，可以看出 SDM 的似然函数最大，信息准则 AIC 数值最小，是三者中相对拟合较好的模型，但具体还需要通过 LR 似然比检验判断 SDM 模型是否退化为 SEM 或 SAR 判断最优的模型形式。根据上一节模型诊断的原理，SDM 模型中嵌套了 SEM 和 SAR，可利用似然比检验添加约束条件判断（9 - 61）式 SDM 模型是否退化为 SEM 或 SAR 模型。

当参数向量约束条件 $\theta = -\beta\rho$ 时，SDM 模型退化为 SEM 模型，（9 - 61）式中参数向量 θ 包括 θ_1、θ_2、θ_3、θ_4、θ_5、θ_6 共 6 个参数值，根据似然比检验的原理，原假设成立条件下的检验统计量 LR_{SEM} 服从自由度为 6 的 χ^2 分布，有 $LR_{SEM} = -2(\log L_{SEM} - \log L_{SDM}) = -2 \times (252.3228 - 308.7574) = 112.8692 \sim \chi^2(6)$。

当参数向量约束条件 $\theta = 0$ 时，SDM 模型退化为 SAR 模型，原假设成立条件下的检验统计量 LR_{SAR} 同样服从自由度为 6 的 χ^2 分布，有：

$$LR_{SAR} = -2(\log L_{SEM} - \log L_{SDM}) = -2 \times (297.7965 - 308.7574) = 21.9218 \sim \chi^2(6)$$

表 9 – 6 报告了检验统计量的伴随概率均为 0.001 左右，在 1% 的显著性水平下拒绝 SDM 模型会退化成 SEM 或 SAR 模型的原假设，因此选用 SDM 模型进行区域经济增长影响因素的效应分析是合适的。

表 9 – 6　　　　　　　　　　　SDM 是否嵌套 SEM 或 SAR 的 LR 检验结果

检验原假设	检验统计量	LR 值	p 值
SEM nested in SDM （即 $H_0: \theta = -\beta\rho$）	*LR_spatial_error*	112.87	0.001
SAR nested in SDM （即 $H_0: \theta = 0$）	*LR_spatial_lag*	21.92	0.0013

LR 检验结果显示 SDM 为合适的模型，为进一步研究空间杜宾模型中回归系数所包含的变量间复杂的数量关系，进一步进行影响因素的效应分解，研究具体的影响效应产生的方式。文件 liti9.3.do 同时提供了进一步利用 xsmle 命令进行效应分解的选项，表 9 – 7 报告了 (9 – 61) 式空间杜宾模型中各变量的直接效应、间接效应和总效应估计值。从变量 ln*dense* 的影响效应来看，直接效应并不显著，但间接效应在 5% 的水平下显著为负，说明相邻地区的人口密度上升对本地区的经济发展有一定的抑制作用，周边地区人口密度大可能进一步形成集聚效应，吸引本地经济要素的加入，导致本地区的经济活动受到一定的抑制；同时人口密度的总效应在 5% 的水平下也显著为负，说明人口在某个空间单元过度集中并不能对整个周边区域的经济发展产生积极影响，人口过度密集导致的拥挤效应可能成为抑制经济发展的负面因素，导致人口密度的总影响效应为负。变量 ln*SOE* 的直接效应显著为负，说明降低国有经济占比发挥非国有经济的作用对当地经济增长具有显著的推动作用，但对周边地区的影响不显著。可以看出，ln*edu*，ln*trans* 两个变量对经济增长的直接效应、间接效应和总影响效应均在 1% 的水平下显著为正，说明人口受教育水平提高和交通基础设施的改善不仅促进当地经济增长而且产生正向的溢出效应，对周边地区经济增长也有积极的推动作用，从总效应来看，对区域经济增长的总效应作用显著。

实证结果表明，提高各地区受教育水平和改善交通基础设施能在促进经济总体增长的同时缩小区域经济差异。所以各省市应加强人才培育引进，确立人力资本发展战略。提升人们的受教育水平，培养高素质人才，并找准自身定位，合理加大对人才的引进力度，当地政府也应出台相关人才引进政策，建立健全人才制度体系，释放人才"引力波"，改善当地的劳动力质量，从而提升落后省市经济发展的相对速度，促进区域经济协调发展。此外还要大力发展地区交通基础设施，降低运输成本，促进商品及生产要素的流通，进而发展本地经济并带动周边地区发展。还要重视制度在经济增长中的作用，打造高质量的制度环境，加快国有经济改革步伐和非国有经济的发展，从而提高经济增长的速度，缩小地区间的经济差异，实现区域经济协调发展。

表 9-7   估计效应回归结果

变量	(1) 直接效应	(2) 间接效应	(3) 总效应
ln*edu*	1.949635 *** (9.61)	3.845496 *** (7.74)	5.795131 *** (10.39)
ln*health*	−0.0013048 (−0.16)	0.0038066 (0.17)	0.0025019 (0.09)
ln*trans*	0.0832161 *** (2.65)	0.4655918 *** (5.63)	0.5488079 *** (6.25)
ln*dense*	−0.0517693 (−1.41)	−0.3078496 ** (−2.29)	−0.3596188 ** (−2.37)
ln*trade*	−0.0353968 ** (−2.38)	−0.0481789 (−0.70)	−0.0835757 (−1.05)
ln*soe*	−0.2347342 *** (−7.08)	−0.0090668 (−0.07)	−0.243801 (−1.59)

注: * 、** 、*** 分别表示在 10% 、5% 、1% 的显著性水平下显著；log$L$ 为对数似然值；括号内为相应估计量的 t 值。

值得强调的是，以上实证分析结果及结论的可靠性受变量度量方法和模型方法设定的影响，虽然 SDM 可以一定程度上减轻遗漏具有空间相关性的变量带来的模型参数估计偏误的影响，但不能完全消除模型内生性带来的后果，例如上文分析建立在人口密度增加导致经济要素进一步集聚从而可能弱化了周边地区经济发展的动力，前提是建立在人口密度是外生变量的基础上，事实上可能是当地经济发展水平本身的差异导致的人口流入或流出，此时要得到模型参数的一致估计量，就要解决人口密度的内生性问题，下一章将介绍的工具变量法可以为内生问题提供解决方案。

本章习题

1. 举例说明在计量经济模型设定中需要考虑样本观测值空间相关性的情况。

2. 根据以下一阶空间权重矩阵，计算二阶空间权重矩阵 W^2。

$$W = \begin{pmatrix} 0 & 1 & 0 & 0 & 0 & 0 & 0 \\ 1/2 & 0 & 1/2 & 0 & 0 & 0 & 0 \\ 0 & 1/2 & 0 & 1/2 & 0 & 0 & 0 \\ 0 & 0 & 1/2 & 0 & 1/2 & 0 & 0 \\ 0 & 0 & 0 & 1/2 & 0 & 1/2 & 0 \\ 0 & 0 & 0 & 0 & 1/2 & 0 & 1/2 \\ 0 & 0 & 0 & 0 & 0 & 1 & 0 \end{pmatrix}$$

3. 用 OLS 方法估计 SAR 与 SEM 模型，对参数估计量的性质有何不同的影响。

4. 解释 SEM 模型解释变量回归系数的含义并比较 SEM 模型与 SAR、SDM 模型的主要区别。

5. 根据本章第四节案例【例题 9.3】中 OLS 估计的结果，提取 2016 年的 OLS 残差如下表 9-8 所示，weight. dta 中的邻接矩阵数据，绘制 2016 年残差的莫兰散点图，计算全局 Moran's I，检验模型残差的空间相关性，如果 OLS 模型残差存在空间相关性，分析产生空间相关性的可能原因。

表 9-8　　　　　　　　　　　　　2016 年各地区的 OLS 残差

地区	残差	地区	残差
北京	0.48925	辽宁	0.139503
天津	0.72465	吉林	0.113647
河北	0.032258	黑龙江	− 0.19838
上海	0.940598	广西	0.411153
江苏	0.72456	重庆	0.387852
浙江	0.736228	四川	0.276369
福建	0.914998	贵州	0.281554
山东	0.425155	云南	0.419909
广东	0.492837	西藏	1.574662
海南	− 0.07901	陕西	0.205492
安徽	− 0.01622	甘肃	0.253718
山西	− 0.15696	青海省	0.798049
江西	− 0.03186	宁夏	0.273832
河南	− 0.19293	新疆	0.218637
湖北省	0.168025	内蒙古	0.473743
湖南省	0.07704		

第九章习题参考答案下载

工具变量法和双重差分法

思政与导读

课件

■ 学习目标

1. 认识内生性问题，了解内生性产生的原因和特点；

2. 了解工具变量法和双重差分法的历史演进和原理；

3. 能应用 Stata 软件进行工具变量法估计；

4. 能应用 Stata 软件进行双重差分法估计。

■ 课程思政与导读

上下求索 参悟人生

路漫漫其修远兮，吾将上下而求索。——屈原《离骚》

古往今来智者们追寻事物规律，参悟人生。换成经济学语境，这便是追寻事物间的因果关系。众所周知，追逐智慧的旅途充满跌宕与荆棘，从纷繁复杂的世界中，提炼出规律，充满着挑战。"假舟楫者，非能水也，而绝江河。"充分利用好计量工具，可以帮助人们徜徉在经济学视域下的世界，解构世间因果规律。工具变量法和双重差分法，如同必须紧握的两个船桨。工具变量法需要天马行空的想象力，需要在人文科学和自然科学知识海洋中上下求索。双重差分法需要巧妙设计，才能精准地识别出上

（处理组）下（对照组）间的差异。

同学们，经济学并非一个简单的学科，需要大量历史、地理、人文、社会、政治等方面的知识，从而方能在漫漫长路中，上下求索出经济、社会和人生的真谛。

■ 应用案例

本章案例主要借助历史案例解读工具变量法和双重差分法的演进，并通过案例说明使用工具变量法和双重差分法的不同方式。在数字中国建设和扎实推动共同富裕的新时代背景下，本章选择数字化转型与企业内收入分配的议题，展示工具变量法和双重差分法的规范运用过程，提炼数字化推动共同富裕的中国经验。

在经济转型过程中，政府大力实施各项政策措施，推进全面深化改革，发展我国市场经济。如何精准地评估各项政策实施的效果，了解政策实施过程中存在的不足，对现代化市场体系意义深远。在此过程中，利用因果推断干净地识别出各项政策的效果尤为重要，为坚定中国特色社会主义道路自信、理论自信、制度自信、文化自信，推进中国式现代化建设提供有效指引。借此，为工具变量法和双重差分法提供了良好的渠道。

本章介绍了因果推断中面临的内生性问题，以及予以应对的工具变量法和双重差分法。

相较于第五章严谨地证明工具变量法的有效性，本章重在通过较为简单的数学知识，解析工具变量法的作用机理，建立内生性处理的学术思维。

本章从内生性的基本概念出发，介绍工具变量法和双重差分法，以及 Stata 软件估计过程。

第一节　工具变量

古往今来，人类对因果关系的探寻从未停歇。每逢奇闻轶事，众人向往一探究竟。揭露因果间的联系，如同踏入寻求真理的旅行，贯穿于人类历史长河。早在我国战国时期，屈原就在长诗《天问》中追寻万物运转的秘密。古希腊哲学家德谟克利特称："我宁愿找到一个因果的说明而不愿获得波斯的王位。"亚里士多德提出"四因说"，利用枚举和归纳将因果关系分解成"形式因""质料因""动力因"和"目的因"。来到文艺复兴时期，归纳法成为弗朗西斯·培根等学者探究事物因果的工具。著名的哲学家、经济学家约翰·穆勒对归纳法进行深入拓展，在《逻辑体系》中提出了分析因果关系的"穆勒五法"，在经济学领域掀开了研究因果问题的序幕。

现代经济学正不断由哲学领域向科学领域迈进，统计学为因果推断插上科学的黑白双翼。黑色的翅膀被称为格兰杰因果（granger causality）理论。这个翅膀上挂着 2003 年诺贝尔经济学奖的桂冠，克莱夫·格兰杰（Clive Granger）揭示了两两时间序列变量之间的关系。然而，这一理论是否为因果推断的质疑之声却不绝于耳，它被遗落在计量经济学领域的角落，黯然失色。

另一支白色羽翼是被称为"干预效应"（treatment effect）的理论。这一理论由鲁宾（Donald B. Rubin）提出，而早在这一理论之前，19 世纪前半期的著名统计学家耶日·内曼（Jerzy Neyman）就提出了用于因果推断的"潜在结果"模型，并自认为那是统计学中的"哥白尼式的革命"。1923 年，华沙大学博士生的内曼在毕业论文"概率论在农业实验中的应用"中提出了因果推断的模型。他的设想与义务教育阶段课本中时常出现的实验一致：同样肥沃品质的两块试验地，一块不进行施肥，亩产 300 千克；另外一块进行施肥干预，亩户 400 千克，那么干预的效果就是中间差值的 100 千克。不难发现，在中学甚至小学阶段，学生们已经是理论上的因果推断高手。

然而在现实中，如同人们无法拥有同样的指纹，自然界中也难以存在两块完全相同的土地，对于一块已经施肥的土地，如何识别出未施肥这一反事实（counterfactual）状态下的产量，将是因果识别面临的挑战。时光一去永不回，往事也只能回味，反事实的状态似乎只在平行空间中才会存在。内曼给出了一个让中学生也能成为因果推断专家的方案，采用对照实验进行应对。例如找 100 亩试验田，随机分成两组，不施肥的一组作为"对照组"，施肥的一组作为"实验组"，研究者只需对比平均亩产地，就可以识别出因果效应。内曼与他的学生在各个领域开枝散叶，无论是自然科学还是社会科学，因果推断都成为不可或缺的工具。与此同时，因果推断也逐渐成为人工智能领域重要的基础知识。不难发现，无论是科学研究、政策评估，还是充满大数据的商业判断，因果推断已经成为经管类专业学生安身立命的手艺。

在中国实现全面脱贫之际，关于贫困议题的实验经济学踏入了诺贝尔经济学奖的殿堂，迪芙洛（Esther Duflo）和巴纳吉（Abhijit Banerjee）在实验经济学领域展开大量高水平的研究。随机实验是进行因果识别最为可靠的途径，但是由于实验成本和社会伦理方面存在的问题，这一途径在很多现实场景中却难以被使用。同时，随机实验由于其有效性，在推广方面仍然存在一定限制。那么还有哪些方法，可以帮助我们厘清变量之间的关系呢？本章主要基于工具变量法展开。

一、工具变量的历史

不同于统计学，计量经济学展现出其独特的魅力。众多回归结果仅呈现出变量间的相关关系，却难以揭开传导路径的面纱。经济学是研究社会问题的一门学科，各种因素之间的联系盘根交错，若无法从繁杂的谜团中找到因素之间的影响规律，模型的可信度将变得苍白无力。计量经济学揭开变量之间的黑箱，因果关系的故事跃然纸上。此后，因果推断成为现代计量经济学领域最闪耀的明星。探寻真相的旅程中，充满了荆棘和迷雾，工具变量则是旅程中最为锋利的武器。工具变量是如此神奇，巧妙地在两个变量间建立干净的联系。工具变量又如此让人忧伤，只因它让你难以寻觅。

关于工具变量的来源，始终是一个谜团，此中缘由不得不提及赖特（Wright）父子的佳话。菲利普·赖特（Philip Wright，1861~1934）于1884年在塔夫茨大学获得学士学位，1887年于哈佛大学获得硕士学位。1889年，28岁的菲利普迎来了他的孩子苏沃尔·赖特（Sewall Wright）。菲利普带着一家人从马萨诸塞州搬到伊利诺伊州的盖尔斯堡，并在伦巴德学院被聘为数学和经济学教授，在这里，菲利普顺便培养了美国人民的诗人卡尔·桑德堡（Carl Sandburg）。直到1913年，菲利普任职于哈佛大学，苏沃尔也进入哈佛大学就读研究生。菲利普一直就职于布鲁金斯学院，苏沃尔却进入了芝加哥大学动物系大展拳脚，并于1930年被聘为教授。

菲利普是一位高产学者，《经济学季刊》《美国统计学会杂志》《政治经济学杂志》和《美国经济评论》等顶级期刊上不断出现他的身影，同时出版了大量经济学书籍以及诗歌。识别问题是其众多出版物中不变的主题，他敏锐地发现了这一问题，并试图予以解决。

1928年，菲利普从动物油和植物油的角度出发，撰写了一本关于关税增加损害国际关系的书籍（*The Tariff on Animal and Vegetable Oils*）。这本书的附录B提供了工具变量这一无敌利器的思想雏形，解决遗漏变量偏误，这让这本书成为因果识别的经典著作。

当菲利普如同阿希莫格鲁（Darron Acemoglu）一样横扫经济学顶级期刊时，苏沃尔发明了路径分析，对遗传学领域进行革新，逐步成为生物遗传学的三大奠基人之一。菲利普提及苏沃尔教给他的路径分析对其成果具有重要意义，而这也是附录B的核心思想。那么，究竟是谁撰写了附录B，开启了工具变量之旅呢？

如果技术允许，当然穿越时空，直面菲利普询问这一富有争议的问题是最好的办法。计量大师詹姆斯·斯托克（James Stock）和弗朗西斯科·特里比（Francesco Trebbi）通过计量文体学（stylometrics）对作者身份进行了推断。在此之前，他们已经通过这一手段对1996年的政治小说《原色》和未命名的《联邦党人文件》的作者进行了识别。可能这一方法不免让人觉得神秘，但其实他以另外一个身份出现在当下的视野中——机器学习。作者开展了一项科学研究，将父子存世的学术著作以及书籍的第一章和附录 B 进行数据化处理，并对图表、脚注和数字进行了剔除。将文字按照 1 000 字的块状进行提取，选出 54 个样本，其中 20 个来自苏沃尔、25 个来自菲利普、6 个源于目录 B、3 个出自第一章。每位作者都有其独特的写作风格，通过功能词和语法结构可以判断出作者的风格，作者身份自然浮出水面。最终，科学严谨的结论指出，确实是菲利普最早发明了工具变量。但是，这没准是菲利普在苏沃尔的思想上创造而成。当你在搜索"Sewall Wright"时，你会发觉他还有个在政治学领域广为人知的兄弟昆西·赖特（Philip Quincy Wright），以及曾出任康奈尔大学副校长和纽约布法罗康奈尔航空实验室主席的兄弟西奥多·保罗·赖特（Theodore Paul Wright）。

二、为什么需要工具变量

因果推断及可解释性机制是经济社会研究领域重点关注的目标。无论是进行个人决策、公司战略布局，还是政策研究，仅能通过因果分析梳理时间发展的脉络和演进的方向，从而预测不同条件下发生的事件，借此运用相应的干预手段以引导经济社会的发展方向，进而为对策制定和改善社会提供现实依据。

很长一段时期，囿于研究设计、数据获取和模型设定，实证研究止步于描述性统计回归阶段，缺乏因果推断的证据。基于反事实框架下的因果推断逐步成为研究的主流范式，学界普遍接受的概念是，一个影响因子或者干预措施（treatment）对个体的因果效应源于控制组和干预组中两个结果可能性之间的差异，即 $\delta_i = Y_t - Y_c$。然而，正如古希腊哲学家赫拉克利特所言"人不能两次踏进同一条河流"，平行时空下不同选择的结果无法被观测。

例如，在评估大学教育回报率问题时，无法观测到一个大学生没有进入大学的情况；在评估医院治疗效果时，无法观测到一个患者没有生病的情况；在评估优质学校的效果时，父母也无法观测到子女没有进入优质学校的收益。那么，在分析这些问题时，只能估算大学生组和非大学生组之间的平均收入差异，以及评估患者和普通人的身体状况差异，即简单地估算两组之间的平均差异。

如果将大学生的平均收入差异（平均干预效应，average treatment effect）视为影响效果，那么成立的前提是，观测群体在性别、家庭、智商、情商、容貌、性格等方面保持一致。即便利用双胞胎样本，也可能难以保持性格上的异质性，缺乏对性格变量的准确识别及控制，估计参数将会出现偏误，高斯－马尔科夫定理（Gauss－Markov theorem）不复存在，估计结果甚至是伪相关的，因果推断也将成为空谈。如果将文章投稿至经济学或者社会科学期刊，审稿人将乐于通过质疑内生性拒绝文章。

三、内生性

在继续揭露工具变量的面纱前，首先需要理解一个重要的概念，即内生性。提到内生性，首先需要回顾一个概念，回归方程得到一致估计结果的前提条件是：模型中的解释变量与随机扰动项不相关。换言之，解释变量和扰动项之间需要满足正交性。为了更为方便地理解这一概念，引入一个极简的几何模型来解释。如图 10-1 所示，存在这样一个平面 X，它是一系列向量的集合，在控制一系列变量后，存在与 y 变量一一对应的 x 变量，有且仅知道 x 与 y 的取值，需求解 x 与 y 之间的角度 β 值，并验证其是否足够大，能否显著地异于 0。这样一个最小二乘法的求解问题，就成为一个集合问题。可以想一想，在这一情况下，仅知道两条射线的长短，如何才能求得其中的角度 β 呢？

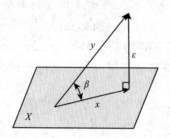

图 10 - 1　最小二乘法的正交性

如果觉得三维的图像理解上仍具有一定困难，那么这一集合模型可以进一步简化。在义务教育阶段，截面图是一个耳熟能详的概念。通过引入截面图，可以将立体几何模型进一步简化成为一个平面内的三角形，那么问题也将进一步简化为已知三角形的两个边，求这两边的夹角。想要实现这一目标，需要引入新的条件，如果这个三角形是一个直角三角形，那么上述的问题就迎刃而解了。这也意味着，在其他条件未知的情况下，仅当扰动项 ε 与变量 x 为正交的时候，目标估计值 β 才有机会被得出。因此，不难理解，为何需要扰动项与解释变量保持不相关的前提假设。如此一来，神秘的因果推断就成了一个中学时期的直角三角形求解问题（见图 10 - 2）。

上述论证指明，扰动项 ε 与变量 x 为正交是满足回归方程得到一致的前提条件。那么，如果扰动项与解释变量并非正交的时候，所求得的估计系数可能与真实值出现偏差。换言之，在平面三角形的框架中，如果扰动项 ε 与变量 x 并非垂直的状态，那么仍然利用直角三角形的性质求得的 β 将产生偏误。如图 10 - 3 所示，如果将变量 x 和 y 代入直角三角形求解公式，所求角度或者系数值，将存在明显的偏误。

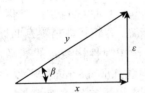

图 10 - 2　最小二乘法的直角三角形图解

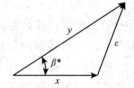

图 10 - 3　最小二乘法的直角三角形图解

四、内生性来源

具体说来，主要有四种情况引起内生性问题：遗漏变量偏误（omitted variable bias）、选择偏误（selection bias）、联立性偏误（simultaneity bias）和测量误差（measurement error）。

（一）遗漏变量偏误

经济关系错综复杂，遗漏变量偏误问题似乎也在所难免。其存在两种情况：一是遗漏了与解释变量不相关的变量，遗漏的变量进入扰动项后，扰动项仍然与解释变量不相关，即解释变量参数估计的一致性不受影响；二是遗漏了与解释变量相关的变量，遗漏的变量进入扰动项后则会导致内生性问题。一个比较经典的案例：例如，研究一个人受教育程度与他的收入之间的关系，其中收入作为被解释变量，样本中的受教育程度作为解释变量，这个模型中的能力、性别以及其他变量都有可能同时影响该模型变量的受教育程度以及收入，如个人能力比较高的人可能收入也比较高，而个人能力有可能作为遗漏变量包含在随机误差扰动项中，因此会出现内生性的问题。

（二）选择偏误

样本分布不是完全随机的，分为自选择偏误和样本选择偏误两种类型。

自选择偏误是遗漏变量偏误的一种特殊形式。自选择问题指的是解释变量在一定程度上不是随机安排的，而是由个人的选择所决定的。在这一选择过程中，主要分为两个阶段。第一个阶段是个体选择导致解释变量变动的过程；第二个阶段才是解释变量对被解释变量产生影响的过程。这样，不难发现一些非观测性因素导致了解释变量的变动。在劳动经济学领域中，工会问题一直被人关注。大量的文献都表明了员工能够从工会会员身份中获益，因此，研究工会会员溢价的问题具有一定的社会意义。但是，员工成为工会会员并不是天生的，受到学历、年龄等一系列因素的影响，同时也存在如团队偏好和个人信念等一系列难以被观测的因素。这些问题都会导致自选择问题发生。

样本选择偏误主要是由于难以观测到所有样本的表现，只能通过观测有限样本识别因变量的表现。这种观测值并非随机性导致的结果。

（三）联立性偏误

X 在影响 Y 的同时，Y 也会对 X 产生影响，也被称为双向因果问题。我们来看下反向因果关系的解释，例如根据凯恩斯的消费函数，模型的设定为 $C = a + bY + U_i$，其中 C 为消费，Y 为国民收入，U_i 为随机误差扰动项。然而国民账户的恒等式又有 $Y = C + I + G + NX$，即 Y 等于消费、投资、政府购买和净出口之和。很显然，消费是国民收入的重要组成部分，消费又是误差的函数，这样消费与国民收入的函数之间存在反向因果关系，主要因为消费函数里面的 X 与 U_i 相关，本来应该是 X 与 U_i 不相关，扰动项的信息应该全部包括或者表现概括在已经有的 X 中。

（四）测量误差

在工程学中，由于测量环境、人为误差及测量工具差异均可能导致测量的偏误，但对于人文社会科学而言，变量界定本身就是众说纷纭，不同的测度方式均能表征同样一个变量，那么观测值与真实值之间则存在一定的差距。例如在研究企业问题时，企业员工数、企业销售额以及企业固定资产值经常运用于刻画企业的规模。为了方便理解，这里进行了简化处理，将变量 x 分为 x_1 和 x_2，其中，变量 x 为解释变量的真实取值，x_1 为实际观测到的部分，x_2 为难以被观测的部分，存在 $x = x_1 + x_2$。如此一来，未被观测的 βx_2 被纳入了扰动项 ε，形成了新的 ε^*。那么，这种情形下，所求的系数值 β，没有满足扰动项 ε 与变量 x 为正交的前提条件。因此，在扰动项 ε 与变量 x 不为正交的前提下，求出的结果是有偏且不一致的（见图 10-4）。

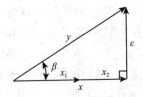

图 10-4　解释变量误差

测量误差不仅包含解释变量的测量误差。

如果被解释变量存在固定的偏差值 $y = y_1 + a_0$，那么将有 $y_1 = (\beta_0 - a_0) + \beta x + \gamma X + \varepsilon$，$\beta$ 不会产生影响。这种情况下，回归结果是一致有效的。

因此，精准地衡量解释变量是决定回归估计值是否一致有效的前提条件。当评论一篇文章时，测量误差将会是一个值得评价的重要方面；而当撰写一篇论文时，缺乏对测量误差的应对，将会把内生性问题暴露在审稿人或评论者眼下。

五、什么是工具变量

当前，不可观测、测量误差、选择偏误以及互为因果导致的内生性问题日益成为实证文章技术部分的最核心内容，也是因果推断过程中最锐利的"矛头"或最坚固的"盾牌"，决定了一篇旷日持久的作文最终跃然期刊之上还是封存于电子文档之中。面对不可观测的因素，迄今为止，可采取三种应对之策：（1）撰写者对内生性问题视而不见，忽略处理，获取一个有偏且不一致的估计量，并祈求文章被顺利通过；（2）为不可观测的变量寻找一个恰当的代理变量；（3）利用一阶差分或者固定效应，消除掉不随时间变化的变量。当研究误差和测量偏误过大时，不免影响了结论的有效性。即便采用代理变量法予以应对，但是仍然存在偏误的问题。加之可能存在的选择偏误及互为因果问题，模型的可信度将受到严峻的挑战，工具变量法为此类问题提供了一个有效的解决方案。

在回归模型中，由于内生变量与误差项相关引发内生性问题时，一个应对思路是：根据相关理论分析，寻找一个与解释变量相关但与随机误差项不相关的代理变量，即工具变量，再通过一系列检验等来判断该工具变量是否恰当。

具体来讲，工具变量需要满足两个条件：Z 与 X 必须高度相关，与误差项正交。换言之，一个有效的工具变量需要满足以下两个条件：

1. 相关性。工具变量要与内生解释变量高度相关，即工具变量对内生解释变量影响是显著的。

$$Cov(z, x) \neq 0 \tag{10-1}$$

2. 外生性。工具变量要与扰动项不相关，也被称为排他性约束或工具变量的效度。这里的外生性意味着工具变量影响被解释变量的唯一渠道是通过与其相关的内生解释变量，它排除了所有其他的可能影响渠道。

$$Cov(z, u) = 0 \qquad (10-2)$$

倘若没有内生性问题，那么估计量的方差更小的 OLS 会更加合适。然而，在存在内生性的问题下，而传统的 OLS 估计为：

$$\hat{\beta}_1^{OLS} = \frac{Cov(x, y)}{Cov(x, x)} = \frac{\sum (x_i - \bar{x})(y_i - \bar{y})}{\sum (x_i - \bar{x})(x_i - \bar{x})} \qquad (10-3)$$

展开可知：

$$plim\,\hat{\beta}_1^{OLS} = \beta_1 + \frac{\sum (x_i - \bar{x})(u_i - \bar{u})/n}{\sum (x_i - \bar{x})(x_i - \bar{x})/n} \qquad (10-4)$$

由于此时 x 存在内生性，因此 $Cov(x, u) \neq 0$，因此 OLS 估计量不是一致估计量。

在引入工具变量后，根据工具变量的定义与性质，有：

$$E(u) = 0; Cov(z, u) = 0; Cov(z, x) \neq 0 \qquad (10-5)$$

易得：

$$Cov(z, y) = \beta_1 Cov(z, x) + Cov(z, u) \qquad (10-6)$$

即为：

$$\hat{\beta}_1^{IV} = \frac{Cov(z, y)}{Cov(z, x)} = \frac{\sum (z_i - \bar{z})(y_i - \bar{y})}{\sum (z_i - \bar{z})(x_i - \bar{x})} \qquad (10-7)$$

展开可知：

$$plim\,\hat{\beta}_1^{IV} = \beta_1 + \frac{\sum (z_i - \bar{z})(u_i - \bar{u})/n}{\sum (z_i - \bar{z})(x_i - \bar{x})/n} = \beta_1 \qquad (10-8)$$

这样就可以得到一致的"工具变量估计量"。

六、工具变量如何使用

（一）工具变量的使用

首先，要明确工具变量本质上是来解决内生性问题的。比如：研究一个人的工资水平 $wage$ 的决定因素，包含受教育年限 edu、性别 $male$、年龄 age 三个因素决定。因此，我们有：

$$wage = \beta_0 + \beta_1 edu + \beta_2 male + \beta_3 age + u \qquad (10-9)$$

但是这里有一个问题，一个人的受教育水平可能受到个人智力的影响，而智力又可能影响到个体的收入水平，但智力的数据是较难全面测度的。因此收入 $wage$ 和误差项 u 相关，这会导致 edu 的估计系数有偏，如图 10-5 所示（估计出来的 $\hat{\beta}_1$ 一部分是 edu 变化对 wage 的影响，另一部分则是 u 导致的 edu 变化进而导致的 wage 变化）：

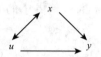

图 10-5　内生性问题

因此我们需要来解决这个问题。如何解决呢？可以使用工具变量来解决。假设工具变量是出生季度 z，那么我们首先以图解的形式（见图 10-6）来看看工具变量 z 的作用到底是什么？

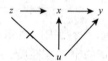

图 10-6　工具变量

工具变量 z 的作用本质上就是 z 变化引起 x 变化，进而引起 y 变化。

由于出生的季度决定了入学的年份，出生季度 z 和受教育年限 x 相关。例如，我国每年入学的时间是 9 月 1 日，前一年 9 月 1 日至当年 8 月 31 日之前出生的孩子可以在当年入学，而 9 月 1 日到次年 8 月 31 日出生的孩子只能在第二年入学。在我国进入劳动力市场的年龄规定为 16 岁的背景下，同一年 8 月 31 日出生的孩子和 9 月 1 日出生的孩子如果均在 16 岁进入劳动力市场，那么 8 月 31 日出生的孩子多接受一年的教育。

因此，出生季度会直接影响到受教育年限，满足了相关性的条件，即工具变量出生季度 z 和内生变量受教育年限 x 相关。而出生季度主要通过影响受教育年限来影响收入，很难通过其他因素对个体的收入产生影响，即满足了外生性条件。因为 z 和 u 不相关，这样就可以把 edu 的系数 β_1 无偏地估计出来。

（二）二阶段最小二乘法

如图 10-6 所示，工具变量法可以分成两个阶段，通过"二阶段最小二乘法"（Two Stage Least Square，简称 2LSL 或 TSLS）实现。

第一阶段：

将内生解释变量对工具变量进行回归，即 z 对 x 进行回归，得到拟合值 $\hat{x}$。

在教育回报率的研究中，第一步就是用内生解释变量对工具变量和模型中的其他变量做回归，其实也就是把原来的 wage 换成了 edu。

$$edu = \beta_0 + \beta_2 age + \beta_3 male + \alpha z + u \tag{10-10}$$

基于内生变量和工具变量的相关性，从而拟合出一个和误差项不相关的 $\widehat{edu}$。

第二阶段：

用第一步中拟合的 $\widehat{edu}$ 代入到原来的模型中，因为此时的 $\widehat{edu}$ 是外生的，和误差项 u 不相关。此时再进行回归，得出的$\hat{edu}$的估计值$\hat{\beta}_1$的估计值就无偏的。

七、工具变量的选择

工具变量作为计量经济学中应对内生性问题最锋利的武器之一，一直以来备受研究者的热爱。然而，在经济学逐渐科学化的过程中，工具变量的好坏直接与论文的质量挂钩。在此背景下，寻找良好的工具变量显得尤为重要。有时候，能否寻找到一个亮眼的工具变量决定了文章质量的高低，一个好的工具变量就是一篇顶级期刊，或者拿到博士学位。工具变量是一个考察智力和灵感的脑力活动，需要来自大量人文科学和自然科学的积累、抽象和应用，这也是经济学为何离不开大量阅读的一个重要原因。

正如前文所提及，一个良好的工具变量应当满足与内生解释变量高度相关，这样才能排除弱工具变量导致的不一致性（Staiger and Yogo，2005）。当然，工具变量必须满足外生性的假设。那么，工具变量究竟如何寻觅呢？

（一）聚集数据

观测个体的决策可能受到周边群体的影响，例如在加班严重的每个行业中，每位员工的工作时间都会增加。又如，教育资源集中的地区，学生成绩可能受到同学教育投入水平的影响。这一效应被称为同侪效应（peer effect）。因此，地区的集聚数据逐渐成为个体、班级、学校和企业层级研究的工具变量（Card and Krueger，1996）。在贫困生对学生怀孕或辍学的研究中，埃文斯等（Evans et al.，1992）将地区的失业率、家庭收入和贫困率作为工具变量。其合理性在于，片区的失业率和贫困率与生源的水平息息相关，这样不难理解为何"孟母三迁"，为何学区房令人咋舌，为何以教育为首的公共服务均等化如此重要。

正如《乡土中国》中描绘的人情社会一样，社会关系是影响个体发展的重要因素。邦托利阿等（Bentolila et al.，2010）在"关系"和收入的研究中，将就业率作为"找关系"的工具变量，其合理性在于，就业率的高低与收入不存在直接的联系，但是就业机会更多的地区，不再需要通过关系网络获取工作。这也在一定程度上解释了大城市人才不断流入的原因。

集聚数据简单易获取，被广泛地作为克服内生性问题的工具变量，但是，地区的集聚效应往往与变量本身具有高度的相关性，一个市场势力较高的企业通常决定了一个地区行业的生态。这样，将会引入噪声，导致遗漏偏误的问题（Grogger，1996；Rivkin，2001），评阅者对此将会"痛下杀手"，所以，该类工具变量能够使用的场景逐步减少。

（二）自然地理

气候、降水、河流以及自然灾害等现象的外生性较强，其不受个人和集体的影响，但会对经济社会产生持久性的影响。在研究教育回报率问题中，教育资源与地方经济发展难以分离，超大城市中心区域的学校数量更多，资金投入较高，同时也吸引更优质的生源进入。霍克斯比（Hoxby，2000）将河流数量作为工具变量，验证学校数量与教育质量之间的关系。由于经济社会等历史问题会影响特定区域的学校数量，而河流数量会导致通勤问题从而影响学校的设立数量，并且河流通常是自然形成，与教学质量不存在直接关系。

经济快速迭代下，社会交流能力的作用越发凸显。在经济快速发展过程中，医疗水平不断提高，身体疾病得到了较好的医治，但是心理问题日益严峻。针对这一问题，沃尔德曼等（Waldman et al.，2008）将降水量引入工具变量模型，降水可以视为一个完全外生的因素，但是降雨会影响到室外活动的开展，从而选择看电视等室内活动，这样可能会减少维生素 D 等元素的吸收。

类似地，雾霾是经济发展的另外一个产物，大量研究探讨了空气污染对个体的影响，例如肥胖（Deschenes et al.，2020）、婴儿死亡率（Arceo et al.，2016）及心理健康（Chen et al.，2018），这些文章都将逆温现象作为工具变量。逆温现象一般难以干预到个体活动，满足外生性的前提假设，而在上层气温比下层气温高导致的逆温现象下，地表空气循环程度下降，加重了空气污染。

钱楠筠（Qian，2008）在讨论性别收入比和出生性别比的关系时，将茶叶价格作为工具变量。茶树高度和精细度决定了采茶工作更适合由女性担任，当茶叶价格上升时，女性在家庭中的地位上升，降低了家庭女胎流产的概率，"消失的女性"得以存活下来。

一些文献也将地震（Cipollone and Rosolia，2007）、降水量（Munshi，2003）和自然灾害（陈云松，2012）作为工具变量。

（三）人文历史

相较于产权制度，营商环境更被人熟知，其决定了一个地区的发展潜能。董志强等（2012）在研究制度软环境与经济发展关系中，将开埠通商时间作为地区制度软环境的工具变量。开埠时间越早，越早孕育现代商业制度体系，从而具备更好的营商环境。同时文章将开埠通商历史和营商软环境同时作为解释变量与当前的经济绩效进行回归，获取到开埠通商历史的回归系数极不显著，从而排除了开埠通商历史与当前经济发展水平的联系。

（四）生物规律

人类对生命的探索从未停息，生命繁衍过程中的一些自然现象蕴含着随机性，也包裹着经济社会因素。少子化成为全球面临的一个重大问题，在探索家庭规模与女性就业的影响时，这两者之间存在互为因果的内生性，就业和收入会影响女性的生育意愿。安格里斯特和埃文斯（Angrist and Evans，1998）为了解决这一问题，将"有儿有女，凑个好字"的组合偏好引入模型，用前两胎的性别组合情况作为孩子数量的工具变量，如果前两胎是同性别双胞胎，将会存在追求第三胎的可能。

"多子多福"的观念在传统社会中更为盛行，在乡村治理中，家庭规模和宗族规模决定了其在当地的话语权。家庭规模的另外一种解读可能是一种社会关系网络。上文提及的邦托利阿等（Bentolila et al.，2010）在研究关系网络和收入的关系时，还将年长的兄弟姐妹数量作为使用社会关系的工具变量，其认为兄弟姐妹数量是随机的，但是兄弟姐妹的数量影响了其关系网络，从而影响其职位获取和收入水平。

"制度至关重要"理论已经成为学术研究的重要领域和政策制定的重要依据。阿西莫格鲁等（Acemoglu et al.，2001）在制度和收入的研究中，将殖民地国家的自然死亡率作为工具变量，殖民者进入死亡率较高的国家，将不愿意投入时间和精力建立完善的制度环境获取长久的收入，而是通过掠夺式策略进行殖民。

（五）外生实验

在寻求工具变量的过程中，一些如政策干预、改革创新等外生实验，不受观测者所控制，是一种良好的工具变量。安格里斯特等（Angrist et al.，1996，2010）将服兵役抽签作为工具变量，考察参战对收入、健康和后续教育的影响。

布泽和卡乔拉（Boozer and Cacciola，2001）在考察班级成绩对个体成绩的影响中，将参与小班教学实验的班级人数作为工具变量。入选小班教学是随机抽取的，对学生个体或家庭异质性而言是外生的，但是小班教学通过师生比会影响到班级的平均成绩。

八、工具变量的局限性

工具变量方法功能强大且简洁明了，但其本身存在的局限性在一定程度上限制了该方法的推广。

1. 工具变量的选择存在很大困难，在政策效应评估的过程中，找出合适的工具变量非常不容易。在实际操作中，在能够获得政策实施前后数据的情况下，研究者通常将因变量的滞后变量、集聚变量作为工具变量，可能会存在一定程度上的相关性，从而无法从根本上解决内生性问题。

2. 工具变量的随机外生性无法用统计方法进行验证，其合理性容易被质疑，若提供不出有力证据，则后续实证分析将完全失去说服力。

工具变量的假定条件是完全外生的，而在社会科学中，这一教条式、宗教式的信念是苛刻的，现实中的工具变量存在轻微的内生性。即使模型通过了内生性检验、不可识别检验、弱工具变量检验和过度识别检验后，工具变量的有效性仍然会遭受质疑。面对这一现象，一些学者（Acemoglu et al.，2001；孙圣民和陈强，2017）借助半简化式方程（semi – reduced form equation），采用中介效应模型的构造方式，将工具变量直接纳入方程中，论证工具变量的外生性。如果工具变量在回归模型中不显著，这在一定程度上说明工具变量仅通过自变量影响因变量，从而佐证了工具变量的合理性。

3. 工具变量对样本往往具有非均质的影响，导致估计量带有权重性特征，工具变量回归仅捕捉了部分个体的平均处理效应，而不是全样本下的平均处理效应，使得到的结论仅适用于一部分样本，降低了科学分析的政策意义（Deaton，2010）。因此，回归的结果会呈现出基准回归系数与工具变量回归系数存在一定差距，针对工具变量回归系数需要较为谨慎地解读。

综上所述，在使用工具变量方法时，应持审慎的态度，清楚说明所需假设前提，并指明一旦无法满足工具变量的外生性假设时，估计量将如何偏移，只有将理论与前人的经验教训进行充分结合，工具变量方法才能为因果推断与政策评估提供更强的说服力以及更高的可信度。

第二节　双重差分

在计量经济学研究中，双重差分法（difference-in-difference，DID）多用于公共政策或项目实施效果评估。近年来，双重差分法受到越来越多研究人员的青睐，概括起来可以分为以下三点原因：（1）双重差分法可以很大程度上避免内生性问题的困扰：政策相对于微观经济主体而言一般是外生的，因而不存在逆向因果问题。此外，使用固定效应估计一定程度上也缓解了遗漏变量偏误。（2）传统方法下评估政策效应，主要是通过设置一个政策发生与否的虚拟变量然后进行回归。相比之下，双重差分法的模型设置更加科学，能够更加准确地估计出政策效应。（3）双重差分法的原理和模型设置很简单，容易理解和运用，并不像空间计量等方法一样让人"望而生畏"。

本章将从双重差分法的原理、假设、模型说明以及案例讲解四方面进行介绍。

一、双重差分的历史

正如前文提到的内曼的故事，1923年，耶日·内曼（Jerzy Neyman，1894~1981年）还是波兰华沙大学的博士生，他的毕业论文是"概率论在农业实验中的应用"。在这篇论文中，他提出了用于因果推断的"潜在结果"（potential outcomes）的数学模型，并将它和统计推断结合起来。他的想法非常自然，数学结构也很简单。

以农业实验为例，考虑n块田作为实验的对象，实验者想检测两种不同的肥料对于产量的影响。用i表示第i块田，$Y_i(1)$和$Y_i(0)$表示如果用肥料1和0分别对应第i块田的产量，那么$\tau_i = Y_i(1) - Y_i(0)$就是肥料1相对于肥料0对第i块田产量的因果作用。实验者随机地分配肥料1或者0到第i块田，所以最终我们要么观测到$Y_i(1)$，要么观测到$Y_i(0)$，不可能同时观测两者。显而易见，在这个模型下，因果推断的本质困难就是无法同时观测$Y_i(1)$和$Y_i(0)$，也就无法直接观测到τ_i。观测单个的τ_i太困难，退而求其次，我们可以考虑研究它的平均数：

$$\tau = \frac{1}{n} \sum_{i=1}^{n} \tau_i \qquad (10-11)$$

这个τ通常被称为平均因果作用（average causal effect）。这可能是因果作用最简单的定义了。到此为止，内曼引入了一些数学记号来定义"因果作用"。也许读者会觉得这平平无奇，无非就是$Y_i(1)$和$Y_i(0)$。但是，这些记号将开启一扇窗，迎接新思想的曙光。

潜在结果$Y_i(1)$和$Y_i(0)$，以及平均因果作用τ，在某种意义上，都是假想的数字。仅有这些定义，还不能说明这个模型的现实意义。问题的关键是：我们能否根据观测到的数据推断τ？内曼给出了肯定的回答。在随机化实验下，第i块田接受肥料1或者0是完全随机的。用$Z_i = 1$表示第i块田接受肥料1；用$Z_i = 0$表示第i块田接受肥料0。随机化实验固定接受肥料1和0的田地总数，分别为n_1和n_0，对应的$(Z_1, \cdots, Z_n)$这个向量是n_1个1和n_0个0的随机置换（random permutation）。如果第i块田接受了肥料Z_i，那么我们观测到的产量就是：

$$Y_i = Y_i(Z_i) = Z_i Y_i(1) + (1 - Z_i) Y_i(0) \qquad (10-12)$$

这个恒等式似乎显而易见：从数学上讲，它无非要说明，当 $Z_i = 1$ 时，$Y_i = Y_i(1)$；当 $Z_i = 0$ 时，$Y_i = Y_i(0)$。但是，朱迪亚·珀尔（Judea Pearl）认为这是因果推断最重要的恒等式，因为它联系了左边我们能够观测到的结果和右边的潜在结果。

最终能够被观测的数据是：

$$(Z_i, Y_i): i = 1, \cdots, n \qquad (10-13)$$

一个显而易见的估计量是：

$$\hat{\tau} = \frac{1}{n_1} \sum_{i:Z_i=1} Y_i - \frac{1}{n_0} \sum_{i:Z_i=0} Y_i \qquad (10-14)$$

它是在接受肥料 1 和 0 的前提下，平均结果的差值。内曼证明了 $\hat{\tau}$ 是平均因果作用 τ 的无偏估计（即 $\hat{\tau}$ 的期望是 τ），计算了这个估计量的方差，讨论了如何估计这个方差，还提出了一个基于 $\hat{\tau}$ 的中心极限定理的置信区间（即这个区间以指定的概率盖住真值 τ）。最后一步的中心极限定理在内曼的原文中仅仅是一个直觉的证明，一直到保罗·埃尔德什、阿尔弗雷德·雷尼和雅罗斯拉夫·哈耶克（Paul Erdos，Alfred Renyi and Jaroslav Hajek）工作的出现，这类中心极限定理的证明才被严格化。

上面仅仅讨论了一个最简单的数学结构：两个组的随机化实验中的因果推断。现实中的随机化实验丰富多彩，如何在各种随机化实验中作因果推断取决于具体的实验设计方案。内曼本人于 1935 年在英国皇家统计学会宣读的论文，讨论了随机区组设计（randomized block design）和拉丁方设计（Latin squares design）的因果推断，引发了包括罗纳德·费希尔（Ronald Fisher）在内的统计学家的激烈争论。

同时期，费希尔对随机化实验进行了深入的研究，虽然他没有使用内曼潜在结果的记号，但是因果推断始终是他思考的对象。随后的几十年，随机对照实验（randomized controlled trial；RCT）成为美国食品药品监督管理局批准新药的黄金标准。最近二十年，大量的随机化实验出现在社会科学中，用来研究复杂社会问题中的因果关系。例如，麻省理工学院和哈佛大学的三位经济学家，阿比古特·班纳吉、埃丝特·迪弗洛和迈克尔·克雷默（Abhijit Banerjee，Esther Duflo and Michael Kremer），因为用实验的方法研究发展经济学，获得了 2019 年的诺贝尔经济学奖。

内曼生前对自己在统计假设检验方面的奠基性工作颇为自豪，认为那是统计学中"哥白尼式的革命"（Copernican Revolution）。他并未预料到他在因果推断中的奠基性工作，也将对此产生深远的影响。

二、双重差分的原理

双重差分法普遍应用于政策效应评估研究。例如研究"京津冀协同发展""高铁开通""高校扩招"等政策实施带来的影响情况。

自然实验是自然的或观测者不可控的因素影响（或冲击）下的一种实验研究方法，控制组和实验组的划分近似于随机试验。在经济学和社会学中，自然实验通常被称为准自然实验，并基于双重差分法展开分析。在政策冲击下，控制组和实验组的差异可以直观地表征政策的有效性。改革开放以来，中国不断深化改革和快速发展，为经济学研究提供了优渥的土壤，孕育了中国式现代化道路。

以高铁为例。高铁是中国向世界展现快速发展的一张重要名片，高铁不仅缩短了城市之间的时空距离，更是对城市经济社会发展产生了深远的影响。政策实施前后，两个城市GDP 的变化由两个因素导致：一是开通高铁这一外在政策冲击；二是时间等其他因素，随着时间的推移，城市 GDP 会自然增长。因此，我们需要剔除其他因素带来的 GDP 增长，从而将政策影响的有效结果分离出来。具体研究思路是：根据是否开通高铁，将两个城市分为处理组和控制组，且这两个城市在开通高铁之前各方面的发展水平没有显著差异。

简单来说，"差分"即做减法的意思；"双重差分"就是做两次减法。在这个例子中，第一次"减法"是：在开通高铁项目实施一段时间之后，分别用处理组和控制组的 GDP 减去对应组研究基期的 GDP。对于处理组来说，GDP 差值既包含开通高铁这一政策的影响又包含时间因素作用；对于控制组来说，GDP 差值仅由其他因素导致。为了将政策影响的有效结果分离出来，接着做第二次差分。第二次"减法"用处理组城市的 GDP 差值减去控制组城市的 GDP 差值，从而剔除时间因素的影响，得到完全由开通高铁这一政策冲击带来的GDP 变化，也就是政策的净效应。

三、模型

（一）双重差分法模型

考虑两期面板数据，引入处理组虚拟变量 *treat* 和时间虚拟变量 *post*：

$$treat_i = \begin{cases} 1, & \text{处理组} \\ 0, & \text{对照组} \end{cases}, \quad post_t = \begin{cases} 1, & \text{政策实施后} \\ 0, & \text{政策实施前} \end{cases} \quad (10-15)$$

DID 模型设定为：

$$y = \alpha + \beta treat_i + \gamma post_t + \delta treat_i \times post_t + \eta X_{it} + \varepsilon_{it} \quad (10-16)$$

其中，i 代表个体，t 代表时间。$Treat_i$ 是分组虚拟变量，如果个体 i 属于实验组，则 $treat_i = 1$；否则 $treat_i = 0$。$post_t$ 是分期虚拟变量，时间 t 在政策事件发生后，则 $post_t = 1$；否则 $post_t = 0$；$treat_i \times post_t$ 为交互项，其系数 δ 即为双重差分模型重点考察的政策实施的净效应。最后，加入一系列控制变量 X_{it} 可能干扰政策。

（二）双重差分法模型系数含义（见表 10-1）

表 10-1 双重差分法模型系数含义

系数	政策实施前	政策实施后	Different
实验组	$\alpha + \beta$	$\alpha + \beta + \gamma + \delta$	$\gamma + \delta$
控制组	α	$\alpha + \gamma$	γ
Different	β	$\beta + \delta$	δ（DID）

（三）双重差分法模型原理示意图（见图10-7）

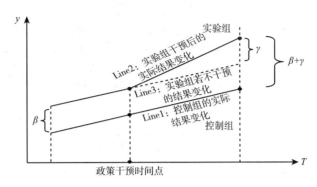

图 10-7 双重差分法

（四）双重差分法其他形式拓展（见表10-2）

表 10-2 双重差分法其他形式拓展

类型	简介
交错双重差分法（staggered DID）也称多期 DID	当个体接受政策冲击的时间不同时，政策分组虚拟变量 D_i 变为 D_t，此时 D 即可用来表示个体 i 在时间 t 处是否受到政策冲击，而无须再生成交互项
广义双重差分法（generalized DID）也称连续 DID	当所有研究对象均或多或少同时受到了政策干预，即仅有处理组而无控制组时，可以根据研究对象受到的具体冲击情况来构建处理强度（treatment intensity）指标来进行分析，此时个体维度并不是从 0 到 1 的改变，而是连续的变化。因此，可以将个体维度的政策分组虚拟变量替换为用以表示不同个体受政策影响程度的连续型变量
队列双重差分法（cohort DID）也称截面 DID	使用横截面数据来评估某一历史事件对个体的长期影响。比较两个维度上的差异大小：一个维度为地区间差异，即该地区是否受干预政策影响或干预强度影响；另一个维度为出生队列间差异，即个体是否受到了干预政策的影响。本质上是使用未受政策干预的出生队列作为受到政策干预的出生队列的反事实结果
模糊双重差分法（fuzzy DID）	有时，干预并未带来急剧变化，所谓的"处理组"虽然受干预率高于其他组别，但并没有完全被干预，而所谓的"控制组"也并非完全没有受到干预，即处理组和控制组之间没有明确的分界，不存在"干净"的处理组与控制组，该方法为此类情形提供了可能
三重差分法（DDD）	通过比较不同组别间的处理组和控制组在干预政策前后结果变量变化的差异来识别因果效应。应用场景通常有两个：一是在平行趋势假设不满足时引入第三个维度的差异来帮助消除处理组和控制组间的时间趋势差异；二是在平行趋势满足时，用于识别干预政策在不同群体间的异质性处理效应

续表

类型	简介
倾向评分匹配双重差分法（PSM-DID）	DID 模型有一个重要的前提假设——平行趋势假设，如果不满足这一假设，就不能获得反事实结果的估计。这时，可以使用匹配的方法使得控制组和处理组尽可能相似，然后再用 DID 方法进行估计，但注意匹配以后仍需要平行趋势检验
合成双差法（SDID）	合成控制法和双重差分法的有机结合

四、模型假设

双重差分法的应用需要满足一定的假设条件，倘若违背了这些假设条件，估计结果可能会产生严重的偏离真实的因果效应。

（一）平行趋势假设

平行趋势假设，也被称作共同趋势假设，是运用双重差分法进行有效分析的核心前提。倘若处理组没有接受干预，其随时间变化的趋势将与控制组保持一致。

$$E(Y^0 \mid D=1, T=1) - E(Y^0 \mid D=1, T=0) = E(Y^0 \mid D=0, T=1) - E(Y^0 \mid D=0, T=0)$$
(10 – 17)

其中，Y^0 表示未受干预的结果变量。双重差分法估计出处理组在接受干预后的平均处理效应：

$$\begin{aligned}
\beta &= \left[E(Y \mid D=1, T=1) - E(Y \mid D=1, T=0) \right] - \left[E(Y \mid D=0, T=1) \right. \\
&\quad \left. - E(Y \mid D=0, T=0) \right] \\
&= \left[E(Y^1 \mid D=1, T=1) - E(Y^0 \mid D=1, T=0) \right] \\
&\quad + \left[E(Y^0 \mid D=1, T=1) - E(Y^0 \mid D=1, T=0) \right] \\
&\quad - \left[E(Y^0 \mid D=0, T=1) - E(Y^0 \mid D=0, T=0) \right] \\
&= E(Y^1 - Y^0 \mid D=1, T=1)
\end{aligned}$$
(10 – 18)

由此可知，即在没有实施干预措施的前提下，处理组和控制组的平均结果随时间的演变趋势应该是一致的。该假设可以简化为：

$$E(\Delta Y^0 \mid D=1) = E(\Delta Y^0 \mid D=0)$$
(10 – 19)

（二）稳定个体干预值假设

正如随机实验一样，自然实验中实验组和对照组的影响应当是相互独立的，实验组的变化不会对对照组的样本产生干扰。如果空间独立性被打破，不同空间单元间存在溢出效应的干扰，个体处理效应稳定性假设（stable unit treatment value assumption，SUTVA）不复存在。这一情况下，控制组也将会受到政策的干扰，控制组构造的时间趋势的反事实将失去效果。

个体和企业的行动具有自主性，当一个地区经济发展较好，政策红利凸显，控制组的观测值可能会流动到处理组地区，产生了一般均衡效应或者溢出效应。

第三节　案例与 Stata 应用

著名法国经济学家皮凯蒂（Piketty，2014）在《21 世纪资本论》中表明，过去三百年来，全球各国的贫富差距总体上呈现扩大趋势。众多发达国家均面临劳动收入份额不断下跌，收入分配不平等程度上升的问题（李实，2020）。扎实推进全体人民共同富裕是新时代新征程的重大任务，如何利用数字经济"做大蛋糕"和"分好蛋糕"是值得研究的重要议题。有益于国内如《中国工业经济》《数量经济技术经济研究》《世界经济》等系列期刊陆续公布实验数据，为学术圈快速普及因果推断方法提供了共享平台。其中，方明月等（2022）（《数量经济技术经济研究》）基于企业内部的收入分配这一独特视角，考察了数字化转型对共同富裕的影响。① 下面以此数据集为例演示工具变量法和双重差分法（见数据文件 liti10.1.dta 和 dofile 文件 liti10.1.do）。

liti10.1.dta 下载

liti10.1.do 下载

【例题 10.1】为了验证如何利用数字经济"做大蛋糕"（总收入）和"分好蛋糕"（收入分配），本例题主要对变量选取进行介绍，并利用 OLS 初步展示数字经济对企业总收入及收入分配的影响，为后续工具变量法案例和双重差分法案例的展开进行支持。

在识别上，被解释变量为企业的劳动收入份额，用监管层平均薪酬和普通员工平均薪酬的比值来衡量管理层与普通员工之间的收入差距。核心解释变量为企业数字化转型，通过文本分析法抓取关键词，利用词频进行刻画，具体关键词见表 10-3。

表 10-3　　　　　　　　　　　　　　数字技术分类与关键词

技术分类	关键词
大数据	数据管理、数据挖掘、数据网络、数据平台、数据中心、数据科学、数字控制、数字技术、数字通信、数字网络、数字智能、数字终端、数字营销、数字化、大数据、云计算、云 IT、云生态、云服务、云平台、区块链、物联网、机器学习、ERP

---

① 方明月，林佳妮，聂辉华. 数字化转型是否促进了企业内共同富裕？——来自中国 A 股上市公司的证据［J］. 数量经济技术经济研究，2022，39（11）：50-70.

技术分类	关键词
智能制造	人工智能、高端智能、工业智能、移动智能、智能控制、智能终端、智能移动、智能管理、智能工厂、智能物流、智能制造、智能仓储、智能技术、智能设备、智能生产、智能网联、智能系统、智能化、自动控制、自动监测、自动监控、自动检测、自动生产、数控、一体化、集成化、集成解决方案、集成控制、集成系统、工业云、未来工厂、智能故障诊断、生命周期管理、生产制造执行系统、虚拟化、虚拟制造、AI、CAD、CAM、计算机辅助设计、计算机辅助制造
互联网商业模式	移动互联网、工业互联网、产业互联网、互联网解决方案、互联网技术、互联网思维、互联网行动、互联网业务、互联网移动、互联网应用、互联网营销、互联网战略、互联网平台、互联网模式、互联网商业模式、互联网生态、电商、电子商务、网络销售、internet、互联网+、线上线下、线上到线下、线上和线下、O2O、B2B、C2C、B2C、C2B、5G、微信、内部网、内联网、内网、intranet
信息化	信息共享、信息管理、信息集成、信息软件、信息系统、信息网络、信息终端、信息中心、信息化、网络化、工业信息、工业通信

具体的变量见表 10 - 4。

表 10 - 4　　　　　　　　　　　　　　主要变量及定义

变量类别	变量名称	变量定义
被解释变量	营业总收入	企业经营过程中所有收入总和的对数
	劳动收入份额	支付给职工以及为职工支付的现金/营业总收入
	劳动收入差距	监管层平均薪酬/普通职工平均薪酬 其中，监管层平均薪酬 = 监管层年薪总额/（监管层人数 - 独立董事人数 - 未领取薪酬监管层人数）；普通职工平均薪酬 =（支付给职工以及为职工支付的现金 - 监管层年薪总额）/（员工人数 - 监管层人数）
解释变量	数字化转型_文本	利用文本分析法得到的数字化转型词语占比
	数字化转型_软件投资	软件资产净值/总资产净值
	数字化转型_硬件投资	办公电子设备和自助设备净值/总资产净值
控制变量	企业规模	总资产的对数
	杠杆率	总负债/总资产
	净资产收益率	净利润/股东权益平均余额
	企业年龄	当年年份 - 成立年份
	产权性质	国有企业赋值为 1，否则为 0
	前十大股东持股比例	前十大股东持股数量/股本总数
	两权分离率	实际控制人拥有上市公司控制权与所有权之差

"做大蛋糕"。共同富裕是中国特色社会主义的本质要求，推进共同富裕是中国最重要的经济社会发展目标。共同富裕在宏观层面上包含两个维度：首先是实现经济的高质量发展，即全体人民实现总体富裕，也就是"做大蛋糕"；其次是发展成果为人民所共享，强调社会财富的分配，即"分好蛋糕"。企业在初次分配中扮演着重要作用，也是导致收入差距"鸿沟"的重要来源之一。基于此，我们从企业层面出发，从"做大蛋糕"和"分好蛋糕"两个方面讨论共同富裕问题。在"做大蛋糕"时，企业营业总收入是否提高？在"分好蛋糕"时，企业内部收入差距是否缩小？

在充分了解模型变量设定后，直截了当地进入 OLS 回归环节。我们将运用全局暂元的方式设置控制变量，即利用 global 命令将控制变量集放置于 xlist 中简化编程命令，提高代码编写效率，后续仅需用 \$ xlist 表达控制变量集，具体程序代码如下所示：

global xlist "lnasset roe firmage leverage stateown seperation toptenholderrate"

基准回归采用双向固定效应模型，面临高阶固定效应的计算问题，reghdfe 命令可以加快计算的快度，命令如下：

reghdfe lntotalincome digi_wordsrate \$xlist , absorb(std year) cl(std) , if A 股 == 1 & industry_A! = "J" & st ==0 & 行业代码! = "C39" & year >2002

其中，*lntotalincome* 和 *digi_wordsrate* 分别为关键被解释变量企业总收入和关键解释变量企业数字化转型，*absorb*(std year) 是固定效应选项，具体为企业固定效应和年份固定效应，*cl*(std) 是聚类选项，聚类到企业层面。*if* 是对原始数据的限定条件，这样做的好处是不会对原始数据进行污染。

结果如图 10 – 8 所示，在控制其他变量的情况下，数字化转型的回归系数在 1% 的水平下高度显著。这意味着数字化转型显著提高了营业总收入，说明了数字化转型促进了企业"做大蛋糕"。

```
HDFE Linear regression                    Number of obs   =    25 378
Absorbing 2 HDFE groups                   F(  8,  2 601) =    503.18
Statistics robust to heteroskedasticity   Prob > F       =    0.0000
                                          R-squared      =    0.9409
                                          Adj R-squared  =    0.9341
                                          Within R-sq.   =    0.5698
Number of clusters (std)      =    2 602   Root MSE       =    0.3727
```

(Std. err. adjusted for 2 602 clusters in std)

lntotalincome	Coefficient	Robust std. err.	t	P>|t|	[95% conf. interval]	
digi_wordsrate	0.1578552	0.0467358	3.38	0.001	0.0662121	0.2494984
lnasset	0.8222691	0.0148012	55.55	0.000	0.7932459	0.8512923
roe	0.6506814	0.0410268	15.86	0.000	0.5702329	0.7311298
firmage	0.0286963	0.0182177	1.58	0.115	-0.0070263	0.064419
leverage	0.2955412	0.0574264	5.15	0.000	0.182935	0.4081473
stateown	0.027791	0.0461521	0.60	0.547	-0.0627075	0.1182895
seperation	0.002835	0.0013363	2.12	0.034	0.0002146	0.0054554
toptenholderrate	0.0006082	0.0006589	0.92	0.356	-0.0006837	0.0019001
_cons	2.564465	0.4253677	6.03	0.000	1.730371	3.398558

Absorbed degrees of freedom:

Absorbed FE	Categories	- Redundant	= Num. Coefs	
std	2 602	2 602	0	*
year	17	0	17	

* = FE nested within cluster; treated as redundant for DoF computation

图 10 – 8 数字化转型与企业总收入

"分好蛋糕"是为了检验数字化转型对劳动收入差距的影响，再次进行基准回归，关于分好蛋糕的命令如下：

reghdfe laborshare digi_wordsrate $xlist, absorb(std year) cl(std), if A 股 == 1 & industry_A! = "J" & st == 0 & 行业代码! = "C39" & year > 2002

其中，*laborshare* 和 *digi_wordsrate* 分别为关键被解释变量企业劳动收入份额和关键解释变量企业数字化转型，*absorb*（*std year*）是固定效应选项，具体为企业固定效应和年份固定效应，*cl*（*std*）是聚类选项，聚类到企业层面。*if* 是对原始数据的限定条件，避免对原始数据产生污染。回归结果如图 10 - 9 所示。

```
HDFE Linear regression                    Number of obs    =     25 364
Absorbing 2 HDFE groups                   F(  8,  2 600) =      37.22
Statistics robust to heteroskedasticity   Prob > F         =     0.0000
                                          R-squared        =     0.7254
                                          Adj R-squared    =     0.6937
                                          Within R-sq.     =     0.0736
Number of clusters (std)    =     2 601   Root MSE         =     4.6110

                        (Std. err. adjusted for 2 601 clusters in std)

                       Robust
 laborshare | Coefficient  std. err.      t     P>|t|   [95% conf. interval]

digi_wordsrate|  1.365274  0.6709428    2.03    0.042   0.0496379    2.68091
     lnasset | -1.617975  0.1762244   -9.18    0.000   -1.963529   -1.27242
         roe | -6.877097  0.5374275  -12.80    0.000   -7.930926   -5.823268
     firmage |  0.1115553 0.2642064    0.42    0.673   -0.406521   0.6296316
    leverage | -1.555506  0.7049453   -2.21    0.027   -2.937817  -0.1731951
    stateown |  1.243406  0.4905571    2.53    0.011   0.2814836   2.205328
   seperation| -0.0081924 0.0154623   -0.53    0.596   -0.0385121  0.0221273
toptenholderrate|-0.0115288 0.0076785 -1.50    0.133   -0.0265854  0.0035279
        _cons |  46.00075  5.505876    8.35    0.000   35.20441    56.7971

Absorbed degrees of freedom:

 Absorbed FE | Categories  - Redundant  = Num. Coefs
         std |    2 601       2 601          0      *
        year |      17          0            17

* = FE nested within cluster; treated as redundant for DoF computation
```

图 10 - 9 数字化转型与企业劳动收入份额

结果如图 10 - 9 所示，在控制其他变量的情况下，数字化转型的回归系数在 5% 的水平下高度显著。这初步表明了企业数字化转型与企业劳动收入份额的关系。但是，相关关系并非因果关系，在收入份额越高的企业，可能本身效应更好，规模较大，拥有长远的战略眼光和雄厚的财力进行数字化转型，因此这面临较强的内生性问题。

面对这一情形，引入因果推断的方法尤为重要，此论文分别通过工具变量法和 PSM - DID 的方法对模型内生性问题进行处理。

一、工具变量

【例题10.2】为了精准地识别出数字化转型对企业内劳动收入份额的影响，本案例采用工具变量法进行分析，主要通过集聚数据工具变量法和 Bartik 工具变量法。具体如下。

（一）集聚数据工具变量法

首先，文章采用了集聚数据作为工具变量。具体采用企业所在行业的其他企业数字化转型程度的均值作为数字化转型的工具变量。这一工具变量满足相关性和排他性标准。第一，数字化转型程度存在行业异质性。不同行业对数字化水平的要求不同，例如机械、设备制造行业数字化转型程度高于食品行业。第二，数字化转型具有同群效应（peer effect）。企业数字化转型速度如果与行业平均水平具有较大差距，将会丧失竞争力，惨遭市场淘汰。在排他性方面，同行业其他企业的数字化转型程度很难直接影响到本企业的劳动收入分配。具体命令如下：

ivreghdfe laborshare(digi_wordsrate = iv1)\$xlist ,absorb（std year）cl（std），if A 股 == 1 & industry_A! = "J" & st == 0 & 行业代码! = "C39" & year > 2002

如图 10 – 10 的回归结果显示，关键解释的系数仍然在 1% 的水平下高度显著。ivreghdfe 命令直接汇报了不可识别检验，*Kleibergen-Paap rk Lm* 统计量 p 值为 0.0000，强烈拒绝了不可识别的原假设。弱工具变量检验的结果，*Cragg-Donald Wald F* 统计量为 2177.406，*Kleibergen-Paap rk Wald F* 统计量为 173.415，均超过了 *Stock-Yogo Weak ID test critical value* 的临界值，强烈拒绝了弱工具变量的假设。

```
IV (2SLS) estimation

Estimates efficient for homoskedasticity only
Statistics robust to heteroskedasticity and clustering on std

Number of clusters (std) =        2 598       Number of obs  =   25 312
                                              F(  8,  2597) =    35.65
                                              Prob > F      =   0.0000
Total (centered) SS    = 520 054.8216         Centered R2   =   0.0625
Total (uncentered) SS  = 520 054.8216         Uncentered R2 =   0.0625
Residual SS            = 487 539.3616         Root MSE      =    4.391
```

laborshare	Coefficient	Robust std. err.	t	P>|t|	[95% conf. interval]	
digi_wordsrate	5.814883	2.23997	2.60	0.009	1.422575	10.20719
lnasset	-1.732635	0.1857822	-9.33	0.000	-2.096931	-1.368339
roe	-6.907869	0.5441179	-12.70	0.000	-7.974817	-5.84092
firmage	0.0954196	0.2612909	0.37	0.715	- 0.41694	0.6077792
leverage	-1.383484	0.711164	-1.95	0.052	-2.77799	0.0110218
stateown	1.269851	0.4912683	2.58	0.010	0.3065334	2.233168
seperation	-0.002842	0.0157111	-0.18	0.856	-0.0336495	0.0279656
toptenholderrate	-0.0085978	0.0078239	-1.10	0.272	-0.0239396	0.006744

```
Underidentification test (Kleibergen-Paap rk LM statistic):       101.599
                                          Chi-sq(1) P-val =       0.0000
```

```
Weak identification test (Cragg-Donald Wald F statistic):        2 177.406
                       (Kleibergen-Paap rk Wald F statistic):      173.415
Stock-Yogo weak ID test critical values: 10% maximal IV size       16.38
                                         15% maximal IV size        8.96
                                         20% maximal IV size        6.66
                                         25% maximal IV size        5.53
Source: Stock-Yogo (2005).  Reproduced by permission.
NB: Critical values are for Cragg-Donald F statistic and i.i.d. errors.

Hansen J statistic (overidentification test of all instruments):    0.000
                                            (equation exactly identified)

Instrumented:         digi_wordsrate
Included instruments: lnasset roe firmage leverage stateown seperation
                      toptenholderrate
Excluded instruments: iv1
Partialled-out:       _cons
                      nb: total SS, model F and R2s are after partialling-out;
                          any small-sample adjustments include partialled-out
                          variables in regressor count K


Absorbed degrees of freedom:

 Absorbed FE  |  Categories  - Redundant  = Num. Coefs
 ------------ | ------------------------------------------
          std |   2 598          2 598          0      *
         year |      17              0            17
 
* = FE nested within cluster; treated as redundant for DoF computation
```

图 10-10　工具变量法：工具变量1

在前文对工具变量选择的介绍过程中，已经提及了学术界对采用集聚变量作为工具变量的担忧，这种担忧也会存在于未来投稿和答辩的过程中。为此，本书也采用了另一种较为流行的工具变量构造方法。

（二）Bartik 工具变量法

利用分析单元的初始份额（外生变量）与总体增长率（共同冲击）的乘积来模拟出历年的估计值，该估计值与实际值保持高度相关，但与残差项无关。具体说来，首先，获取样本前一年（2022 年）企业所在行业（二分位）其他企业的数字化转型均值；其次，将其与全国（去除企业所在省份）互联网上网人数增长率的乘积来作为数字化转型的工具变量。相关性方面，企业数字化转型程度与所在行业具备相关关系。排他性方面，使用样本前一年增强了排他性，并且通过与剔除本省数据的全国互联网上网人数增长率相乘，可以构造出随年份变化的工具变量。

具体命令如下，$iv2$ 即为 $Bartik$ 工具变量：

ivreghdfe laborshare(digi_wordsrate = iv2)＄xlist ,absorb(std year) cl(std) ,if A 股 == 1 & industry_A! = "J" & st == 0 & 行业代码! = "C39" & year > 2002

图 10-11 的回归结果显示，关键解释的系数通过了 10% 水平下的显著性检验。不可识别检验显示，$Kleibergen\text{-}Paap\ rk\ Lm$ 统计量 p 值为 0.0002，强烈拒绝了不可识别的原假设。弱工具变量检验的结果，$Cragg\text{-}Donald\ Wald\ F$ 统计量为 481.607，$Kleibergen\text{-}Paap\ rk\ Wald\ F$

统计量为 22.889，均超过了 *Stock-Yogo Weak ID test critical value* 的临界值，强烈拒绝了弱工具变量的假设。

```
IV (2SLS) estimation


Estimates efficient for homoskedasticity only
Statistics robust to heteroskedasticity and clustering on std

Number of clusters (std) =        1 033        Number of obs  =   11 141
                                               F(  8,  1032) =    20.51
                                               Prob > F       =   0.0000
Total (centered) SS    = 255 261.8235          Centered R2    =   0.0547
Total (uncentered) SS  = 255 261.8235          Uncentered R2  =   0.0547
Residual SS            = 241 288.1297          Root MSE       =    4.658
```

laborshare	Coefficient	Robust std. err.	t	P>|t|	[95% conf. interval]	
digi_wordsrate	10.26652	5.579851	1.84	0.066	-0.6826279	21.21567
lnasset	-2.110631	0.2664682	-7.92	0.000	-2.633513	-1.58775
roe	-5.873541	0.675009	-8.70	0.000	-7.198088	-4.548994
firmage	1.003162	0.3908779	2.57	0.010	0.2361558	1.770168
leverage	-0.8035125	0.9979203	-0.81	0.421	-2.761697	1.154672
stateown	0.6497832	0.5104716	1.27	0.203	-0.3518976	1.651464
seperation	-0.0469375	0.0203504	-2.31	0.021	-0.0868704	-0.0070046
toptenholderrate	0.0009861	0.0108343	0.09	0.928	-0.0202738	0.0222459

```
Underidentification test (Kleibergen-Paap rk LM statistic):        14.259
                                         Chi-sq(1) P-val =          0.0002


Weak identification test (Cragg-Donald Wald F statistic):          481.607
                        (Kleibergen-Paap rk Wald F statistic):      22.889
Stock-Yogo weak ID test critical values: 10% maximal IV size        16.38
                                         15% maximal IV size         8.96
                                         20% maximal IV size         6.66
                                         25% maximal IV size         5.53
Source: Stock-Yogo (2005).  Reproduced by permission.
NB: Critical values are for Cragg-Donald F statistic and i.i.d. errors.


Hansen J statistic (overidentification test of all instruments):    0.000
                                         (equation exactly identified)


Instrumented:          digi_wordsrate
Included instruments:  lnasset roe firmage leverage stateown seperation
                       toptenholderrate
Excluded instruments:  iv2
Partialled-out:        _cons
                       nb: total SS, model F and R2s are after partialling-out;
                       any small-sample adjustments include partialled-out
                       variables in regressor count K


Absorbed degrees of freedom:
```

Absorbed FE	Categories	- Redundant	= Num. Coefs	
std	1 033	1 033	0	*
year	14	0	14	

```
* = FE nested within cluster; treated as redundant for DoF computation
```

图 10-11 工具变量法：工具变量 2

上述结果利用两个工具变量都得到了令人满意的结果。文章在选取工具变量时，从理论上对工具变量的合理性进行了解释，但仍然可能遭受到对工具变量的质疑。文章选取两个工具变量的另外一个目的在于，可以通过过度识别检验，验证工具变量的外生性。

具体做法为，将两个工具变量同时放入回归，获取过度识别检验的统计量：

ivreghdfe laborshare(digi_wordsrate = iv1 iv2)\$ xlist ,absorb(std year) cl(std) ,if A 股 == 1 & industry_A! = "J" & st ==0 & 行业代码! = "C39" & year > 2002

图 10 - 12 的回归结果与前文的不同之处在于，软件汇报了 *HansenJ* 统计量，估计值为 0.895，*p* 值为 0.3440，认为工具变量外生，与扰动项不相关。这说明了在缓解可能存在的内生性问题后，数字化转型仍会显著提高企业的劳动收入份额。

```
IV (2SLS) estimation


Estimates efficient for homoskedasticity only
Statistics robust to heteroskedasticity and clustering on std

Number of clusters (std) =        1 033        Number of obs =    11 125
                                               F( 8,  1032) =     20.73
                                               Prob > F      =    0.0000
Total (centered) SS    = 254 425.2995          Centered R2   =    0.0686
Total (uncentered) SS  = 254 425.2995          Uncentered R2 =    0.0686
Residual SS            = 236 983.0235          Root MSE      =     4.62
```

laborshare	Coefficient	Robust std. err.	t	P>|t|	[95% conf. interval]	
digi_wordsrate	6.074251	3.121972	1.95	0.052	-0.0518866	12.20039
lnasset	-2.047388	0.2538352	-8.07	0.000	-2.54548	-1.549296
roe	-5.794268	0.6665217	-8.69	0.000	-7.10216	-4.486375
firmage	1.069085	0.3955791	2.70	0.007	0.2928541	1.845316
leverage	-0.9212524	1.001086	-0.92	0.358	-2.885649	1.043144
stateown	0.636051	0.5080525	1.25	0.211	-0.3608828	1.632985
seperation	-0.0484343	0.0202933	-2.39	0.017	-0.0882551	-0.0086134
toptenholderrate	0.0003405	0.0107834	0.03	0.975	-0.0208193	0.0215004

```
Underidentification test (Kleibergen-Paap rk LM statistic):         45.326
                                          Chi-sq(2) P-val =          0.0000

Weak identification test (Cragg-Donald Wald F statistic):        1 163.754
                        (Kleibergen-Paap rk Wald F statistic):       35.879
Stock-Yogo weak ID test critical values: 10% maximal IV size        19.93
                                         15% maximal IV size        11.59
                                         20% maximal IV size         8.75
                                         25% maximal IV size         7.25
Source: Stock-Yogo (2005). Reproduced by permission.
NB: Critical values are for Cragg-Donald F statistic and i.i.d. errors.

Hansen J statistic (overidentification test of all instruments):     0.895
                                          Chi-sq(1) P-val =          0.3440

Instrumented:         digi_wordsrate
Included instruments: lnasset roe firmage leverage stateown seperation
                      toptenholderrate
Excluded instruments: iv1 iv2
Partialled-out:       _cons
                      nb: total SS, model F and R2s are after partialling-out;
                      any small-sample adjustments include partialled-out
                      variables in regressor count K
```

```
Absorbed degrees of freedom:

Absorbed FE │ Categories  - Redundant = Num. Coefs
────────────┼──────────────────────────────────────
        std │   1 033        1 033          0    *
       year │      14            0          14
────────────┴──────────────────────────────────────
* = FE nested within cluster; treated as redundant for DoF computation
```

图 10 - 12　工具变量法：两个工具变量

二、PSM - DDD

【例题 10.3】采用双重差分法需要处理组与对照组在政策冲击之前满足平行趋势的假定条件，在大量利用双重差分法的模型中，主要评估试点政策的效果，但是政策试点往往不是随机的。一般政策试点出台，分为上级部门直接部署试点项目和地方政府申请试点工程两种方式，上级部门部署试点具有一定的随机性，但是地方政府申请试点具有内生动力。企业的数字化转型与当地数字经济发展水平有关。为了缓解遗漏变量和反向因果产生的问题，本案例通过倾向得分匹配法（propensity score matching，PSM）来筛选出与处理组匹配的对照组，利用地区数字化政策冲击作为自然实验进行基于倾向得分匹配的三重差分（PSM - DDD）估计。

具体处理方法如下。

（一）针对处理组进行匹配

针对处理组进行匹配的命令如下：

psmatch2 因变量 协变量，[选择项]

psmatch2 treatcity_all $xlist，out（laborshare）logit ate neighbor（1）common caliper（0.05）ties

psmatch2 命令为进行 PSM 匹配的方法，其中 *out*（*laborshare*）为基准回归中的被解释变量劳动收入份额；*treatcity_all* 是所有的试点城市；$*xlist* 是进行匹配的控制变量，*neighbor*（1）为 1∶1 近邻匹配；*common* 强制排除试验组中倾向值大于对照组最大倾向值或低于对照组最小倾向值。*caliper*(0.05) 试验组与匹配对照所允许的最大距离为 0.05；*ties* 强制当试验组观测有不止一个最优匹配时是同时记录。

（二）验证匹配效果

1. 运用倾向得分匹配法（PSM）。进行处理组匹配结果验证的命令如下：

pstest $xlist，both graph

如图 10 - 13 所示，*pstest*、*both* 做匹配后均衡性检验，理论上说此处只能对连续变量做均衡性检验，对分类变量的均衡性检验应该重新整理数据后运用 x^2 检验或者秩和检验。但此处对于分类变量也有一定的参考价值。

psgraph 对匹配的结果如图 10 - 14 所示。

　　根据均衡性检验结果可知，匹配后实验组和对照组中的各个变量实现了均衡。图形的效果更加直观地展示了匹配前后的差异，以及处理组和对照组的相似性。为此，这在一定程度上消除了读者对于处理组和对照组难以满足平行趋势的担忧。

```
Logistic regression                      Number of obs  = 36 810
                                         LR chi2(7)     = 236.05
                                         Prob > chi2    = 0.0000
Log likelihood = -23 786.398             Pseudo R2      = 0.0049
```

treatcity_all	Coefficient	Std. err.	z	P>|z|	[95% conf. interval]	
lnasset	0.0474678	0.0098967	4.80	0.000	0.0280706	0.0668649
roe	0.031397	0.0724982	0.43	0.665	-0.1106968	0.1734908
firmage	0.0166355	0.0019783	8.41	0.000	0.012758	0.020513
leverage	0.1925673	0.0607699	3.17	0.002	0.0734605	0.3116741
stateown	0.0020929	0.023657	0.09	0.930	-0.0442739	0.0484597
seperation	-0.005796	0.0014329	-4.04	0.000	-0.0086044	-0.0029876
toptenholderrate	0.0061026	0.0007584	8.05	0.000	0.0046162	0.007589
_cons	-1.106726	0.1959425	-5.65	0.000	-1.490766	-0.7226857

Variable	Sample	Treated	Controls	Difference	S.E.	T-stat
laborshare	Unmatched	12.7656011	11.3886036	1.37699753	0.102526694	13.43
	ATT	12.7572382	11.2625201	1.4947181	0.124538337	12.00
	ATU	11.3886036	12.8509873	1.46238372	.	.
	ATE			1.48327796	.	.

Note: S.E. does not take into account that the propensity score is estimated.

psmatch2: Treatment assignment	psmatch2: Common support Off suppo	On suppor	Total
Untreated	0	13 001	13 001
Treated	64	23 745	23 809
Total	64	36 746	36 810

图 10 - 13　PSM 法样本匹配

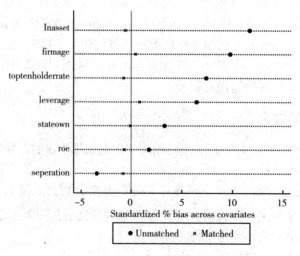

图 10 - 14　匹配效果

2. 引入行业因素进行第三重差分。本书选取的试点政策为《2016 年国家信息消费示范城市建设指南》，因为信息消费示范城市的建设重点推进产业数字化和数字产业化转型，很大程度上推动当地企业数字化转型，进而提升企业劳动收入份额。除此之外，引入了第三个层面的差分，构造出包含城市、行业和年份三个维度的三重差分模型来识别数字化转型与企业劳动收入份额的因果关系。

相较于单纯的双重差分，引入行业作为第三个维度的益处有四点。第一，由于诸多历史地理原因，不同城市存在差异化的行业结构和数字化水平，这将会给平行趋势假定带来挑战，使得平行趋势不再成立。考虑行业效应可以克服由于行业结构异质性导致的时间趋势差异，保证满足平行趋势的假定条件。第二，信息消费示范城市建设政策着重推动数字产业化和产业数字化，对数字产业具有较强的行业偏向性，重点鼓励智能终端产业、集成电路产业、软件和信息服务业的发展，大力发展动漫、数字图书、网络出版等数字文化内容消费等。考察不同行业受到政策的影响差异，可以更为精准地识别政策效应。这种基于行业差异的双重差分法或者三重差分法如今被称为模糊双重差分。第三，公司层面的治理能力和财务绩效等特征在很大程度上决定了企业的数字化转型决策和程度，控制行业层面的数字化有助于缓解企业的自选择效应。第四，在三重差分模型中，控制城市×年份固定效应、行业×年份固定效应，将会缓解企业搬迁和转行带来的内生性问题，有助于排除其他针对城市或行业实施的政策冲击的干扰。

具体回归命令如下：

reghdfe laborshare c. treatcity _ succeed # c. post15 # c. highdigi _ industry c. treatcity _ succeed # c. highdigi_industry $ xlist [fw = _weight] , absorb (std i. cityencode#i. year i. industry2#i. year) cl (所属城市) , if year > 2002 &_support ! = 0 & A 股 == 1 & industry_A ! = "J" & st == 0 & 行业代码 ! = "C39" & 所属城市 ! = "" & industry_A ! = ""

回归结果如图 10 - 15 所示。

```
HDFE Linear regression                    Number of obs    =      25 815
Absorbing 3 HDFE groups                   F(  9,    312) =       16.09
Statistics robust to heteroskedasticity   Prob > F         =      0.0000
                                          R-squared        =      0.8848
                                          Adj R-squared    =      0.8494
                                          Within R-sq.     =      0.0795
Number of clusters (所属城市) =      313    Root MSE         =      3.1259
```

(Std. err. adjusted for 313 clusters in 所属城市)

laborshare	Coefficient	Robust std. err.	t	P>|t|	[95% conf. interval]	
c.treatcity_succeed# c.post15# c.highdigi_industry	1.73306	0.7889597	2.20	0.029	0.1807054	3.285414
c.treatcity_succeed# c.highdigi_industry	18.73036	10.67755	1.75	0.080	-2.278758	39.73947

laborshare	Coefficient	Robust std. err.	t	P>|t|	[95% conf.interval]	
lnasset	-1.717982	0.3032678	-5.66	0.000	-2.31469	-1.121273
roe	-7.151554	0.9435573	-7.58	0.000	-9.008094	-5.295014
firmage	0.0926358	0.3551482	0.26	0.794	-0.6061526	0.7914242
leverage	-1.522603	0.7489059	-2.03	0.043	-2.996148	-0.0490588
stateown	0.2547577	0.7344714	0.35	0.729	- 1.190386	1.699901
seperation	0.0098422	0.0191233	0.51	0.607	-0.0277848	0.0474691
toptenholderrate	-0.018806	0.0082411	-2.28	0.023	-0.0350211	-0.0025909
_cons	47.66331	6.357053	7.50	0.000	35.15519	60.17143

Absorbed degrees of freedom:

Absorbed FE	Categories	- Redundant	= Num. Coefs	
std	2 054	0	2 054	
cityencode#year	3 020	3 020	0	*
industry2#year	984	6	978	

* = FE nested within cluster; treated as redundant for DoF computation

图 10 - 15　PSM - DDD 结果

3. 安慰剂检验。关于双重差分和三重差分的稳健性检验，较多被选取的一种方式是安慰剂检验。安慰剂检验的基本原理与医学中的安慰剂是类似的，即为使用假的政策发生时间或实验组进行的分析，以此来检验能否得到政策效应。如若依然得到了政策效应，则表明基准回归中的政策效应并非可靠。也就是说，结果的导向可能并不是由所关注的政策导致，而是存在其他的不可观测因素。安慰剂检验是增强文章故事性与因果推断真实性的一把利器。不同的安慰剂检验方法运用在不同的因果推断之中。具体说来，安慰剂检验这种"构造伪政策"是为因果推断服务的。当然，运用安慰剂检验时必须注意其理论逻辑与检验的必要性，不能为了检验而检验。常见的安慰剂检验方法如表 10 - 5 所示。

表 10 - 5　　　　　　　　　　　　　　　　安慰剂检验方法

类型	简介	案例
改变政策发生的时间	通过将政策发生时间前置以进行安慰剂检验，与平行趋势检验同质，实际操作较为简单，需设定一个虚拟的政策发生年份以代替真实的政策发生年份，再纳入回归即可完成	林毅夫等（2020）使用双重差分法、三重差分法和合成控制法来识别消费券的发放效果，并评估政府在助力经济复苏中的作用。但存在发券城市的市民本身就有更强的消费倾向的威胁。因此作者进行了安慰剂检验，分别假设消费券发放的时间提前30天或15天，然后考察这些虚拟的消费券发放是否会影响支付笔数

续表

类型	简介	案例
随机生成实验组	利用随机生成实验组排除由其他随机因素造成的经济后果，以此得到更加可信的因果识别效应。通过随机抽取实验组，重复多次，提取安慰剂结果系数或 t 值，并绘制于图，观察真实的政策效应与安慰剂结果。当真实的政策效应与安慰剂检验结果显著不同时，即可排除其他随机因素对结果的干扰性	刘瑞明等（2020）根据中国文化体制改革的"准自然实验"，采用中国 283 个地级市 2002～2016 年的面板数据，评估了文化体制改革对地区旅游业发展的影响。但就结论而言存在一个可能的质疑，人均国内旅游人次、人均国内旅游收入、人均国内外旅游总人次和人均国内外旅游总收入四个指标的统计显著可能受到某些随机因素的干扰。为此，作者借鉴有关学者（Li et al.，2016；Cantoni et al.，2017）的方法进行安慰剂检验，以判断文化体制改革的旅游促进效应是否由其他随机性因素引起
替换样本安慰剂检验	替换样本进行安慰剂检验与随机生成实验组的方法类似。不同之处在于，随机生成实验组的安慰剂检验方法以图形展示最终结果，替换样本安慰剂检验多以表格形式展示结果。在实际操作过程中，替换样本安慰剂检验不需要重复模拟，操作上更为简便，不过需要更加严谨的理论逻辑	张琦等（2019）以《环境空气质量标准（2012）》的实施为准自然实验，采用双重差分法检验了新标准实施引致的官员动机变化对企业环保决策的影响。文章以 74 个试点城市以外的其他城市中重污染企业作为安慰剂样本，进行了证伪检验
替换变量安慰剂检验	此方法主要分为替换被解释变量和解释变量。区别于追求结果依然稳健的稳健性检验，安慰剂检验追求替换变量后结果的不显著性。替换被解释变量。某项政策实施后，对特定经济活动会产生影响，但并不是对所有的经济活动都会产生影响。因此，将被解释变量替换为预期不会受到政策影响的变量进行安慰剂检验，以排除其他可能的干扰因素	梁斌和冀慧（2020）在研究失业保险如何影响求职努力程度时，使用"有失业保险"的虚拟变量作为解释变量进行安慰剂检验。这主要是因为"有失业保险"不等于"领取失业保险金"

随机抽取一组城市作为安慰剂处理组。安慰剂检验的命令如下：

psmatch2 安慰剂城市 $xlist，out(laborshare)logit ate neighbor(1)common caliper(0.05)ties

回归结果如图 10 – 16 所示。

```
Logistic regression                        Number of obs = 36 810
                                           LR chi2(7)    = 182.49
                                           Prob > chi2   = 0.0000
Log likelihood = -25 315.684               Pseudo R2     = 0.0036
```

安慰剂城市	Coefficient	Std. err.	z	P>|z|	[95% conf. interval]	
lnasset	-0.0376437	0.0093893	-4.01	0.000	-0.0560463	-0.0192411
roe	0.1498724	0.0694188	2.16	0.031	0.013814	0.2859308
firmage	0.0104348	0.0018823	5.54	0.000	0.0067455	0.0141241
leverage	0.1468186	0.0581984	2.52	0.012	0.0327518	0.2608854
stateown	0.0395926	0.0226725	1.75	0.081	-0.0048447	0.0840299
seperation	0.0113063	0.0013773	8.21	0.000	0.0086069	0.0140057
toptenholderrate	-0.0046774	0.0007244	-6.46	0.000	-0.0060972	-0.0032576
_cons	0.6420658	0.1850767	3.47	0.001	0.2793221	1.00481

Variable	Sample	Treated	Controls	Difference	S.E.	T-stat
laborshare	Unmatched	12.1927139	12.3534989	-0.16078495	0.098532726	-1.63
	ATT	12.1930015	12.3019343	-0.108932837	0.132222967	-0.82
	ATU	12.3596875	12.1766073	-0.183080126	.	.
	ATE			-0.148826985	.	.

Note: S.E. does not take into account that the propensity score is estimated.

psmatch2: Treatment assignment	psmatch2: Common support		
	Off suppo	On suppor	Total
Untreated	18	19 795	19 813
Treated	1	16 996	16 997
Total	19	36 791	36 810

图 10 – 16　安慰剂城市匹配效果

随机抽取一组城市作为安慰剂处理组，此时三重差分估计系数不再显著，说明前述结论是由政策驱动而非随机出现的结果。其命令如下：

reghdfe laborshare c. 安慰剂城市#c. highdigi_industry#c. post15 c. 安慰剂城市#c. highdigi_industry $xlist[fw = _weight], absorb(std i. cityencode#i. year i. industry2#i. year) cl(所属城市) , if year > 2002 &_support! = 0 & A 股 = = 1 & industry_A! = "J" & st = = 0 & 行业代码! = "C39" & 所属城市! = " " & industry_A! = " "

回归结果如图 10 – 17 所示。

```
HDFE Linear regression                  Number of obs   =    24 800
Absorbing 3 HDFE groups                 F(  9,   303)   =     30.79
Statistics robust to heteroskedasticity Prob > F        =    0.0000
                                        R-squared       =    0.8557
                                        Adj R-squared   =    0.8124
                                        Within R-sq.    =    0.0766
Number of clusters (所属城市) =     304  Root MSE        =    3.6578

                (Std. err. adjusted for 304 clusters in 所属城市)
```

laborshare	Coefficient	Robust std. err.	t	P>|t|	[95% conf. interval]	
c.安慰剂城市#c.highdigi_industry#c.post15	0.6730213	0.7774389	0.87	0.387	-0.8568416	2.202884
c.安慰剂城市#c.highdigi_industry	-5.65912	7.040306	-0.80	0.422	-19.5132	8.194963
lnasset	-2.047828	0.3409923	-6.01	0.000	-2.71884	-1.376815
roe	-6.752954	0.8260542	-8.17	0.000	-8.378484	-5.127425
firmage	0.2180342	0.2460548	0.89	0.376	-0.2661584	0.7022269
leverage	-1.113939	1.16372	-0.96	0.339	-3.403936	1.176057
stateown	0.5601994	0.4027505	1.39	0.165	-0.2323428	1.352742
seperation	-0.0167369	0.0193467	-0.87	0.388	-0.0548079	0.021334
toptenholderrate	0.0007427	0.0091485	0.08	0.935	-0.01726	0.0187453
_cons	54.24958	7.543869	7.19	0.000	39.40458	69.09459

Absorbed degrees of freedom:

Absorbed FE	Categories	- Redundant	= Num. Coefs	
std	2 092	0	2 092	
cityencode#year	2 625	2 625	0	*
industry2#year	1 006	3	1 003	

* = FE nested within cluster; treated as redundant for DoF computation

图 10 – 17 安慰剂城市 PSM – DDD 结果

本章习题

1. 简要说明图解工具变量。
2. 简要说明图解双重差分模型。
3. 论述产生内生性问题的原因。
4. 选取工具变量的方式有哪几种?
5. 简要说明工具变量法的步骤及所需要进行的检验。
6. 论述双重差分法的步骤和所需要的检验。

第十章习题参考答案下载

附录　常用统计表

Z	$F(Z)$	Z	$F(Z)$	Z	$F(Z)$	Z	$F(Z)$	Z	$F(Z)$	Z	$F(Z)$
0.00	0.0000	0.24	0.1897	0.48	0.3688	0.72	0.5285	0.96	0.6629	1.20	0.7699
0.01	0.0080	0.25	0.1974	0.49	0.3759	0.73	0.5346	0.97	0.6680	1.21	0.7737
0.02	0.0160	0.26	0.2051	0.50	0.3829	0.74	0.5407	0.98	0.6729	1.22	0.7775
0.03	0.0239	0.27	0.2128	0.51	0.3899	0.75	0.5467	0.99	0.6778	1.23	0.7813
0.04	0.0319	0.28	0.2205	0.52	0.3969	0.76	0.5527	1.00	0.6827	1.24	0.7850
0.05	0.0399	0.29	0.2282	0.53	0.4039	0.77	0.5587	1.01	0.6875	1.25	0.7887
0.06	0.0478	0.30	0.2358	0.54	0.4108	0.78	0.5646	1.02	0.6923	1.26	0.7923
0.07	0.0558	0.31	0.2434	0.55	0.4177	0.79	0.5705	1.03	0.6970	1.27	0.7959
0.08	0.0638	0.32	0.2510	0.56	0.4245	0.80	0.5763	1.04	0.7017	1.28	0.7995
0.09	0.0717	0.33	0.2586	0.57	0.4313	0.81	0.5821	1.05	0.7063	1.29	0.8029
0.10	0.0797	0.34	0.2661	0.58	0.4381	0.82	0.5878	1.06	0.7109	1.30	0.8064
0.11	0.0876	0.35	0.2737	0.59	0.4448	0.83	0.5935	1.07	0.7154	1.31	0.8098
0.12	0.0955	0.36	0.2812	0.60	0.4515	0.84	0.5991	1.08	0.7199	1.32	0.8132
0.13	0.1034	0.37	0.2886	0.61	0.4581	0.85	0.6047	1.09	0.7243	1.33	0.8165
0.14	0.1113	0.38	0.2961	0.62	0.4647	0.86	0.6102	1.10	0.7287	1.34	0.8198
0.15	0.1192	0.39	0.3035	0.63	0.4713	0.87	0.6157	1.11	0.7330	1.35	0.8230
0.16	0.1271	0.40	0.3108	0.64	0.4778	0.88	0.6211	1.12	0.7373	1.36	0.8262
0.17	0.1350	0.41	0.3182	0.65	0.4843	0.89	0.6265	1.13	0.7415	1.37	0.8293
0.18	0.1428	0.42	0.3255	0.66	0.4907	0.90	0.6319	1.14	0.7457	1.38	0.8324
0.19	0.1507	0.43	0.3328	0.67	0.4971	0.91	0.6372	1.15	0.7499	1.39	0.8355
0.20	0.1585	0.44	0.3401	0.68	0.5035	0.92	0.6424	1.16	0.7540	1.40	0.8385
0.21	0.1663	0.45	0.3473	0.69	0.5098	0.93	0.6476	1.17	0.7580	1.41	0.8415
0.22	0.1741	0.46	0.3545	0.70	0.5161	0.94	0.6528	1.18	0.7620	1.42	0.8444
0.23	0.1819	0.47	0.3616	0.71	0.5223	0.95	0.6579	1.19	0.7660	1.43	0.8473

续表

Z	F(Z)	Z	F(Z)	Z	F(Z)	Z	F(Z)	Z	F(Z)	Z	F(Z)
1.44	0.8501	1.63	0.8969	1.82	0.9312	2.02	0.9566	2.40	0.9836	2.78	0.9946
1.45	0.8529	1.64	0.8990	1.83	0.9328	2.04	0.9586	2.42	0.9845	2.80	0.9949
1.46	0.8557	1.65	0.9011	1.84	0.9342	2.06	0.9606	2.44	0.9853	2.82	0.9952
1.47	0.8584	1.66	0.9031	1.85	0.9357	2.08	0.9625	2.46	0.9861	2.84	0.9955
1.48	0.8611	1.67	0.9051	1.86	0.9371	2.10	0.9643	2.48	0.9869	2.86	0.9958
1.49	0.8638	1.68	0.9070	1.87	0.9385	2.12	0.9660	2.50	0.9876	2.88	0.9960
1.50	0.8664	1.69	0.9090	1.88	0.9399	2.14	0.9676	2.52	0.9883	2.90	0.9963
1.51	0.8690	1.70	0.9109	1.89	0.9412	2.16	0.9692	2.54	0.9889	2.92	0.9965
1.52	0.8715	1.71	0.9127	1.90	0.9426	2.18	0.9707	2.56	0.9895	2.94	0.9967
1.53	0.8740	1.72	0.9146	1.91	0.9439	2.20	0.9722	2.58	0.9901	2.96	0.9969
1.54	0.8764	1.73	0.9164	1.92	0.9451	2.22	0.9736	2.60	0.9907	2.98	0.9971
1.55	0.8789	1.74	0.9181	1.93	0.9464	2.24	0.9749	2.62	0.9912	3.00	0.9973
1.56	0.8812	1.75	0.9199	1.94	0.9476	2.26	0.9762	2.64	0.9917	3.20	0.9986
1.57	0.8836	1.76	0.9216	1.95	0.9488	2.28	0.9774	2.66	0.9922	3.40	0.9993
1.58	0.8859	1.77	0.9233	1.96	0.9500	2.30	0.9786	2.68	0.9926	3.60	0.99968
1.59	0.8882	1.78	0.9249	1.97	0.9512	2.32	0.9797	2.70	0.9931	3.80	0.99986
1.60	0.8904	1.79	0.9265	1.98	0.9523	2.34	0.9807	2.72	0.9935	4.00	0.99994
1.61	0.8926	1.80	0.9281	1.99	0.9534	2.36	0.9817	2.74	0.9939	4.50	0.999993
1.62	0.8948	1.81	0.9297	2.00	0.9545	2.38	0.9827	2.76	0.9942	5.00	0.999999

附表2 t 分布临界值

单侧	$\alpha = 0.10$	0.05	0.025	0.01	0.005
双侧	$\alpha = 0.20$	0.10	0.05	0.02	0.01
$v = 1$	3.078	6.314	12.706	31.821	63.657
2	1.886	2.920	4.303	6.965	9.925
3	1.638	2.353	3.182	4.541	5.841
4	1.533	2.132	2.776	3.747	4.604
5	1.476	2.015	2.571	3.365	4.032
6	1.440	1.943	2.447	3.143	3.707
7	1.415	1.895	2.365	2.998	3.499
8	1.397	1.860	2.306	2.896	3.355
9	1.383	1.833	2.262	2.821	3.250

续表

单侧	$\alpha = 0.10$	0.05	0.025	0.01	0.005
双侧	$\alpha = 0.20$	0.10	0.05	0.02	0.01
10	1.372	1.812	2.228	2.764	3.169
11	1.363	1.796	2.201	2.718	3.106
12	1.356	1.782	2.179	2.681	3.055
13	1.350	1.771	2.160	2.650	3.012
14	1.345	1.761	2.145	2.624	2.977
15	1.341	1.753	2.131	2.602	2.947
16	1.337	1.746	2.120	2.583	2.921
17	1.333	1.740	2.110	2.567	2.898
18	1.330	1.734	2.101	2.552	2.878
19	1.328	1.729	2.093	2.539	2.861
20	1.325	1.725	2.086	2.528	2.845
21	1.323	1.721	2.080	2.518	2.831
22	1.321	1.717	2.074	2.508	2.819
23	1.319	1.714	2.069	2.500	2.807
24	1.318	1.711	2.064	2.492	2.797
25	1.316	1.708	2.060	2.485	2.787
26	1.315	1.706	2.056	2.479	2.779
27	1.314	1.703	2.052	2.473	2.771
28	1.313	1.701	2.048	2.467	2.763
29	1.311	1.699	2.045	2.462	2.756
30	1.310	1.697	2.042	2.457	2.750
40	1.303	1.684	2.021	2.423	2.704
50	1.299	1.676	2.009	2.403	2.678
60	1.296	1.671	2.000	2.390	2.660
70	1.294	1.667	1.994	2.381	2.648
80	1.292	1.664	1.990	2.374	2.639
90	1.291	1.662	1.987	2.368	2.632
100	1.290	1.660	1.984	2.364	2.626
125	1.288	1.657	1.979	2.357	2.616
150	1.287	1.655	1.976	2.351	2.609
200	1.286	1.653	1.972	2.345	2.601
∞	1.282	1.645	1.960	2.326	2.576

附表 3 χ^2 分布临界值

$$P[\chi^2(v) > \chi^2_\alpha(v)] = \alpha$$

v	显著性水平（α）												
	0.99	0.98	0.95	0.90	0.80	0.70	0.50	0.30	0.20	0.10	0.05	0.02	0.01
1	0.0002	0.0006	0.0039	0.0158	0.0642	0.148	0.455	1.074	1.642	2.706	3.841	5.412	6.635
2	0.0201	0.0404	0.103	0.211	0.446	0.713	1.386	2.408	3.219	4.605	5.991	7.824	9.210
3	0.115	0.185	0.352	0.584	1.005	1.424	2.366	3.665	4.642	6.251	7.815	9.837	11.345
4	0.297	0.429	0.711	1.064	1.649	2.195	3.357	4.878	5.989	7.779	9.488	11.668	13.277
5	0.554	0.752	1.145	1.610	2.343	3.000	4.351	6.064	7.289	9.236	11.070	13.388	15.086
6	0.872	1.134	1.635	2.204	3.070	3.828	5.348	7.231	8.558	10.645	12.592	15.033	16.812
7	1.239	1.564	2.167	2.833	3.822	4.671	6.346	8.383	9.803	12.017	14.067	16.622	18.475
8	1.646	2.032	2.733	3.490	4.594	5.527	7.344	9.524	11.030	13.362	15.507	18.168	20.090
9	2.088	2.532	3.325	4.168	5.380	6.393	8.343	10.656	12.242	14.684	16.919	19.679	21.666
10	2.558	3.059	3.940	4.865	6.179	7.267	9.342	11.781	13.442	15.987	18.307	21.161	23.209
11	3.053	3.609	4.575	5.578	6.989	8.148	10.341	12.899	14.631	17.275	19.675	22.618	24.725
12	3.571	4.178	5.226	6.304	7.807	9.034	11.340	14.011	15.812	18.549	21.026	24.054	26.217
13	4.107	4.765	5.892	7.042	8.634	9.926	12.340	15.119	16.985	19.812	22.362	25.472	27.688
14	4.660	5.368	6.571	7.790	9.467	10.821	13.339	16.222	18.151	21.064	23.685	26.873	29.141
15	5.229	5.985	7.261	8.547	10.307	11.721	14.339	17.322	19.311	22.307	24.996	28.259	30.578
16	5.812	6.614	7.962	9.312	11.152	12.624	15.338	18.418	20.465	23.542	26.296	29.633	32.000
17	6.408	7.255	8.672	10.085	12.002	13.531	16.338	19.511	21.615	24.769	27.587	30.995	33.409
18	7.015	7.906	9.390	10.865	12.857	14.440	17.338	20.601	22.760	25.989	28.869	32.346	34.805
19	7.633	8.567	10.117	11.651	13.716	15.352	18.338	21.689	23.900	27.204	30.144	33.687	36.191
20	8.260	9.237	10.851	12.443	14.578	16.266	19.337	22.775	25.038	28.412	31.410	35.020	37.566
21	8.897	9.915	11.591	13.240	15.445	17.182	20.337	23.858	26.171	29.615	32.671	36.343	38.932
22	9.542	10.600	12.338	14.041	16.314	18.101	21.337	24.939	27.301	30.813	33.924	37.659	40.289
23	10.196	11.293	13.091	14.848	17.187	19.021	22.337	26.018	28.429	32.007	35.172	38.968	41.638
24	10.856	11.992	13.848	15.659	18.062	19.943	23.337	27.096	29.553	33.196	36.415	40.270	42.980
25	11.524	12.697	14.611	16.473	18.940	20.867	24.337	28.172	30.675	34.382	37.652	41.566	44.314
26	12.198	13.409	15.379	17.292	19.820	21.792	25.336	29.246	31.795	35.563	38.885	42.856	45.642
27	12.879	14.125	16.151	18.114	20.703	22.719	26.336	30.319	32.912	36.741	40.113	44.140	46.963
28	13.565	14.847	16.928	18.939	21.588	23.647	27.336	31.391	34.027	37.916	41.337	45.419	48.278
29	14.256	15.574	17.708	19.768	22.475	24.577	28.336	32.461	35.139	39.087	42.557	46.693	49.588
30	14.953	16.306	18.493	20.599	23.364	25.508	29.336	33.530	36.250	40.256	43.773	47.962	50.892

附表 4 – 1   *F* 分布临界值（$\alpha = 0.05$）

$$P[F(v_1, v_2) > F_\alpha(v_1, v_2)] = \alpha$$

v_2 \ v_1	1	2	3	4	5	6	8	10	15
1	161.4	199.5	215.7	224.6	230.2	234.0	238.9	241.9	245.9
2	18.51	19.00	19.16	19.25	19.30	19.33	19.37	19.40	19.43
3	10.13	9.55	9.28	9.12	9.01	8.94	8.85	8.79	8.70
4	7.71	6.94	6.59	6.39	6.26	6.16	6.04	5.96	5.86
5	6.61	5.79	5.41	5.19	5.05	4.95	4.82	4.74	4.62
6	5.99	5.14	4.76	4.53	4.39	4.28	4.15	4.06	3.94
7	5.59	4.74	4.35	4.12	3.97	3.87	3.73	3.64	3.51
8	5.32	4.46	4.07	3.84	3.69	3.58	3.44	3.35	3.22
9	5.12	4.26	3.86	3.63	3.48	3.37	3.23	3.14	3.01
10	4.96	4.10	3.71	3.48	3.33	3.22	3.07	2.98	2.85
11	4.84	3.98	3.59	3.36	3.20	3.09	2.95	2.85	2.72
12	4.75	3.89	3.49	3.26	3.11	3.00	2.85	2.75	2.62
13	4.67	3.81	3.41	3.18	3.03	2.92	2.77	2.67	2.53
14	4.60	3.74	3.34	3.11	2.96	2.85	2.70	2.60	2.46
15	4.54	3.68	3.29	3.06	2.90	2.79	2.64	2.54	2.40
16	4.49	3.63	3.24	3.01	2.85	2.74	2.59	2.49	2.35
17	4.45	3.59	3.20	2.96	2.81	2.70	2.55	2.45	2.31
18	4.41	3.55	3.16	2.93	2.77	2.66	2.51	2.41	2.27
19	4.38	3.52	3.13	2.90	2.74	2.63	2.48	2.38	2.23
20	4.35	3.49	3.10	2.87	2.71	2.60	2.45	2.35	2.20
21	4.32	3.47	3.07	2.84	2.68	2.57	2.42	2.32	2.18
22	4.30	3.44	3.05	2.82	2.66	2.55	2.40	2.30	2.15
23	4.28	3.42	3.03	2.80	2.64	2.53	2.37	2.27	2.13
24	4.26	3.40	3.01	2.78	2.62	2.51	2.36	2.25	2.11
25	4.24	3.39	2.99	2.76	2.60	2.49	2.34	2.24	2.09
26	4.23	3.37	2.98	2.74	2.59	2.47	2.32	2.22	2.07
27	4.21	3.35	2.96	2.73	2.57	2.46	2.31	2.20	2.06
28	4.20	3.34	2.95	2.71	2.56	2.45	2.29	2.19	2.04

v_1 / v_2	1	2	3	4	5	6	8	10	15
29	4.18	3.33	2.93	2.70	2.55	2.43	2.28	2.18	2.03
30	4.17	3.32	2.92	2.69	2.53	2.42	2.27	2.16	2.01
40	4.08	3.23	2.84	2.61	2.45	2.34	2.18	2.08	1.92
50	4.03	3.18	2.79	2.56	2.40	2.29	2.13	2.03	1.87
60	4.00	3.15	2.76	2.53	2.37	2.25	2.10	1.99	1.84
70	3.98	3.13	2.74	2.50	2.35	2.23	2.07	1.97	1.81
80	3.96	3.11	2.72	2.49	2.33	2.21	2.06	1.95	1.79
90	3.95	3.10	2.71	2.47	2.32	2.20	2.04	1.94	1.78
100	3.94	3.09	2.70	2.46	2.31	2.19	2.03	1.93	1.77
125	3.92	3.07	2.68	2.44	2.29	2.17	2.01	1.91	1.75
150	3.90	3.06	2.66	2.43	2.27	2.16	2.00	1.89	1.73
200	3.89	3.04	2.65	2.42	2.26	2.14	1.98	1.88	1.72
∞	3.84	3.00	2.60	2.37	2.21	2.10	1.94	1.83	1.67

附表 4-2　　　　　　　　　F 分布临界值（$\alpha = 0.01$）

$$P[F(v_1,v_2) > F_\alpha(v_1,v_2)] = \alpha$$

v_1 / v_2	1	2	3	4	5	6	8	10	15
1	4 052	5 000	5 403	5 625	5 764	5 859	5 981	6 056	6 157
2	98.50	99.00	99.17	99.25	99.30	99.33	99.37	99.40	99.43
3	34.12	30.82	29.46	28.71	28.24	27.91	27.49	27.23	26.87
4	21.20	18.00	16.69	15.98	15.52	15.21	14.80	14.55	14.20
5	16.26	13.27	12.06	11.39	10.97	10.67	10.29	10.05	9.72
6	13.75	10.92	9.78	9.15	8.75	8.47	8.10	7.87	7.56
7	12.25	9.55	8.45	7.85	7.46	7.19	6.84	6.62	6.31
8	11.26	8.65	7.59	7.01	6.63	6.37	6.03	5.81	5.52
9	10.56	8.02	6.99	6.42	6.06	5.80	5.47	5.26	4.96
10	10.04	7.56	6.55	5.99	5.64	5.39	5.06	4.85	4.56
11	9.65	7.21	6.22	5.67	5.32	5.07	4.74	4.54	4.25
12	9.33	6.93	5.95	5.41	5.06	4.82	4.50	4.30	4.01

v_2 \ v_1	1	2	3	4	5	6	8	10	15
13	9.07	6.70	5.74	5.21	4.86	4.62	4.30	4.10	3.82
14	8.86	6.51	5.56	5.04	4.69	4.46	4.14	3.94	3.66
15	8.68	6.36	5.42	4.89	4.56	4.32	4.00	3.80	3.52
16	8.53	6.23	5.29	4.77	4.44	4.20	3.89	3.69	3.41
17	8.40	6.11	5.18	4.67	4.34	4.10	3.79	3.59	3.31
18	8.29	6.01	5.09	4.58	4.25	4.01	3.71	3.51	3.23
19	8.18	5.93	5.01	4.50	4.17	3.94	3.63	3.43	3.15
20	8.10	5.85	4.94	4.43	4.10	3.87	3.56	3.37	3.09
21	8.02	5.78	4.87	4.37	4.04	3.81	3.51	3.31	3.03
22	7.95	5.72	4.82	4.31	3.99	3.76	3.45	3.26	2.98
23	7.88	5.66	4.76	4.26	3.94	3.71	3.41	3.21	2.93
24	7.82	5.61	4.72	4.22	3.90	3.67	3.36	3.17	2.89
25	7.77	5.57	4.68	4.18	3.85	3.63	3.32	3.13	2.85
26	7.72	5.53	4.64	4.14	3.82	3.59	3.29	3.09	2.81
27	7.68	5.49	4.60	4.11	3.78	3.56	3.26	3.06	2.78
28	7.64	5.45	4.57	4.07	3.75	3.53	3.23	3.03	2.75
29	7.60	5.42	4.54	4.04	3.73	3.50	3.20	3.00	2.73
30	7.56	5.39	4.51	4.02	3.70	3.47	3.17	2.98	2.70
40	7.31	5.18	4.31	3.83	3.51	3.29	2.99	2.80	2.52
50	7.17	5.06	4.20	3.72	3.41	3.19	2.89	2.70	2.42
60	7.08	4.98	4.13	3.65	3.34	3.12	2.82	2.63	2.35
70	7.01	4.92	4.07	3.60	3.29	3.07	2.78	2.59	2.31
80	6.96	4.88	4.04	3.56	3.26	3.04	2.74	2.55	2.27
90	6.93	4.85	4.01	3.53	3.23	3.01	2.72	2.52	2.24
100	6.90	4.82	3.98	3.51	3.21	2.99	2.69	2.50	2.22
125	6.84	4.78	3.94	3.47	3.17	2.95	2.66	2.47	2.19
150	6.81	4.75	3.91	3.45	3.14	2.92	2.63	2.44	2.16
200	6.76	4.71	3.88	3.41	3.11	2.89	2.60	2.41	2.13
∞	6.63	4.61	3.78	3.32	3.02	2.80	2.51	2.32	2.04

附表 5 - 1　　　　　　　　　　　　　Durbin-Watson 检验 （α = 0.05）

n	$k=1$		$k=2$		$k=3$		$k=4$		$k=5$	
	d_L	d_U	d_L	d_U	d_L	d_U	d_L	d_U	d_L	d_U
15	1.08	1.36	0.95	1.54	0.81	1.75	0.69	1.98	0.56	2.22
16	1.11	1.37	0.98	1.54	0.86	1.73	0.73	1.94	0.61	2.16
17	1.13	1.38	1.02	1.54	0.90	1.71	0.78	1.90	0.66	2.10
18	1.16	1.39	1.05	1.54	0.93	1.70	0.82	1.87	0.71	2.06
19	1.18	1.40	1.07	1.54	0.97	1.69	0.86	1.85	0.75	2.02
20	1.20	1.41	1.10	1.54	1.00	1.68	0.89	1.83	0.79	1.99
21	1.22	1.42	1.12	1.54	1.03	1.67	0.93	1.81	0.83	1.96
22	1.24	1.43	1.15	1.54	1.05	1.66	0.96	1.80	0.86	1.94
23	1.26	1.44	1.17	1.54	1.08	1.66	0.99	1.79	0.89	1.92
24	1.27	1.45	1.19	1.55	1.10	1.66	1.01	1.78	0.92	1.90
25	1.29	1.45	1.21	1.55	1.12	1.65	1.04	1.77	0.95	1.89
26	1.30	1.46	1.22	1.55	1.14	1.65	1.06	1.76	0.98	1.87
27	1.32	1.47	1.24	1.56	1.16	1.65	1.08	1.75	1.00	1.86
28	1.33	1.48	1.26	1.56	1.18	1.65	1.10	1.75	1.03	1.85
29	1.34	1.48	1.27	1.56	1.20	1.65	1.12	1.74	1.05	1.84
30	1.35	1.49	1.28	1.57	1.21	1.65	1.14	1.74	1.07	1.83
31	1.36	1.50	1.30	1.57	1.23	1.65	1.16	1.74	1.09	1.83
32	1.37	1.50	1.31	1.57	1.24	1.65	1.18	1.73	1.11	1.82
33	1.38	1.51	1.32	1.58	1.26	1.65	1.19	1.73	1.13	1.81
34	1.39	1.51	1.33	1.58	1.27	1.65	1.21	1.73	1.14	1.81
35	1.40	1.52	1.34	1.58	1.28	1.65	1.22	1.73	1.16	1.80
36	1.41	1.52	1.35	1.59	1.30	1.65	1.24	1.72	1.18	1.80
37	1.42	1.53	1.36	1.59	1.31	1.66	1.25	1.72	1.19	1.79
38	1.43	1.53	1.37	1.59	1.32	1.66	1.26	1.72	1.20	1.79
39	1.43	1.54	1.38	1.60	1.33	1.66	1.27	1.72	1.22	1.79
40	1.44	1.54	1.39	1.60	1.34	1.66	1.28	1.72	1.23	1.79
45	1.48	1.57	1.43	1.61	1.38	1.67	1.34	1.72	1.29	1.78
50	1.50	1.58	1.46	1.63	1.42	1.67	1.38	1.72	1.33	1.77
55	1.53	1.60	1.49	1.64	1.45	1.68	1.41	1.72	1.37	1.77
60	1.55	1.62	1.51	1.65	1.48	1.69	1.44	1.73	1.41	1.77
65	1.57	1.63	1.54	1.66	1.50	1.70	1.47	1.73	1.44	1.77
70	1.58	1.64	1.55	1.67	1.52	1.70	1.49	1.74	1.46	1.77
75	1.60	1.65	1.57	1.68	1.54	1.71	1.52	1.74	1.49	1.77
80	1.61	1.66	1.59	1.69	1.56	1.72	1.53	1.74	1.51	1.77
85	1.62	1.67	1.60	1.70	1.58	1.72	1.55	1.75	1.53	1.77
90	1.63	1.68	1.61	1.70	1.59	1.73	1.57	1.75	1.54	1.78
95	1.64	1.69	1.62	1.71	1.60	1.73	1.58	1.75	1.56	1.78
100	1.65	1.69	1.63	1.72	1.61	1.74	1.59	1.76	1.57	1.78

附表 5 – 2　　　　　　　　　　Durbin-Watson 检验（α = 0. 01）

n	k = 1		k = 2		k = 3		k = 4		k = 5	
	d_L	d_U	d_L	d_U	d_L	d_U	d_L	d_U	d_L	d_U
15	0. 81	1. 07	0. 70	1. 25	0. 59	1. 46	0. 49	1. 70	0. 39	1. 97
16	0. 84	1. 09	0. 74	1. 25	0. 63	1. 45	0. 53	1. 66	0. 44	1. 90
17	0. 87	1. 10	0. 77	1. 26	0. 67	1. 43	0. 57	1. 63	0. 48	1. 85
18	0. 90	1. 12	0. 80	1. 26	0. 71	1. 42	0. 61	1. 60	0. 52	1. 80
19	0. 93	1. 13	0. 83	1. 26	0. 74	1. 42	0. 65	1. 58	0. 56	1. 77
20	0. 95	1. 15	0. 86	1. 27	0. 77	1. 41	0. 68	1. 57	0. 60	1. 74
21	0. 98	1. 16	0. 89	1. 28	0. 80	1. 41	0. 72	1. 55	0. 63	1. 71
22	1. 00	1. 17	0. 91	1. 28	0. 83	1. 41	0. 75	1. 54	0. 67	1. 69
23	1. 02	1. 19	0. 94	1. 29	0. 86	1. 41	0. 78	1. 53	0. 70	1. 67
24	1. 04	1. 20	0. 96	1. 30	0. 88	1. 41	0. 80	1. 53	0. 73	1. 66
25	1. 05	1. 21	0. 98	1. 30	0. 91	1. 41	0. 83	1. 52	0. 76	1. 65
26	1. 07	1. 22	1. 00	1. 31	0. 93	1. 41	0. 86	1. 52	0. 78	1. 63
27	1. 09	1. 23	1. 02	1. 32	0. 95	1. 41	0. 88	1. 52	0. 81	1. 63
28	1. 10	1. 24	1. 04	1. 33	0. 97	1. 42	0. 90	1. 51	0. 83	1. 62
29	1. 12	1. 25	1. 05	1. 33	0. 99	1. 42	0. 92	1. 51	0. 85	1. 61
30	1. 13	1. 26	1. 07	1. 34	1. 01	1. 42	0. 94	1. 51	0. 88	1. 61
31	1. 15	1. 27	1. 09	1. 35	1. 02	1. 42	0. 96	1. 51	0. 90	1. 60
32	1. 16	1. 28	1. 10	1. 35	1. 04	1. 43	0. 98	1. 51	0. 92	1. 60
33	1. 17	1. 29	1. 11	1. 36	1. 06	1. 43	1. 00	1. 51	0. 94	1. 59
34	1. 18	1. 30	1. 13	1. 36	1. 07	1. 44	1. 01	1. 51	0. 95	1. 59
35	1. 20	1. 31	1. 14	1. 37	1. 08	1. 44	1. 03	1. 51	0. 97	1. 59
36	1. 21	1. 31	1. 15	1. 38	1. 10	1. 44	1. 04	1. 51	0. 99	1. 59
37	1. 22	1. 32	1. 16	1. 38	1. 11	1. 45	1. 06	1. 51	1. 00	1. 59
38	1. 23	1. 33	1. 18	1. 39	1. 12	1. 45	1. 07	1. 52	1. 02	1. 59
39	1. 24	1. 34	1. 19	1. 39	1. 14	1. 45	1. 09	1. 52	1. 03	1. 58
40	1. 25	1. 34	1. 20	1. 40	1. 15	1. 46	1. 10	1. 52	1. 05	1. 58
45	1. 29	1. 38	1. 25	1. 42	1. 20	1. 47	1. 16	1. 53	1. 11	1. 58
50	1. 32	1. 40	1. 29	1. 45	1. 25	1. 49	1. 21	1. 54	1. 16	1. 59
55	1. 36	1. 43	1. 32	1. 47	1. 28	1. 51	1. 25	1. 55	1. 21	1. 59
60	1. 38	1. 45	1. 35	1. 48	1. 32	1. 52	1. 28	1. 56	1. 25	1. 60
65	1. 41	1. 47	1. 38	1. 50	1. 35	1. 53	1. 31	1. 57	1. 28	1. 60
70	1. 43	1. 49	1. 40	1. 51	1. 37	1. 55	1. 34	1. 58	1. 31	1. 61
75	1. 45	1. 50	1. 42	1. 53	1. 39	1. 56	1. 37	1. 59	1. 34	1. 62
80	1. 47	1. 52	1. 44	1. 54	1. 42	1. 57	1. 39	1. 60	1. 36	1. 62
85	1. 48	1. 53	1. 46	1. 55	1. 43	1. 58	1. 41	1. 60	1. 39	1. 63
90	1. 50	1. 54	1. 47	1. 56	1. 45	1. 59	1. 43	1. 61	1. 41	1. 64
95	1. 51	1. 55	1. 49	1. 57	1. 47	1. 60	1. 45	1. 62	1. 42	1. 64
100	1. 52	1. 56	1. 50	1. 58	1. 48	1. 60	1. 46	1. 63	1. 44	1. 65

参考文献

［1］J. 保罗·埃尔霍斯特著. 空间计量经济学：从横截面数据到空间面板［M］. 肖光恩译. 北京：中国人民大学出版社，2015：100 – 150.

［2］Jonathan Cryer，Kung-Sik Chan 著. 时间序列分析及应用：R 语言［M］. 潘红宇等译. 北京：机械工业出版社，2011：40 – 82.

［3］蔡瑞胸著. 多元时间序列分析及金融应用：R 语言［M］. 张茂军，李洪成，南江霞译. 北京：机械工业出版社，2016：1 – 72，200 – 242.

［4］陈建伟，苏丽锋，郭思文. 进口渗透、需求异质性与企业进入［J］. 中国工业经济，2021，400（7）：175 – 192.

［5］陈强. 计量经济学及 Stata 应用［M］. 北京：高等教育出版社，2015：58 – 131.

［6］陈强. 高级计量经济学及 Stata 应用（第二版）［M］. 北京：高等教育出版社，2014：30 – 47，193 – 203，250 – 287，505 – 508.

［7］陈云松. 逻辑、想象和诠释：工具变量在社会科学因果推断中的应用［J］. 社会学研究，2012，27（6）：192 – 216，245 – 246.

［8］达莫达尔·N. 古扎拉蒂著. 计量经济学基础（第四版）［M］. 郎金焕，费剑平，孙春霞等译. 北京：中国人民大学出版社，2005：1 – 273.

［9］董志强，魏下海，汤灿晴. 制度软环境与经济发展——基于 30 个大城市营商环境的经验研究［J］. 管理世界，2012，223（4）：9 – 20.

［10］方明月，林佳妮，聂辉华. 数字化转型是否促进了企业内共同富裕？——来自中国 A 股上市公司的证据［J］. 数量经济技术经济研究，2022，39（11）：50 – 70.

［11］方颖，赵扬. 寻找制度的工具变量：估计产权保护对中国经济增长的贡献［J］. 经济研究，2011，46（5）：138 – 148.

［12］赫尔穆特·鲁克波尔，马库斯·克莱茨希著. 应用时间序列计量经济学［M］. 易健行，邓可斌等译. 机械工业出版社，2008：6 – 54，123 – 140.

［13］黄浩，白鸿钧. 计量经济学［M］. 厦门：厦门大学出版社，2011：97 – 152.

［14］黄浩，白鸿钧. 计量经济学［M］. 厦门：厦门大学出版社，2014：1 – 24.

［15］杰弗里·M. 伍德里奇著. 计量经济学导论：现代观点（第六版）［M］. 张成思译. 北京：中国人民大学出版社，2021：1 – 236，351 – 434.

［16］克里斯托弗·F. 鲍姆著. 用 Stata 学计量经济学［M］. 王忠玉译. 北京：中国人民大学出版社，2012：6 – 38.

［17］李实. 全球化中的财富分配不平等：事实、根源与启示［J］. 探索与争鸣，2020，370（8）：17 – 20.

［18］李子奈，潘文卿．计量经济学（第五版）［M］．北京：高等教育出版社，2021：25－104．

［19］李子奈，潘文卿．计量经济学（第三版）［M］．北京：高等教育出版社，2000：237－240．

［20］梁斌，冀慧．失业保险如何影响求职努力？——来自"中国时间利用调查"的证据［J］．经济研究，2020，55（3）：179－197．

［21］林毅夫，沈艳，孙昂．中国政府消费券政策的经济效应［J］．经济研究，2020，55（7）：4－20．

［22］刘瑞明，毛宇，亢延锟．制度松绑、市场活力激发与旅游经济发展——来自中国文化体制改革的证据［J］．经济研究，2020，55（1）：115－131．

［23］罗伯特·H．沙姆韦，戴维·S．斯托弗著．时间序列分析及其应用：基于R语言实例［M］．李洪成，张茂军，潘文捷译．北京：机械工业出版社，2020：1－127．

［24］潘省初，周凌瑶著．计量经济学（第七版）［M］．北京：人民大学出版社，2022：74－86．

［25］平狄克，鲁宾费尔德著．计量经济模型与经济预测［M］．钱小军等译．北京：机械工业出版社，1999：185－208．

［26］乔舒亚·安格里斯特，约恩－斯特芬皮·施克著．基本无害的计量经济学：实证研究者指南［M］．郎金焕，李井奎译．上海：格致出版社，上海三联书店，上海人民出版社，2012：21－78．

［27］乔舒亚·安格里斯特，约恩－斯特芬皮·施克著．基本无害的计量经济学：实证研究者指南［M］．郎金焕，李井奎译．上海：格致出版社，上海三联书店，上海人民出版社，2019：8－48，79－153．

［28］孙圣民，陈强．家庭联产承包责任制与中国农业增长的再考察——来自面板工具变量法的证据［J］．经济学（季刊），2017，16（2）：815－832．

［29］沃尔特·恩德斯著．应用计量经济学：时间序列分析［M］．杜江，袁景安译．北京：机械工业出版社，2012：36－51，216－248．

［30］叶阿忠，吴相波．计量经济学（数字教材版）［M］．北京：中国人民大学出版社，2021：69－73，109－179．

［31］詹姆斯·D．汉密尔顿著．时间序列分析［M］．夏晓华译．北京：中国人民大学出版社，2015：49－77，329－384．

［32］张鹏伟，李嫣怡．Stata统计分析与应用［M］．北京：电子工业出版社，2011：10－55．

［33］张琦，郑瑶，孔东民．地区环境治理压力、高管经历与企业环保投资——一项基于《环境空气质量标准（2012）》的准自然实验［J］．经济研究，2019，54（6）：183－198．

［34］张晓峒．计量经济学（第2版）［M］．北京：清华大学出版社，2022：1－63．

［35］章元，陆铭．社会网络是否有助于提高农民工的工资水平？［J］．管理世界，2009，186（3）：45－54．

［36］朱建平，胡朝霞，王艺明．高级计量经济学导论［M］．北京：北京大学出版社，

2009：105 - 145.

［37］庄赟，曾五一. 新经济地理视角下中国大陆区域经济差异影响因素研究［J］. 现代经济探讨，2020（12）：8 - 16.

［38］庄赟. 空间聚集与区域经济差异的统计测度及因素分析［M］. 北京：经济科学出版社，2020：111 - 138.

［39］Alan Agresti. An Introduction to Categorical Data Analysis（Second Edition）［M］. Hoboken，NJ：John Wiley & Sons，Inc.，2007：28 - 34，99 - 113，173 - 185.

［40］Alan Agresti. Categorical Data Analysis（2nd Edition）［M］. Hoboken，NJ：John Wiley & Sons，Inc.，2002：166 - 196，267 - 302.

［41］Angus Deaton. Instruments，Randomization，and Learning about Development［J］. Journal of Economic Literature，2010，48（2）：424 - 455.

［42］Bradford S. Jones，Michael E. Sobel. Modeling Direction and Intensity in Semantically Balanced Ordinal Scales：An Assessment of Congressional Incumbent Approval［J］. American Journal of Political Science，2000，44（1）：174 - 185.

［43］Card David，Alan B. Krueger. School Resources and Student Outcomes：An Overview of the Literature and New Evidence from North and South Carolina［J］. Journal of Economic Perspectives，1996（4）：31 - 50.

［44］Caroline Minter Hoxby. Does Competition among Public Schools Benefit Students and Taxpayers? ［J］. American Economic Review，2000，90（5）：1209 - 1238.

［45］Daron Acemoglu，Simon Johnson，James A. Robinson. The Colonial Origins of Comparative Development：An Empirical Investigation［J］. American Economic Review，2001，91（5）：1369 - 1401.

［46］Eva Arceo，Rema Hanna，Paulina Oliva. Does the Effect of Pollution on Infant Mortality Differ between Developing and Developed Countries? Evidence from Mexico City［J］. Economic Journal，2016，126（591）：257 - 280.

［47］Harry Kelejian，Gianfranco Piras. Spatial Econometrics［M］. San Diego，CA：Academic Press，2017：1 - 67，237 - 269.

［48］James H. Stock，Motohiro Yogo. Testing for Weak Instruments in Linear IV Regression［J］. NBER Working Paper，2002（284）.

［49］James H. Stock，Mark W. Watson. Introduction to Econometrics（4th edition）［M］. New York，NY：Pearson，2019：350 - 384.

［50］James LeSage，Robert Kelley Pace. Introduction to Spatial Econometrics［M］. New York，NY：Taylor & Francis Group，LLC，2009：1 - 75，155 - 184.

［51］James P. LeSage. Spatial Econometrics［EB/OL］.（1998 - 12 - 01）［2020 - 09 - 15］. http：//spatial-econometrics. com/html/wbook. pdf.

［52］Jeff Grogger. School Expenditures and Post-Schooling Earnings：Evidence from High School and Beyond［J］. The Review of Economics and Statistics，1996：628 - 637.

［53］Joshua D. Angrist，Guido W. Imbens，Donald B. Rubin. Identification of Causal Effects Using Instrumental Variables［J］. Journal of the American Statistical Association，1996，

91 (434): 444 – 455.

[54] Joshua D. Angrist, Stacey H. Chen, Brigham R. Frandsen. Did Vietnam Veterans Get Sicker in the 1990s? The Complicated Effects of Military Service on Self-Reported Health [J]. Journal of Public Economics, 2010, 94 (11 – 12): 824 – 837.

[55] Joshua D. Angrist, William N. Evans. Children and Their Parents' Labor Supply: Evidence from Exogenous Variation in Family Size [J]. American Economic Review, 1998, 88 (3): 450 – 477.

[56] Jun Zhang, Kai F. Yu. What's the Relative Risk? A Method of Correcting the Odds Ratio in Cohort Studies of Common Outcomes [J]. JAMA, 1998, 280 (19): 1690 – 1691.

[57] Kaivan Munshi. Networks in the modern economy: Mexican migrants in the US labor market [J]. Quarterly Journal of Economics, 2003, 118 (2): 549 – 599.

[58] Leo A. Goodman. The Analysis of Dependence in Cross-Classification having Ordered-Categories, Using Log-Linear Models for Frequency and Log-Linear Models for Odds [J]. Biometrics, 1983, 39 (1): 149 – 160.

[59] Luc Anselin, Sergio J. Rey. Modern Spatial Econometrics in Practice [M]. Chicago, IL: GeoDa Press LLC, 2014: 97 – 128, 159 – 165, 189 – 213, 247 – 250.

[60] Lung-Fei Lee. Asymptotic Distributions of Quasi-Maximum Likelihood Estimators for Spatial Autoregressive Models [J]. Econometrica, 2004, 72 (6): 1899 – 1925.

[61] Michael Boozer, Stephen E. Cacciola. Inside the "Black Box" of Project STAR: Estimation of peer effects using experimental data [J]. SSRN Working Paper, 2001 (277009).

[62] Michael E. Sobel. Modeling Symmetry, Asymmetry, and Change in Ordered Scales with Midpoints Using Adjacent Category Logit Models for Discrete Data [J]. Sociological Methods & Research, 1997, 26 (2): 213 – 232.

[63] Michael Waldman, Sean Nicholson, Nodir Adilov, John William. Autism prevalence and precipitation rates in California, Oregon, and Washington counties [J]. Archives of Pediatrics & Adolescent Medicine, 2008, 162 (11): 1026 – 1034.

[64] Nancy Qian. Missing Women and the Price of Tea in China: The Effect of Sex-Specific Earnings on Sex Imbalance [J]. Quarterly Journal of Economics, 2008, 123 (3): 1251 – 1285.

[65] Olivier Deschenes, Huixia Wang, Si Wang, Peng Zhang. The Effect of Air Pollution on Body Weight and Obesity: Evidence from China [J]. Journal of Development Economics, 2020, 145 (6): 102461.

[66] Piero Cipollone, Alfonso Rosolia. Social Interactions in High School: Lessons from an Earthquake [J]. American Economic Review, 2007, 97 (3): 948 – 965.

[67] Samuel Bentolila, Claudio Michelacci, Javier Suarez. Social Contacts and Occupational Choice [J]. Economica, 2010, 77 (305): 20 – 45.

[68] Samuel Bentolila, Pierre Cahuc, Juan J. Dolado, Thomas Le Barbanchon. Two-Tier Labor Markets in the Great Recession: France vs. Spain [J]. Economic Journal, 1996, 122 (562): 155 – 187.

[69] Sergio Rey. Spatial empirics for economic growth and convergence [J]. Geographical

Analysis, 2001（33）：194 – 214.

［70］Siyu Chen, Chongshan Guo, Xinfei Huang. Air Pollution, Student Health, and School Absences: Evidence from China ［J］. Journal of Environmental Economics and Management, 2018（92）465 – 497.

［71］Steven G. Rivkin. Tiebout Sorting, Aggregation and the Estimation of Peer Group Effects ［J］. Economics of Education Review, 2001, 20（3）：201 – 209.

［72］The Pennsylvania State University. Analysis of Discrete Data（Lesson 8: Multinomial Logistic Regression Models）［EB/OL］.［2023 – 04 – 15］. https：//online. stat. psu. edu/stat504/.

［73］William Gould. Interpreting logistic regression in all its forms ［J］. Stata Technical Bulletin, 2000（53）：19 – 29.

［74］William N. Evans, Wallace E. Oates, Robert M. Schwab. Measuring Peer Group Effects: A Study of Teenage Behavior ［J］. Journal of Political Economy, 1992, 100（5）：966 – 991.